高等职业教育创新型系列教材

U0837803

管理学基础

主　编　姜　磊　马玉梅
副主编　董文静

北京理工大学出版社
BEIJING INSTITUTE OF TECHNOLOGY PRESS

图书在版编目（CIP）数据

管理学基础/姜磊，马玉梅主编．—北京：北京理工大学出版社，2018.8（2020.7 重印）
ISBN 978－7－5682－6128－9

Ⅰ．①管…　Ⅱ．①姜…②马…　Ⅲ．①管理学－教材　Ⅳ．①C93

中国版本图书馆 CIP 数据核字（2018）第 189619 号

出版发行／北京理工大学出版社有限责任公司
社　　址／北京市海淀区中关村南大街 5 号
邮　　编／100081
电　　话／（010）68914775（总编室）
（010）82562903（教材售后服务热线）
（010）68948351（其他图书服务热线）
网　　址／http：//www.bitpress.com.cn
经　　销／全国各地新华书店
印　　刷／三河市华骏印务包装有限公司
开　　本／787 毫米×1092 毫米　1/16
印　　张／17
字　　数／399 千字
版　　次／2018 年 8 月第 1 版　2020 年 7 月第 3 次印刷
定　　价／45.00 元

责任编辑／梁铜华
文案编辑／梁铜华
责任校对／杜　枝
责任印制／李　洋

前 言

管理自古有之，管理无处不在。管理受不同社会经济、政治、文化环境及各种人文关系等的影响，在任何地方都是一种因人、因事、因时而随机制宜的活动过程。所以，管理是对不同时期、不同地区、不同行业、不同文化背景熏陶下人们的管理意识、管理行为的整合。

管理学是一门系统研究管理活动的基本理论、基本规律和基本方法的科学，是经济、管理等相关专业的一门重要的专业基础课程。就管理学来说，教材编写需要有理论支撑，要能体现学科前沿、科研成果的内容，同时还需注重教育学原理的运用。

本教材共两大模块八个项目，模块一为管理概述，包括管理与管理系统、管理思想与理论的发展、管理的前提与本质三个项目；模块二为管理职能，包括计划、组织、领导、控制、创新五个项目。本教材重点突出了以下特点：

1. 本教材的编写是在对经济管理类专业应用型人才应具备的素质、能力和知识结构系统研究的基础上进行的，能更好地适应应用型人才培养对管理学知识的要求；

2. 本教材在一些理论较深的章节配置了图表、案例以帮助理解，具有生活和时代气息，注重以人为本；

3. 本教材在编写中充分考虑了实用性；

4. 为了教学的需要，本教材力求探索一种集讲、读、研、练于一体的模式，以尽可能适应教师精讲、学生多练的教学方式的需要。

本书由姜磊进行总体方案策划并具体组织，姜磊和马玉梅为主编，董文静为副主编。由于时间和水平的限制，尽管我们做了不懈努力，书中仍难免存在错误或遗漏之处，恳请广大读者批评指正。

编　者

目录

模块一　管理概述

模块二 管理职能

模块一

管理概述

项目一

管理与管理系统

管理是一种特殊的社会实践，它是协调集体活动以达成预定目标的过程。管理作用于整个人类社会，涉及各类组织，包括家庭、学校、企业、军队和国家。尽管把管理作为一门学科进行系统的研究只是近一二百年的事情，但管理实践却与人类历史同样悠久。早在公元前5000年，生活在幼发拉底河流域的闪米尔人就开始了最原始的记录活动，这也是有据可考的人类历史上最早的管理活动。

世界上所有的文明古国都早在几千年前就对自己的国家进行了有效的管理，并且建立了庞大严密的组织，完成了许多今天看来依然是非常巨大的建筑工程。中国的万里长城、秦兵马俑，埃及的金字塔都可以证明：在2000年前人类已经能够组织、指挥、协调多达数十万人劳动，历时多年之久去完成经过周密计划的宏大工程，其管理才能令人折服。

自古至今，人类的经济、政治、军事、宗教及其他一切社会活动，都具有三个最基本的特点：第一，目的性。尽管我们会惊异于自然界中蜂巢蚁穴的复杂精巧，但这仅仅是蜜蜂和白蚁进行的一种自发的、本能的活动。而人类却不同，每个人都会有自己不同的理想和目标，我们不仅要为自己预期的目标与理想奋斗，还需要与他人共同努力。人类正是在为实现预期目的的活动中，在不断地劳动、思考、谋划、设计和组织管理的过程中，逐渐进化的；第二，依存性。人类的目的性来源于对外部环境和人类自身的相互依存关系。人类为了生存和发展，必须通过适应和改造外部环境去取得必要的资源，必须通过个人或集体的劳动为自己或他人提供产品和劳务。人从来都不是孤单的个体，从远古时代，在人类与自然界的斗争中就形成了部落，后来逐渐发展成为许多集团、民族和国家，以及各种各样的社会经济文化组织。随着社会生产力的发展，社会分工愈加细化，人与人之间的相互依存也更加密切。综观人类的发展历史，尽管不同的组织之间矛盾、冲突不断，但始终没有切断这种相互依存的联系；第三，知识性。人类能从过去的实践中、从前人的经验中学习，并能把学到的知识加以记忆、积累、分析和推理，从而形成人类独有的知识体系。科学技术越发达，个人所掌握的知识就越专门化，这进一步强化了人类之间的依存性。随着人类知识的逐步积累，对客观规律认识的逐步深化，人类社会的各种管理组织、制度和方法也日趋完善，人类终于有能力为达到各种目的而发展、建立起各种强大的社会组织。

人类活动的以上三个基本特点为人类的管理实践提供了客观条件，同时也是管理实践与人类历史同样悠久的原因。尽管管理实践的历史悠久，但在过去几千年中管理始终是一些零散的经验和某种闪光的思想。只是到了工业革命以后，随着现代工业技术的广泛应用和工商企业的大力发展，管理才得到了系统的研究和普遍的重视。时至今日，人们已经达成了一个普遍的共识：管理是社会进步不可忽视的物质力量。“我们对现代科学技术的巨大成就无不大为惊讶，但是仔细想来，获得这些成就的主要因素却是我们为达到目的而发展建立各种社会组织的能力。这些组织及其有效的管理工作的发展才真正是我们巨大的成就之一。”① 管理的发展完善是必要的，甚至可以说是必须的。第一，就世界范围来看，资源短缺将是一种长期的经济现象，如何将有限的资源进行合理的利用，使其最大可能地形成有效的社会生产力，是管理必须解决的问题；第二，科学技术是阻碍生产力的原因之一，实践证明，只有通过有效的管理，才能使科学技术真正转化为生产力；第三，高度专业化的社会分工是现代化国家和现代企业的基础，协调各种关系需要管理；第四，实现社会企业的长期发展，需要靠全体成员长期的共同努力。如何把每个成员千差万别的个体目标引向组织目标，把无数分力组成方向一致的合力，也要靠管理；第五，以计算机技术为基础，信息网络、互联网等在各行各业中得到了空前迅速的应用和普及。没有管理工作质的飞跃，我们就不可能得到现代科技和物质文明所给予的一切。

任务一　什么是管理

【导入案例】

晋商再无乔致庸

乔致庸（1818—1907），字仲登，号晓池，乔全美之子，乔贵发之孙，乔家第三代人，人称“亮财主”，是乔门中最长寿的人。他出身商贾世家，自幼父母双亡，由兄长抚育。淳厚好学，本欲以仕进光大门庭，可刚考中秀才，兄长亦故，遂不得不放弃举子业而承袭祖遗商业资产，挑起理家、理财之重担。他素性恬淡、酷嗜读书，经营财务非其甘愿亦非其所长，然知人善任，待下宽厚，豁达大度，慎始慎终，人都乐为其用。“人弃我取，薄利广销，维护信誉，不弄虚伪”为其以儒术指导商业经营的主导思想。十数年后，其祖业包头商号获利倍增，于“复盛公”之外，又增设“复盛全”“复盛西”等多处，左右着包头整个市场，因此有“先有复盛公，后有包头城”之说。除商业外，兼营钱庄、当铺，相辅相成，资本愈见盈厚。但他并不沾沾自喜，反而急流勇退，商务全权委任长子，自己则休闲家居，闭门课子。同时，广行善举，光绪三年（1877 年）县遭饥馑，出巨资助赈。渠本翘创设中学堂、孟步云创设女子学校，均以重金襄助，其盛德广为传诵。因赈灾义举，受到清廷“举悌弟加五级”，并赏戴花翎。子乔景仪、孙乔映霞均沿袭祖业，使商业、金融又有开拓与发展，成为省内外商界闻人。

在理家上，他经常告诫儿孙：经商处事首先要以“信”为重，以信誉得人。其次是“义”，不哄人、不骗人，该得一分得一分，不赚昧心钱。第三才是利，不能把利摆在首位，要诫“骄、贪、懒”三个字。他治家有方，以《朱子治家格言》为准则，把它当作儿孙启蒙的必读课，同时写在屏门上，作为每日的行动规范。儿孙如若有过，则令跪地背诵，且到有针对性处，令读多次。如犯抛米撒面之错，便把“一粥一饭，当思来处不

---

① ［美］弗里蒙特·卡斯特，詹姆斯·罗森茨威克著，李柱流等译：《组织与管理》，中国社会科学出版社，1985 年版，第 7 页。

易，半丝半缕，恒今物力维艰”反复诵读，直到认错为止。然后再作一番训教，最后犯者谢赦，慢慢退出。

乔致庸还把他亲拟的对联找人写好刻就，挂在内宅门上：“求名求利莫求人，须求己。惜衣惜食非惜财，缘惜福”。以此告诫儿孙，注重节俭，不要贪图安逸，坐享祖业。他对他的子孙进行了排队分析：长子不可委以重任，因为长子骄横跋扈；次子个性暴烈；三子过于老实，亦非经济之才；四子朴实迟钝，不擅长说话；五子是个书呆子；六子体质瘦弱，难担大业。只有长孙乔映霞忠诚厚道，聪明伶俐，故对映霞寄予厚望，教诲亦多，常对其教育说，唯无私才可讼大公，唯大公才可成大器，所谓“气忌燥，言忌浮，才忌露，学忌满，胆欲大，心欲小，知欲圆，行欲方”“为人作事怪人休深，望人休过，待人要丰，自奉要约。恩怕先益后损，威怕先紧后松”。这些教诲，对乔映霞的立身行事产生了很大影响。

问题思考：

从管理的角度分析，你认为乔致庸成功之处是什么？

【相关知识】

一、管理的概念

承认管理的重要性和必要性，并不等于真正理解管理的含义。管理活动自古即有，但什么是“管理”，从不同的角度出发，可以有不同的理解。从字面上看，管理有“管辖”“处理”“管人”“理事”等意，即对一定范围的人员及事务进行安排和处理。但是这种字面的解释没有严格地表达出管理本身所具有的完整含义。近百年以来许多人根据自己的研究对管理进行了不同的定义。综合前人的研究成果，我们认为管理的概念可以做如下表述：

管理是社会组织中，为了实现预期的目标，以人为中心进行的协调活动。

这一表述包含以下五个观点：

（1）管理的目的是实现预期目标。世界上不存在没有目标的管理，也不存在无管理而实现的目标。

（2）管理的本质是协调。协调就是使个人的努力与集体的预期目标相一致。

（3）协调必定产生在社会组织之中。当个人无法实现预期目标时，势必会寻求与他人的合作，形成各种社会组织，结果个人的预期目标就必须改变为组织全体成员的共同目标。而个人与集体、个人与个人之间的意见或行动难免会出现不一致的现象，协调便成了社会组织中一项不可或缺的活动。

（4）协调的中心是人。任何组织中都同时存在着人与人、人与物之间的关系，但人与物之间的关系最终仍表现为人与人之间的关系，任何的资源分配也是以人为中心来进行的。

（5）协调的方法多种多样，需要定性的理论和经验，也需要定量的专门技术。

二、管理的职能

管理作为一个过程，管理者在其中要发挥的作用，就是管理者的职能，也就是通常说的管理职能。人类的管理活动具有哪些最基本的职能？百年以来，学术界对管理的基本职能依然众说纷纭。早期的管理理论一般认为，管理有计划、执行和控制三大基本职能。法国的法约尔认为，管理有五大职能：计划、组织、指挥、协调和控制。美国的古利克提出，管理有七项职能，即计划、组织、人事、指挥、协调、报告和预算。美国管理学家孔茨认为管理包括计划、组织、人员配备、指导和领导、控制五项职能。根据管理理论的最新发展以及管理实践的不断发展，计划、组织、领导、控制和创新这五种职能是一切管理活动最基本的职能，如表 1－1－1 所示。

表 1－1－1 管理职能的提法

<table>
<tr><th>管理职能</th><th>古典的提法</th><th>常见的提法</th><th>现在的提法</th></tr>
<tr><td>决策（decision making）</td><td></td><td></td><td rowspan="2">计划</td></tr>
<tr><td>计划（planning）</td><td>●</td><td>●</td></tr>
<tr><td>组织（organizing）</td><td>●</td><td>●</td><td rowspan="2">组织</td></tr>
<tr><td>用人（staffing）</td><td></td><td></td></tr>
<tr><td>指导（directing）</td><td></td><td></td><td rowspan="7">领导</td></tr>
<tr><td>指挥（commanding）</td><td>●</td><td></td></tr>
<tr><td>领导（leading）</td><td></td><td>●</td></tr>
<tr><td>协调（coordinating）</td><td>●</td><td></td></tr>
<tr><td>沟通（communicating）</td><td></td><td></td></tr>
<tr><td>激励（motivating）</td><td></td><td></td></tr>
<tr><td>代表（representing）</td><td></td><td></td></tr>
<tr><td>监督（supervising）</td><td></td><td></td><td rowspan="3">控制</td></tr>
<tr><td>检查（checking）</td><td></td><td></td></tr>
<tr><td>控制（controlling）</td><td>●</td><td>●</td></tr>
<tr><td>创新 innovating</td><td></td><td></td><td>创新</td></tr>
</table>

1. 计划

所谓计划，就是指“制定目标并确实为达成这些目标所必需的行动”①。组织中所有层次的管理者都必须从事计划活动，虽然不同层次的管理者制订的计划各有不同，但必须符合组织的总体战略目标。

2. 组织

计划的执行需要他人的合作，组织工作源于人类对合作的需要。根据工作的要求与人员的特点设计岗位，通过授权和分工，将适当的人员安排在适当的岗位上，用制度规定各个岗位的职责和上下左右的相互关系，形成一个有机的组织结构，使整个组织协调运转——这就是组织的职能。同时，组织目标也决定着组织的具体形式和特点，不同的社会组织目标各自不同，其组织结构形式也呈现出不同的特点。因此，组织职能是管理活动的根本职能，也是其他一切管理活动的保证和依托。

---

① Pamela S. Lewis, Stephen H. Goodman and Patricia M. Fandt. Management: Challenges in the 21st Century (Second Edition). Illinois: South－Western College Publishing, 1998, p. 6.

3. 领导

计划和组织工作做好了，也不一定能保证组织目标的实现，因为实现组织的目标还需要组织内全体成员的共同努力。由于各种差异的存在，矛盾与冲突在组织中的出现不可避免。这就需要有一个权威的领导者指导人们的行为，通过沟通增强人们的相互理解，统一人们的思想和行动，激励每个成员自觉地为实现组织目标而共同努力。

4. 控制

人们在执行计划的过程中，由于受到各种因素的干扰，常常使实践活动偏离原来的计划。控制的实质就是使实践活动符合于计划，计划就是控制的标准。控制的目的还是实现组织的预期目标。

5. 创新

近几十年以来，由于科学技术的迅猛发展，市场需求瞬息万变，社会关系日趋复杂，管理者每天都会或多或少地遇到一些新情况、新问题。因循守旧、墨守成规已经无法应对新形式带来的挑战。不创新就无法维持，“狼来了”已经不再是危言耸听的口号。

各项管理职能都有自己独特的表现形式，而创新职能与上述各种管理职能不同，它本身并没有某种特有的表现形式，它总是在与其他管理职能的结合中表现出自身的存在与价值，如图 1-1-1 所示。

图 1-1-1　管理职能的循环

三、管理的性质

1. 管理的二重性

管理的性质是两重的，这是马克思主义管理理论的主要内容，是研究资本主义管理科学，建立社会主义管理科学的理论基础和基本出发点。马克思认为，任何社会的管理都具有两重属性——自然属性和社会属性。“指挥劳动”是同生产力直接相联系的，是由共同劳动的社会化性质产生的，是进行社会化大生产的一般要求和组织劳动协作过程的必要条件，它表现了管理的自然属性。“监督劳动”则是同生产关系直接相联系的，是由共同劳动所采取的社会结合方式的性质产生的，是维护社会生产关系和实现社会生产目的的重要手段，它表现了管理的社会属性。

管理的两重性是相互联系、相互制约的。一方面，管理的自然属性不可能孤立存在，它总是在一定的社会形式、社会生产关系条件下发挥作用。同时，管理的社会属性也不可能脱离管理的自然属性而存在，否则，管理的社会属性就会成为没有内容的形式；另一方面，管理的两重性又是相互制约的。管理的自然属性要求具有一定的“社会属性”的组织形式和生产关系与其相适应。同样，管理的社会属性也必然对管理的科学技术等方面发生影响或制约作用。

马克思关于管理两重性的理论，是指导人们认识和掌握管理的特点和规律、实现管理任务的有力武器。认识和掌握管理两重性的原理，才能分清资本主义管理和社会主义管理的共性和个性，正确地处理批判与继承、学习与独创、吸收外国管理经验与结合中国实际之间的关系，实事求是地研究和吸收外国管理中有益的东西，做到兼收并蓄，洋为中用。

2. 管理的科学性与艺术性

管理的科学性是管理作为一个活动过程，其间存在着一系列基本客观规律。人们经过无数次的失败和成功，通过从实践中收集、归纳、检测数据，提出假设，验证假设，从中抽象总结出一系列反映管理活动过程中客观规律的管理理论和一般方法。人们利用这些理论和方法来指导自己的管理实践，又以管理活动的结果来衡量管理过程中所使用的理论和方法是否正确，是否行之有效，从而使管理的科学理论和方法在实践中得到不断的验证和丰富。因此，管理是一门科学，是指它以反映管理客观规律的管理理论和方法为指导，有一套分析问题、解决问题的科学的方法论。

管理的艺术性就是强调其实践性，没有实践则无所谓艺术。这就是说，仅凭停留在书本上的管理理论，或背诵原理和公式来进行管理活动是不能保证其成功的。主管人员必须在管理实践中发挥积极性、主动性和创造性，因地制宜地将管理知识与具体管理活动相结合，才能进行有效的管理。所以，管理的艺术性，就是强调管理活动除了要掌握一定的理论和方法外，还要有灵活运用这些知识和技能的技巧和诀窍。

从管理的科学性与艺术性可知，卓有成效的管理艺术是以对它所依据的管理理论的理解为基础的。因此，二者之间不是互相排斥，而是互相补充的。如没有掌握管理理论和基本知识的主管人员，在进行管理时必然是靠碰运气、靠直觉或过去的经验办事，很难找到对管理问题可行的、令人满意的解决办法。所以，管理的专业训练不可能培训出“成品”的主管人员，但它是通过实践进一步培训主管人员的一个良好的开端，会为培养出色的主管人员在理论知识方面打下坚实的基础。当然，仅凭理论也不足以保证管理的成功，人们还必须懂得如何在实践中运用它们，这一点也是非常重要的。

任务二　管理者的角色与职能

【导入案例】

县令买饭

南宋嘉熙年间，江西一带山民叛乱，身为吉州万安县令的黄炳，调集了大批人马，严加守备。一天黎明前，探报来说，叛军即将杀到。

黄炳立即派巡尉率兵迎敌。巡尉问道：“士兵还没吃饭怎么打仗？”黄炳却胸有成竹地说：“你们尽管出发，早饭随后送到。”黄炳并没有开“空头支票”，他立刻带上一些差役，抬着竹箩木桶，沿着街市挨家挨户叫道：“知县老爷买饭来啦！”当时城内居民都在做早饭，听说知县亲自带人来买饭，便赶紧将刚烧好的饭端出来。黄炳命手下付足饭钱，将热气腾腾的米饭装进木桶带走。这样，士兵们既吃饱了肚子，又没有耽误进军，结果打了一个大胜仗。

问题思考：

黄县令为何不开火就能让士兵吃饱饭？

【相关知识】

一、管理者含义

怎么界定管理者的概念，不同的学者有不同的理解。

传统的观点认为，管理者是运用职位、权力，对人进行指挥和驾驭的人。这种概念强调的是组织中的正式职位和职权，强调必须拥有下属。

现代的观点认为，管理者是指在组织中直接监督和指导他人工作的人，管理者通过其职位和知识，对组织负有贡献的责任，因而能够实质性地影响该组织经营及达成的成果。例如美国学者彼得·德鲁克曾给管理者下了一个定义：在一个现代的组织里，如果每一个知识工作者能够由于他们的职位和知识而对组织负有贡献的责任，那么他们就是能够实质性地影响该组织经营及达成成果的能力者，即为管理者。现代观点强调管理者必须对组织负责，而不仅仅是权力。

综合分析，我们认为，所谓管理者，就是履行管理职能，对实现组织目标负有贡献责任和影响力的人。管理者是管理的主体，对管理活动的顺利进行、组织活动及其目标的实现起着十分重要的作用。

二、管理者的类型与技能

（一）管理者的类型

我们一直在用管理者或管理人员来指代所有负责履行基本管理职能的人。理解管理错综复杂性的方法之一就是需要理解管理者是在组织的不同层次上从事管理工作，不同层次的管理者所从事的是不同范围的组织活动。

1. 管理层次

组织中的管理人员一般分为三个层次，即高层管理者（Top manager）、中层管理者（Middle manager）和基层管理者（First line manager 或 Supervisor），如图 1－1－2 所示。根据所处的不同层次，他们将各有侧重地执行其职能。高层管理者的职责包括，制定组织的总目标、总战略，掌握组织的大政方针并评价整个组织的绩效。他们在与外界的交往中，往往代表组织以“官方”的身份出现；中层管理者通常是指处于高层管理人员和基层管理人员之间的一个或若干个中间层次的管理者，他们的主要职责是，贯彻执行高层管理者所制定的重大决策，监督和协调基层管理者的工作。与高层管理者相比，中层管理者更注意日常的管理事务；基层管理者亦称一线管理者，也就是组织中处于最低层次的管理者，他们所管辖的仅仅是作业人员而不涉及其他管理者。他们的主要职责是，给下属作业人员分派具体工作任务，直接指挥和监督现场作业活动，保证各项任务的有效完成。

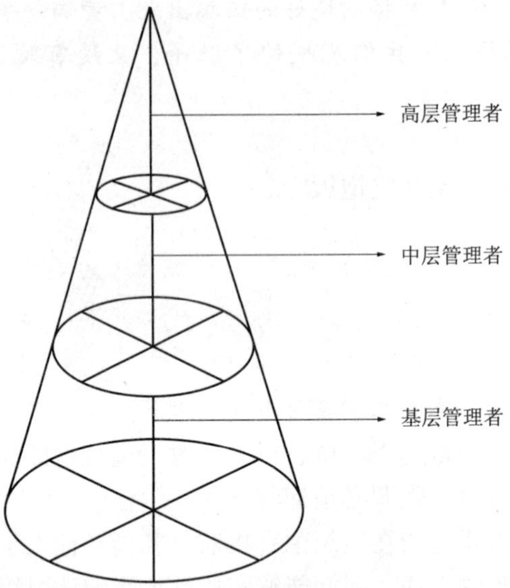

图 1－1－2　一个组织中管理人员的三个层次

2. 职能管理者和综合管理者

管理者分类的另一种主要依据是他们所从事的管理活动的范围。职能管理者仅仅负责一种组织行为的管理，比如财务管理或人力资源管理；综合管理者则负责一个组织，比如一家公司或分公司所有职能活动，包括生产、销售、财务等。

职能管理者和综合管理者进行着相似的基于时间基础上的计划、组织、领导、控制和创新各种关系的工作，他们之间的不同在于他们所统管的活动范围不同。

（二）管理者的素质与角色

管理者的素质是指管理者的与管理相关的内在基本属性与质量。管理者的素质体现在管理者的德、智、体等方面。

1. 管理者的基本素质

（1）政治与文化素质。政治与文化素质是指管理者的政治思想修养水平和文化基础，包括政治坚定性与敏感性、事业心、责任感、思想境界与品德情操。

（2）基本业务素质。基本业务素质是指管理者在所从事工作领域内的知识与能力，包括一般业务素质和专门业务素质。

（3）身心素质。身心素质是指管理者本人的身体状况与心理条件，包括健康的身体、坚强的意志、开朗乐观的性格、广泛而健康的兴趣等。

2. 管理者的角色

管理者的角色是指管理者应该具备的行动或行为所组成的各种特定类型。管理学大师亨利·明茨伯格在《管理工作的本质》中，这样解释说："角色这一概念是行为科学从舞台术语中借用过来的。角色就是属于一定职责或者地位的一套有条理的行为。"根据他自己和别人的研究成果，明茨伯格认为管理者扮演 10 种角色。这 10 种角色分为 3 类，即人际关系方面的角色、信息传递方面的角色和决策方面的角色，如表 1－1－2 所示。

表 1-1-2 管理者的角色

类 别	角 色	描 述
人际角色	代表人角色	作为头头必须行使一些具有礼仪性质的角色
	领导者角色	管理者和员工一起工作并通过员工的努力来确保组织目标的实现
	联络者角色	与组织内个人、小组一起工作，与外部利益相关者建立良好关系所扮演的角色
信息角色	监督者角色	持续关注内外环境的变化以获取对组织有用的信息，接触下属或从个人关系网获取信息，依据信息识别工作小组和组织潜在的机会和威胁
	传播者角色	分配作为监督者获取的信息，保证员工具有必要信息，以便切实有效地完成工作
	发言人角色	把信息传递给单位或组织以外的个人，让相关者（股东、消费者、政府等）了解并感到满意
决策角色	企业家角色	对作为监督者发现的机会进行投资以利用这种机会
	资源分配者角色	决定组织资源（财力、设备、时间、信息等）用于哪些项目
	冲突管理者角色	处理组织运行过程中遇到的冲突或问题
	谈判者角色	花费了大量时间，与员工、供应商、客户和其他工作小组等进行必要的谈判，以确保小组朝着组织目标迈进

（1）人际角色。

人际角色直接产生于管理者的权力基础，管理者在处理与组织成员和其他利益相关者的关系时，他们就在扮演人际角色。人际角色包括代表人角色、领导者角色和联络者角色。

（2）信息角色。

在信息角色中，管理者负责确保和其一起工作的人员具有足够的信息，从而能够顺利地完成工作。由管理责任的性质决定，管理者既是所在单位的信息传递中心，也是组织内其他工作小组的信息传递渠道。整个组织的人依赖于管理结构和管理者以获取或传递必要的信息，以便完成工作。管理者必须扮演的信息角色，具体包括监督者角色、传播者角色和发言人角色。

（3）决策角色。

在决策角色中，管理者处理信息并得出结论。如果信息不用于组织的决策，这种信息就会失去其应有的价值。决策角色具体包括企业家角色、资源分配者角色、冲突管理者角色和谈判者角色。

（三）管理层次与技能

美国著名管理学学者罗伯特·卡茨①推广了20世纪初法国科学管理专家法约尔提出的关于人的技能的一个概念。法约尔把人的技能分为三种基本类型：技术的、人际的和概念的。每个管理者都需要具备技术技能、人际技能、概念技能这三类基本技能。不同管理层达到有效绩效所需要的相对技能如表 1-1-3 所示。

---

① Robert L. Katz. "Skills of an Effective Administrator," Harvard Business Review. September - October, 1974, pp. 90 - 102.

第一，技术技能。技术技能（Technical skills）也就是实际操作技能，是指能够理解和有效监督具体任务执行所必需的实践和技术能力。基层管理者应拥有足够的技术技能以保证工作有效运转，而其他管理者则应拥有充分的技术技能以保证组织的竞争能力。相对于高层管理者，技术技能对于基层管理者更为重要，毕竟督导管理者更接近实际工作，他们必须经常说明乃至演示，以让下属明白该如何完成工作，他们同时要能判断什么时间做更为合适。基层管理者需大约 1/3 的时间用于有关技术技能的活动，比如电脑操作和信息管理技术等。

例如，一名饭店领班或主管所需要的实际操作技能就是完成下属员工干的工作所需的技能。他也许没有员工们熟练；也许不会做蛋奶酥；也许不会操作饭店里的电话系统，但是，领班或主管应该了解这些工作的内容并大体知道如何完成该项工作。这些知识对于挑选和培训员工、计划和安排本部门的工作及紧急情况下的应对都是必需的。尤为重要的是，领班或主管的实际操作技能可以提高在员工中的可信度。因为当他们知道领班或主管也能胜任他们所担负的工作时，他们更容易接受、尊敬这个主管。

如果基层管理者做过普通员工，就可能已经掌握了所需的实际操作技能。许多基层管理者就是在管理员工的过程中学会这些技能的。在一些大型企业中，一部分督导必须和员工接受同样的技能培训。

第二，人际技能。人际技能（Human relations skills）是指理解他人和有效合作的能力。这些技能对于领导职能的实现是很重要的，包括与员工交流、激励、领导、训练、授权、帮助员工以及与其他人打交道的技能。这些技能不仅对与个人相处很重要，对与群体共处乃至处理群体间关系都很重要。人际技能对于所有层次的管理者都是重要的，对于督导管理者尤其如此，因为他们有一半的时间都在使用人际关系技能。

第三，概念技能。概念技能（Conceptual skills）是指以逻辑来获取、分析和预测信息的能力。管理者需要了解所处的环境和环境对于组织的影响，换句话说，管理者应该“看到森林”而非一棵树。高层管理者尤其需要很强的概念性技能，因为变化对于他们比对于其他层次的管理者而言更重要。他们大约有 1/3 的时间是在使用概念性技能。

表 1-1-3 不同管理层达到有效绩效所需要的相对技能

高层管理者	概念技能		
中层管理者		人际技能	
基层管理者			技术技能

任务三 管理对象与管理环境

【导入案例】

中兴、华为与美国

中兴再发公告：已采取措施遵守拒绝令

中兴通讯昨日晚间发布公告称，针对美国激活拒绝令，公司正在采取措施以遵守该拒绝令，同时积极与相关方沟通以寻求解决方案。在公告中，中兴通讯公司表示，吸取过去在出口管制合规方面的教训，高度重视出口管制合规工作，把合规视为公司战略的基石和经营的前提及底线。

中兴通讯事件连锁反应已经显现，一家公司人力资源部紧急通知公司所有负责中兴线体生产的员工休假，初步决定休假四天，多个生产线停产。受中兴通讯事件影响，该公司已有上千名员工休假，复工时间尚不可知。

华为回应“撤出美国市场”：以官方信息为准

近日，华为在深圳举行的2018华为分析师大会向外界传递出信号：美国市场已不再是其全球战略的一部分，该公司对美国市场不再感兴趣。这也意味着华为未来很可能退出美国市场。昨日，华为官方回应称，关于美国市场的发展情况一切以官方消息为准。

华为轮值CEO徐直军表示“在某些情况下，只有放手，我们才会感到轻松”，而华为高级副总裁余承东此前在华为P20系列的发布会现场表示，“没有美国市场，华为依旧是世界第一”。

去年，华为曾意图和美国电信运营商ATT合作打开美国市场，但2018年1月，这一计划也因政治干预在关键时刻流产。不过，当时华为方面表示即使不能和运营商达成合作，也不会放弃美国市场。

问题思考：

请分析中兴、华为面临的内外部环境，以及应采取的措施。

【相关知识】

一、管理对象

管理的对象包括：人、财、物、时间、信息五要素。

（1）人即被管理的生产人员、技术人员和下属管理人员；从长远的发展来看，还应包括预备劳动力的培养教育，以及整个人力资源的开发利用。人是社会系统中最基层的子系统，是社会的细胞，高效能的管理应该使人尽其才、才尽其用、用人所长。

（2）财包括经济和财务，是一个组织在一定时期内所掌握和支配的物质资料的价值表现。对财力的管理应该按经济规律进行有效管理，使资金的使用保证管理计划的完成。

（3）物指对设备、材料、仪器、能源以及物资的管理，使之物尽其用，提高利用率。

（4）时间是物质存在的一种客观形式，表现为速度、效率，由过去、现在、将来构成连绵不断的系统。高效能的管理应该考虑如何在尽可能短的时间内做更多的事情，充分利用时间。

（5）信息是具有新内容、新知识的消息：在整个管理过程中，信息是不可缺少的要素，信息的管理是提高管理效能的重要部分。

在各种资源要素中，人是管理的主要对象。人在管理中具有双重地位：既是管理者又是被管理者。管理过程中各个环节的主体是人，人与人的行为是管理过程的核心；财和物（比如组织中的资金、设备、原材料等）是一个组织赖以实现其目标的重要物质基础；信息是能够反映管理内容的、可以传递和加工处理的文字、数据、图表等，信息系统是管理过程中的“神经系统”，在信息时代，信息已成为重要的管理对象；时间的节约是管理效率提高的主要标志，管理活动及其要素的分配都有一个时序性的问题。管理离不开时间，时间管理也是管理的重要对象。

二、管理环境

管理环境是指存在于社会组织内部与外部的，影响管理实施和管理效果的各种力量、条件和因素的总和。管理行为依据一定的环境而存在，并受到管理环境的影响。

（一）管理环境的含义

有关学者将管理环境定义为对组织绩效起着潜在影响的外部机构或力量。管理的环境是组织生存发展的物质条件的综合体，它存在于组织界限之外，并可能对管理当局的行为产生直接或间接影响。

任何组织都是在一定环境中从事活动的；任何管理也都要在一定的环境中进行，这个环境就是管理环境。管理环境的特点制约和影响管理活动的内容和发展。管理环境的变化要求管理的内容、手段、方式、方法等随之调整，以利用机会，趋利避害，从而更好地实施管理。

（二）管理环境的类型

管理环境可以分为外部环境和内部环境，外部环境一般有政治环境、社会文化环境、经济环境、技术环境和自然环境。内部环境有人力资源环境、物力资源环境、财力资源环境以及内部文化环境。

1. 外部环境

外部环境是组织之外的客观存在的各种影响因素的总和。它是不以组织的意志为转移的，是管理者必须面对的重要影响因素。

对非政府组织来说，政治环境包括一个国家的政治制度，社会制度，执政党的性质，政府的方针、政策、法规法令等。

社会文化环境包括一个国家或地区的居民文化水平、宗教信仰、风俗习惯、道德观念、价值观念等。

经济环境是影响组织，特别是企业的，重要环境因素，它包括宏观和微观两个方面。宏观经济环境主要指一个国家的人口数量及其增长趋势、国民收入、国民生产总值等。通过这些指标能够反映国民经济的发展水平和发展速度。微观经济环境主要指消费者的收入水平、消费偏好、储蓄情况、就业程度等因素。

技术环境反映了组织物质条件的科技水平。技术环境除了直接相关的技术手段外，还包括国家对科技开发的投资和支持重点；技术发展动态和研究开发费用；技术转移和技术商品化速度；专利及其保护情况等。

自然环境，包括地理位置、气候条件及资源状况。地理位置是制约组织活动的一个重要因素。

外部环境又可以进一步分为一般环境和任务环境。一般环境也称宏观环境、社会大环境，是各个组织共同面临的整个社会的一些环境因素；任务环境也称微观环境、具体环境，是指某个社会组织在完成特定任务过程中面临的特殊环境因素。例如，一家工商企业可能和一所学校面临相同的一般环境，但它所面临的任务环境不但与学校的任务环境不同，而且与其他企业的任务环境也可能不同。对工商企业来说，任务环境主要包括：资源供应者、合作者、竞争者、顾客、政府主管部门（管制机构）以及社区等。

2. 内部环境

内部环境是指组织内部的各种影响因素的总和。它是随组织产生而产生的，在一定条件下内部环境是可以控制和调节的。人力资源对于任何组织都始终是最关键和最重要的因素。人力资源的划分根据不同组织、不同标准有不同的类型。比如企业人力资源根据他们所从事的工作性质的不同，可分为生产工人、技术工人和管理人员三类。物力资源是指内部物质环境的构成内容，即在组织活动过程中需要运用的物质条件的拥有数量和利用程度。财力资源是一种能够获取和改善组织其他资源的资源，是反映组织活动条件的一项综合因素，是组织的资金拥有情况、构成情况、筹措渠道、利用情况。财力资源的状况决定组织业务的拓展和组织活动的进行等。内部文化环境是指组织的文化体系，包括组织的精神信仰、生存理念、规章制度、道德要求、行为规范等。

内部环境随着组织的诞生而产生，对组织的管理活动产生影响。内部环境决定了管理活动的可选择的方式方法，而且在很大程度上影响到组织管理的成功与失败。

组织环境的类型如图 1－1－3 所示。

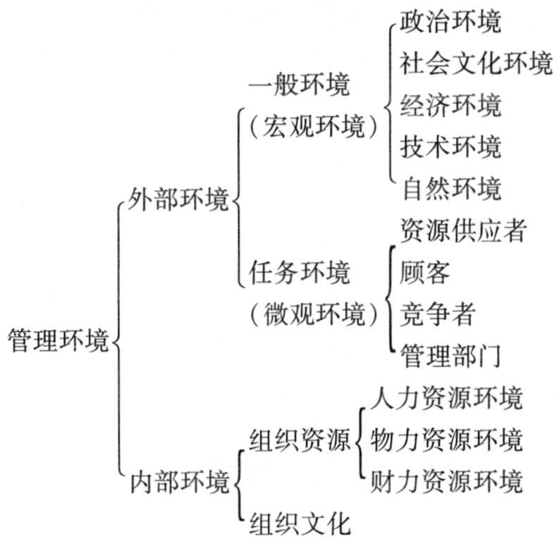

图 1－1－3　组织环境的类型

（三）环境管理

外部环境与管理相互作用，一定条件下甚至对管理有决定作用。外部环境制约管理活动的方向和内容。无论什么样的管理目的，管理活动都必须从客观实际出发。脱离现实环境的管理是不可能成功的。“靠山吃山，靠水吃水”一定程度上反映了外部环境对管理活动的决定作用。同时外部环境也影响管理的决策和方法。当然，管理对外部环境具有能动的反作用。

1. 组织环境的管理

（1）组织环境定位。

我们采用著名组织理论家汤姆森用环境的变化程度和环境的复杂程度来反映的方法了解组织所处的环境。根据这种方法可以将组织环境划分为四种状况：相对稳定和简单的环境；动荡而简单的环境；相对稳定但极为复杂的环境；动荡而复杂的环境，如图 1－1－4 所示。

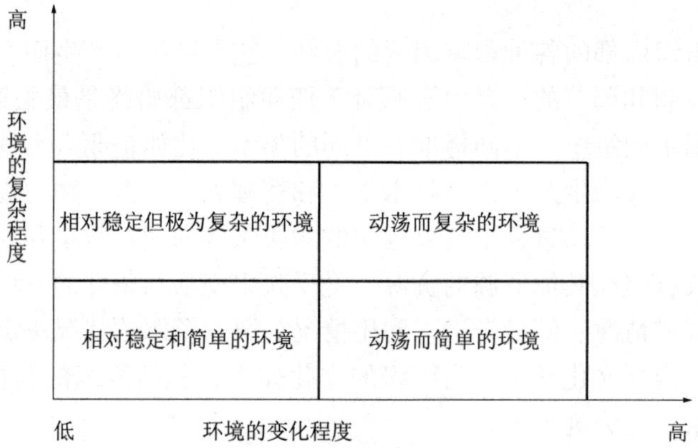

图1-1-4 外部环境的四种状况

（2）组织环境的管理。

组织环境管理的一般步骤有：首先了解环境因素的变化情况；再进行分析研究，确定环境因素对组织的影响，然后对各种环境因素的影响做出相应反应。

对不同的环境因素要采用不同的管理方法。对一般环境因素，主要是如何主动适应它；对任务环境，应该通过努力加以管理。

2. 组织文化的管理

组织文化是组织内的管理人员及其全体员工以已有的思想为基础，通过组织内部一定时期的实践、加工而逐步形成的。在下列条件下，组织文化最有可能发生变化：发生戏剧性危机；领导层发生变动；组织成立不久且规模较小、组织文化较薄弱。

组织文化包括行为规范、道德准则、群体意识以及风俗习惯等。组织文化虽然对组织的影响是间接的，但是很重要的，组织文化决定了组织内部什么是被认可的，什么是被反对的。

任务四　管理的基本原理

【导入案例】

海尔的人本管理

一、以人为本——海尔的创新用人机制

1. 海尔的用人理念

企业管理一般要管四样：管人、管财、管物、管信息。后三者都由人去管理和操作，人是行为的主体，可以说，人的管理是企业管理的核心。因此，现代的企业总是把人力资源开发放在相当重要的位置，而每个企业都有自己的一套用人理念，海尔当然也不例外。

在海尔的领导看来，企业不缺人才，人人都是人才，关键是如何将每一个人所具备的优秀品质和潜能充分发挥出来。海尔集团总裁张瑞敏认为，企业领导的主要任务不是去发现人才，而是去建立一个可以出人才的机制，并维持这个机制健康持久地运行。这种人才机制应该给每个人相同的竞争机会。为此，海尔人“变相马为赛马”，在全体员工高度认同的情况

下，不断提升、完善这一竞争机制。

海尔的赛马机制具体而言，包含三条原则：一是公平竞争，任人唯贤；二是职适其能，人尽其才；三是合理流动，动态管理。海尔人力资源开发和管理的要义是，充分发挥每个人的潜能，让每个人每天都能感到来自企业内部和市场的竞争压力，又能够将压力转换成竞争的动力，这就是企业持续发展的秘诀，即开展公平、公正、公开竞争。市场竞争说到底是人才的竞争。有什么样的人才，就有什么样的事业，谁拥有的高素质人才多，谁就可以在竞争中取胜。

2. 三工并存、动态转换

海尔集团实行“三工并存、动态转换”制度。三工，即在全员合同制基础上把员工的身份分为优秀员工、合格员工、试用员工（临时工），他们分别享受不同的三工待遇（包括工龄补贴、工种补贴、分房加分等），并且根据工作业绩和贡献大小进行动态转换。

3. 升迁机制——海豚式升迁

“海豚式升迁”是海尔人力资源管理的一大特色。有的经理职位已经很高了，但是他如果缺乏某方面的经验，也要派到基层；有的管理者各方面经验都有了，但综合协调能力较低，也要派到相关部门去锻炼。

二、海尔员工的培训策略

海尔集团一直贯穿“以人为本”提高人员素质的培训思路，建立了一个能够充分激发员工活力的人才培训机制，最大限度地激发每个人的活力，充分开发利用人力资源，从而使企业保持了高速稳定的发展势头。

1. 海尔的价值观念培训

海尔培训工作的原则是“干什么学什么，缺什么补什么，急用先学，立竿见影”。在此前提下首先是价值观的培训，“什么是对的，什么是错的，什么该干，什么不该干”，这是每个员工在工作中必须首先声明的内容，也就是企业文化的内容。对于企业文化的培训，海尔除了通过新闻机构的《海尔人》进行大力宣传以及通过上下灌输、上级的表率作用之外，重要的是由员工互动培训。

2. 海尔的实战技能培训

技能培训是海尔培训工作的重点。海尔在进行技能培训时重点是通过案例、到现场开展的“即时培训”模式来进行。

3. 海尔的个人职业生涯培训

海尔集团自创业以来一直将培训工作放在首位，上至集团高层领导，下至车间一线操作工人，集团根据每个人的职业生涯设计为每个人制订了个性化的培训计划，搭建了个性化发展的平台，提供了充分的培训机会，并实行培训与上岗资格相结合。

三、“斜坡球体理论”和激励机制

“斜坡球体理论”是海尔用人机制和激励机制的理论基础，海尔认为，员工和企业好比斜坡上的球体。由于自身的惰性和外部的压力，向下滑落是它的本性，而要想使它往上移动，就需要来自内、外两种力量的支撑和推动。内在动力来自员工自身素质的提高和对企业目标的认同和自觉的努力，这是根本；外在动力则来自恰当的激励机制和企业文化的影响。

当支撑力和推动力大于下滑力时，才能使员工不断提高，使企业不断发展。

1. 多种形式的与绩效挂钩的工资制度和物质激励手段

海尔工资改革的原则就是将工资与员工的劳动效果、工作业绩挂钩，真正实行“多劳多得，少劳少得，不劳不得”的目标，彻底打破平均主义。为了激发劳动者的工作热情，海尔集团会根据不同岗位、不同管理层采取多种工资形式。

2. 注重精神激励

（1）鼓励员工创造发明。海尔规定，凡是员工发明、改革的工具明显地提高了劳动生产率，可由所在部门逐级上报厂职代会讨论通过，并以发明或改革者的名字命名该项创新与发明，继而公开表彰宣传，并给予现金奖励。

（2）鼓励员工参与管理。员工参与管理的程度，既反映了员工融于企业的程度，又反映了企业文化被认同的程度。海尔以人为本，尊重员工的意见、建议，规定职工提出的合理化建议要逐一落实，并给予适当的物质奖励，设置了海尔希望奖、合理化奖等。

（3）“职工生涯设计”。海尔为员工设定了三种“职业生涯设计”：管理人员、专业人员和工人。这是根据每个人的特点制作的，其中每个工作目标都和本人协商确定，每一种工作都有升迁的方向。如果需要提高，马上可以进行有针对性的培训。

（4）创立“三心”工程，增强职工向心力。在海尔，执行制度一丝不苟，是无情的，但为职工排忧解难却是有情的。海尔开展“三心”工程——“解决疾苦要热心、批评错误要诚心、做思想工作要知心”，为员工做了许多实实在在的工作。

问题思考：

如何理解海尔的人本管理。

【相关知识】

一、管理原理的主要特征

1. 客观性

管理原理是对管理的实质及客观规律的表述。因此管理原理不以主观意志而改变，具有客观性的特征。

2. 概括性

管理原理是在总结大量管理活动经验的基础上，舍弃了不同组织之间的差别，经过高度概括得出的普遍性、规律性的结论。

3. 稳定性

管理原理虽然不是一成不变的，会随着社会的发展而发展，但是管理原理也不是变化多端的，而是相对稳定的。正因为管理原理具有稳定性的特征，才能够被人们正确地认识和利用。

4. 系统性

管理的各原理之间本身就是具有高度系统性的相互联系、相互制约的有机整体。任何管理对象都可以用系统原理进行分析归类，理出不同的脉络层次，分清主次。

二、管理原理的内容

（一）系统原理

系统原理，即把企业视为社会技术经济系统，运用系统观点和系统方法建立组织与环境、组织内部各部分相互促进的协调关系，实现企业系统的高效能、高效率。

在自然界和人类社会中，一切事物都是以系统的形式存在的，任何事物都可以被看作一个系统。任何社会组织都是由人、物、信息组成的系统，任何管理都是对系统的管理，没有系统，也就没有管理。系统原理包括整体性原理、动态性原理、开放性原理、环境适应性原理和综合性原理等。

1. 整体性原理：指系统要素之间的相互关系及要素与系统之间的关系以整体为主进行协调，局部服从整体，使整体效果为最优。

2. 动态性原理：指系统作为一个运动着的有机体，其稳定状态是相对的，运动状态则是绝对的，系统不仅作为一个功能实体而存在，而且作为一种运动而存在。

3. 开放性原理：指任何有机系统都是耗散结构系统，系统只有与外界不断地交流物质、能量和信息，才能维持其生命。

4. 环境适应性原理：指系统不是孤立存在的，它要与周围发生各种联系。这些与系统发生联系的周围事物的全体，就是系统的环境，环境也是一个更高级的大系统。如果系统与环境进行物质、能量和信息的交流，能够保持最佳适应状态，则说明这是一个有活力的理想系统。否则，就是无生命力的。

5. 综合性原理：指把系统的各部分和各种因素联系起来，考察其中的共同性和规律性。任何一个系统都可以被看作由许多要素为特定的目的而组成的综合体，社会、国家、企业、学校、医院以及大型工程项目几乎都是非常复杂的综合体。任何复杂的系统都是由许多子系统和单元综合而成的，因此，任何复杂的系统又都是可以分解的。系统可能整体看上去十分复杂，但如果将其分解为每个子系统和单元就可能变得简单而容易解决。所以，管理者既要学会把许多普普通通的事物综合为新的构思、新的产品，创造出新的系统，又要善于把复杂的系统分解为最简单的单元去进行管理。

（二）人本原理

人本原理，顾名思义，就是以人为本的原理，主要包括职工是企业的主体，职工参与是有效管理的关键，使人性得到最完美的发展是现代管理的核心，服务于人是管理的根本目的等观点。它要求人们在管理活动中坚持一切以人为核心，以人的权利为根本，强调人的主观能动性，力求实现人的全面、自由发展。其实质就是充分肯定人在管理活动中的主体地位和作用。

总之，尊重人、依靠人、发展人、为了人是管理中人本原理的基本内容和价值取向。尊重人、依靠人是手段，发展人、为了人则是目的。手段与目的是完全统一的。

（三）责任原理

责任原理是指管理工作在合理分工的基础上，明确规定组织各级部门和个人应该完成的工作任务和担负的相应责任。这一原理表明，只有明确职责，才能正确考核和评价组织成员的工作业绩，才能挖掘人的潜能，实现组织目标。责任原理主要包括明确每个人的职责，合理设计职位和授权，奖惩要分明、公正而及时等观点。

（四）效益原理

效益原理认为任何组织的管理都是为了获得某种效益，效益的高低直接影响着组织的生存和发展。而效益是指有效产出与投入之间的一种比例关系，包括经济效益和社会效益两个方面。经济效益可以用经济指标来计算和考核，而社会效益具有间接性，较难以量化，定性的考核较多。

管理应确立正确的效益观，把经济效益与社会效益有机结合起来，尽可能客观公正地评价效益。综合评价管理效益时，必须从管理者的劳动效益及所创造的价值来考虑。追求局部效益与追求全局效益相一致，必须把全局效益放在首位，局部服从全局。特别是要追求长期稳定的高效益，以战略的眼光去追求效益，并遵循客观规律增大效益。

管理的四大原理可以建立起一个有效的科学管理系统。系统原理是管理的基础，人本原理是管理的主体，责任原理是管理的保证，效益原理是管理的目的。总之，管理原理是能够全面系统地反映管理全过程的基本规律，它指导一切管理行为，对于做好管理工作有着普遍的指导意义。

任务五　管理的方法

【导入案例】

青岛市国土资源和房屋管理局关于持续促进我市房地产市场平稳有序运行的通知

各区、市人民政府，市政府各部门，市直各单位：

为进一步贯彻落实“房子是用来住的，不是用来炒的”定位，按照国家关于加强房地产市场分类调控的总体要求，持续促进我市房地产市场平稳有序运行，经市政府同意，现提出有关意见，通知如下：

一、在市南区、市北区、李沧区、崂山区、黄岛区、城阳区（包括高新区）范围内，对已拥有1套住房的本市（七区三市，下同）户籍居民家庭（含部分家庭成员为本市户籍居民的家庭，包括夫妻双方及未成年子女，下同）、能够提供从购房申请之日起前2年内在本市连续缴纳12个月及以上个人所得税纳税证明或社会保险缴纳证明的非本市户籍居民家庭（家庭成员均不拥有本市户籍，下同），限购1套住房（含新建商品住房和二手住房，下同）；对在上述区域内已拥有2套及以上住房的本市户籍居民家庭、拥有1套及以上住房的非本市户籍居民家庭、无法提供上述纳税证明或社会保险缴纳证明的非本市户籍居民家庭，暂停向其售房。补交、补办个人所得税纳税证明或社会保险缴纳证明的不予认可。

二、在本市范围内新购买的新建商品住房和二手住房，需取得《不动产权证书》满5年后方可上市交易。

三、售房单位应在2018年4月28日（含当日）17：00前将本通知实施前已形成实际交易尚未完成网签备案的商品住房明细及交易证明材料（包括商品住房的认购协议、认购单、购房发票、税控收据、非税控收据和资金支付凭证等）报房屋所在地房产交易管理部门。

四、买卖双方或经纪机构应在2018年4月28日（含当日）17：00前将本通知实施前已经形成交易尚未完成网签备案手续的存量住房完成网签备案。

本通知自2018年4月19日起正式实施。

青岛市国土资源和房屋管理局
2018年4月18日

问题思考：

从管理的方法分析青岛市政府出台限购政策的利与弊。

【相关知识】

管理方法，是指管理者为实现组织目标，组织和协调管理要素的工作方式、途径或手段。也就是运用管理原理，实现组织目的的方式。任何管理，都要选择、运用相应的管理方法。现代管理方法是一个多层次、多序列且内容丰富的体系。我们应通过对管理方法的学习，了解不同管理方法的优点及缺点，理解它们的适用条件和范围，以便在实际管理活动中选取恰当的方法来实现管理目标。管理方法可分为经济方法、行政方法、法律方法和社会学心理学方法。

一、经济方法

（一）经济方法的含义

经济方法是以人们对物质利益的需要为基础，按照客观经济规律的要求，运用各种经济手段来执行管理职能、实现管理目标的方法。

常用的经济手段主要包括价格、税收、信贷、利息、利润、工资、奖金、罚款等。其中，价格、税收、信贷和利息属于宏观管理中的经济手段，工资、奖金、罚款属于微观管理的经济手段。

（二）经济方法的特点

1. 利益驱动性

被管理者在经济利益的驱使下去采取管理者所预期的行为。

2. 普遍性

经济方法被整个社会广泛采用，是最基本的方法，尤其是在经济管理领域。

3. 持久性

由于经济方法所满足的是人的最基本的生存需要，因此，被长期采用，其作用也是持久的。

经济方法的缺点：可能产生明显的负面作用，即会使被管理者过分看重金钱，影响其工作主动性和创造性的发挥。

二、行政方法

（一）行政方法的含义

行政方法是指在一定的组织内部，以组织的行政权力为依据，运用行政手段，按照行政隶属关系来执行管理职能、对下属施加直接影响的管理方法。行政方法的主要形式有行政命令、指令、指示、规定、决议、决定和通知等。

行政命令是上级行政机构或行政主管根据职权对下级下达任务和宣布决定的一种形式；指令是上级行政机构或行政主管对下级发布的具有指示和规定性质的要求和措施；指示是上级行政机构或行政主管对下级报告的批示或对下级改进工作提出具体意见的一种形式；规定

是上级行政机构针对某项特定事物所制定的、以书面形式正式公布的、要求下级必须执行的具体办法；决议是上级行政机构为处理重大问题或事件正式公布下达的具体意见；决定是上级行政机构针对具体问题或重大行动要求下级必须执行的意见；通知是行政机构用以传达上级部门批示或批转下级公文的一种文书形式。

（二）行政方法的特点

1. 强制性

行政方法依靠行政权威强制被管理者执行。

2. 直接性

行政方法采取直接干预的方式进行，其作用明显、直接、迅速。

3. 垂直性

行政方法适用于上下级之间，是完全垂直领导的。

4. 无偿性

行政方法是通过行政命令方式进行的，不直接与报酬挂钩。

行政方法的缺点：由于强制干预，容易引起被管理者的抵抗心理，单纯依靠行政方法很难进行持久的有效管理。

三、法律方法

（一）法律方法的含义

法律方法是指运用法律这个由国家机关制定或认可并由国家强制力保证实施的行为规范来进行管理的方法。法律方法的内容，不仅包括建立和健全各种法律、法规的立法工作，而且包括相应的司法工作和仲裁工作，这两个方面相辅相成、缺一不可。法律方法的主要形式有国家的法律、法规；组织内部的规章制度；司法和仲裁。

（二）法律方法的特点

1. 高度强制性

法律方法依靠国家权威制定的法律来进行强制性管理，其强制性大于行政方法。

2. 规范性

它是采用规范进行管理的一种形式，属于“法治”，而非“人治”。这增强了管理的规范性，而限制了人的主观随意性。

法律方法的缺点：对于特殊情况有适用上的困难，缺乏灵活性。

四、社会学心理学方法

（一）社会学心理学方法的含义

社会学心理学方法是指借助社会学和心理学原理，运用教育、激励等手段，通过满足管理对象社会心理需要的方式来调动其积极性的方法。社会学心理学方法的主要形式有宣传教育、思想沟通、各种形式的激励等。

（二）社会学心理学方法的特点

1. 自觉自愿性

这是通过被管理者内心激励，而使其自觉自愿地去实现目标的方法，不带有任何强制性。

2. 持久性

这种方法建立在被管理者觉悟和自觉服从的基础上。

社会学心理学方法的缺点：主要表现为对紧急情况难以适应，而且，单纯使用该方法常常无法达到目标。

管理的四大方法不是孤立存在的，通常是多种方法综合运用。管理的四大方法的比较如表1－1－4所示。

表1－1－4　四大管理方法的比较

名称	内容	特点	主要形式
经济方法	依靠利益驱动，利用经济手段，通过调节影响被管理者物质需要而促进管理目标实现的方法	利益驱动性、普遍性、持久性	价格、税收、信贷、经济核算、利润、工资、奖金、罚款、定额
行政方法	依靠行政权威，借助行政手段，直接指挥和协调管理对象的方法	强制性、直接性、垂直性、无偿性	行政命令、指令、指示、规定、决议、决定、通知、监督、检查、协调、仲裁
法律方法	借助国家法规和组织制度，严格约束管理对象为实现组织目标而工作的一种方法	高度强制性、规范性	国家的法律、法规；组织内部的规章制度；司法和仲裁
社会学心理学方法	借助社会学和心理学原理，通过满足管理对象社会心理需要的方式来调动其积极性的方法	自觉自愿性、持久性	宣传教育、思想沟通、各种形式的激励等

项目小结

管理是保障社会与经济秩序，合理配置资源，有效协调与指挥社会各类活动，调动人的积极性，实现社会及各组织目标的关键性手段。可以说，没有现代化的管理，就没有现代化的社会。

管理、管理职能和管理系统等，是管理学中最基本的内容。管理概述部分主要介绍了管理的含义、管理的职能、管理的性质和管理系统，着重介绍了管理的职能和管理系统。通过对这些内容的学习，能为了解和掌握其他管理学知识打下坚实的基础。

管理者，就是履行管理职能，对实现组织目标负有贡献责任和影响力的人。管理者部分主要介绍了管理者含义、管理者的类型、管理者角色、管理者技能，着重介绍了管理者角色、管理者技能。管理者是管理的主体，对管理活动的顺利进行、组织活动及其目标的实现起着十分重要的作用。

管理对象与管理环境部分介绍了管理对象、管理环境。管理对象包括人、财、物、时间、信息等。管理环境部分介绍了管理环境的含义、类型以及环境管理。管理环境可以分为外部环境和内部环境。其中外部环境又可以进一步分为一般环境和任务环境。任何组织都是在一定环境中从事活动的，任何管理也都要在一定的环境中进行。管理环境的变化要求管理的内容、手段、方式、方法等要随之调整，以利用机会，趋利避害，更好地实施管理。

管理原理与管理方法部分介绍了管理原理和管理方法。管理原理是能够全面系统地反映管理全过程的基本规律，它指导一切管理行为，对于做好管理工作有着普遍的指导意义。管理的四大原理可以建立起一个有效的科学管理系统。系统原理是管理的基础，人本原理是管理的主体，责任原理是管理的保证，效益原理是管理的目的。管理方法就是运用管理原理，实现组织目的的方式。任何管理，都要选择、运用相应的管理方法。管理方法有经济方法、行政方法、法律方法和社会学心理学方法。管理的四大方法不是孤立存在的，通常是多种方法综合运用。

主要概念和观念

1. 管理的概念。
2. 管理的职能。
3. 管理是科学性与艺术性的统一。
4. 管理者的技能。
5. 管理的基本原理。
6. 管理的方法。

基本训练

1. 怎样理解管理的含义？
2. 为什么说管理既有科学性又有艺术性？
3. 简述不同层次管理者对管理技能的要求。
4. 简述组织与外部环境的关系，组织外部环境都包括哪些？
5. 简述管理原理的特征。
6. 简述管理的基本方法，并进行比较。

案例讨论

不懂技术的人做项目经理靠谱吗？

因为人员紧张，年初领导问我是否有空作为一个程序员参加另一个项目。我当时手头比较空闲，就答应了下来。可这个项目做到目前，我觉得我实在不想再参加了，就跟领导要求退出，所以我就退出了这个项目。我退出的原因有很多：

（1）我自己手头有个比较大的项目，我需要花时间和精力在这个上面。

（2）这两年一直在做项目管理、分析等工作，没有涉及编码，这个项目用到的技术刚好是我不熟悉的，因此觉得上手很困难。

（3）由于部门的一些做法，让我对工作失去了热情，觉得没有必要让自己那么辛苦。其实，我退出就是增加了项目组其他成员的工作量，所以我觉得这个事，我还是做的挺自私的。

我想说一下这个项目。

首先说一下项目成员。不算其他边边角角的人员，项目组主要有四个人。这四个人里，有三个都是很强势的人（一个是项目经理，另一个也是，还做些架构设计；还有一个应届生，虽说他是应届生，但他是很强势的，因为一方面他毕业的院校比较好，而且他在学校里也很优秀)。最不强势的人就是项目经理了。为什么项目经理会这样呢？因为他对业务和技术都不懂，而且他自己还很清楚这点，所以他平时就什么都不敢说也不敢管（不过我觉得他也缺乏带项目的经验)。并且，我们三个人都不是全职做这个项目。这个项目涉及的技术我们都没有人用过。

接下来说一下工作安排。由于我是项目开始后才加入，所以需求分析我没有参加。然后是详细设计，大家讨论一下，每个人分一块来写，项目经理收齐后合并成一份文档，交给领导审批。开发时，再打乱分下来一人开发一个模块。由于我们部门今年内增加了很多规章制度，要求文档要齐全、格式要标准，并且要经过技术委员会审批，因此当这一切做完时，已经到年中了。

然后架构师开始搭开发框架（一边摸索一边搭），我们开始开发。开发时碰到一些问题：

(1) 对使用的新技术我们都不熟。

(2) 详细设计文档不够详细（文档其实就是为了应付领导)，需要不断地询问。

(3) 项目经理没有统一项目开发标准和管理项目事项。

(4) 每个人都有其他事情不断地打断开发。

我个人觉得项目经理是无辜的。领导为什么指派一个技术和业务都不熟悉，并且缺乏项目管理经验的人做项目经理？领导为什么指派给他的成员都是其他项目的项目经理，并且都是强势的？领导为什么指派我这种很久已经不写代码的人去写代码？

这个项目我有很多疑问，在怀疑领导做法的同时也在怀疑我自己。当然，其实我也不用怀疑自己，我退出这个项目，纯粹是因为我的思维已经转到业务分析、项目管理上，再往编码上转觉得很困难，也许我比较笨吧。

想听听大家对这个项目有什么想法。

问题思考：

1. 你认为作为一个管理者应具备哪些技能？不同层次的管理者对技能的要求有何不同？
2. 你可以向案例中不懂技术的项目经理提出一些建议吗？

项目二

管理思想与理论的发展

【导入案例】

中国传统管理文化

管理国家和管理企业，二者之间往往有相通的地方。什么制度适合当时的管理，用什么样的管理模式来管理，那不是由管理者幻想来规划出来的，而是因地制宜、实事求是地将管理思想与模式运用于企业当中。管理对象的物质环境变了，被管理的人文背景变了，管理也要随之改变，所以管理也是与“时”俱进的。

近年来，在洋派管理学大行其道、强调“执行力”和“没有任何借口”的时候，中国的管理也逐渐趋于提取历史传统文化的精髓而运用于管理了。这一点从《麻辣三国》《水煮三国》《孙悟空是个好员工》，到《情境鹿鼎记》《梁山政治》等书大受追捧的程度就可以明显地看出。观念的比拼让管理学不断出新，既带动了管理者的思考，也带动了读者的阅读和思考。其中“新古典主义”主张“回归传统，崇尚道德，无为而治”，对管理做以最新诠释与赋予创新的思想与观点，倍受瞩目。该主张既不认可中国企业这种塑造明星老板的做法，也不欣赏员工所谓的自我实现。它倡导的团队精神是一种爱与和谐、一种非物质的指标。

其实造成这种现状并非偶然，因为现在中国的大多数企业已经厌倦了照搬或是沿用西方一些洋派的管理思想、风格与模式。因为现实是，管理学的研究在中国历史上早已博大精深，很值得我们反复研究和运用。这些管理思想可以从渗透在一些我国重要的著作和文学作品如《周易》《贞观政要》《资治通鉴》《三国演义》《红楼梦》等著名小说之中得出。

当然，小说只能是小说。仅从故事的人物传记成败看，一种管理的成败，要看这样的管理是否因地制宜，是否与时俱进、符合时代，是否依据事物的物质环境和人文来进行管理调整，适者生存。

除了一些著作与小说中所阐述的深刻管理学之外，我们还可从诸子百家中发现，里面有很多都是在谈管理学的。古代比较典型的几个流派就是儒家、法家、道家、墨家、兵家等。其中最被企业和管理学倡导与推崇的是儒学的管理思想，孔子就是一个很典型的管理学大师，他提出了以“仁”为核心的学说，主张君君臣臣父父子子，就是要大家各尽其职。

儒家管理思想有着鲜明的人本主义色彩，建立起了系统的人性管理模式，注重管理的道德性，把“道之以德”作为管理的主要手段，建立了一整套的人才管理理论体系，提出了

“和为贵”的社会生态平衡的和“刚柔相济”“宽严结合”的领导原则、指导原则，以“阴阳互补”的方法论为指导，确立了以人为本的“富民”“安民”的管理目标。所以，在现如今的许多企业中都运用了儒家的管理思想。

除了儒家的管理思想之外，主要还有法家、道家、墨家、兵家等的管理思想，仍然可为我们现代的企业管理借鉴运用。如道家的管理思想是以“道法自然”“无为而无不为”的柔性管理为特征的。所谓“柔性”管理，就是按照事物自身的法则来进行管理，不把人的主观意志强加给事物及其过程，这就是“无为而无不为”；强调“柔弱胜刚强”，认为只柔弱的东西才是有生命力的东西，刚性的事物很快要走向反面。人们在认识问题时，不要只看到眼前的状况，更要看它的发展和将来；管理还要像水一样，水普利万物而不争利，它虽然柔弱，可是其力量却强大无比。

法家的管理思想强调法治，强调他律，强调法律的强制作用，强调集权的权威，强调管理手段的运用，强调尚贤。法家的管理思想追求效益，充满着强力、竞争、严密控制的倾向。

墨家的管理思想强调“兼爱”“尚同”“尚贤”，同时还赞成劳动过程分工的合理性，提出“各从事其所能”的原则。强调“利”和“力”是墨子管理思想的又一显著特征，墨子强调“交相利”“义者，利也”“万民被其大利”“凡五谷者，民之所仰也”“民无食，不可为事”。还强调“非命”，认定人生在世要竞力而争，“赖其力者生，不赖其力者不生”，要与命运、自然进行抗争。人只要能发挥自己的力量，与自然争战就能求得生存。

兵家十分重视管理中谋略的运用，管理的战略和策略的正确运用，是获得管理成功的关键，还强调管理的环境，即天时、地利、人和的运用等。

以上所述的管理思想，是我们民族的宝贵文化财富，应该是我们深入学习和研究的对象。只有正确认识、深刻理解民族管理文化的精华，并且在实践加以创造性地运用，才能建立起中国特色的企业管理。

“管理”也许很多人过分注重“管”，信奉不管则乱，实际上管得太多才容易乱。管理若缺乏物质的基础，缺乏人文的基础，就必定会失败。没有物质环境基础，超前的管理手段和意识只能是空中楼阁；没有人文意识的共识，超越的管理手段，也不可能被时代接受。中国社会无论是企业还是政府都是一样的道理，管只能把握一个度，松则散，刚则脆。人性化的管理才是长远之计，而获得最佳管理方法的途径是沟通，通过沟通了解员工，创造一个员工都肯为它奋斗、为它长期努力的工作环境，那样管理起来也轻松，就是管理者本身也会过得开心、工作得顺心。

成吉思汗戎马一生，他建立的铁骑军团横扫欧亚非。然而他的“管理模式”只适合建立具有强大作战能力的军队，而不适合统治疆域辽阔的国土。这不但因为军团和国家的管理性质有区别，还因为适时的、有针对性的管理理论模式缺乏。

从治理军队到治理国家，管理的目标变了，管理目标的性质变了，被管理的人也不仅仅是他本民族的人了，被管理人群的人文范畴也广了，管理模式也同样要随之改变。不“转型”，就得遭受失败。如果成吉思汗能用治理军队的理念来了解国家治理的实际需求，以此来治理打下的江山，审时度势，转型“管理”模式，那或许还可能有成就统一大业的机会。

在我国传统的管理理论和方法中，它的精华就是那些具有普遍意义的东西，这些具有普遍性的理论和方法，不仅适合于中国，而且适合于一切管理过程；从我国建立现代企业管理的需要上看，也必须继承和弘扬民族的管理文化。管理是一种文化，企业文化是现代企业管理创新的最高成就。只有认真学习，深入理解传统文化的精华，才能在传承传统文化的基础上进行管理上的创新。

问题思考：

所谓“中国式管理”，应该是一种怎样的文化？

任务一　管理理论的萌芽时期

【相关知识】

一、东方早期管理思想

管理其实是一项非常古老的工作，人类的管理活动源远流长，古代东方和西方有遗迹和史书记载的管理活动及古代管理思想，都可以视为管理理论的萌芽。东方早期管理思想的代表是中国，在中华民族的思想宝库中，管理思想占有重要的地位。中国是一个历史悠久的文明古国，中国古代的管理思想十分丰富，某些管理思想早已蕴涵了被现代管理者公认的某些管理原理、原则和观念，甚至可以挖掘出与现代管理相近的某些具体的管理方法来。

（一）系统控制管理思想

中国古代系统控制管理思想十分丰富。举世闻名的万里长城、闻名中外的大型水利枢纽工程——都江堰工程，其建造、管理都体现了古代系统控制管理思想的萌芽。万里长城在建造时，分为镇城、路城、卫城、关城、堡城、城墙、放台、烟墩等不同等级、不同形式和不同用途的建筑，形成了一个完整的防御工程体系。在管理上，沿线设九个镇，每镇设总兵，上受兵部指挥，每镇之下又分级设“路”“关”及城保、墩台，形成多级管理系统，信息自下而上、自上而下传递迅速、反馈自如。都江堰工程也是系统工程的古代杰作。该工程由岷江鱼嘴分水工程、飞沙堰溢洪排沙工程、宝瓶口引水工程及水利信息系统构成，融灌溉、蓄水、防洪、排沙于一体，合理地解决了分水导江、防洪防旱、引水灌溉、排除泥沙等一系列的重大问题。

（二）组织体制管理思想

春秋时代孙武所著的《孙子兵法》，是世界上最古老的兵书。他在该书中曾提到军、旅、卒、伍的军队编制。军为12 500人，旅为500人，卒为100人，伍为50人，层次关系明晰，编制比较完备。《孙子·势篇》中说：“凡治众如治寡，分数是也；斗众如斗寡，形名是也。”其意思是管理人数的多与少，道理都一样，只要抓住编制名额有异这个特点就行了。这种观点类似现代管理中所谈到的“要按一定的管理层次和幅度建立组织机构”的管理思想。

（三）对策决策管理思想

对策和决策思想早在战国时期就大放异彩，其丰富经验对今天的决策科学化很有参考价值。墨子的“三表”决策思想，提出了正确的决策必须以实事求是为前提。墨子提出：“有本之者，有原之者，有用之者。于何本之？上本之于古者圣王之事。于何原之？下原察百姓耳目之实。于何用之？废（发）以为刑政，观其中国家百姓人民之利，此所谓言有三表也。”其意即在判断一件事是否可行时，先考察历史，看是否符合古代圣王的遗训；然后要听取百姓的意见，看是否符合民心；最后看是否真正有利于国家民众。战国时孙膑的对策思想在“田忌赛马”的故事中得到了生动的反映。张良是汉高祖刘邦的谋士，他为汉朝的建立和巩固谋划了很多英明决策，因而被刘邦誉为“运筹于帷幄之中，决胜于千里之外”的最优决策者。诸葛亮雄才大略，纵观天下，预测未来，做出“三分天下”的关键决策，并通过联孙抗曹，使一无所有的刘备雄踞一方。《孙子兵法》也十分重视决策，提出“用兵之道，以计为首”。孙子认为：计划、决策应从“道、天、地、将、法”五方面入手，才能保证战争的胜利。这种决策思想同样适用于经济管理。

（四）经营财政管理思想

春秋末期的政治家兼巨商范蠡有两条著名的经营之道：一是待乏原则。“夏则资皮、冬则资稀、水则资车、旱则资舟”；二是积著之理，是指获取利润的方式。战国时期周国人白圭，根据农业生产周期的说法进行经营，其经营思想可概括为“乐观时变”四个字。荀子曾提出财政管理的许多原则，如分等征税原则、“聚敛者亡”和“王者窜民”的财政管理原则、“上下俱富”以政裕民的原则、“足国之道，节用裕民而善藏其余”的财政支出总原则等。

（五）选才用人管理思想

中国古代很早就提出了选才用人的管理思想，认识到“知人善任，礼贤下士”的重要性。墨子提出要“察其所能而慎予官”。荀子告诫执政者“无私人以官职事业”，切不可任人唯亲，而主张任人唯贤，唯才是举。晏子则进一步指出：人的才能也是不同的，应当让人专司一事，不能要求他无所不能。用人的优点，不用他的短处；用人所擅长的，不用他所不擅长的。这就是任用人才的要略。秦始皇能完成统一大业，是因为重用了蹇叔、商鞅、张仪、范雎等人。北宋王安石的人才管理思想更加系统化、理论化。他的用人思想可概括为“教之、养之、取之、任之”。

二、西方早期管理思想

西方早期管理实践和思想主要体现在指挥军队作战、治国施政等活动之中。古埃及、古罗马、古希腊、意大利都对管理思想有过突出的贡献。

在古埃及，人们建立了以法老为最高统治者的金字塔式的管理机构来管理国家。为了加强国家的行政管理，法老设立了宰相，由法老掌管宗教，宰相管理社会事务，这明显具有分权的含义。从古埃及被挖掘的陪葬品中可了解到，监督者和奴仆的衣着，依据其身份和职业的不同，也有明显的差异，体现的就是等级的概念。古埃及人正是凭借先进的国家行政管理体系和卓越的管理才能创造了大金字塔、尼罗河水利工程等人间奇迹。

古罗马由一个奴隶制小城邦发展为横跨欧、亚、非三洲的大帝国，就应该归功于罗马人的组织天才。284 年，在罗马帝国几乎失控、即将分崩离析的情况下，古罗马建立了层次分明的中央集权帝国。罗马帝国的巩固，主要依靠的是严格的体制与权力层次以及与各军政机构之间的具体分工。在帝国的各种活动中，他们在权力等级、职能分工和严格的纪律方面都表现出他们在管理上具有相当高的水平，由此维护了中央集权的独裁统治，促进了帝国的安定和繁荣。

古希腊的管理思想对后世西方管理思想的发展有着深刻的影响。古希腊的许多学者也都研究过管理问题，给我们留下了许多宝贵的思想。苏格拉底和亚里士多德通过研究公务管理和家务管理的一致性，确立了管理的普遍存在。亚里士多德第一次系统地提出了都市管理问题。亚里士多德在著作《政治学》中写道："从来不知道服从的人不可能是一位好的指挥官。"这揭示了管理者和被管理者的关系问题。另一著名希腊哲学家瑟诺芬则第一次论述了劳动分工，提出"一个从事高度专业化工作的人一定能工作得最好"。

在 15 世纪的意大利，曾出现过一位著名的思想家和历史学家尼科罗·马基雅维利，他提出了许多如何实行统治和管理的思想，这些都反映在他的《君主论》和《谈话录》这两部著作中。它比同时代的英国思想家托马斯·莫尔在《乌托邦》中描绘的理想社会中的管理的乌托邦思想更具有实践意义。随后，在政治理论上有卓越贡献的英国哲学家托马斯·霍布斯和约翰·洛克分别在《利维坦》和《政府论》两部杰作中提出了一系列统治的法则。这些对于后来的管理学家都具有思想奠基的作用。意大利的威尼斯兵工厂早在 15 世纪初就采用了几乎与现代美国企业家福特发明的装配流水线一样的生产和管理方法。

18 世纪 60 年代以后，西方国家开始进行产业革命。这场革命使以手工业为基础的资本主义工场向采用机器的资本主义工厂制度过渡。产业制度使生产力有了较大的发展，随之而来的是管理思想的革命，于是计划、组织、控制等职能相继产生。许多理论家，特别是经济学家，在其著作中越来越多地涉及有关管理方面的问题。人们对管理问题的关注和所进行的探索，促成了早期管理实践和管理理论的形成。

（一）亚当·斯密的管理思想

对早期管理思想贡献最大的是英国经济学家亚当·斯密（Adam Smith），他在 1776 年出版的《国富论》一书中系统地阐述了劳动价值论和劳动分工的理论。

《国富论》不仅对经济和政治理论的发展有着重要影响，对管理思想的发展也有重要的贡献。他在《国富论》中以制针业为例说明了劳动分工给制造业带来的变化。"如果他们各自独立工作，不专习一种特殊业务，那么，他们不论是谁，绝对不能一日制造 20 枚针，说不定一天连一枚针也制造不出来。"他们不但不能制出今日由适当分工合作而制成的数量的 1/240，就连这数量的 1/4 800 恐怕也制造不出来。亚当·斯密分析了使劳动生产率提高的三个主要原因：专业分工增加了每个工人的技术熟练程度；一个人专门做一种工作（分工），节省了转换工作所需要的时间；以专业分工为基础，不仅大大提高了生产效率，而且还可以使一个人能够做许多人的工作。

（二）查尔斯·巴贝奇的管理思想

产业革命后期，对早期管理思想贡献最大的应该是英国数学家、科学家查尔斯·巴贝奇（Charles Babbage）。1832 年他出版了《论机器和制造业的经济》，研究内容几乎涉及当时企业管理的各个方面。

巴贝奇在进行管理研究时，通过研究时间和成本分析，进一步分析了劳动分工使生产率提高的原因。在亚当·斯密理论的基础上，他进一步分析了劳动分工使生产率提高的原因，他的解释比斯密更全面、更细致。他认为，劳动分工之所以能大大提高劳动效率，有七个重要的原因：

（1）节省了学习所需要的时间。

（2）节省了学习期间所耗费的材料。

（3）节省了从一道工序转移到下一道工序所需要的时间。

（4）经常从事某一工作，肌肉能够得到锻炼，不易引起疲劳。

（5）节省了改变工具、调整工具所需要的时间。

（6）重复同一操作，技术熟练，工作速度较快。

（7）注意力集中于单一作业，便于改进工具和机器。

巴贝奇还论述了体力劳动和脑力劳动的分工、机器工具的使用、时间研究、均衡生产等诸多问题，提出了以专业技能作为工资与奖金的基础，对人们的有益的建议应给予不同的奖励的管理方法。他走遍了英国和欧洲其他国家，亲身了解了生产实践及有关制造业各方面的各种问题，并研究了经理人员解决这类问题的办法。巴贝奇认为当时的经理人员应尽量采用劳动分工，它是提高生产效率的重要方法和手段。除劳动分工外，巴贝奇还研究企业的分配制度。他认为，工人除了拿工资外，还应按所创利润的百分比额外地得到一部分报酬，以此来调动劳动者工作的积极性。他对管理问题的研究几乎涵盖了企业的各个方面，在深度和广度上都较前人有较大的进步，为资本主义早期的管理做出了重要的贡献。

（三）罗伯特·欧文的管理思想

罗伯特·欧文（Robert Owen）是英国空想社会主义者，他是 19 世纪初期最有成就的实业家之一，也是杰出的管理学先驱者，他在担任工厂经理期间所做的对人性方面的试验和研究，为后期行为科学的发展奠定了基础。

欧文借助巴贝奇的系列实验，首先提出了在工厂中要重视人的因素。欧文认为，人是环境的产物，用在工人身上的钱可以获得 50%～100% 的报酬，而用在机器上的钱只能获得 15% 的报酬；只有处在适宜的物质和道德环境下，人才能培养出好的品德。所以他主张，用和善的态度对待人这种“活机器”，使其不至于受太多的挫折刺激。

为了吸引其他实业家也来关心工人的工作条件和社会条件的改善，欧文正确地指出了人的因素在工业生产中的重要作用。他在自传中写道：“如果对无生命的机器给予适当的注意就能产生如此有利的结果，那么如果对你的极为重要的构造更为奇特的有生命的机器给予相同的关注的话，什么样的结果不可以期望取得呢？”他嘲笑那些实业家同事们只注意把数以千计的钱和许多时间用来购买和改进机器，而不愿对人力资源进行投资。他认为，如果把同样数目的钱和时间用来改善劳动力的话，那么带来的收益将不是资本的 5%、10% 或 15%，在许多情况下甚至会是 100%。他宣称自己在纽兰纳克的工厂获得了 50% 的利润，还说不久将会达到 100%，而这主要是关心人的结果。

欧文在关于人的因素方面的思考和实践，使得一些现代学者把他称为现代人事管理的创始人。

任务二　古典管理理论时期

【相关知识】

古典管理理论形成于 19 世纪末 20 世纪初，这是管理理论体系形成的最初阶段，主要有：泰罗及其追随者的科学管理理论，即“泰罗制”；法国古典管理学家法约尔创建的一般管理理论；德国社会学家韦伯创建的行政组织理论。尽管这些古典管理理论表现形式各不相同，但其实质都是采用当时所掌握的科学方法和科学手段对管理过程、职能和方法进行探讨和试验，进而确定一些以科学方法为依据的理论、原则和方法。

一、泰罗的科学管理理论

泰罗于1875年进入费城的一家机械厂当徒工，1878年转入费城的米德维尔钢铁公司当技工，1884年升任总工程师。1898—1901年受雇于宾夕法尼亚伯利恒钢铁公司。1906年担任美国机械工程师学会主席职务。代表作有《计件工资制》（1895年）、《车间管理》（1903年）和《科学管理原理》（1911年）。泰罗还被称为"科学管理之父"。

泰罗倡导的以科学为依据的管理理论，有以下几个主要观点：

（一）科学管理的根本目的是谋求最高工作效率

泰罗认为，最高的工作效率是工厂主和工人共同达到富裕的基础。它能使较高的工资与较低的劳动成本统一起来，从而使工厂主得到较多的利润，使工人得到较高的工资，这样，便可以提高他们扩大再生产的兴趣，促进生产的发展。所以，提高劳动生产率是泰罗创立科学管理理论的基本出发点，是泰罗确定科学管理的原理、方法的基础。

（二）用科学的管理方法代替传统的经验管理

泰罗认为管理是一门科学。在管理实践中，建立各种明确的规定、条例、标准，使一切科学化、制度化，是提高管理效能的关键。

（三）实施科学管理的前提是劳资双方观念的变革

泰罗在1912年美国众议院特别委员会所做的证词中强调指出：科学管理是一场重大的精神变革，只有工厂的工人树立对工作、对同伙和雇主负责任的观念，领工、监工、企业主、董事会改变对同事、工人以及对一切日常问题的态度，增强责任观念，才能使双方合作，实现各自最大的利益。当他们用友好合作、相互帮助代替对抗和斗争时，他们就能够创造出更多的盈利。

根据以上观点，泰罗提出了以下的管理制度：

1. 实行科学的操作方法

只有采用科学的操作方法，才能合理利用工时，提高工效。在制定工作定额时，泰罗认为应当以第一流的工人"能在不损害其健康的情况下维持很长年限的速度、能使他更愉快而健壮的速度"为标准。通过制定标准的操作方法，并规定完成每一个标准操作或动作的标准时间，制定出劳动时间定额，以实现提高劳动生产率的目的。

2. 实行差别计件工资制

按照作业标准和时间定额规定不同的工资率。对完成和超额完成工作定额的工人，以较高的工资率计件支付工资；对完不成定额的工人，则按较低的工资率支付工资。泰罗在实验中采用计件工资制来激励工人配合他实验，收到了很好的成效。

3. 对工人进行科学的选择、培训和提高

泰罗曾经对经过科学选择的工人用上述的科学作业方法进行训练，使他们按照作业标准工作，以改变过去凭个人经验选择的作业方法，结果生产效率大为提高。例如，在搬铁块试验中，经过选择和训练的工人，每人每天的搬运量从12. 5吨提高到了47. 5吨。

4. 制定科学的工艺规程

这种科学的工艺流程是通过标准化来实现的。除了要求员工的操作应达到作业标准以外，还必须从作业方法到材料、工具、机器等方面实行标准化。例如，泰罗用了 10 年以上的时间进行金属切削试验，制定出了切削用量规，使工人的作业完成标准和劳动金额有了准确和可靠的依据。

5. 作业人员与管理者职能分开

作业人员与管理者职能分开，使管理和劳动分离，将管理工作称为计划职能，将工人的劳动称为执行职能。泰罗还提出了组织机构上的管理控制原理。泰罗提出规模较大的企业不能只依据职能原则来组织和管理，而必须应用例外原则。

泰罗的科学管理理论，是为了适应工厂制度和资本主义发展的客观需要而发展起来的，因而有其产生、发展的客观必然性。泰罗提倡应用科学的管理方法来代替传统单凭个人经验进行作业和管理的旧方法，这是管理理论的进步，也为管理实践开创了新的局面。以泰罗为代表倡导的科学管理理论是适应历史发展的需要而产生的，它的产生是管理从经验走向理论的标志，也是管理走向现代化、科学化的标志，该理论本身也为美国和其他西方国家管理理论和管理方法的发展奠定了基础，它对世界各国工商界和经济产生了巨大的影响。但是，在特定历史条件下产生的科学管理理论难免有其自身的局限性。首先，它是建立在"经济人"的假说基础之上的，这无疑限制了泰罗的视野和高度。其次，主要是侧重于生产作业管理，其研究的范围比较小，内容也比较狭窄。另外，泰罗基本没有涉及现代企业供应、财务、销售、人事等方面。泰罗所制定的操作标准和工作定额，是以身体最强壮、技术最熟练的工人进行紧张劳动时的测定为基础的，是大多数工人无法忍受和坚持的。

二、法约尔的一般管理理论

亨利·法约尔（Henri Fayol）出生于法国资产阶级家庭，是著名管理思想家、古典管理理论的杰出代表。法约尔在管理方面的著作主要有：《工业管理和一般管理》（1916 年）、《国家管理理论》（1923 年）、《公共精神的觉醒》（1927 年）、《管理的一般原则》（1908 年）等。他一生获得多种奖章和荣誉称号，被称为"经营管理理论之父"。

法约尔的一般管理理论的思想主要体现在以下几个方面。

（一）将经营与管理划分为不同的领域

法约尔认为经营和管理是两个不同的概念。法约尔把整个企业经营活动概括为六个方面，即技术活动、商业活动、财务活动、安全活动、会计活动和管理活动。在这六项活动中，管理活动居于核心地位。

（二）提出管理的五大职能

法约尔提出，管理活动包括五种职能：一是计划，这是管理的首要职能；二是组织，包括有关组织结构、活动和相互关系的规章制度，以及职工的招募、评价和训练；三是指挥，是指对下属活动的指导；四是协调，是结合、统一以及调和所有企业活动与个人活动的努力，以实现共同的目标；五是控制，是指为了保证实际工作按已定计划和命令完成的那些活动。

（三）确定了管理的 14 项原则

管理的 14 项原则包括：劳动分工；权力与责任；纪律；统一指挥；统一领导；个人利益服从集体利益；人员的报酬；集中化；等级系列；秩序；公平；人员的稳定；首创精神；

团结精神。法约尔强调指出，管理的14项原则不是一成不变的，应灵活掌握，在同样条件下，几乎从不两次使用同一原则来处理事情，应注意各种可变因素的影响。

（四）提倡“法约尔桥”的沟通方式

法约尔发现规模较大的组织实行分层后，信息只按权力等级链纵向传递，在不同权力系列的两个组织之间如果存在信息交换的要求，仍按权力等级链传递，既费时间又增加费用。为了弥补这一缺陷，法约尔提出了横向联系的跳板原则，即不同权力系列的同一层次的组织之间，在上级授权的情况下，可以横向传递信息，直接商议解决问题，然后再分头上报。后人把这种做法称为“法约尔桥”或“跳板原则”。设置法约尔桥，既维护了统一指挥原则，又使得横向联系通畅，这一设想至今仍有现实意义。

法约尔的经营管理理论是西方管理思想和理论发展史上的一个里程碑，它为以后管理理论的发展勾勒出了基本的理论框架。法约尔跳出了泰罗以实践为基础研究管理原理的局限，在理论上第一次努力将管理的要素和管理的原则系统地加以概括。法约尔的管理思想具有较强的系统性和理论性，他提出的经营管理理论对西方管理理论的发展具有重大的影响，成为管理过程学派的理论基础，也是以后各种管理理论和管理实践的重要依据之一。他对管理职能的分析为管理科学提供了一套科学的理论架构。而法约尔的管理理论的不足之处是，他的管理原则缺乏弹性，以至于有时让管理人员无法完全遵守，如统一指挥与分工原则相矛盾。另外，法约尔的管理理论只考察了组织的内在因素，却没有考察组织同其外在环境的关系，因而不够全面。

三、韦伯的行政组织理论

马克斯·韦伯（Max Weber）出生于德国的一个律师家庭。韦伯曾先后三次参加军事训练，因而对军事生活和组织制度有相当的了解，这对以后他提出的组织理论有较大的影响。他一生担任过教授、政府顾问、编辑等，并发表过多部著作。他在代表作《社会组织与经济组织》一书中提出了理想行政组织体系理论，被称为“组织理论之父”。

所谓理想的行政组织体系理论，原意是通过职务或职位而不是通过个人或世袭地位来管理。这是一个有关集体活动理性化的社会学概念。韦伯的理想的行政组织体系理论的主要内容包括以下几个方面。

（一）任何组织都必须有某种形式的权力作为基础，才能实现其目标

韦伯认为只有权力，才能变混乱为有秩序。权力有三种形式：法定的权力、传统的权力和超凡的权力。

（二）理想的行政组织体系结构分为三层

最高领导层：相当于许多企业中的总经理、副总经理，其主要职能是进行决策；中间领导层：相当于企业的中层部门经理，其主要职能是贯彻上级领导的决策；一般工作人员：相当于基层管理阶层，其主要职能是做实际工作。

（三）理想行政组织具有自己的特点

（1）组织内部必须实行劳动分工，把实现组织目标所需的全部活动划分为各种基本作业，作为任务分配给组织中的各个成员。组织中的每一个职位都有明确规定的权利和义务，并把每个成员所任职位的权利和义务作为正式职责而使之合法化。

（2）按明确的职务等级组织起来，形成一个等级链或等级体系。每级成员都要接受他的上级的控制和监督，同时还要对下级进行控制和监督，并对下级的行动负责。为此，他必须对自己的下级拥有权力，能发出下级必须服从的命令。

（3）人员间的关系，就职责方面从属于上级的权力。

（4）组织中的所有成员，都必须根据通过正式考试或者训练和教育而获得的技术资格来挑选。

（5）管理人员实行委任制，即不是选举产生的（某些按规定必须通过选举产生的公职，如公共关系的负责人等除外）。

（6）行政管理人员领取固定的薪金，他们是“专职”的公职人员，有明文规定的升迁制度，按年资和工作成绩两者综合考虑决定升迁与否。工资等级基本是按等级系列中的级别来确定。

（7）行政管理人员不是他所管辖的那个企业的所有者。韦伯对管理正式组织提供了理论依据和指导，他提出的理想行政组织几乎等同于组织结构类型中的直线型组织结构。他提出的法定权力作为组织的权力基础和特点、理想行政组织体系结构、理想行政组织的主要特点在今天仍有一定的指导意义。

韦伯的理想行政组织体系理论是对盛行于19世纪的欧洲官依制进行总结和提炼的结果，为分析实际生活中各组织形态提供了一种规范典型。随着资本主义的发展和企业与社会规模的扩大，人们越来越认识到其价值，西方管理学界已经普遍承认了他的贡献。在今天，这种管理体制已成为各类正式组织的一种典型结构、一种主要的组织形式，并且被人们广泛应用于各种组织设计当中，发挥着有效的指导作用。一个组织只有遵从规章，摆脱个人主义的影响，才能长期生存。但是，人们也必须看到，理想的行政管理体制把人视同被动的工具，这种机械的管理体制，在条件适当的情况下，也可能产生相反的作用，如人员变得墨守成规、失去工作的主动性和创造性、组织失去了应变能力等。

任务三　现代管理理论的多元化时期

【相关知识】

第二次世界大战之后管理理论的发展可以体现为管理内涵的进一步拓展、管理组织的多样化发展、管理方法日渐科学、管理手段自动化、管理实践丰富化等五个方面。已故美国著名管理学家孔茨把这一现象形象地描述为管理理论的“丛林”。

一、管理过程学派

管理过程学派也叫作业学派。该学派是在法约尔管理思想的基础上发展起来的。他们把管理看作在组织中通过别人或同别人一起完成工作的过程。应该分析这一过程，从理论上加以概括，确定一些基础性的原理，并由此形成一种管理理论。有了管理理论，就可以通过研究，通过对原理的实验，通过传授管理过程中包含的基本原则，改进管理的实践。管理过程学派的代表人物是美国管理大师哈罗德·孔茨。

该学派认为管理是一个过程，此过程包括计划、组织、领导、控制等若干个职能。这些管理职能对任何组织的管理都具有普遍性。管理者可以通过对各个职能的具体分析，归纳出其中的规律与原则，以指导管理工作，提高组织的效率和效益。

二、行为科学学派

行为科学理论是在早期人际关系理论的基础上发展起来的。人际关系理论也称行为科学理论，行为科学的产生源于梅奥有名的“霍桑试验”。

梅奥（1880—1949），原籍澳大利亚，后来移民至美国；曾在美国哈佛大学任教，从事过哲学、医学和心理学方面的研究。1927 年，梅奥应邀参加并指导在芝加哥西方电气公司霍桑工厂进行的有关科学管理的试验，研究工作环境，取得了一系列重要成果，这些试验被称为“霍桑试验”，并由此创建了人际关系学说。有关“霍桑试验”的总结主要集中在他的两本书《工业文明中人的问题》（1933 年）和《工业文明的社会问题》（1945 年）中。

“霍桑试验”共分为四个阶段：照明试验（1924—1927 年）、继电器装配室试验（1927—1932 年）、面谈计划（1928—1930 年）、对车床布线室的观察（1930—1932 年）。通过四个阶段历时近八年的“霍桑试验”，梅奥等人认识到，人们的生产效率不仅要受到生理方面、物理方面等因素的影响，更重要的是受到社会环境、社会心理等方面的影响。这个结论的获得是相当有意义的，这对“科学管理”只重视物质条件，却忽视社会环境、社会心理对工人的影响来说，是一个重大的修正。

根据“霍桑试验”，梅奥提出了以下与古典管理理论不同的新观点。

（一）工人是“社会人”，而不是单纯追求金钱收入的“经济人”

对于复杂社会系统的成员来说，金钱并非刺激积极性的唯一动力，人们从事工作并不是仅仅追求金钱收入，他们还追求人与人之间的友情、安全感、归属感和受人尊重等，这些社会和心理因素等方面所形成的动力对效率有更大影响。

（二）企业中除了“正式组织”之外，还存在着“非正式组织”

这种非正式组织是企业成员在共同工作的过程中，由于具有共同的社会感情而形成的非正式团体。这种无形组织有它特殊的感情、规范和倾向，左右着成员的行为。古典管理理论仅注重正式组织的作用是很不够的。非正式组织不仅存在，而且同正式组织是相互依存的，对生产率的提高有很大影响。非正式组织的存在对组织既有利，也有弊。管理人员要想实施有效的管理，既要重视正式组织的作用，又要重视非正式组织的存在和作用。

（三）新型的领导在于通过对职工“满足度”的增加来提高工人的“士气”，从而达到提高效率的目的

生产率的升降，主要取决于工人的士气，即工人工作的积极性、主动性与协作精神，而士气的高低，则取决于社会因素特别是人群关系对工人的满足程度，即他的工作是否为上级、同伴和社会所承认。满足程度越高，士气也越高，生产效率也就越高。管理者不仅要具有解决技术、经济问题的能力，而且要具有与被管理者建立良好的人际关系的能力。应力求了解职工行为的原因，认识到满足职工各种需要的重要性；要改变传统的领导方式，使职工有机会参与管理，与之建立和谐的人际关系。所以，领导的职责在于提高士气，善于倾听和沟通下属职工的意见，使正式组织的经济需求和工人的非正式组织的社会需求之间保持平衡。这样就可以解决劳资之间乃至整个“工业文明社会”的矛

盾和冲突，从而提高效率。

“霍桑试验”及其结论在当时并未引起人们的注意。20 世纪 30 年代中期，美国国会通过了《全国劳工关系法》，企业中工会相继成立，劳资关系及其力量对比发生了变化。在这以后，“霍桑试验”的影响才逐步扩大，一些企业建立了专门的机构，负责研究和处理“工业关系”，一些大学设立了相应的课程。1948 年，美国成立了全国性的“工业关系研究会”。后来，许多心理学家、社会学家、人类学家、经济学家、管理学家从不同的角度提出了各种新的理论，从而形成了后期的行为科学理论。

该学派的代表人物很多，像美国的马斯洛（需要层次理论）、赫兹伯格（双因素理论）、麦克莱兰（成就需要理论）等。该学派认为管理中最重要的因素是对人的管理，因此要研究人、尊重人、关心人，满足人的需要以调动人的积极性，并创造一种能使组织成员充分发挥力量的工作环境。

三、社会协作系统学派

社会协作系统学派又称社会系统学派，它与行为科学学派关系密切而常常互相混同。社会系统学派认为组织是由“两个或两个以上的人有意识地加以协调的活动或效力的系统”。管理人员的作用就是围绕组织系统中的物质因素，即厂房、机器和其他物质条件；生物因素，即组织成员；社会心理因素，即信息、热情、集体的相互作用等来进行管理。这个学派是从社会学的角度来分析各类组织的。

该学派认为，组织不仅是由人的相互关系组成的一种社会系统，同时也是社会大系统中的一部分，受到社会环境各方面因素的影响。美国管理学家巴纳德是这一学派的主要代表人物，他的著作《经理的职能》对该学派有很大的影响。社会系统学派对其他学派的形成影响很大，是现代管理理论最有影响的学派之一。

四、决策理论学派

该学派代表人物是美国卡内基梅隆大学教授赫伯特·西蒙。西蒙长期从事决策理论方面的研究，并曾在 1978 年获得诺贝尔奖。西蒙认为，整个管理活动的过程就是不断进行决策的过程。因此他认为，管理就是决策。鉴于决策问题的复杂性，西蒙主张运用有限理性决策理论，即满意决策，代替传统的最优化决策。这一观点得到现代管理学者的一致认可。西蒙还提出了新的决策分类方法，并倡导建立决策的“人-机系统”，以提高决策的速度、准确度与可靠性。

五、经验主义学派

经验主义学派又叫经验管理学派、案例学派，代表人物是戴尔和德鲁克，他们主张从管理者的实际经验，特别是成功的管理者的经验中去寻求管理活动的一般规律和共性的东西，并使其系统化、理论化，以此指导其他的管理人员与管理工作。

经验主义学派的理论依据是，管理学者和实际管理工作者通过研究各种各样的成功和失败的管理案例，就能理解管理问题，自然地学会有效地进行管理。该派理论为管理学的案例教学法提供了重要的理论依据，并在培养高层次管理者方面取得了良好的效果。

六、管理科学学派

管理科学学派也叫数量学派、运筹学派，它产生于第二次世界大战之后。一些知名的运筹学家或运筹分析家就属于这个学派，其代表人物是美国的伯法。管理科学学派认为，管理就是制定和运用数学模型与程序的系统，就是用数学符号和公式来表示计划、组织、控制、决策等合乎逻辑的程序，求出最优的解答，以达到企业的目标。

管理科学学派解决问题的七个步骤是：观察和分析、确定问题、建立一个代表所研究系统的模型、从模型中得出解决方案、对模型和得出的解决方案进行验证、建立对解决方案的控制、把解决方案付诸实施。以上七个步骤相互联系、相互影响。

七、系统理论学派

系统管理理论源于一般系统论和控制论，侧重于用系统的观念来考察组织结构和管理的基本职能。代表人物为美国管理学者卡斯特、罗森茨韦克和约翰逊。系统管理理论的主要观点如下。

（一）组织本身是一个以人为主体的人造系统，它由许多相互联系的子系统组成

这些子系统包括：目标、技术、工作、结构、正式组织与非正式组织、外界因素等。组织系统中任何子系统的变化都会影响其他子系统的变化，系统的运行效果是通过各个子系统相互作用的效果来决定的。

（二）组织是社会大系统中的一个子系统

组织不是一个封闭的人造系统，而是开放的社会技术系统，是更大的社会系统中的一个子系统，因而，不可避免地会受到周围环境的影响；但反过来，它也会影响环境，且在与环境的相互影响中达到自身的动态平衡。

（三）管理必须建立在系统的基础上

管理要善于将各种资源要素集合起来，在同一目标下形成一个整体。管理人员必须从组织的整体出发，研究组织各部分之间的关系，研究组织与外部环境的关系，以便作出正确的决策和进行组织与协调。

八、权变理论学派

权变理论是在20世纪70年代开始形成、发展起来的，其代表人物是美国管理学家卢桑斯以及英国学者伍德沃德等人。所谓权变就是具体情况具体分析、具体处理。权变理论的核心思想是，认为不存在一成不变的、无条件适用于一切组织的最好的管理方法，强调在管理中要根据组织所处的内外环境的变化而随机应变，针对不同情况寻找不同的方案和方法。权变理论在提出以后的几十年内，其理论价值和应用价值日益为管理实践所证明，故而得到了越来越多的人的支持，成为具有重大影响的管理学派之一。其主要观点如下。

（一）环境变量与管理变量之间存在着函数关系，即权变关系

这里所说的环境变量，既包括组织的外部环境，也包括组织的内部环境。而管理变量则指管理者在管理中所选择和采用的管理观念和技术。

（二）在一般情况下环境是自变量，管理观念和技术是因变量

如果环境条件一定，为了更快地达到目标，必须采用与之相适应的管理原理、方法和技术。

（三）管理模式不是一成不变的

要适应不断变化的环境而有所变革，要根据组织的实际情况来选择最适宜的管理模式。

九、社会技术系统学派

创立这一学派的是英国的特里斯特及其同事。他们根据对煤矿中“长壁采煤法”研究的结果认为，要解决管理问题，只分析社会协作系统是不够的，还必须分析研究技术系统对社会的影响以及对个人的心理影响。他们认为管理的绩效，以至组织的绩效不仅取决于人们的行为态度及其相互影响，而且还取决于人们工作所处的技术环境。管理人员的主要任务之一就是确保社会协作系统与技术系统的相互协调。

这个学派的大部分著作都集中于研究科学技术对个人、对群体行为方式以及对组织方式和管理方式等的影响。因此，特别注重于工业工程、人机工程等方面问题的研究。其代表著作有《长壁采煤法的某些社会学的和心理学的意义》《社会技术系统的特性》等。这个学派虽然没有研究到管理的全部理论，但首次把组织作为一个社会系统和技术系统综合起来考虑，可以说是填补了管理理论的一个空白，并且对管理实践也很有意义。

十、信息沟通学派

这一学派同决策理论学派关系密切，它主张把管理人员看成一个信息中心，并围绕这一概念来形成管理理论。这一学派认为，管理人员的作用就是接收信息、储存与发出信息，每一位管理人员的岗位犹如一台电话交换台。

这一学派强调计算机技术在管理活动和决策中的应用，强调计算机科学同管理思想和行为的结合。大多数计算机科学家和决策理论家都赞成这个学派的观点。这个学派的代表人物有美国的李维特，其代表作是《沟通联络类型对群体绩效的影响》；申农和韦弗，其代表作是《沟通联络的数理统计理论》。

任务四　当代管理理论的繁荣时期

【相关知识】

进入 20 世纪 80 年代以后，知识经济的迅速发展、新时期组织管理的实践，促成了管理新思想的不断涌现。有人甚至认为这是管理的革命，标志着进入了当代管理理论的繁荣时期，它将导致传统管理理论与实践出现全面革新，迎来全新的管理天地。具有代表性的管理理论有“学习型组织”“企业流程再造”“知识管理”“虚拟组织”“精益生产方式”“战略管理”。战略管理将在本书后续章节进行专门的阐述，此处对前五项进行介绍。

一、学习型组织

“学习型组织”理论产生于20世纪90年代，随着知识经济的到来，信息与知识成为重要的战略资源，相应诞生了学习型组织理论。“学习型组织”理论是美国麻省理工学院教授彼得·圣吉在其著作《第五项修炼》中提出来的。彼得·圣吉认为“未来真正出色的企业，将是能够设法使各阶层人员全心投入，并有能力不断学习的组织”。学习型组织正是人们从工作中获得生命意义、实现共同愿望和获取竞争优势的组织蓝图。学习型组织，是更适合人性的组织模式。这种组织由一些学习团队组成，有崇高而正确的核心价值、信心和使命，具有强韧的生命力与实现共同目标的动力，能不断创新，持续蜕变，从而保持长久的竞争优势。彼得·圣吉认为，一个组织要想成为学习型组织，必须掌握以下五项核心的修炼。

（一）系统思考

系统思考是要全面地考虑问题，同时要善于抓住问题的本质，以求从根本上解决问题。在系统思考的阐述中彼得·圣吉发明了一种系统原型，它能帮助经理找出重复形式，诸如某些问题的产生方式和系统内置的发展局限。圣吉认为因为事物彼此相关，所以系统思考才是最好的选择。他的“公司是一系列复杂系统”的论断大大推动了管理理论在探索复杂性思考方向上的进展。

（二）自我超越

自我超越是一项关注个人成长的修炼。追求自我超越，是学习不断理清并加深个人的真正愿望，集中精力，培养耐心，并客观地观察现实；是鼓励人们做事要精益求精，努力实现心灵深处的愿望。彼得·圣吉举例说：“对于想改变组织，但是又觉得自己人微言轻，成就不了什么大事的人而言，自我超越提供了一个选择——你永远可以努力发展自我，超越自我。”

（三）改善心智模式

心智模式不仅决定我们如何认知世界，也影响我们如何采取行为。心智模式是一种思维定势，不同的心智模式，导致不同的行为方式。当我们的心智模式与认知事物发展的情况相符时，就能有效地指导行动；反之，就会使自己好的构想无法实现。在组织中，心智模式具有多方面的体现，对心智模式的检视是学习型组织的重要工具。彼得·圣吉提醒经理们注意在组织层次进行的思考方式会产生强大力量，而且针对这些方式的本质进行的非防御性探索非常重要。

（四）建立共同愿景

共同愿景是组织中人们所共同持有的意愿，它创造出众人是一体的感觉。如果有任何一项领导的理念几千年来一直在鼓舞着人心，那就是拥有一种能够凝聚并坚持实现共同愿景的能力。彼得·圣吉在此强调了共同创造的重要性，而且指出共同愿景只能是众多个人愿景汇聚而成。只有当愿景带来的工作不再被团队成员视为与自己无关时，这一愿景才成为共同愿景。

（五）团队学习

团队的集体智慧高于个人智慧，团队拥有整体搭配的行动能力。当团队真正学习的时候，不仅团队整体会产生出色的成果，个别成员的成长速度也比其他的学习方式要快。团队学习是发展团队成员整体搭配与实现共同目标能力的过程。团队学习的修炼包括两个方面：深度会谈和讨论。前者是一个团队的所有成员，摊出心中的假设，利用真正一起思考的能力，对本质进行深入的探索；后者相反，它逐步缩小范围，直到最佳选择。这两种方法相互补充，但要想获得互补的好处，就必须将两者区分开来。许多团队不能将两者区分开来，因而也无法做到有意识地在两者之间进行转换。

二、企业流程再造

业务流程再造（BPR）也译为“企业再造”“公司再造”“再造工程”。美国人迈克·哈默和詹姆士·钱皮认为，自亚当·斯密以来的企业运营，都是建立在分工论的基础上的，这种效率低下的功能组织不能适应以顾客主导、竞争激烈、变化迅速为特征的现代企业经营环境，必须彻底摒弃大工业时代的企业模式，即将硬性拆开的组织架构，如市场开发、生产、营销、人事、财务、后勤等功能性部门，按照自然跨部门的作业流程重新组装回去，即从协作的角度出发，用整体思想重新塑造企业的所有流程，使企业模式与当今时代信息化、全球化相适应，才能大幅度提高企业生产力。显然这种重新组装是对过去组织赖以运作的体系与程序的一种革命。

在 1994 年出版的《再造企业》中，他归纳了企业流程再造的四个关键词。

（一）彻底的

彻底的（Radical），从根基上重新设计，不是“改进”而是“革命”。彻底性意味着对企业从深层次开始进行追根溯源，对既定的企业流程、制度以及管理不是进行肤浅的改变或调整修补，而是摒弃以前的流程、制度以及管理，完全进行疾风暴雨式的革命，所以在这里绝对不可以把 BPR 归属于改革或者改良。

（二）根本的

根本的（Fundamental），从“为什么做，为什么这样做?”这种最基本的地方开始反思，抛弃一切理所当然的前提。根本性这个特点是 BPR 所应关注的核心内容。它限制了我们不能给企业内任何小小的变化都戴上“BPR”的大帽子；另外，它表明了 BPR 所关注的是企业核心或者说是关键的要命问题，也就是关系企业生死存亡的命运问题；BPR 的根本性还紧紧地瞄准“企业的经营目标”，任何企业的经营目标都包含获得最大的利润；BPR 的根本性还需要针对业务来说，也就是企业必须了解自己的经营状况、管理状况、资本运营状况和企业文化状况，找准目前的状况和最优状况之间的差距，寻找出一条最大利润的最优途径来开展 BPR 实施。

（三）显著性的

显著性的（Dramatic），不是改造提高，而是跃迁，是产出的特性，可以分成两种：从定性的层次上来说，意味着 BPR 追求的不是简单层次上的经营业绩、管理效益和资本运营的小幅度提升、略有改善或者稍有好转等，而是说开展 BPR 意味着要使企业经营业绩、管理效益、资本运营有显著的增长、极大的飞跃；从定量的层次上来说，BPR 对“显著性”的具体要求如下：将生产周期缩短 70%，成本降低 40%，顾客满意度、产品质量和总收入均提高 40% 等。

（四）流程

流程（Process），是提供对客户有价值的输出的一系列活动。

迈克尔·哈默在1995年出版的另一本重要著作《再造的大革命》中，曾做了一点反思，觉得以前过于强调“戏剧化”“抛弃一切”等，他写道：“彻底这个特征对于再造固然重要和令人兴奋，但并不是其最重要的方面。在重规划的定义中的关键字是‘流程’：一系列从终点到终点的完整活动，这些活动一起为顾客创造价值。”

三、知识管理

知识管理理论的代表人物是托马斯·H·达文波特和劳伦斯·普鲁萨克。达文波特和普鲁萨克认为，知识是结构性经验、价值观念、关联信息以及专家见识的流动组合。知识为评估和吸纳新的经验与信息提供了框架。知识是通过长时间的经验累积的，这些经验也包括我们从课堂、书本、教师以及一些非正式学习渠道吸收的经验。在全球化经济中，知识可能是公司的最大竞争优势。知识市场是存在的，知识市场的买家通常是那些寻求解决一项错综复杂而且不易应付的难题的人，知识市场的卖家是那些对某项流程或者课题拥有丰富信息且享有内部市场声誉的人。在对知识市场具有积极影响的所有因素中，“信任”因素最为重要。

知识的可获取度是衡量其价值的一种尺度。此种尺度能够衡量知识买家在寻求知识时所付出的时间与精力的多少，以及知识卖家由此应得到多少回报。知识的产生，既包括一个机构内部开发产生的知识，也包括机构从外部获取的知识。所获取的知识并不一定是新创造的，只要是该机构所欠缺的就可以。获取知识最直接、最有效的办法就是购买，包括购买拥有知识的整个机构或是雇用拥有知识的个人。当然，还可以租用外界的知识。一个机构若想进行有效的知识传递就应该雇用聪明的人，并让他们相互交谈。自然的、随意的知识传递对公司的成功至关重要。机构还可以鼓励跨部门、跨单位的知识交流，并为日常工作中从未交谈过的员工之间提供相互交流的机会。由于源于知识的经济回报始终难以量化，所以必须更多地依据有关成功的更普遍的指标。这些主要标志包括：与项目相联系的资源的增加；知识的内容和使用的大量增加；有一到两个以上的人从事该项目，即该项目属于机构的创新行动，而不是个人项目；全体人员对知识和知识管理感到满意；用于知识管理活动本身或者是更大的组织的财政盈利的实现。

四、虚拟组织

1990年，《哈佛商业评论》第六期发表了一篇题为《公司核心能力》的文章，作者建议公司将经营的焦点放在不易被抄袭的核心能力上，由此引发后来的“虚拟组织”热。虚拟组织与传统的实体组织不同，它是围绕核心能力，利用计算机信息技术、网络技术及通信技术与全球企业进行互补、互利的合作，合作目的达到后，合作关系随即解散，以此种形式能够快速获取处于全球各处的资源为我所用，从而缩短“观念到现金流”的周期。不仅如此，灵活的“虚拟组织”可避免环境的剧烈变动给组织带来的冲击。1994年出版的由史蒂文·L·戈德曼、罗杰·N·内格尔及肯尼斯·普瑞斯合著的《灵捷竞争者与虚拟组织》是反映虚拟组织理论与实践的较有代表性的著作。

五、精益生产方式

精益生产是美国麻省理工学院数位国际汽车计划组织的专家对日本丰田准时化生产方式

的赞誉称呼。精，即少而精，不投入多余的生产要素，只是在适当的时间生产必要数量的市场或下道工序急需的产品；益，即所有经营活动都要有效，具有经济效益。

精益生产方式是战后日本汽车工业遭到的“资源稀缺”和“多品种、少批量”的市场制约的产物。它是从丰田相佐诘开始，经丰田喜一郎及大野耐一等人的共同努力，直到20世纪60年代才逐步完善而形成的。精益生产方式的实质是管理过程的优化，通过大力精简中间管理层，进行组织扁平化改革，减少非直接生产人员；推行生产均衡化、同步化，实现零库存与柔性生产；推行全生产过程（包括整个供应链）的质量保证体系；减少和降低任何环节上的浪费；最终实现拉动式准时化生产。精益生产方式的用户关系，是精益生产方式的重要组成部分，用户（买主）被厂商看成生产过程的组成部分而常被称作主人，是实现精益销售的前提。

项目小结

人类的管理活动源远流长，古代东方和西方有遗迹和史书记载的管理活动及古代管理思想，都可以视为管理理论的萌芽。东方早期管理思想的代表者是中国，主要有系统控制管理思想、组织体制管理思想、对策决策管理思想、经营财政管理思想和选才用人管理思想。西方早期管理实践和思想主要体现在指挥军队作战、治国施政等活动之中。古埃及和古罗马在这些方面都有过重要贡献。西方国家在产业革命中人们对管理问题的关注和所进行的探索，导致了早期管理实践和管理理论的形成。具有代表性的有亚当·斯密、查尔斯·巴贝奇、罗伯特·欧文的管理思想。古典管理理论形成于19世纪末20世纪初，主要有泰罗及其追随者的科学管理理论，即“泰罗制”；法国古典管理学家法约尔创建的一般管理理论；德国社会学家韦伯创建的行政组织理论。第二次世界大战之后管理理论得到充分发展，形成管理理论“丛林”，主要包括管理过程学派、行为科学学派、社会协作系统学派、决策理论学派、经验主义学派、管理科学学派、系统理论学派、权变理论学派、社会技术系统学派和信息沟通学派。进入20世纪80年代以后，知识经济的迅速发展、新时期组织管理的实践，促成了管理新思想的不断涌现。有人甚至认为这是管理的革命，标志着进入了当代管理理论的繁荣时期，它将导致传统管理理论与实践出现全面革新，迎来全新的管理天地。具有代表性的管理理论有“学习型组织”“企业流程再造”“知识管理”“虚拟组织”“精益生产方式”“战略管理”。

主要概念和观念

1. 科学管理理论。
2. 一般管理理论。
3. 行政组织理论。
4. 管理理论丛林。
5. 学习型组织。
6. 企业流程再造。

基本训练

1. 泰罗的“科学管理”理论的主要内容是什么？
2. 法约尔认为管理职能包括哪些？

3. 韦伯提出的直线型组织理论的五条原则是什么?
4. 何为管理理论“丛林”，主要包括哪些学派?

案例讨论

扣针制造业的分工

扣针制造业是极微小的了，但它的分工往往唤起人们的注意。所以，我把它引来作为例子。一个劳动者，如果对于这种职业没有受过相当训练，又不知怎样使用这种职业上的机械，那么纵使竭力工作，也许一天也制造不出一枚扣针，要做二十枚，当然是决不可能了。但按照现在经营的方法，不但这种作业全部已经成为专门职业，而且这种职业分成若干部门，其中有大多数也同样成为专门职业。一个人抽铁线，一个人拉直，一个人切截，一个人削尖线的一端，一个人磨另一端，以便装上圆头。要做圆头，就需要有两三种不同的操作。装圆头、涂白色，乃至包装，都是专门的职业。这样，扣针的制造分为十八种操作。有些工厂，这十八种操作，分由18个专门工人担任。固然，有时一人也兼任两三门。我见过一个这种小工厂，只雇用10个工人，因此在这一个工厂中，有几个工人担任两三种操作。像这样一个小工厂的工人，虽很穷困，他们的必要机械设备虽很简陋，但他们如果勤勉努力，一日也能成针12磅。每磅可制针四千枚，这10个工人每日就可成针4.8万枚，即一人一日可成针4 800枚。如果他们各自独立工作，不专习一种特殊业务，那么，他们不论是谁，绝对不能一日制造20枚针，说不定一天连一枚针也制造不出来。他们不但不能制出今日由适当分工合作而制成的数量的1/240，就连这数量的1/4 800，恐怕也制造不出来。

问题思考:

1. 给扣针制造业带来的令人难以置信的效率提升的主要原因是什么?
2. 该案例体现了西方早期管理思想中的什么思想理论?

项目三

管理的前提与本质

任务一　管理伦理

【导入案例】

利润重要还是人命重要

20 世纪 60 年代后期，美国的汽车业受到外国货，尤其是日本与德国汽车的激烈竞争，便急谋对策，企图力挽狂澜，夺回优势。福特汽车公司是美国三大汽车公司之一，自然要做出回应。1968 年福特决定生产一种型号叫翩度的小型房跑车。为了节省成本，福特将正常的生产日程由三年半缩减为二年。

在翩度正式投产前，福特将 11 部车进行安全测试，公路安全局规定在时速 20 英里①的碰撞中，汽车的油缸要不漏油才算合格。测试的结果是，有 8 部翩度在碰撞中不合格，只有其余的 3 部由于改良了油缸，才通过了安全检查。

福特的行政人员要面对一个困难的抉择。如果依原来的生产日程生产，就会对消费者的安全构成威胁；如果要改良油缸，就会延迟生产，增加成本，公司会继续处于下风，让外国车雄霸市场。要解决这个问题，福特做了一个成本效益分析，计算改良油缸的可能成本与效益，然后再作决定。

另一方面，根据公路安全局的估计，交通意外中每死 1 个人，社会就损失约 20 万美元，这数字显示，加强安全设施的成本超出了效益。

根据利润极大化的考虑，福特公司作了毫不含糊的抉择——保持原来的设计，不作安全的改装。这个决定，导致了严重的后果——超过 50 人在翩度车中烧死，另外有多人烧伤。福特被控谋杀，但陪审团最后裁定福特无罪。

问题思考：

福特何以漠视消费者的生命？尽管陪审团裁定福特无罪，但这种做法值得提倡吗？

---

① 1 英里 =1609. 344 米。

【相关知识】

伦理是一种自然法则，把管理与伦理相结合进行研究是20世纪60年代尤其是八九十年代以来管理学和应用伦理学，以及公众和实业界普遍重视管理活动研究中的一个新课题。它从伦理学的角度考察管理活动及其发展过程，强调管理要从对人的物理属性的研究转变为对人性之律和道德之律的研究，在对人的管理方面要把握住人性的特性和道德性。管理与伦理的结合可谓管理思想的深刻变革，这既是时代的要求，也是管理理论趋向成熟的一个标志。

一、管理与伦理结合的必然性

管理与伦理结合的内在机理在于管理系统本身就是一种伦理价值模式，具有一种获得“价值行动的意义”。

第一，管理伦理的发生是由管理活动和管理系统的内在要求决定的。管理与伦理之所以能够结合，关键不在于伦理学能够为管理学提供什么，或者相反，而是由于“管理”与“伦理”具有可通约性——管理本身内在地具有伦理性质。也就是说，管理与伦理之所以能够结合，在于管理本身具有道德性。人类社会从一开始就存在着管理问题。人类的实践活动一方面遵循客观规律，按照客体尺度去把握世界和改造世界；另一方面，人又是一种目的性存在，人的任何一种实践活动均是在需要和目的的驱使下即价值判断的驱使下把主体尺度运用于对象世界，使自在之物转化为为我之物，使自然世界向属人世界转变的。正是人类管理活动的实践本质属性决定了管理本身必然具有道德性，决定着管理是人类的一种对客观规律与主观价值的整合活动。遵循客观规律是管理得以运作的科学基础，而体现人的价值追求则是管理的主体尺度的内在要求。同时，管理活动本身也可作为一种伦理演化现象来研究，考察分析管理活动在其运作过程中所体现出来的或本身所蕴含的伦理性质和伦理特性。在这一层面，管理的道德性表现为管理的外在道德和内在道德两个方面。管理伦理就是管理的内在道德和外在道德两个方面双向互动的有机统一。

第二，管理与伦理具有同质性。伦理是人类对自我内在管理的建构活动，在实质上是人类对自我的一种内在管理，因为它所指向的是人类自我的内部世界，是人类对自我的生存和发展的一种规范、设计和引导，因此，是一种特殊形式的管理，是特定历史条件下社会所实施的道德管理方式，是“特殊的社会管理方式”。伦理以“应当”为目的，调节和维系着社会生活秩序，在社会生活中发挥着管理作用，这种作用不仅表现为管理的凝聚功能、导向功能，而且还表现为管理的操作功能和整合功能。虽然较之一般管理它具有非强制性、灵活性，但它有着广泛渗透性和义务本位性，从而展现出其自身的管理属性。而对于管理来讲，究其本质是“生产方式的社会固定的形式”，反映着社会特有的社会伦理关系。虽然在管理所特有的活动空间之中，其模式亦可多种多样，但其最佳的管理方式无疑是符合社会伦理要求的管理。这就使管理与伦理有了契合的可能性，使二者有可能统一起来。由此管理伦理学才可能发威。历史地讲，管理的进步是管理对象由物到人，不断发现人、重视人，挖掘人的内在潜能，调动人的积极性的历史过程，而伦理的管理则是管理发展的必然归宿。

第三，成功有效的管理是体现人性的伦理管理。管理虽然是一种社会协调方式，但渗透着一种内在的人文精神。管理的伦理属性要求管理实践必须做到管理与伦理的内在契合，成功有效的管理必须是符合价值追求的伦理管理，管理与伦理应该相互统一、相辅相成、相互促进。管理伦理突显管理首先是对人的管理，对人的管理首先要尊重人的价值。在这种意义上，管理不仅应该遵循一般伦理通则，即公正原则、平等原则、人道原则、效率原则、民主原则，而且要求展示出人性化管理的基本要求，使人有可能在管理中发现人、发现人的尊严、实现自身的价值、获得劳动工作的快乐与享受。这是向全面发展的人的历史性迈进。事实上，只有这种符合人的价值追求的管理，才是管理的精神实质之所在，也只有这种蕴含人文精神的人性化管理，才能成为有效的管理，使管理的科学属性被张扬。

二、管理伦理的重要性

1. 经济管理中丑闻接连不断地出现直接推动人们重视管理的伦理追求问题

20 世纪七八十年代，世界特别是美国一系列经济丑闻事件不断发生和频频曝光。如美国洛克希德飞机公司为争夺日本市场的贿赂案，美国国际电话电报公司、海湾石油公司、埃克森公司、格鲁曼宇航公司、默克公司等在国外的贿赂事件，海湾石油公司、布兰尼弗和美国航空公司非法捐款资助尼克松竞选连任，美国牛奶生产商为提高联邦牛奶价格而贿赂前总统尼克松等；除此以外，还有非法操纵市场和股票交易，随意处置有毒化学物质、严重污染环境、生产有毒或危险产品、无视工人和顾客生命安全，甚至致使化学工厂有毒气体大爆炸等事件。这些丑闻直接导致经济管理中的企业伦理危机、公众信任危机和企业生存危机，迫使管理者们开始清醒地思考棘手的伦理问题。诚如阿基・B・卡罗所指出的：“回顾过去 30 年来人们对企业伦理的兴趣，可以得出两个结论：一是对企业伦理的兴趣不断加深；二是对企业伦理的兴趣看来是由重大丑闻曝光引发的”。由此，世界各国特别是美国，在理论界和实践中纷纷采取各种措施把伦理和管理结合起来。如在理论方面，人们大力开展管理伦理的教学与研究，出版管理伦理著作、教材、案例选辑，创办管理伦理刊物；或者提升伦理在管理学中的地位，一些有影响的管理学家在他们流传甚广的管理学著作中设立“道德决策模型”“管理人员道德准则”“管理中的伦理问题”等内容。在实践方面，许多管理者把伦理融合到管理实践之中，或者制订伦理守则，或者设置伦理机构、主管，或者开展伦理培训等。这些都有力地推动了管理走向伦理化。

2. 社会压力增加迫使管理走向伦理化

现代社会是信息社会，信息社会传播媒介的迅速发展，使社会舆论的监督力量大为增强，管理行为的一举一动都被置于公众的视野之中；人们对高质量的生活环境的追求强烈要求组织切实履行起保护环境的责任来，因此组织的管理行为必须符合道德，以满足人们的愿望，否则，组织的管理行为将遭受人们的道德制裁，甚至法律制裁，而导致管理的效益追求得不偿失；同时，现代组织对社会的影响力日益增大，享受了许多权利，社会有理由要求组织承担起与其享受权利相称的责任和义务。只有如此，管理才能体现其基本的公平理念。

3. 竞争加剧使管理必须走向伦理化

现代社会是市场经济社会，市场经济的基本特征就是等价交换、平等竞争，现代社会在市场经济的驱动下，竞争日益激烈。而竞争既是资源的竞争，更是人才的竞争，组织的管理也实质上是对人的管理。因而现代社会对人才的争夺已成为竞争的主题，管理上要占据优势就必须有高素质的人才。而人是有利益需要的，因此，管理上必须以人为本，重视人的需要和利益，尊重人、关心人，创造人与人和谐相处的氛围。这些都与伦理息息相关。正是这些因素使得伦理在管理中的地位越来越重要，使伦理成了管理追求的应有境界。正如弗里德里克·B·伯德和杰弗里·甘兹所说：“如果管理者能更多地意识到他们的价值观、社会准则和伦理规范……能考虑到社会分析和伦理选择，那么对管理者本身、企业和社会都是有益的；各种伦理分析工具能帮助管理者做出更好的决策，更清晰地向利益相关者解释其行为的理由。”

三、伦理行为的具体体现

近年来，企业伦理越来越受到社会的广泛关注。那么，什么样的企业行为、管理行为才符合伦理呢?

1. 企业对环境的伦理行为

企业既受环境的影响又影响着环境。企业对环境的伦理行为主要体现在如下方面：

1）环境保护

企业要在保护环境方面发挥主导作用，特别要在推动环保技术的应用方面发挥示范作用。讲伦理的企业有着强烈的环境保护意识，它们积极采用生态生产技术。生态生产技术主要是指这样的技术，这种技术利用生态系统的物质循环和能量流动原理；以闭路循环的形式，在生态过程中实现资源合理而充分的利用，使整个生产过程保持高度的生态效率和环境的零污染。企业要紧密追踪生态生产技术的研究进展，在条件许可的情况下，将最新的生态生产技术应用到生产中去，使研究出来的生态生产技术能尽快转化为生产力，造福于人类，在这样做的过程中，企业自身的发展就能得到有力的保证。

2）以“绿色产品”为研究和开发的主要对象

企业研制并生产绿色产品既体现了企业的伦理行为，推动“绿色市场”的发育，也推动着环保宣传教育，提高整个社会的生态意识。

3）污染治理

那些污染环境的企业要采取切实有效的措施来治理环境(“谁污染谁治理”)，不能推诿，更不能采取转嫁生态危机的不符合伦理的行为。

2. 企业对员工的伦理行为

员工是企业最宝贵的财富。企业对员工的伦理行为主要体现在如下方面：

1）不歧视员工

现代企业的一个显著特征是员工队伍的多元化。为了调动各方面的积极性，企业要同等对待所有员工，不搞等级化。

2）定期或不定期培训员工

决定员工（尤其是高素质员工）去留的一个关键因素是能否在本企业中得到锻炼和发展的机会。讲伦理的企业不仅要根据员工的综合素质，把他安排在合适的工作岗位上，做到人尽其才，才尽其用，而且在工作过程中，还要根据情况的需要，对他进行培训，如送他到国外或到国内的学校、科研机构和兄弟单位学习深造，这样做既满足了员工自身的需要，也满足了企业的需要，因为在通常情况下，经过培训后的员工能胜任更具挑战性的工作。

3）营造一个良好的工作环境

工作环境的好坏直接影响到员工的身心健康和工作效率。企业不仅要为员工营造一个安全、关系融洽、压力适中的工作环境，而且要根据本单位的实际情况为员工配备必要的设施。

4）善待员工的其他举措

例如，推行民主管理，提高员工的物质待遇，对工作表现好的员工予以奖励等。

3. 企业对顾客的伦理行为

“顾客是上帝”，忠诚顾客的数量以及顾客的忠诚程度往往决定着企业的成败得失。

1）提供安全的产品

安全的权利是顾客的一项基本权利，企业不仅要让顾客得到所需的产品，还要他们得到安全的产品。

2）提供正确的产品信息

企业要想赢得顾客的信赖，在提供产品信息方面就不能弄虚作假、欺骗顾客。

3）提供售后服务

企业要重视售后服务，要把售后服务看作对顾客的承诺和责任，要建立与顾客沟通的有效渠道，如设立意见箱、热线电话等，及时解决顾客在使用本企业产品时遇到的问题和困难。

4）提供必要的指导

在使用产品前或过程中，企业要尽可能为顾客提供培训或指导，帮助他们正确地使用本企业的产品。

5）赋予顾客自主选择的权利

在市场经济中，顾客拥有自主选择产品的权利。企业不能限制竞争。

4. 企业对竞争对手的伦理行为

在市场经济中，竞争是一种有序竞争。企业不能压制竞争，也不能搞恶意竞争。企业要处理好与竞争对手的关系，在竞争中合作，在合作中竞争。讲伦理的企业不会为了一时之利，通过不正当手段来挤垮对手。

5. 企业对投资者的伦理行为

企业首先要为投资者带来有吸引力的投资报酬。那种只想从投资者手中获取资金，却不愿或无力给投资者以合理报酬的企业是对投资者极不负责的企业，这种企业注定会被投资者抛弃。

此外，企业还要将其财务状况及时、准确地报告给投资者。企业错报或假报财务状况，就是对投资者的欺骗。

6. 企业对所在社区的伦理行为

企业不仅要为所在社区提供就业机会和创造财富，还要尽可能为所在社区做出贡献。讲伦理的企业意识到通过适当的方式把利润中的一部分回报给所在社区是其应尽的义务。它们会积极寻找途径参与各种社会行动，通过此类活动，不仅回报了社区和社会，还为企业树立了良好的公众形象。

四、改善伦理行为的途径

1. 挑选高道德素质的员工

人在道德发展阶段、个人价值体系和个性上差异的存在使管理者有可能通过严格的挑选过程（挑选过程通常包括审查申请材料、组织笔试和面试以及试用等阶段）把低道德素质的求职者淘汰掉。但这并非易事，事实证明，仅仅通过“挑选”这一控制措施，是很难把伦理标准有问题的求职者挡在门槛之外的。所以通常的做法是要辅之以其他控制措施。

挑选过程的另一作用是有助于管理者了解个人道德发展阶段、个人价值观、自我强度和控制中心。

2. 建立伦理守则

在一些组织中，员工对“伦理是什么”认识不清，这显然于组织不利。建立伦理守则可以缓解这一问题。

伦理守则是表明组织的基本价值观和组织期望员工遵守的伦理准则的正式文件。伦理守则既要相当具体以便让员工明白以什么样的精神来从事工作、以什么样的态度来对待工作，也要相当宽泛以便让员工有判断的自由。伦理守则不仅是指导企业计划、决策和业绩评价的伦理罗盘，它还能够从组织伦理的角度指出企业预期的投资者、成员和业务伙伴。在实践中，企业可以从三方面来思考制定伦理守则：

（1）目标：组织的最终使命是什么？在逐步完成使命的过程中它的目标有哪些？这些问题是否有助于探测组织存在的理由及其创造价值的方式？

（2）原则：组织义务有哪些？其合理权利的范围是什么？其赞成的理念是什么？这些问题旨在识别组织的义务、权利和价值观念。

（3）人：组织的主要支持者有哪些？他们的合理权益是什么？这些问题旨在定义组织所迎合的社会利益。

对上述问题的解答可以确定企业价值体系的定义要素，形象地勾画出负责任行动的领域，从而制定出指导企业行为的伦理守则。

管理者对伦理守则的态度以及对违反者的处理办法对伦理守则的效果有重要影响。如果管理者认为这些守则很重要，经常宣讲其内容，并当众训斥违反者，那么伦理守则就能为伦理计划提供坚实的基础。

3. 在伦理方面领导员工

高层管理人员在伦理方面的领导作用主要体现在以下两方面：首先，高层管理人员在言行方面是员工的表率——他们所做的比所说的更为重要，所以他们作为组织的领导者要在伦理方面起到模范带头作用。如果高层管理人员把公司资源据为已有、虚报支出项目或优待好友，那么这无疑向员工暗示，这些行为都是可接受的；其次，高层管理人员可以通过奖惩机制来影响员工的伦理行为。选择什么人和什么事作为提薪和晋升的对象，会向员工传递强有力的信息。管理者通过不符合伦理的手段让人感到其成果惊人，从而获得晋升，这种行为本身就向所有人表明，采取不符合伦理的手段是可接受的。鉴于此，管理人员在发现错误行为时，不仅要严惩当事人，而且要把事实公布于众，让组织中所有人都认清后果，这就传递了这样的信息：“做错事要付出代价，行为不符合伦理不是你的利益所在。”

4. 设定工作目标

员工应该有明确和现实的目标。如果目标对员工的要求不切实际，即使目标是明确的，也会产生伦理问题。在不现实的目标的压力下，即使道德素质较高的员工也会感到迷惑，很难在伦理和目标之间作出选择，有时为了达到目标而不得不牺牲伦理。而明确和现实的目标则可以减少员工的迷惑，并能激励员工而不是惩罚他们。

5. 对员工进行伦理教育

越来越多的组织意识到对员工进行适当的伦理教育的重要性，它们积极采取各种方式

（如开设研修班、组织专题讨论会等）来提高员工的道德素质。人们对这种做法意见不一。反对者认为，个人价值体系是在早年建立起来的，从而成年时的伦理教育是徒劳无功的。而支持者指出，一些研究已发现价值准则可以在童年后建立。美国马丁马莱塔公司总裁兼伦理指导委员会主席汤姆·扬说：“在那里，你可以遇到想做正确的事情的人们，但他们可能并不知道那是什么。同时，这也是对因人们不知道什么可以接受而形成的规避风险的过渡行为进行斗争的方法之一。”另外，法律和标准的变更以及雇员的流动和晋升也决定了企业必须对伦理教育给予持续的关注。目前，企业可以采用课堂讲授、案例分析、角色扮演、典型示范、环境熏陶等多种方法对员工进行伦理教育，加深他们对伦理意识和履行伦理规范的能力，从而改善自身的行为，努力实现企业的伦理目标。

6. 对绩效进行全面评价

如果仅以经济成果来衡量绩效，人们为了取得结果，就会不择手段，从而有可能产生不符合伦理的行为。如果组织想让其管理者坚持高伦理标准，它在评价过程中就必须把伦理方面的要求包括进去。在对管理者的评价中，不仅要考察其决策带来的经济成果，还要考察其决策带来的伦理后果。

7. 进行独立的社会审计

有不符合伦理的行为的人都有害怕被抓住的心理，被抓住的可能性越大，产生不符合伦理的行为的可能性就越小。根据组织的伦理守则来对决策和管理行为进行评价的独立审计，会使不符合伦理的行为被发现的可能性大大提高。

审计可以是例行的，如同财务审计；也可以是随机的，即不事先通知。有效的伦理计划应该同时包括这两种形式的审计。审计员应该对公司的董事会负责，并把审计结果直接交给董事会，这样做是为了确保客观、公正。

8. 提供正式的保护机制

正式的保护机制可以使那些面临伦理困境的员工在不用担心受到斥责的情况下自主行事。例如，组织可以任命伦理顾问，当员工面临伦理困境时，可以从这些伦理顾问那里得到指导。伦理顾问首先要成为那些遇到伦理问题的人的诉说对象，倾听他们陈述伦理问题本身、产生这一问题的原因以及自己的解决方法。在各种解决方法变得清晰之后，伦理顾问应该积极引导员工选择正确的方法。

另外，组织也可以建立专门的渠道，使员工能放心地举报伦理问题或告发践踏伦理守则的人。

综上所述，高层管理人员可以采取多种措施来提高员工的道德素质。在这些措施中，单个措施的作用是极其有限的，但若把它们中的多数或全部结合起来，就能收到预期的效果。

任务二　组织文化

【导入案例】

做企业文化，华为公司的这三个重点很关键

在现代职场，企业文化的重要性已经被许多人认同。但也有许多人，把企业文化简单地

看成搞搞宣传、做做活动。认识的偏差，导致行动的错误，最终造成不好的结果。

从华为公司的企业文化建设实践看，企业文化建设应找准以下三个重点：

1.“全员持股”的特定激励政策

有资料说，在华为公司，0级主管，30人，年薪6 000万元；1级主管，120人，年薪1 500万元；2级部门总监，350人，年薪350万元；3级部门主管，1 500人，年薪100万元；4级部门正副经理，5 000人，年薪50万元；基层员工，60 000人，年薪10万元。

华为公司依据企业文化设计的股权激励，让员工都可以知道，自己只要努力工作，不仅可以拿到丰厚的工资，而且还可以获得可观的股权分红，甚至有的员工的分红是其工资的数倍。

用企业文化引导、规范企业的股权、薪酬、福利等激励机制，是企业文化建设取得成功的关键因素。

2. 以奋斗者为本

在华为公司，人人平等，所有员工无权享受特权，不平等的部分已经通过工资形式表现出来。大家同甘共苦，人人平等，集体奋斗，将个人的努力融入集体的拼搏之中，营造了团结协作、相互关心的良好氛围。

如何避免大企业病，避免官僚主义是现代企业特别需要注意的问题。

企业如何通过企业文化建设，引导全体员工发扬团队精神，互帮互助，团结拼搏？企业创建者和主要领导必须亲自带头，消除企业内部的各种不平等现象，让企业员工感受到企业内的公平、公开、公正，以良好的氛围吸引员工、留住员工、激励员工，是企业文化建设取得成功的重要内容。

3. 远大的目标与双向晋升渠道

华为公司的产品和解决方案已经应用于全球100多个国家，服务全球运营商前50强中的36家，已经成为国际领先的现代化企业。同时，华为设计了任职资格双向晋升通道，新员工首先从基层业务人员做起，然后上升为骨干，员工可以根据自己的喜好，选择管理人员或者技术专家作为自己未来的职业发展道路。

在达到高级职称之前，基层管理者和核心骨干之间、中间管理者与专家之间的工资相同，同时两个职位之间还可以相互转换。

许多企业的优秀员工招不到、留不住，一个重要的原因就是员工看不到企业发展的愿景与个人成长的目标，企业发展成果与个人成长进步没有太大的关联。

企业文化建设不能玩虚的、说假的，只有真正把企业发展愿景转化为全体员工的共同目标，并把企业发展的成果与所有员工的努力拼搏形成正相关的关系，员工才能够更好地跟随企业一起成长，才能够分享到企业发展的成果。

这也是在不同的企业，其企业文化的成果会有巨大差异的根本原因。

问题思考：

如何理解华为的企业文化。

【相关知识】

20世纪80年代以来，组织理论和企业管理理论发展的一个显著特点，是对组织中的人有了更为深刻的认识，把人在组织和管理中的作用提高到了前所未有的重要地位。组织文化崭新概念的出现就是明显的标志，它贯穿于组织的全部活动，影响组织的全部工作，决定组织中全体成员的精神面貌和整个组织的素质、行为和竞争能力。对组织文化的研究，将有助于我们对组织成员乃至整个组织行为的理解、预见和把握。

一、组织文化的概念

组织文化是社会文化的一个组成部分，在学习组织文化的有关内容之前，首先应当理解什么是“文化”。从广义上说，文化是人类在漫长的社会历史实践过程中所创造的物质财富和精神财富的总和；从狭义上说，文化是在历史上一定的物质资料生产方式的基础上发生和发展的社会精神生活形式的总和。文化也有“感性”和“理性”之别：文化的“感性”层面指可以感觉的、具体实践中可以观察的（物质性）文化作品和社会行为方式、风俗、习惯和宗教仪式；文化的“理性”层面指那些在社会历史过程中形成的、与众不同的价值观念、行为准则和思想意识。

关于什么是组织文化，国内外学者对此众说纷纭，很不统一。

由于西方学者所概括的组织文化大部分以企业组织为典型，因此它与企业文化在许多场合是一致的，是在同一意义下被使用的。对于组织文化或企业文化的概念，西方学者有不同的理解：

希恩在 1984 年对组织文化所下的定义是：“组织文化是特定组织在处理适应外部环境和内部整合过程中出现的种种问题时所发明、发现或发展起来的基本假说的规范。这些规范运行良好，相当有效，因此被用作教导新成员观察、思考和感受有关问题的正确方式。”

克拉克、霜恩则认为组织文化是“主要依靠符号来获得和传递的思想、感受和反应的方式”，其基本核心是传统意识和价值观。

《管理意志》的作者马文·鲍尔提出的定义则是“我们处理周围事物的方法”。

特伦斯·迪尔和阿伦·肯尼迪在他们专门论述企业文化的著作《公司文化》中却没有用简短的文字来完整地下个定义，而是在论述过程中从不同角度揭示了企业文化的内涵。

例如书中说，“强有力的文化是一套非正式的规则，它指导员工的日常言行”“是引导行为的强有力的工具”，它是以组织成员共有的“一整套价值观和信念为基础的”。

与外国学者不同，中国学者一般比较重视确定概念的定义，但是由于各人的知识、经验不同，认识各异，在组织文化或企业文化概念上的争论，自是更加纷繁。简而言之，至少有如下几种。

（一）三层次说

认为组织文化是由三个层次内容组成的：第一层次是文化的外显部分，指企业组织中的厂房、设施、机器、装备、产品、服务、厂容厂貌等外显的、物质形态的东西。较深一层的第二层次，称为制度文化，指组织的规章制度、公约、纪律等制度形态的东西。最深层次为核心层，称为精神文化，指组织的价值观念、信念、理想等精神形态的东西。这样三个层次综合起来便是组织文化。

（二）两元说

认为组织文化是由组织中物质文化与精神文化两个方面因素综合而成的。物质文化指的是有形的、可见的东西，如机器、设施、厂容厂貌、商品包装、商标等。物质文化又称外显文化、硬文化或表层文化。精神文化指的是无形的、不可见的方面，如组织中的共同价值观、信念、传统、气氛、作风、行为准则，精神文化又称为隐形文化或深层文化、软文化等。

（三）精神文化说

认为组织文化是以价值观为核心的包括信念、作风、行为规范在内的各种精神现象。它体现在物质形态之中，并发挥其影响和制约作用，但不能把物质形态的东西包括在内。

由此可见，国内外学者对组织文化的理解可说是见仁见智，各有见地。不同意见的交流、切磋，对组织文化这门新学科的深入发展，无疑是有益处的。

组织文化通常是指在组织管理领域这个狭义范围内产生的一种特殊的文化倾向。它反映和代表了该组织成员的整体精神、共同的价值标准、合乎时代的道德和追求发展的文化素质。它是增强组织内聚力、向心力和持久力，保证组织行为的合理性，推动组织成长和发展的意识形态之总和。

组织文化的定义："组织在长期的生存和发展中所形成的，为本组织所特有的，且为组织多数成员共同遵循的最高目标、价值标准、基本信念和行为规范等的总和及其在组织活动中的反映。"

组织文化是组织管理精神世界中最核心、最本质的东西。它形成于组织成长、变革和发展的长期实践，随着组织的发展而不断丰富。同时，组织文化又以观念形式，从非计划、非理性的因素出发来调控组织成员的行为。它是对组织管理中的标准管理和制度管理的补充和强化，潜移默化并贯注于组织成员的行为之中，使组织成员为实现组织目标自觉地组成团结协作的整体。因此，组织文化对组织的成长和发展具有决定性的意义。组织文化定义过宽、过窄都未必科学，应该给以一种适中的定位。组织文化通常是指在狭义的组织管理领域内产生的一种特殊的文化倾向，实质上是一个组织在长期发展过程中，把组织成员结合在一起的行为方式、价值观念和道德规范的总和。它反映和代表了该组织成员的整体精神、共同的价值标准、合乎时代要求的道德品质及追求发展的文化素质。它是增强组织凝聚力和持久力，保证组织行为的合理性和规范性，推动组织成长和发展的意识形态的总和。

二、组织文化的特点

组织文化产生的根源及其形成过程使其既具有民族文化的烙印，又具有组织管理的个性特色。

（一）阶级性

马列主义关于文化及其社会历史问题的研究，肯定了人们的精神生活是以社会物质生活条件、社会制度和国家制度的性质为转移的；并且明确指出，统治阶级的文化在社会中占统治地位，即文化是有阶级性的。组织文化作为整个文化的一个组成部分，同样也是以社会物质生活条件、社会制度和国家制度的性质为转移的，是有阶级性的。

（二）民族性

组织文化根植于民族文化之中，具有极强的民族性。对不同国家的组织行为进行预测，需要了解不同的民族文化对组织文化的影响，这时于外交和国际贸易均有重要意义。组织管理的核心是人的管理。由于组织成员成长于各自的社会文化之中，必然会把民族文化传统带到组织中。民族文化是影响组织环境的重要因素，它不仅会影响组织及其成员的价值观念、行为准则和道德规范，还会对组织经营管理的方针战略产生深刻的影响。因此，成功地管理一个组织，不仅要建立有民族特色的组织文化，还应努力适应民族文化环境，迎合一定民族文化环境下的社会心理状态，否则将会陷入管理困境和危机。另外，组织文化作为民族文化的微观组成部分，也起着不断改造推动民族文化发展的积极作用。

（三）整体性和个体性

组织文化是组织成员的共同价值观体系，它不仅是组织全体成员，包括领导者和被领导者共同遵循的行为准则和价值观念，而且也是一个组织区别于其他组织的关键特征。即使是同一类型的组织，由于其民族文化、传统习惯不同，也可能形成不同的组织文化。它以观念的形式，从非计划、非理性的因素出发来调控成员的行为。它是对组织管理中的标准管理和制度管理的补充和强化，潜移默化并贯注于组织成员的行为中，使组织成员为实现组织目标自觉地组成团结协作的整体。

（四）历史连续性

组织文化与组织的长期发展历史紧密相连，有一个逐渐形成和发展的过程。组织文化是组织管理人的精神世界中最核心、最本质的东西。它形成于组织成长变革和发展的长期实践中，随着科技的发展、文明的进步和组织自身的发展而不断丰富。同时，对组织的成长和发展又具有深远的影响。

（五）创新性

组织文化是最终联结和维系组织内部人际关系的重要纽带。在这个联系过程中，人们的价值观念、行为准则、道德伦理、交往方式及情感等方面，都是以他们所能够接受的经过长期培养和发展所形成的组织文化为准则的。因此，组织行为合理与否在很大程度上取决于组织文化。创新的思想意识正是组织行为的理想所在。任何组织都需要不断创新以实现其目标。组织中领导者和被领导者都希望实现自我。通过设计和维持一种良好的创新环境，提高员工的素质，激发员工的创新动机，为组织成员实现自我提供条件，是组织文化的核心部分。

三、组织文化的要素

组织文化是一个有着丰富内涵的系统体系，其中包括许多相互联系、相互制约的因素。然而对于组织文化究竟有哪些要素构成，学者们提出了不同的看法。在西方和我国的学者也都曾提出一些富有见地的观点。

特斯拉斯在 1978 年就提出，影响企业运行的文化因素有语言、宗教、教育、社会组织、价值观与态度、科技与物质文化和政治与法律等方面。

德鲁克认为，构成管理文化的要素是价值观、信仰、工具和语言四个方面。

迪尔和肯尼迪认为构成组织文化的要素有环境条件、价值信仰、英雄人物、习俗礼仪和文化网络五个方面。

彼德斯和沃特曼认为，构成组织文化的要素至少有七个，即经营战略、组织结构、管理风格、工作程序、工作人员、技术能力和共同价值，并把这七个要素称为“麦金瑟 7 – S 结构”。

我国的管理学者运用思辨的方法分析管理文化，并认为管理文化包括四个层次的内容：第一，管理物质文化（管理技术手段和语言等）；第二，管理制度文化（组织结构、体制和规章制度等）；第三，管理意识文化（管理思想、管理哲学和管理艺术等）；第四，管理心理文化（风俗习惯、心理结构、态度、伦理准则、情感方式、思维模式和价值观念等）。

上述各种关于组织文化构成要素的观点，为我们全面理解组织文化，把握组织文化的本质提供了一定的认识基础。尽管组织文化包含的内容有许多方面，但是，把组织文化众多的构成要素概括起来，可以归纳为三个层次、五种形态和八个要素，由此构成一个具有内在联系的复合性网络结构体系。

如果从系统论的观点来看，组织文化的结构可以分为表层文化、中介文化和深层文化三个层次。

组织文化的表现形态有物化文化、管理文化、制度文化、生活文化和观念文化五种形态。

组织文化的构成要素主要可以概括为组织精神、组织理念、组织价值观、组织道德、组织素质、组织行为、组织制度和组织形象八个要素。

四、组织文化的功能

组织文化一旦形成，就会成为约束组织成员行为的非正式控制规则，而使组织成员放弃一些不适合组织期望的行为和利益取向。由于受到组织文化的熏陶，组织成员取用相同的价值观和道德观，这样，组织内的人际关系将更加融洽，组织的各种矛盾将得到缓解，组织文化将表现出凝聚、规范和激励等作用。

1. 导向功能

组织文化的导向功能体现在对组织整体和组织成员的价值取向及行为取向所起的引导作用上，使之符合组织所确定的目标。组织文化的导向功能具体表现在两个方面：一是对组织成员个体的思想行为起导向作用；二是对企业整体的价值取向和行为起导向作用。企业文化所建立起的自身系统的价值和规范标准引导员工的行为心理，使人们在潜移默化中接受共同的价值观念，自觉自愿地把企业目标作为自己追求的目标。

2. 约束功能

组织文化的约束功能是指组织文化对每个组织成员的思想、心理和行为具有约束和规范的作用。企业文化对组织成员的约束是一种软约束，这种约束来自组织文化氛围、团队行为准则和道德规范。团队意识、社会舆论、共同的习俗和风尚等精神文化内容，会造成强大的使个体行为从众化的团队心理压力和动力，使组织成员产生共鸣而产生自我控制。

3. 凝聚功能

当一种价值观被组织成员共同认可后，组织文化就会成为组织成员的黏合剂，从各个方面把组织成员团结在一起，从而产生巨大的向心力和凝聚力，产生深刻的认同感，使组织成员乐于参与组织的事务，发挥各自的潜能，为组织目标做出贡献。

4. 激励功能

组织文化具有使组织成员从内心产生一种高昂情绪和奋发进取精神的效应。“以人为中心”的企业文化可以满足组织成员对高层需求的追求，从而激发组织成员从内心深处自觉产生为组织目标拼搏的精神；同时，企业文化通过软约束调整组织成员的不合理需要，形成积极向上的整体力量，使员工自我激励，产生持久的驱动力。

5. 辐射功能

良好的组织文化不仅对内部成员产生影响，而且通过各种渠道向社会辐射和传播。一方面，可以树立组织在公众中的良好形象；另一方面，优秀的组织文化也可以在一定程度上推动社会文化的良性发展，起到以点带面的辐射作用。

五、组织文化建设的基本内容

（一）塑造组织形象

组织形象如何，关系到组织的兴衰荣辱，从领导到每一个组织成员都要高度重视塑造和维护本组织的良好形象。组织形象主要由社会形象、产品形象、服务形象等要件构成。

1. 塑造社会形象

组织的社会形象是社会公众对组织的印象、评价、感触和情绪反应。社会形象的核心内容，是组织履行社会责任的程度。一般情况下，组织都是通过履行社会责任来建立和塑造社会形象的。组织的社会责任是组织在追求自身利益和自身发展时，将自身利益与相关主体的利益及社会利益相协调统一，将内在经济适当外在化，将外在不经济尽可能内在化，避免机会主义倾向和损人利己行为，通俗地说，就是尽可能为社会多做贡献，履行必要的社会责任和社会义务。通过履行社会责任，组织不但向社会公众传达自己的基本信念，也使得社会公众能够更深刻地理解和认同组织存在的意义，由此产生对组织的良好印象、评价和情绪反应。

组织的社会责任，可以表述为组织为社会的繁荣和发展而必须履行的责任和义务，是组织对社会的适应和参与。就此而言，组织的社会责任有极为丰富的内容，大致可分为紧密相关的强制性法律责任和自觉的道义责任两个方面。无论强制性法律责任还是自觉的道义责任，都与组织及其所处的社会环境有密切联系。在我国社会主义市场经济条件下，企业组织的社会责任大体包括以下几方面的内容：

（1）坚持社会主义方向的责任。这是我国组织的社会责任与西方组织的社会责任的根本区别。我国组织公有制的性质（尤其是全民所有制组织和集体所有制组织），决定了组织必须把坚持社会主义方向放在首位，必须把国家利益放在首位。具体表现在：坚定不移地贯彻党的路线、方针和政策，执行国家的法令、法规，坚持“两个文明”一起抓，和狠抓组织“四有”成员队伍的建设。

（2）为社会提供质优价廉的产品和优质服务的责任。组织是从事物质产品生产或为社会提供服务的经济组织。以尽量少的投入，获取尽量多的有效产出，是由组织的经济属性决定的义不容辞的责任。要尽可能多地生产适销对路、价廉物美、可靠耐用的产品，全心全意为用户服务，对用户负责，不断地满足社会日益增长的物质、文化需求。在这一点上，组织追求自身的长期利益与为社会尽责是完全一致的。组织从为社会尽责中获得自身的发展，又反过来推动社会物质文明的进程。

（3）向国家上缴税利，为社会发展提供资金的责任。这是组织与非营利机构的重大区别，体现了组织的社会经济职能。组织是国家财政收入的主要承担者。因此，组织有照章纳税、为国家提供发展资金的责任。同时，作为一个社会主义组织，必须守法经营，讲究经营道德，把组织经营活动纳入社会主义法制的轨道，保障国家计划的有效实施和维护市场的运行秩序。

（4）保护环境，促进所在社区发展的责任。作为一个社会主义组织，必须抱着对组织、对社会、对未来负责的精神，切实采取措施治理“三废”污染，担负起保护环境的神圣责任。组织对所在社区的发展，也负有一定责任。组织的发展离不开它所依赖的环境，因此，在力所能及的范围，为所在社区的发展做贡献也是有义务的，如美化环境、改善交通条件、扶持教育和文化事业等，但要把组织为社区发展尽责与强行的社会摊派区分开来，前者是在组织自愿的基础上，往往是与组织的发展战略相一致的，后者则是外界强加给组织的。

2. 塑造产品形象

产品形象是产品的质量、价格等特性在社会公众中引起的评价。产品形象是关系到组织经济竞争力的重大问题，可以说，产品质量及其形象是组织的命脉所在。产品质量的内容很多，一般可以分为两方面：一是内在质量；二是外在质量。内在质量应满足用户的功能要求，外在质量则应考虑顾客的审美要求。内在质量是产品形象的根本，但外在质量如产品的造型、包装设计等，也要体现美学观点以赢得顾客的喜爱。产品内在质量与外在质量协调统一，才能赢得顾客较高的评价，提高市场竞争力。

3. 塑造服务形象

服务是商品交易活动中的重要内容，许多成功的企业组织在注重产品质量的同时，也在积极追求服务上的完美。服务形象塑造，就是在交易活动的每一个环节都追求服务完美和顾客满意，最常见的是提供能满足顾客既有的或期望的服务，讲究售前、售中服务，注重售后服务。

（二）文化心理建设

组织文化建设中更为重要的，是培育和塑造健康的、舒畅的、各遂其志、各尽所能的文化心理。组织文化心理的建设和塑造，需要组织对组织成员的心理状态施加积极影响和采取各种措施和手段，开展文化心理工程建设。没有良好的心理熏陶气氛，组织成员就难以在潜移默化中接受组织的价值观，也难以保持稳定平衡、积极向上的情绪，组织的内聚力和外引力就势必受到削弱。组织的文化心理工程，是组织文化建设的一项重大基础工作。

将组织文化心理作为一项工程来看待，涉及许多方面的内容，最基本的是主权感、使命感、认同感、安全感、信任感、自在感和满意感等心理因素。

1. 增强主权感

在企业组织中，如果组织成员真的有主权感的话，他们就会把自己的命运同组织联系在一起。“我是组织人，组织即我家，组织与我同兴衰，我与组织共命运。”反之，如果组织成员存在着雇佣观点，那他们就会认为组织的兴衰成败是厂领导的事，反正与自己关系不大，更谈不上为组织竭尽全力。增强主权感的基本途径有三条：一是使组织与组织成员的利益一体化；二是让组织成员参与组织管理；三是实行“自主管理”。

（1）组织与组织成员的利益一体化。把组织成员个人的贡献与组织的整体效益挂钩。谁贡献大，谁的报酬就多；谁贡献少，谁的报酬就少；当组织效益好时，组织成员个人所得就随之增加，当组织效益差时，组织成员个人所得就相对减少。组织成员从切身利益中，感受到组织好似水，个人好比船，水涨则船高，水落则船低，水枯则船不行。在组织中有关重大利益的分配问题，不能光由几个领导人决策，而要通过全体组织成员或组织成员代表充分讨论，然后再决策。

（2）让组织成员参与组织管理。尊重每个组织成员，增加其参与组织管理的机会与频率，激励他们关心组织目标，发挥当家做主的积极作用。

（3）实行“自主管理”。组织的每个成员都有处理本岗位工作的自主权，别人或高一级的管理者不得横加干涉。直属的上级主管只有检查、督导的责任，尽量减少监管的成分。“自主管理”能够实质性地增加组织成员的责任心、自主性和主权感。

2. 培养使命感

使命感与主权感相联系，但比主权感是更高一层次的社会情感。使命感不是建立在感性认识基础上，而是建立在理性认识基础上的。如果组织成员认识到促使组织生存和发展是自己的一项崇高使命，那么，他对所在岗位担负的工作就会拥有高度的责任心。使命感和责任心会使人自觉地去完成有关工作，“任务观点”将会淡薄，物质利益的驱使作用将居于次要地位。

组织成员使命感的培养，关键在于加强理想和信念教育，使之认识自己的作用、地位和肩负的使命，认识到厂兴我荣、厂衰我耻，组织兴衰关乎自己的根本利益，这是一项长期而艰巨的思想教育任务，要长期坚持，细水长流。使命感必须依靠组织措施和健全岗位责任制，加强日常生活中的理想和信念教育来培养。

3. 培育认同感

组织成员的认同感是组织团结和统一的心理基础，是组织内聚力的源泉。认同感的形成，是一种情感移入过程，是自己被别人同化，或别人被自己同化的过程。这种过程可以在有意识中进行，也可以在无意识中完成。但在组织文化的培育过程中，有意识的认同感培育，效果更快、更显著。有意识培育认同感可以在多个方面进行，最基本的方面是组织目标认同、职权认同、规范认同。

（1）使个人认同组织目标——让个人感觉到组织目标与自身目标是统一的。要让个人感觉到组织目标与自身目标是统一的，组织目标的达成有利于自身目标的实现。个人能从组织目标中获得利益，组织目标的认同感就会产生。有了认同感，就会为实现组织目标不懈地努力。一般来说，个人为实现组织目标做出的努力程度与对组织目标的认同感高低成正比。

（2）职权认同——对组织领导人的认同。即认同组织领导人素质、职务、权力、领导方式。组织领导人及其职权是组织的化身，组织成员认同组织领导人及其职权，便会认同自己的组织，如果组织成员对领导者很反感，就可能产生离心力，与领导人唱对台戏，导致无法融入或认同组织。

（3）对组织规范的认同——在行为甚至观念上遵守或适合组织要求。组织规范可以分为两类：一类是人为规范；另一类是自然规范。人为规范是通过一定程序制定的一系列规章制度，往往以条例、公约等形式公之于众，是成文规范。自然规范是组织在一定的文化背景影响下，经过长时间的酝酿而自然形成的，是不成文规范，往往以舆论形式来引导、制约组织成员的行为。无论人为规范还是自然规范，一旦被组织成员认同，便会成为一种强大的动力或约束力，使组织成员产生协调一致的思想和行为。

4. 满足安全感

任何一个组织成员都有安全需要，并且人们参加组织也是寻求安全需要的满足。一般来说，组织成员有多方面的安全需要，最基本的是职业安全、人身安全和财产安全。

（1）职业安全——职业有保障，无失业威胁，退休后能享受合理而足够维持老年生活的费用。

（2）人身安全——没有安全事故发生，职业病能得到有效防治。

（3）财产安全——个人财产有安全保障，无后顾之忧。

有了安全感，组织成员就可能增强对组织的向心力，安心为组织效力。如果察觉到自己的安全受到威胁，组织成员就会情绪紧张，出现防卫行为、阻挠行为、攻击行为等负面的行为反应。负面行为反应不但有害于行为主体本身，也有害于组织。满足安全需要，则能够避免有害的行为反应和不良的思想出现，为培育健康积极的组织文化创造有利条件。

5. 增强信任感

信任感是人际交往中被别人尊重和信赖的心理体验。有了信任感就会增强责任心，提高工作主动性，获得组织和同事的信任，就会感到自身存在的价值，自尊需要便可得到相对的满足，同时顾虑会减少，工作会更大胆；有了信任感，人与人之间的心理距离就会缩短，变得感情融洽，从而和衷共济、通力合作，为实现组织的共同目标而做出各自的贡献。一个人如果感觉不到组织或同事的信任，就会心存疑虑、谨小慎微，不能充分发挥积极性和创造力。“戴着镣铐跳舞是无法表现出优美的舞姿来的”。彼此间互不信任，就会貌合神离、钩心斗角，甚至产生严重的对立和冲突。

在组织中，增强信任感的途径很多，最基本的是增强道德信任、技术信任和人际信任。道德信任，是基于能履行众人期望的道德责任所产生的社会情感。不讲德行，就不能获得群众和组织的道德信任。技术信任，是确认某人具有一定的技术能力，相信他能完成某种任务或目标，授权给他从事某一项工作。人际信任，是人际亲和的基础，其外化表现是善于了解别人和满足别人需要的本领，从而获得好人缘。一群人如果认为某人理解和关心他们，确信他把他们的利益放在首位，便对这个人建立了人际信任，逐渐承认他的权威，愿意听从他的指挥。一个管理者如果获得了人际信任，他所领导的单位的成员便会有高水平的动力结构和道德水准，群体内的紧张气氛就会相对削弱，成员之间更能互相支持。有了人际信任，便会感到组织是一个温暖的大家庭，赢得友情和帮助，不致有孤独之感，就会对生活充满信心而迸发出一种向上的活力。显然，这些正是组织文化所需要的基本内容。

6. 获得自在感

自在感是一种轻松、舒坦、愉快、没有心理压力的心理体验。自在感，对于社会生活中的人来讲，有时候是非常重要的。“百啭千声随意移，山花红紫树高低。始知锁向金笼听，不及林间自在啼。”组织成员有了自在感，一般都能激发出饱满的热情，创造出高绩效。心情压抑，背着“沉重的包袱”来工作，就如同戴着镣铐来跳舞一般，绝不会有高绩效。在组织生活中，个人自在感的形成必须依赖于组织和个人两方面都做出努力。组织的努力在于营造轻松愉快的环境和氛围。如在安排工作任务时，尽可能地照顾到组织成员的特长和兴趣，不要勉为其难。尊重个人的人格，尊重各成员的劳动。营造安定而宽松的组织环境，保持组织的稳定性，使组织成员产生轻松、自在的情绪体验。个人的努力在于对组织和所从事的工作有兴趣。因为兴趣作为一种认识倾向性，它与情感紧密相连，浓厚的兴趣必然伴随高涨的热情和愉快的感受。一个人如果对自己的工作发生了兴趣，他就会开动脑筋，设法完成任务，同时会觉得轻松愉快。

7. 提高满意感

满意感是一种需求得到满足的心理体验，同时又要受利益和情绪等因素的影响。因此，提高组织成员的满意感，可以在需求满足、利益公平和情绪关怀等方面采取恰当措施。

（1）需求满足方面，最基本的是满足组织成员的生活需求、成长需求、社交需求和威信需求。生活需求就是解决吃、住、行、用等生活方面的问题。成长需求是个人对增长才干的追求。社交需求是希望扩大社会交往，寻求更多的友谊的需要。威信需求是希望得到他人和社会认可、赏识和尊重，希望在社会上享有一定的荣誉和地位，不断扩大知名度和美誉度。作为组织的领导人，要时刻想着组织成员们的需求，眼下有条件可以办到的，要积极给予满足；目前条件还不具备的，要尽力创造条件，争取在条件成熟时予以满足。对于某些超越政策界限或待遇标准的不合理需求，则给予解释劝导。

（2）在利益方面，主要是处理分配、奖励、提拔等问题时，要贯彻公正原则，增加透明度，避免组织成员产生不公平感。不公平感可分为主观不公平感和客观不公平感两种类型。主观不公平感是说事情本身公平合理，但当事人认为它不合理，由此产生不公平的情绪体验。客观不公平感是由于客观实际存在不公平现象而导致的不公平感。两类不公平感具有不同的性质，主观不公平感属于组织成员的认知问题，应通过深入细致的思想工作去解决；客观不公平感属于管理工作的缺失，应通过健全管理制度去解决。

（3）情绪方面，要经常关心组织成员的情绪状态，必要时应采取措施对不良情绪进行调整。

关心和了解情绪状态，可以按照心理学中有关情绪的理论来进行：

$$情绪指数 = 实现值 \div 期待值$$

实现值与期待值相等，则情绪指数为1，人的情绪正常。实现值高于期待值，则情绪指数 >1，人的情绪高昂。实现值低于期待值，则情绪指数 <1，人的情绪就会陷于失意、沮丧等不良状态。对不良情绪，管理者必须采取相应措施予以调整。

六、塑造组织文化的主要途径

（一）选择价值标准

组织价值观是组织文化的核心和灵魂，因此选择正确的价值观是塑造组织文化的首要战略问题。选择组织价值观有两个前提：第一，要立足于本组织的具体特点。不同的组织有不同的目的、环境、习惯和组成方式，由此构成了千差万别的组织类型，因此必须准确地把握本组织的特点，选择适合自身发展的组织价值观，否则就不会得到广大员工和社会公众的认同与理解；第二，要把握住组织价值观与组织文化各要素之间的相互协调，因为各要素只有经过科学的组合与匹配才能实现系统整体优化。在此基础上，选择正确的组织价值标准要抓住四点：

（1）组织价值标准要正确、明晰、科学，具有鲜明特点。

（2）组织价值观和组织文化要体现组织的宗旨、管理战略和发展方向。

（3）要切实调查本组织员工的认可程度和接纳程度，使之与本组织员工的基本素质相和谐，过高或过低的标准都很难奏效。

（4）选择组织价值观要坚持群众路线，充分发挥群众的创造精神，认真听取群众的各种意见，并经过自上而下和自下而上的多次反复，审慎地筛选出既符合本组织特点又反映员工心态的组织价值观和组织文化模式。

（二）强化员工认同

选择和确立了组织价值观和组织文化模式之后，就应把基本认可的方案通过一定的强化灌输使其深入人心。

（1）充分利用一切宣传工具和手段，大张旗鼓地宣传组织文化的内容和要求，使其家喻户晓，人人皆知，以创造浓厚的环境氛围。

（2）树立榜样人物。典型榜样是组织精神和组织文化的人格化身与形象缩影，能够以其特有的感染力、影响力和号召力为组织成员提供可以仿效的具体榜样，而组织成员也正是从英雄人物和典型榜样的精神风貌、价值追求、工作态度和言行表现之中来深刻理解到组织文化的实质和意义的。尤其是组织发展的关键时刻，组织成员总是以榜样人物的言行为尺度来决定自己的行为导向。

（3）培训教育。有目的的培训与教育，能够使组织成员系统接受和强化认同组织所倡导的组织精神和组织文化。但是，培训教育的形式可以多种多样，当前，在健康有益的娱乐活动中恰如其分地融入组织文化的基本内容和价值准则，不失为一种有效的方法。

（三）提炼定格

1. 精心分析

在经过群众性的初步认同实践之后，应当将反馈回来的意见加以剖析和评价，详细分析和仔细比较实践结果与规划方案的差距，必要时可吸收有关专家和员工的合理化意见。

2. 全面归纳

在系统分析的基础上，进行综合的整理、归纳、总结和反思，采取去粗取精、去伪存真、由此及彼、由表及里的方法，删除那些落后的、不为员工所认可的内容与形式，保留那些进步的、卓有成效的、为广大员工所接受的内容与形式。

3. 精练定格

把经过科学论证的和实践检验的组织精神、组织价值观、组织文化，予以条理化、完善化、格式化，加以必要的理论加工和文字处理，用精练的语言表述出来。建构完善的组织文化需要经过一定的时间过程。如我国的东风汽车公司经过将近 30 年的时间才形成“拼搏、创新、竞争、主人翁”的企业精神。因此，充分的时间、广泛的发动、认真的提炼、严肃的定格是创建优秀的组织文化所不可缺少的。

（四）巩固落实

1. 建立必要的制度

在组织文化演变为全体员工的习惯行为之前，要使每一位成员都能自觉主动地按照组织文化和组织精神的标准去行事几乎是不可能的。即使在组织文化业已成熟的组织中，个别成员背离组织宗旨的行为也会经常发生。因此，建立某种奖优罚劣的规章制度是十分必要的。例如，就连具有高度文明和自律精神的新加坡，也少不了近乎苛刻的处罚制度。

2. 领导率先垂范

组织领导者在塑造组织文化的过程中起着决定性的作用，他本人的模范行为就是一种无声的号召和导向，会对广大员工产生强大的示范效应。所以任何一个组织如果没有组织领导者的以身作则，要想培育和巩固优秀的组织文化是非常困难的。这就要求组织领导者观念更新、作风正派、率先垂范，真正肩负起带领组织成员共建优秀组织文化的历史重任。

（五）丰富发展

任何一种组织文化都是特定历史的产物，所以当组织的内外条件发生变化时，需要不失时机地调整、更新、丰富和发展组织文化的内容和形式。这既是一个不断淘汰旧文化性质和不断生成新文化特质的过程，也是一个认识与实践不断深化的过程，组织文化由此经过循环往复达到更高层次。

任务三　管理决策

【导入案例】

管理就是决策

对于管理是什么，管理大师有不同的定义。在管理领域唯一获得过诺贝尔奖的赫伯特·亚历山大·西蒙（Herbert Alexander Simon）看来，管理就是决策。

在西蒙85年的生命历程中，他曾获得过9个博士学位，研究涉及政治学、经济学、管理学、社会学、心理学、运筹学、计算机科学等众多领域，并在不同领域都达到了学术巅峰：1958年他获得了美国心理学会颁发的心理学领域的最高奖——心理学杰出贡献奖；1975年他把心理学、计算机科学和决策理论结合起来，开创了人工智能研究之先河，获得计算机领域的最高荣誉奖——图灵奖；1978年他获得诺贝尔经济学奖。

“我诚然是一个科学家，但是是许多学科的科学家。我曾经在科学迷宫中扮演了许多不同角色，角色之间有时难免互相借用。但我对我所扮演的每一种角色都是尽了力的，从而是有信誉的，这也就足够了。”西蒙在他的自传中对自己的抱负有所遗憾，但西蒙的成就正在于他将各学科的知识借用到管理学上。“我是沉迷于单一事物的偏执狂，我所沉迷的就是决策。”纵观西蒙的一生，好奇心成就了他的事业，虽然涉猎了众多领域，但偏执和专注让他到达了令人惊奇的巅峰。1978年瑞典皇家科学院授予西蒙诺贝尔经济学奖时，这样评价他的贡献：“现代企业经济学和管理研究大部分基于西蒙的思想。”

问题思考：

如何理解管理领域唯一诺贝尔奖得主表示“管理就是决策”这一观点？

【相关知识】

一、决策的概念和分类

（一）决策的概念

决策是人类社会确定方针、策略的大计活动。它涉及人生活的各个领域，人和集体的各种行动都受决策的支配，它是有意识地指导人们的行动走向未来预定的目标。由此观之，决策的内涵包括：

（1）决策总是为解决某一问题作出的决定。

（2）决策是为达到确定的目标，没有目标就没有方向，也无法决策。

（3）决策是为了正确行动，不准备实践，就用不着决策。

（4）决策是从多种方案中作出的选择，没有比较，没有选择，就没有决策。

（5）决策是面向未来的，要作出正确的决策，就要进行科学的预测。

决策的概念：狭义地说，决策是在几种行动方案中进行选择；广义地说，决策还包括在做出最后选择之前必须进行的一切。决策就是人们为了达到一定目标，在掌握充分的信息和对有关情况进行深刻分析的基础上，用科学的方法拟定并评估各种方案，从中选出合理方案的过程。

（二）决策的分类

1. 长期决策与短期决策

长期决策是指有关组织今后发展方向的长远性、全局性的重大决策，又称长期战略决策。如投资方向的选择、人力资源的开发和组织规模的确定等。

短期决策是为实现长期战略目标而采取的短期策略手段，又称短期战术决策。如企业日常营销、物资储备以及生产中资源配置等问题的决策都属于短期决策。

2. 战略决策、战术决策与业务决策

战略决策是具有长期性和方向性的决策。通常包括组织目标及方针的确定、组织机构的调整、企业产品的更新换代、技术改造等。

战术决策又称管理决策，是在组织内贯彻的决策。属于战略决策执行过程中的具体决策。战术决策旨在实现组织中各环节的高度协调和资源的合理使用。如企业生产计划和销售计划的制订、设备的更新、新产品的定价以及资金的筹措等都属于战术决策的范畴。

业务决策又称执行性决策，是日常工作中为提高生产效率、工作效率而作出的决策。其只对组织产生局部影响。如工作任务的日常分配和检查、工作日程（生产进度）的安排和监督、岗位责任制的制定和执行、库存的控制以及材料的采购等。

3. 集体决策与个人决策

集体决策是指多个人一起作出的决策。个人决策是指单个人作出的决策。

集体决策有一些优点：①能更大范围地汇总信息；②能拟定更多的备选方案；③能得到更多的认同；④能更好地沟通；⑤能作出更好的决策。

集体决策也有一些缺点，如花费较多的时间、产生“群体思维”以及责任不明等。

4. 初始决策与追踪决策

初始决策是零起点决策，它是在有关活动尚未进行从而环境未受到影响的情况下进行的。

追踪决策是随着初始决策的实施、组织环境发生变化相应作出的决策。追踪决策又称非零起点决策。

5. 程序化决策与非程序化决策

西蒙根据问题的性质把决策分为程序化决策与非程序化决策：程序化决策涉及的是例行问题。例行问题是指那些重复出现的、日常的管理问题，如管理者日常遇到的产品质量、设备故障、现金短缺、供货单位未按时履行合同等问题；非程序化决策涉及的是例外问题。例外问题则是指那些偶然发生的、新颖的、性质和结构不明的、具有重大影响的问题，如组织结构变化、重大投资、开发新产品或开拓新市场、长期存在的产品质量隐患、重要的人事任免以及重大政策的制定等问题。

6. 确定型决策、风险型决策与不确定型决策

确定型决策是指在稳定（可控）条件下进行的决策。决策者确切知道自然状态的发生，每个方案只有一个确定的结果。

风险型决策也称随机决策，在这类决策中，自然状态不止一种，决策者不能知道哪种自然状态会发生，但能知道有多少种自然状态以及每种自然状态发生的概率。

不确定型决策是指在不稳定条件下进行的决策。在不确定型决策中，决策者可能不知道有多少种自然状态，即便知道，也不能知道每种自然状态发生的概率。

7. 高层决策、中层决策和基层决策

高层决策，是指上层领导者所做的方向目标之类的重大决策，大多数属于非定型的或风险型决策。

中层决策，一般是由中级管理人员所做的业务性决策。

基层决策，是由基层管理人员所做的执行性决策。

上述三种决策具有交叉效应，但因决策的层次不同而具有不同的职能、作用和比重，其复杂程度、定量化程度及肯定程度都有一定区别。高层决策、中层决策和基层决策的比较如表1－3－1所示。

表1－3－1　高层决策、中层决策和基层决策的比较

决策种类	高层决策	中层决策	基层决策
性质差别	非定型化多	定型化多	基本定型化
层次差别	战略性的多	业务性的多	执行性的多
决策的复杂程度	复杂	比较复杂	比较简单
决策的定量化程度	大部分无定量化	具有风险性，大部分定量化	小部分无定量化
肯定程度	不完全肯定	肯定	很肯定

（三）决策的特点

决策是一种对组织或个人实现发展目标的策划活动。这种活动具有明显的特点。把握这些特点，是管理者行使决策职能、提高决策水平的前提条件。

1. 决策的目标性

决策是以目标为基础的，任何组织的决策都必须首先确定组织的目标。目标是组织在未来特定时限内完成任务程度的标志。没有目标，也就难以拟订未来的活动方案，对活动方案的评价也就没有标准。所以，目标是决策的核心，是决策方案制定与执行的方向。

2. 决策的可行性

决策的目的是指导组织的未来活动，实现组织的预期目标。这都需要利用一定的资源条件。如果缺乏必要的人力、物力和技术条件，那么，再好的决策方案也只是纸上谈兵。所以，决策方案的拟订和选择，不仅要考察采取某种行动的必要性，而且还要注意考虑决策方案的实施条件。

3. 决策的选择性

决策的实质是选择，没有选择就没有决策。从某种意义上说，决策的过程就是不断选择的过程。决策的选择性，对于组织目标的实现，不仅是必要的，而且是可行的。组织的发展就是建立在对决策方向与决策行动的选择基础上的。管理者通过比较、分析，选择出符合本组织系统的行动方案。而要对决策方案有所选择，就必须提供可以相互代替的多种方案。

4. 决策的适宜性

对决策方案的选择原则是适宜，而并非是最优原则。因为，最优的决策往往是一种理论上的完美想象，在实践中是难以实现的。管理者在行使决策职能时，一般都是根据目前的认识来确定未来的行动，而这种行动在不同程度上都带有一定的风险。由于决策者不可能了解组织活动的全部信息，不可能正确辨识全部信息的利用价值，更不可能准确地计算每个方案在未来的执行结果，所以，人们只能根据已知的全部条件，再加上人们的主观判断，作出相对满意的决策。这就是人们总是难以作出最优方案的根本原因。管理者在决策过程中，只要规定“满意”的标准，就不必追求“最佳”的标准，因为只有适宜的标准才能确保决策的有效性。

5. 决策的过程性

决策并不是管理者的瞬间行为，而是一个过程。决策的过程性特点决定了组织决策的层次性和综合性。实际上，组织决策不是一项决策，而是一系列决策活动和各个决策阶段的综合。所以，管理者要强化决策的过程意识，不能将组织决策简单化，而是要研究与决策过程相关的因素，要努力做好每一项与决策相关的管理工作。

6. 决策的动态性

决策的动态性特点是与决策的过程性特点有关的。决策不仅是一个过程，而且还是一个不断循环的发展过程。作为过程，决策是动态的，没有真正的起点，也没有真正的终点。决策的主要目的是使组织活动的内容和方法能适应环境的要求。然而外部环境总是在不断发生变化的，决策者必须研究这些变化，并把握这些变化，从中找出可以利用的机会，以此调整组织的活动，实现组织与环境的动态平衡。

总之，决策就是从许多为达到同一目标而可以更换代替的行动方案中选择适宜方案的活动。作为管理者则要行使决策职能，选定适宜的方案，并督促决策方案得到执行。

二、决策的过程

（一）决策的程序及要求

决策程序大致可分为发现问题、确定目标、搜集资料、制定方案、评估和优选方案、贯彻实施、反馈及追踪检查等七个过程。这种划分是相对的，既可简化步骤，也可具体细分，有的分三大步骤，有的分八个阶段，但其逻辑顺序和科学要求基本是一致的。

1. 发现问题

任何决策都是从发现和提出问题开始的。所谓问题，是指应该或可能达到的状况同现实状况之间存在的差距，也表现为需求、机会、挑战、竞争、愿望等，是一个矛盾群，是客观存在的矛盾在主观世界中的反映。矛盾的复杂性决定着决策中问题的复杂程度。矛盾群是决策的问题源。但并非任何问题都要决策，面对纷繁复杂的问题，要经过一系列思维活动，对问题进行归纳、筛选和提炼，善于抓住有价值的问题，把握其关键和实质。如果真正的问题没有抓住，或者抓得不准，决策就决不到点子上。

明确问题包括两个方面：一是要弄清问题的性质、范围、程度以及它的价值和影响。不能停留在表面现象和笼统的感觉上，要分析问题的各种表现、同未来需要的不适应状况。区分问题的不同类型，诸如全局性的还是局部性的；战略性的还是战术性的；长远性的或暂时性的；已经显现的或潜在的；能够解决的或暂时无条件解决的等。要搞清问题之间的相关性、层次性、历时性，认识其状态趋势和特点。没有对问题本质的、整体的认识，没有把握客观事物的运动规律，就没有决策的正确方向和前提。为了能抓准问题，必须深入进行调查研究，搞清事实，明确问题。二是要找出问题产生的原因，分析其主观原因和客观原因、主要因素与次要因素、直接原因与间接原因等。对问题产生的原因作纵向和横向分析。纵向解剖是指从问题的表面开始进行分析，层层深入，究其根底。横向分析是指将同一层次的原因及其相互关系搞清楚，从而找出主要原因。

2. 确定目标

发现问题后，接着就要确定目标。所谓目标，是指在一定条件下，根据需要和可能，在预测的基础上所企求的终极要求，或决策所要获得的结果。确定目标是决策中的重要一环，目标一错，失之毫厘，谬以千里。明智的决策者有这样的体会，“目标一旦定好，决策问题就已经解决了一半”。确立目标要注意以下几个问题：

（1）要有层次结构，建立目标体系。目标是由总目标、子目标、二级子目标从总到分、从上到下组成的一个有层次的目标体系，是一个动态的复杂系统。大文豪托尔斯泰曾说：“要有生活目标，一辈子的目标，一段时期的目标，一个阶段的目标，一年的目标，一个月的目标，一个星期的目标，一个小时的目标，一分钟的目标，还得为大目标牺牲小目标。”决策目标固然不必分得这样细，但必须有总有分，目标之间相互衔接，从而使整体功能得到有效发挥。

（2）目标是可能计量其成果、规定其时间、确定其责任的。

（3）要规定目标的约束条件。如把产值、利润增长一倍作为目标，同时要规定在产品的品种、结构、质量、规格符合一定的前提条件下来完成。执行的结果如不符合这些条件，那么即使产值、利润的计划已经完成，也不算达到了目标。约束条件主要有资源条件、质量规格、时间要求及法律、制度、政策等限制性规定。

（4）建立衡量决策的近期、中期、远期效果的三级价值标准，建立科学价值、经济价值及社会价值指标，并进行综合权衡，以构成价值系统，作为评价标准。

（5）目标的确定，要经过专家与领导的集体论证。

3. 搜集资料

搜集与决策有关的经济、技术、社会等方面的情报资料，是进行科学决策的重要依据。情报信息量的大小、正确与否，将直接影响到决策的质量。要想在决策上不失误，必须有丰富可靠的情报来源、迅速的情报传递、准确的情报研究，这是决策科学化的重要物质技术基础。没有一批定量的数据，就不可能为决策作出定性分析。因而，要尽可能地大量占有数据和资料。资料来源，一方面是统计调查资料；另一方面是预测资料。搜集情报信息资料要达到以下要求：

（1）资料必须具有完整性，凡与目标要求有关的直接或间接资料，都要尽可能搜集齐全。

（2）资料情报必须具有可靠性，要有依据，要具有时间、地点、对象的连续性要求，数字要准确无误。

（3）对资料要做系统分析，着重从事实的全部总和、从事实的联系去掌握事实，从事物的发展中全面估计各种对比关系，以保证掌握情报信息的科学性。

（4）对一些不确切的问题或疑难问题，要召集专家及有关人员进行集体会诊，以做出定性分析和概率估计。

做好预测工作，是确定目标和搜集资料两个阶段都十分必要的事情。科学的决策要有科学的预测。科学决策需要的科学依据包括经济依据、现状依据、预测依据。对事物的过去和现状进行定量定性分析是重要的，但还是不够。决策是在今后执行的，分析历史和现状是为了预测未来。没有科学的预测，就没有科学的决策。我国过去一些决策上的失误，其中一个重要原因，就是科学依据不足，尤其缺乏预测依据。只有通过科学的预测从而获得决策所必需的未来发展的信息，才能有可靠的科学依据。

4. 制定方案

拟定供选择用的各种可能方案，是决策的基础。这项工作主要由智囊机构承担。如果只有一个方案，就没有比较和选择的余地，也就无所谓决策。国外常有这样的说法："没有选择就没有决策。"一些经理人也常用类似的格言来提醒自己："如果你感到似乎只有一条路可走，那很可能这条路就是不该走的。"我们过去经常是一个方案，一上一下，这种做法似应改进。拟定方案阶段的主要任务是，对信息系统提供的数据、情报进行充分的系统分析，并在这个基础上制定出备选方案。要求做到：

（1）必须制定多种可供选择的方案，方案之间具有原则区别，便于权衡比较。

（2）每一种方案以确切的定量数据反映其成果。

（3）要说明本方案的特点、弱点及实践条件。

（4）各种方案的表达方式必须做到条理化和直观化。

在制定方案的步骤上一般分两大步：第一步是设想阶段。要求有创新精神和丰富的想象力。这些都取决于参谋人员的知识、能力、智慧和胆识。既要实事求是，又不能因循守旧。思想要敏锐、有洞察力并富于远见。第二步是精心设计。如果第一步需要大胆设想，这一步则要冷静思索、反复计算、严密论证和细致推敲，即经得起怀疑者和反对者的挑剔。这一步，主要搞好两项工作：一是确定方案的细节；二是估计方案的结果。既要有好的主意，又要有好的结果。

5. 评估和优选方案

在方案选择之前，先要对各种备选方案进行评估。要尽可能采用现代科学的评估方法和决策技术，如"可行性分析""决策树""矩阵决策""模糊决策"等技术，对预选方案进行综合评价。这项工作主要由智囊机构的高级研究人员、政策研究人员及从社会上聘请的专家小组来承担。其主要内容是，通过定性、定量、定时的分析，评估各预选方案的近期、中期、远期效能价值，分析方案的后果及其影响。在评估的基础上，权衡各个方案的利弊得失，并将各方案按优先顺序排列，提出取舍意见，交决策机构定夺。

选择最优化方案是决策的关键一环，也是领导至关重要的职能。有道是"一着不慎，满盘皆输"。做好方案优选，需要满足两个条件：一是要有合理的选择标准；二是要有科学的选择方法。

1）关于选择方案的标准

什么样的方案是最佳方案？其标准是什么？这就需要建立价值标准；达到什么程度才符合要求，是最优呢，还是满意就行？这又提出一个"满意标准"的问题；如果一个方案执行起来会出现几种不同的可能结果，这时应按什么标准去选择？这就产生了不确定情况下的选择标准问题：第一，价值标准。这是选择方案的基本判据。其内容有确定各项价值指标、分清主次、综合评价。一般从系统性、先进性、效益性、现实性四个方面进行综合评价。其中效益性是核心；第二，"最优标准"还是"满意标准"？能达到最优标准自然高兴，但在实际工作中往往难以达到，因为人们的认识受许多因素的限制，如主客观条件、科技水平、情报信息以及环境、时间等限制。有的最优方案对某一企业是适用的，在另一企业就不一定适用；有的在短期看是最优的，而长期效果却不一定很好。因此，绝对的最优标准是不存在的，最优也是相对而言的。决策理论学派的代表西蒙，提出一个现实的标准，即"满意标准”，或“有限合理性标准”。方案只要“足够满意”即可，不必追究“最优”。多数决策都是按“满意标准”行事的。当然，这样做并不排除在可能条件下达到最优的可能性。

2）选择方案的方法

选择方案的方法甚多，归纳起来，有经验判断、归纳法、数学方法，以及试验法等。

经验判断。这是最古老的一种传统的方法。20 世纪 40 年代前的管理决策基本上都是依靠经验判断。今天把数学方法、物理模型、网络模型方法引进决策中后，经验判断的方法仍然是不可缺少和忽视的。尤其是一些涉及社会、心理因素等复杂问题和非计量性多的决策，都需要有领导者的经验判断。

归纳法。这是在方案众多的情况下，先把方案归成几大类，看哪类最好，就选中哪类，然后再从中选出最好的方案，如选择厂址的决策，往往采取这种方法。这个方法的优点是可以较快缩小选择范围。缺点是可能漏掉最优方案。因为最优方案也可能处在不是最好的那个类中。不过在不允许进行全面对比的情况下，这个办法仍常被采用，因为按此法选出的方案一般还是比较满意的。

数学方法。运用数学方法选择方案，在 20 世纪 50 年代以后发展很快。因为在控制变量属于连续型的情况下，经验判断方法很难直接找到最优或满意方案，要借助于数学方法。所谓连续型变量是指这个变量的两个变异值之间可以存在无穷多个中间数值，如产值、成本、利润等就是连续变量。运用数学方法，可以使决策达到精确化。但到目前为止，尚有许多复杂的决策，用数学方法还解决不了，要综合运用选择方案的多种方法加以解决。

试验法。社会问题的决策，虽然不可能创造出像实验室那样人为的典型条件，如像科技界那样去实验，但对重大问题的决策，尤其是对新情况、新问题及无形因素起重大作用不便用数学方法分析时，先选择少数几个典型单位进行试点，然后总结经验以作为最后决策的依据，也不失为一种有效的方法。有些复杂的决策，虽然反复计算、讨论、比较，仍然没有多大把握，但也不是事事都经过试验。在方案选择过程中，往往是在选择范围已经缩小到只剩下两个关键方案而定不下来时，或方案已初步选出但仍感到还不放心时，才去做试验。

以上各种选择方案的方法各有利弊，采用何种办法还要从实际出发、灵活运用，也可创造更加科学的方法，以能更简明准确地找到最优方案或满意方案为准。

方案优选，就是领导者的决断，是决策行动，也是决策全过程中最核心、最关键的一环。在现代化建设中，真正做到“善断”不是一件易事，要求领导者要有很高的决策素养，要有战略的系统的观点、科学的思维方法、丰富的经验判断和很强的鉴别能力。

6. 贯彻实施

方案择定后，要付诸实施，在普遍实施前进行“试点”。试点要注意选择在整个系统中具有典型性的地方，不能人为地创造某些特殊条件，这样纵然试点能成功，也很难付诸实践。在试验实证中，应特别注重“可靠性”分析。可靠性的概念，即在规定条件下和预定时间内，完成任务或达到目标的成败概率。其中“失败率”是一个重要标志。“失效”与“可靠”作为一对矛盾范畴，看其在试行过程中的变化规律。一项决策，有时在早期“失效率”高，转入正常阶段“失效率”却下降，到后期因条件变化，需要调整决策时，“失效率”又上升，呈现出一种“浴盆曲线”状态。有的呈现“S”形曲线，是波动式的。采用必要的控制性措施，可以正常实施，达到预定目标。有的“故障频率高”，需要采取排除措施或应变措施加以解决。如果方案在实施试点中根本行不通，那就要推倒重来了。

经过可靠性验证后，可以进入普遍实施阶段。在这一步骤上，要抓好以下工作：

（1）把决策的目标、价值标准以及整个方案向下属交底，动员群众、干部和科技人员为实现目标而共同努力，以求实现。

（2）围绕目标和实施目标的优化方案，制定具体的实施方案，明确各部门的职责、分工和任务，作出时间和进度安排。交方案同时要交办法，层层要有落实方案的具体措施，使总目标有层层保证的基础。

（3）制定各级各部门及执行人员的责任制，确立规范，严明制度，赏罚分明，切忌吃“大锅饭”及粗放管理。要把统一指挥同调动群众的积极性结合起来，加强思想政治工作。

（4）随时纠正偏差，减少偏离目标的震荡。

7. 反馈及追踪检查

即使是一个优化方案，在执行过程中，由于主客观情况的变化，发生这样那样与目标偏离的情况也是常有的。因此，必须做好反馈和追踪检查工作。

这个阶段的任务，就是要准确、及时地把方案实施过程中出现的问题、执行情况的信息输送到决策机构，以进行追踪检查。在贯彻实施方案中一般遇到的问题大致可归纳为三种情况：一是执行人员没有按规定完成任务；二是执行中遇到实际困难，发现方案中有不妥当的问题；三是已经按方案执行了，但未达到预定目标。对发生的问题要做具体分析，第一种是一个教育和落实的问题。第二种，是需要修正方案，使其更加切合实际、日臻完善的问题。第三种，如果属于已危及决策目标的实现，需要对决策进行根本性的修正，甚至要改变决策目标，就需要进行追踪决策。如果证明原决策是完全错误的，那就不属于追踪决策的问题，而是要推倒重来的问题了。

追踪决策是正常的但不是注定要发生的或经常大量出现的，否则就失去了决策的科学性。对追踪决策要有正确的看法，采取冷静审慎的态度。决策过程是一个动态的依赖于时空变量的复杂随机函数，把决策看成一个凝固僵化的东西，是不切实际的。因此，对方案进行必要的修正是不鲜见的，就是对决策进行根本性修正的追踪决策，也是不奇怪的。经过追踪决策使方案达到双重优化，不但会减少损失，而且可以获得更佳效益。

一般的决策过程，如图 1－3－1 所示。

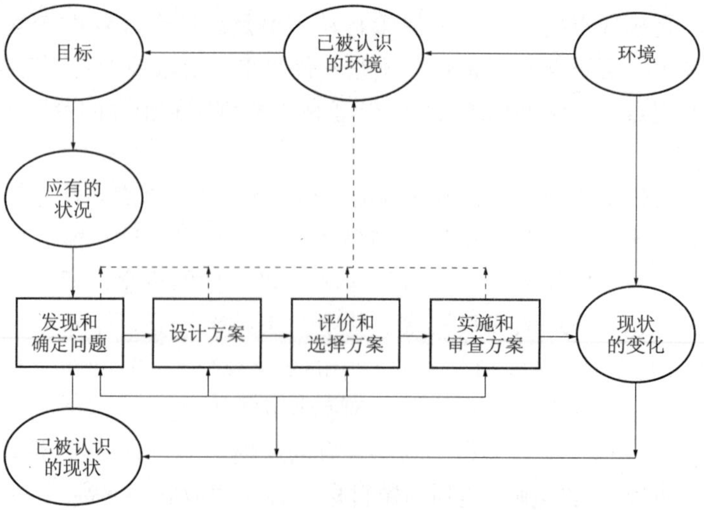

图 1－3－1　一般的决策过程

（二）潜在问题的分析与防范

领导决策者除了要制定出方案的最终实施计划外，还应该考虑在决策执行过程中会不会产生某些不良后果。因此，应该事先对可能发生的潜在问题进行分析和研究。一旦问题发生就可以采取某些应变措施，使发生的问题对决策目标的影响减到最低限度，并适当加以补救。而且，关键的是，能够通过对潜在问题的分析和研究，寻找经济而可行的防患于未然的措施。有人把这种系统地分析潜在问题的方法称为防范分析。

1. 分析潜在问题的内容

由于潜在问题是隐藏在事物背后或深层的矛盾萌芽，往往不容易看出，而且它又不在决策的直接目标范围之内，因此，极容易被人忽视。防范分析所要求的是系统的观点，要求对决策全过程做到心中有数、全盘考虑。这样，才能保证决策的连续性和成功的可能性。在进行防范分析时，应充分考虑下面几个问题：

（1）未来可能发生哪些问题？

（2）发生的问题对决策目标有何影响？

（3）发生这些问题的可能原因是什么？

（4）可以采取哪些预防措施？

（5）有哪些应变措施，以减少对决策目标的影响？

（6）怎样保证应变措施的实施？

2. 防范分析的步骤

防范分析可以按下列步骤进行：

第一步，预计决策方案执行中和执行后可能会出现哪些不希望发生的问题，运用科学的方法预测未来可能发生的困难。对最有可能出现的问题要特别引起注意并列为“关键问题”对待，分析它会在什么地点、什么时间出现以及出现的频率。这种预计要尽量全面，有时仅仅凭领导者个人的经验和判断是不够的，因为有些潜在的问题并不是决策执行的直接后果，而是后果的后果，即第二、三级后果，难免有疏漏之处，所以最好能发动专家和群众，比如开一个“挑刺会”，让大家尽量列举出可能出现的不良后果，这样既可以考虑更周全，往往又能打开领导者的思路。

第二步，评价潜在问题的危险性。一般采用评分法对潜在问题的危险进行估计，每个潜在问题的危险分数与其发生概率相乘，即得出该潜在问题的危险性计量值——危险度，然后按照危险度的大小对这些问题进行分类，并确定相应的对策。一般可分为三类：①对决策目标有极其严重影响的，应全力加以预防，否则会使决策完全失败，损失惨重。②对决策目标有严重影响但还不到致命的程度，应尽量加以防范，使其影响降到最低限度。③只给决策执行增加一些困难、危险性较小的，可以采取简便办法加以处置，或者冒一点风险，不予理会。

第三步，制定预防措施。对那些对整个决策威胁性较大的潜在问题进行分析，寻找其产生原因，并研究制定相应的预防措施，将其纳入决策方案的实施计划中去逐项落实。

第四步，准备应急措施。在方案实施前，对可能出现严重不良后果的一些问题，除了采取预防措施外，还应准备一定的应急措施，以便万一问题发生时能将危害减至最小。应急措施不同于预防措施，前者是备用的，要在不良问题发生后才采用，后者是在不良问题发生以前，在决策执行时就要实行的措施。防范中，应把重点放在预防措施上，因为“一分预防胜过十分补救”。

近代科学决策十分重视防范分析，因为如果这项工作做好了，就可以防患于未然。但有些管理者容易抱着“不会出岔子”的侥幸心理不愿意做这种分析，或者对自己的决策十分有把握，不屑于做这种艰苦细致的工作，结果一旦出现意外情况，往往措手不及；即使方案勉强成功，也会留下副作用。

三、决策的影响因素

合理决策是管理者提高管理水平所必须行使的重要职能。但是，进行合理决策经常会受到诸多因素的影响。其中以下几个方面的因素，应该引起决策者的注意。

（一）环境因素

环境因素对组织决策的影响作用是十分明显的，具体表现在各种环境条件对组织决策的制约性。例如，组织在历史环境与现实环境、优势环境与劣势环境、硬件环境与软件环境、内部环境与外部环境等方面不同的特点或起点，都会对组织决策产生一定的制约作用。环境是决策方案产生的载体，也是决策方案得以实现的保障。关键是取决于管理者能否全面有效地把握和利用有关的环境信息，能否根据环境信息的各种不同情况作出相关的反应。所以，管理者在行使决策职能时，首先应该对组织的所有环境条件进行详尽的调查和分析，并合理确定组织在未来活动中的起点和预期目标，使组织决策保持良好的连续性和发展性。

（二）过去的决策

在大多数情况下，组织决策不是在一张白纸上进行初始决策，而是对初始决策的完善、调整或改革。组织过去的决策是目前决策过程的起点；过去选择的方案的实施，不仅伴随着人力、物力、财力等资源的消耗，而且伴随着内部状况的改变，带来了对外部环境的影响。“非零起点”的目前决策不能不受到过去决策的影响。过去的决策对目前决策的制约程度要受到它们与现任决策者的关系的影响。如果过去的决策是由现在的决策者制定的，而决策者通常要对自己的选择及其后果负管理上的责任，因此会不愿对组织活动进行重大调整，而倾向于仍把大部分资源投到过去方案的执行中，以证明自己的一贯正确。相反，如果现在的主要决策者与组织过去的重要决策没有很深的渊源关系，则易于接受重大改变。

（三）决策者

决策者是影响决策过程的关键因素。决策者对决策的影响，主要是通过决策者的知识、心理、观念、能力等各种因素对决策产生作用。这就是说，决策的过程就是对决策者的一种全面检验。在决策时，无论是确定目的还是选择手段，都要对各种目的和手段进行比较。为了全面决策，还需要全面预测，而全面预测要求收集全面的情报和掌握全面的知识。在决策时，决策者还需要调动心理因素，克服各种心理障碍。此外，决策者还必须具备承担决策风险的心理承受能力。因为，任何决策都在不同程度带有一定的风险，组织及其决策者对待风险的不同态度会影响决策方案的选择。愿意承担风险的决策者，通常会在被迫对环境作出反应之前就已采取进攻性的行动，并经常会进行新的探索；而不愿意承担风险的决策者，通常只对环境作出被动的反应，并习惯于过去的限制，按过去的规则策划将来的活动。对于决策者，行使决策职能经常会受到自身的知识条件、心理条件和其他一些能力条件的选择，所以，管理者在学习决策的过程中，尤其要注意提升自身的知识水平和心理素质。

（四）组织

作为组织的决策，都会受到组织的影响和制约。因为任何决策都是对过去在某种程度上的否定，任何决策的实施都会给组织带来某种程度的变化。组织成员对这种可能产生的变化会怀有抵御或欢迎两种截然不同的态度，这种不同的态度会直接影响组织的决策。组织对决策的影响，主要是通过组织的文化来制约组织及其成员的行为及行为方式，并通过组织文化来影响人们改变态度而发生作用的。如果在偏向保守、怀旧的组织中，人们总是根据过去的标准来判断现在的决策，总是担心在变化中会失去什么，从而对将要发生的变化产生怀疑抵御的心理与行为；而在具有开拓和创新气氛的组织中，人们总是以发展的眼光来分析决策的合理性，总是希望在可能产生的变化中得到什么，因此渴望变化、欢迎变化、支持变化。由此可见，欢迎变化的组织文化有利于新决策的实施，而抵御变化的组织文化则可能给新决策带来种种阻抗。所以，建立一种有利于变化与发展的组织文化是有效实施新决策的重要内容。

（五）时间

时间本身就是决策的重要组成部分，同时又是限制决策的重要因素。美国学者威廉·R·金和大卫·I·克里兰把决策分为时间敏感决策和知识敏感决策。所谓知识敏感决策，着重于未来，而不是现在；着重于机会的运用，而不是避开威胁。所以决策时，在时间上相对宽裕，并不一定要求在某一日期以前完成。而所谓时间敏感决策是指那些必须迅速且尽量准确的决策，这种决策对速度的要求超过对质量的要求。相对知识敏感决策，时间敏感决策对时间的要求比较严格，这类决策的执行效果主要取决于速度，所以管理者应该充分认识时间对决策的影响作用，并充分利用有限的时间作出正确的决策。

四、决策的方法

（一）确定活动方向和内容的决策方法

1. 道斯矩阵（SWOT 分析法）

SWOT 分析法又称为态势分析法，它是由旧金山大学的管理学教授于 20 世纪 80 年代初提出来的，SWOT 四个英文字母分别代表：优势（Strength）、劣势（Weakness）、机会（Opportunity）和威胁（Threat），如图 1－3－2 所示。

图 1－3－2　道斯矩阵

所谓SWOT分析，即态势分析，就是将与研究对象密切相关的各种主要内部优势、劣势、机会和威胁等，通过调查列举出来，并依照矩阵形式排列，然后用系统分析的思想，把各种因素相互匹配起来加以分析，从中得出一系列相应的结论，而结论通常带有一定的决策性。运用这种方法，可以对研究对象所处的情景进行全面、系统、准确的研究，从而根据研究结果制定相应的发展战略、计划以及对策等。SWOT分析法常常被用于制定集团发展战略和分析竞争对手情况，在战略分析中，它是最常用的方法之一。进行SWOT分析时，主要有以下几个方面的内容：

1）分析环境因素

运用各种调查研究方法，分析出公司所处的各种环境因素，即外部环境因素和内部能力因素。外部环境因素包括机会因素和威胁因素，它们是外部环境对公司的发展直接有影响的有利和不利因素，属于客观因素，一般归属为经济的、政治的、社会的、人口的、产品和服务的、技术的、市场的、竞争的等不同范畴；内部环境因素包括优势因素和弱点因素，它们是公司在其发展中自身存在的积极和消极因素，属主动因素，一般归类为管理的、组织的、经营的、财务的、销售的、人力资源的等不同范畴。在调查分析这些因素时，不仅要考虑到公司的历史与现状，而且更要考虑公司的未来发展。

2）构造SWOT矩阵

将调查得出的各种因素根据轻重缓急或影响程度等排序方式，构造SWOT矩阵。在此过程中，将那些对公司发展有直接的、重要的、大量的、迫切的、久远的影响因素优先排列出来，而将那些间接的、次要的、少许的、不急的、短暂的影响因素排列在后面。

优势，是组织机构的内部因素，具体包括：有利的竞争态势；充足的财政来源；良好的企业形象；技术力量；规模经济；产品质量；市场份额；成本优势；广告攻势等。

劣势，也是组织机构的内部因素，具体包括：设备老化；管理混乱；缺少关键技术；研究开发落后；资金短缺；经营不善；产品积压；竞争力差等。

机会，是组织机构的外部因素，具体包括：新产品；新市场；新需求；外国市场壁垒解除；竞争对手失误等。

威胁，也是组织机构的外部因素，具体包括：新的竞争对手；替代产品增多；市场紧缩；行业政策变化；经济衰退；客户偏好改变；突发事件等。

3）制订行动计划

在完成环境因素分析和SWOT矩阵的构造后，便可以制订出相应的行动计划。制订计划的基本思路是：发挥优势因素，克服弱点因素，利用机会因素，化解威胁因素；考虑过去，立足当前，着眼未来。运用系统分析的综合分析方法，将排列与考虑的各种环境因素相互匹配起来加以组合，得出一系列公司未来发展的可选择对策。

2. BCG法（经营业务组合分析法）

该方法是由美国波士顿咨询公司（Boston Consulting Group，BCG）在20世纪70年代初为大企业确定和平衡其各项经营业务发展方向和资源分配而提出的。BCG矩阵将组织的每一个战略事业单位（SBUs）标在一种二维的矩阵图上，从而显示出哪个SBUs提供高额的潜在收益，以及哪个SBUs是组织资源的漏斗。BCG矩阵的发明者、波士顿公司的创立者布鲁斯认为“公司若要取得成功，就必须拥有增长率和市场份额各不相同的产品组合。组合的构成取决于现金流量的平衡”。BCG矩阵区分出四种业务组合，如图1－3－3

所示。

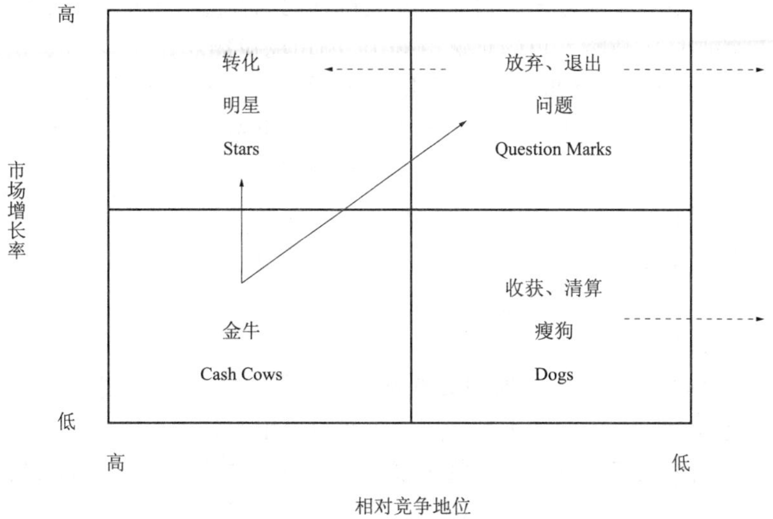

图 1-3-3　BCG 矩阵

1）问题型业务（Question Marks，指高增长、低市场份额）

处在这个领域中的是一些投机性产品，带有较大的风险。这些产品可能利润率很高，但占有的市场份额很小。这往往是一个公司的新业务，为发展问题业务，公司必须建立工厂，增加设备和人员，以便跟上迅速发展的市场，并超过竞争对手，这意味着大量的资金投入。

"问题"非常贴切地描述了公司对待这类业务的态度，因为这时公司必须慎重回答"是否继续投资，发展该业务?"这个问题。只有那些符合企业发展长远目标、企业具有资源优势、能够增强企业核心竞争力的业务才得到肯定的回答。得到肯定回答的问题型业务适合于采用我前面战略框架提到的增长战略，目的是扩大 SBUs 的市场份额，甚至不惜放弃近期收入来达到这一目标，因为要让问题型发展成为明星型业务，其市场份额必须有较大的增长。得到否定回答的问题型业务则适合采用收缩战略。

2）明星型业务（Stars，指高增长、高市场份额）

这个领域中的产品处于快速增长的市场中并且占有支配地位的市场份额，但也许会或也许不会产生正现金流量，这取决于新工厂、设备和产品开发对投资的需要量。明星型业务是由问题型业务继续投资发展起来的，可以视为高速成长市场中的领导者，它将成为公司未来的现金牛业务。但这并不意味着明星业务一定可以给企业带来源源不断的现金流，因为市场还在高速成长，企业必须继续投资，以保持与市场同步增长，并击退竞争对手。企业如果没有明星业务，就失去了希望，但群星闪烁也可能会闪花企业高层管理者的眼睛，导致做出错误的决策。这时必须具备识别"行星"和"恒星"的能力，将企业有限的资源投在能够发展成为现金牛的恒星上。同样的，明星型业务要发展成为现金牛业务适合于采用增长战略。

3）现金牛业务（Cash Cows，指低增长、高市场份额）

处在这个领域中的产品产生大量的现金，但未来的增长前景是有限的。这是成熟市场中的领导者，它是企业现金的来源。由于市场已经成熟，企业不必大量投资来扩展市场规模，同时作为市场中的领导者，该业务享有规模经济和高边际利润的优势，因而给企业带来大量现金流。企业往往用现金牛业务来支付账款并支持其他三种需大量现金的业务。现金牛业务适合采用前面提到的稳定战略，目的是保持 SBUs 的市场份额。

4）瘦狗型业务（Dogs，指低增长、低市场份额）

这个剩下的领域中的产品既不能产生大量的现金，也不需要投入大量现金，这些产品没有希望改进其绩效。一般情况下，这类业务常常是微利甚至是亏损的，瘦狗型业务存在的原因更多的是由于感情上的因素，虽然一直微利经营，但像人养了多年的狗一样恋恋不舍而不忍放弃。其实，瘦狗型业务通常要占用很多资源，如资金、管理部门的时间等，多数时候是得不偿失的。瘦狗型业务适合采用前面提到的收缩战略，目的在于出售或清算业务，以便把资源转移到更有利的领域中。

BCG 矩阵的精髓在于把战略规划和资本预算紧密结合了起来，把一个复杂的企业行为用两个重要的衡量指标来分为四种类型，用四个相对简单的分析来应对复杂的战略问题。该矩阵帮助多种经营的公司确定哪些产品宜于投资，宜于操纵哪些产品以获取利润，宜于从业务组合中剔除哪些产品，从而使业务组合达到最佳的经营成效。

（二）定性决策方法

定性决策方法是决策者根据所掌握的信息，通过对事物运动规律的分析，在把握事物内在本质联系基础上进行决策的方法。定性决策方法有下述几种：

1. 头脑风暴法

头脑风暴法又称思维共振法，即通过有关专家之间的信息交流，引起思维共振，产生组合效应，从而导致创造性思维。头脑风暴法是比较常用的群体决策方法，它利用一种思想的产生过程，鼓励提出任何种类的方案设计思想，同时禁止对各种方案的任何批判。因此，这种方法主要用于收集新设想。

在典型的头脑风暴法会议中，群体领导者以一种明确的方式向所有参与者阐明问题，使参与者在完全不受约束的条件下，敞开思路，畅所欲言。在一定的时间内“自由”地提出尽可能多的方案，不允许任何批评，并且所有方案都当场记录下来，留待稍后再讨论和分析。

头脑风暴法的创始人英国心理学家奥斯本为这一决策方法的实施提出了四项原则：

（1）对别人的建议不作任何评价，将相互讨论限制在最低限度内。

（2）建议越多越好，在这个阶段，参与者不要考虑自己建议的质量，想到什么就应该说出来。

（3）鼓励每个人独立思考，广开思路，想法越新颖、越奇异就越好。

（4）可以补充和完善已有的建议以使它更具说服力。

头脑风暴法的目的在于创造一种畅所欲言、自由思考的氛围，诱发创造性思维的共振和连锁反应，产生更多的创造性思维。因此，头脑风暴法仅是一个产生思想的过程，而下面的方法则进一步提供了取得期望决策的途径。

2. 哥顿法

“哥顿法”是美国人哥顿于 1964 年提出的决策方法。该法与头脑风暴法相类似，先由会议主持人把决策问题向会议成员作笼统的介绍，然后由会议成员（即专家成员）自由地讨论解决方案；当会议进行到适当的时候，决策者将决策的具体问题展示给小组成员，使小组成员的讨论进一步深化，最后由决策者吸收讨论结果，进行决策。

3. 德尔菲法

德尔菲法是由美国著名的兰德公司首创并用于预测和决策的方法。该法以匿名方式通过几轮函询征求专家的意见，组织预测小组对每一轮的意见进行汇总整理后作为参考再发给各专家，供他们分析判断，以提出新的论证。几轮反复后，专家意见渐趋一致，最后供决策者进行决策。德尔菲法是一种广为适用的预测决策方法，其基本步骤如下：

1）确定预测题目

预测题目即预测所要解决的问题，预测题目要具体明确，适合实际需要。

2）选择专家

选择专家是德尔菲法的重要环节，因为预测结果的可靠性取决于所选专家对预测主题了解的深度和广度。选择专家须解决四个问题：第一，什么是专家。德尔菲法所选专家是指在预测主题领域从事预测或决策工作 10 年以上的技术人员或管理者；第二，怎样选专家。要视预测或决策任务而定。如果预测或决策主题较多地涉及组织内部情况或组织机密，则最好从内部选取专家。如果预测或决策主题仅关系某一具体技术的发展，则最好从组织外部挑选甚至从国外挑选；第三，选择什么样的专家。所选专家不仅要精通技术，有一定的名望和代表性，而且还应具备一定的边缘科学知识；第四，专家人数。专家人数要视所预测或决策问题的复杂性而定。人数太少会限制学科的代表性和权威性；人数太多则难以组织。一般以 10～15 人为宜，对重大问题的预测或决策，专家人数可相应增加。

3）制定调查表

即把预测或决策问题项目有次序地排列成表格形式，调查表项目应少而精。为使专家对德尔菲法有所了解，调查表的前言部分应对德尔菲法进行介绍。

4）预测过程

德尔菲法决策一般要分四轮进行。第一轮把调查表发给各专家，调查表只提出决策主题，让各专家提出应决策的事件。第二轮由决策者把第一轮调查表进行综合整理，归并同类事件，排除次要事件，做出第二轮调查表再返给各专家，由各专家对第二轮调查表所列事件作出评价，阐明自己的意见。第三轮，对第二轮的结果进行统计整理后再次反馈给各专家，以便其重新考虑自己的意见并充分陈述理由，尤其是要求持异端意见的专家充分阐述理由，因为他们的依据经常是其他专家所忽略的或未曾研究的一些问题，而这些依据又会对其他成员的重新判断产生影响。第四轮是在第三轮基础上，让专家们再进行预测，最后由决策者在统计分析基础上作出结论。

5）作出决策结论

经过多次反馈后，一般是意见渐趋一致，或对立的意见已十分明显，此时便可把资料整理出来，作出决策结论。

德尔菲法有下述特点：

1）匿名性

为克服专家之间由名望、权力、尊重等造成的心理影响，德尔菲法采用匿名函询征求意见，以保证各成员能独立地作出自己的判断。

2）多轮反馈

通过多轮反馈可使各成员充分借鉴其他成员的意见并对自己的意见不断修正。

3）统计性

德尔菲法属于定性决策，但对专家成员的意见采用统计方法予以定量处理。

德尔菲法的缺点是比较烦琐，预测所花费的时间和成本比较高。所以，当需要进行一个快速决策时，这种方法通常行不通。

4. 电子会议

最新的定性决策方法是将名义群体法与尖端的计算机技术相结合的电子会议。会议所需的技术一旦成熟，概念就简单了。多达 50 人围坐在一张马蹄形的桌子旁。这张桌子上除了一系列的计算机终端外别无他物。将问题显示给决策参与者，他们把自己的回答打在计算机屏幕上。个人评论和票数统计都会投影在会议室内的屏幕上。

电子会议的主要优点是匿名、诚实和快速，决策参与者能不透露姓名地打出自己所要表达的任何信息，一敲键盘即显示在屏幕上，使所有人都能看到。它还使人们充分地表达他们的想法而不会受到惩罚，它消除了闲聊和讨论偏题，且不必担心打断别人的“讲话”。但是电子会议也有缺点。那些打字快的人使得那些口才虽好但打字慢的人相形见绌；再有，这一过程缺乏面对面的口头交流所传递的丰富信息。不过，由于此项技术尚处于起步阶段，可以预计，随着中国经济的发展，未来的群体决策很可能会广泛地使用电子会议技术。

5. 其他定性决策方法

除了上述四种方法外，下述两种也属于定性决策方法。

1）淘汰法

淘汰法即先根据一定条件和标准，对全部备选方法筛选一遍，把达不到要求的方案淘汰掉，以达到缩小选择范围的目的。淘汰的方法有：

（1）规定最低满意度，达不到满意度的方案予以淘汰。如规定投资回收期为三年，超过三年的方案就予以先行淘汰。

（2）规定约束条件，凡备选方案中不符合约束条件的便予以剔除。

（3）根据目标主次筛选方案。在多目标决策情况下，并非所有目标都同等重要，决策者可根据目标的重要程度，把那些与主要目标关系不大的方案淘汰掉。

2）环比法

环比法也叫 0－1 评分法，即在所有方案中两两比较，优者得 1 分，劣者得 0 分，然后以各方案得分多少为标准选择方案。假如有四个方案，两两对比后各方案得分如表 1－3－2 所示。

表 1－3－2　两两对比后各个方案的得分

	甲	乙	丙	丁	总分
甲		1	1	1	3
乙	0		0	1	1
丙	0	1		1	2
丁	0	0	0		0

由表 1－3－2 可知，甲方案的得分最多，应选甲。

（三）定量决策方法

定量决策方法是利用数学模型进行优选决策方案的决策方法。根据数学模型涉及的决策问题的性质（或者说根据所选方案结果的可靠性）的不同，定量决策方法一般分为确定型决策、风险型决策和不确定型决策三类。下面分别予以介绍。

1. 确定型决策方法

确定型决策方法的特点，是只要满足数学模型的前提条件，模型就给出特定的结果。属于确定型决策方法的模型很多，这里主要介绍线性规划法和盈亏平衡点法。

1）线性规划法

线性规划法是在一些线性等式或不等式的约束条件下，求解线性目标函数的最大值或最小值的方法。其步骤是：先确定影响目标大小的变量；然后列出目标函数方程；最后找出实现目标的约束条件，列出约束条件方程组，并从中找出一组能使目标函数达到最优的可行解。

例题：总共只有1 200发火箭弹的两火箭发射组，A组和B组每分钟各能发射30发和40发火箭弹，平均两组每发各能覆盖敌阵面积分别为1.2平方米和0.8平方米。战斗上要求两组同时发射，且时间分别不能超过20分钟和35分钟。为了对敌阵达到尽可能大的覆盖，问A、B组各应该发射多少分钟？

解：设A、B组各发射x、y分钟。

$\max Z = (30\times1.2)x + (40\times0.8)y = 36x + 32y$

$30x + 40y \leqslant 1\,200$

$0 \leqslant x \leqslant 20$

$0 \leqslant y \leqslant 35$

$\max Z = 36x + 32y = 36\times20 + 32\times15 = 1\,200$

解得A组和B组各发射20分钟、15分钟时有最大值为1 200平方米。

2）盈亏平衡点法

盈亏平衡点法又称量本利分析法或保本分析法，是进行产量决策常用的方法。该方法的基本特点，是把成本分为固定成本和可变成本两部分，然后与总收益进行对比，以确定盈亏平衡时的产量或某一盈利水平的产量。其中，可变成本与总收益为产量的函数，当可变成本、总收益与产量为线性关系时，总收益、总成本和产量的关系如图1－3－4所示。

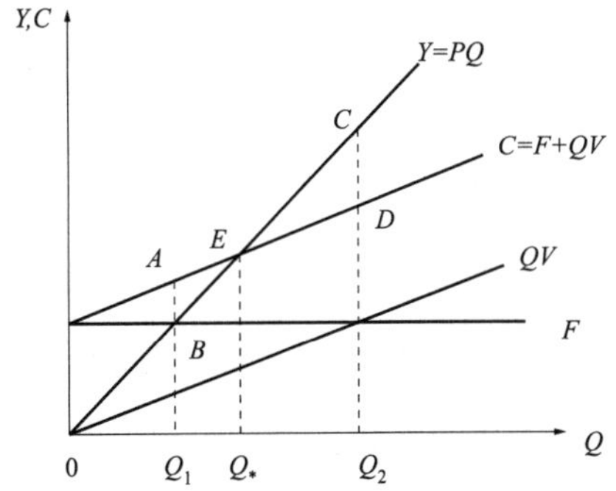

图1－3－4　盈亏平衡点法分析示意

其中：P为单位售价，V为单位可变成本，F为固定成本，Q为产量。

$Q_* = F/(P-V)$中有四个变量，给定任何三个便可求出另外一个变量的值。

例如，某公司生产某产品的固定成本为50万元，单位可变成本为10元，产品单位售价为15元，其盈亏平衡点的产量为：

$Q_* = F/(P - V) = 500\ 000/(15 - 10) = 10$（万件）

再如，某公司生产某产品固定成本为50万元，产品单位售价为80元，本年度产品订单为1万件，问单位可变成本降至什么水平才不致亏损？

据题意有　　$10\ 000 = 500\ 000/(80 - V)$

解之得　　$V = 30$（元/件）

2. 风险型决策方法

在比较和选择决策方案时，如果未来情况不止一种，而是两种以上，管理者不知道到底哪种情况会发生，但知道每种情况发生的概率，这种情况下选择任何一个方案，都存在一定的风险，因此可采用风险型决策方法。常用的风险型决策方法是决策树法。

风险型决策的标准是期望值。所谓期望值实质上是各种状态下加权性质的平均值。当决策指标为收益时，应选取期望值最大的方案；当决策指标为成本时，应选取期望值最小的方案。一个方案的期望值是该方案在各种可能状态下的损益值与其对应的概率的乘积之和。用期望值决策既可用表格表示，也可用树状图表示，后者称决策树法。下面以决策树为例说明风险型决策方法的应用。

决策树法是用树状图来描述各方案在不同情况（或自然状态）下的收益，据此计算每种方案的期望收益，从而作出决策的方法。决策树的基本形状如图1-3-5所示，它展示了具有两个方案两种自然状态的决策树结构。

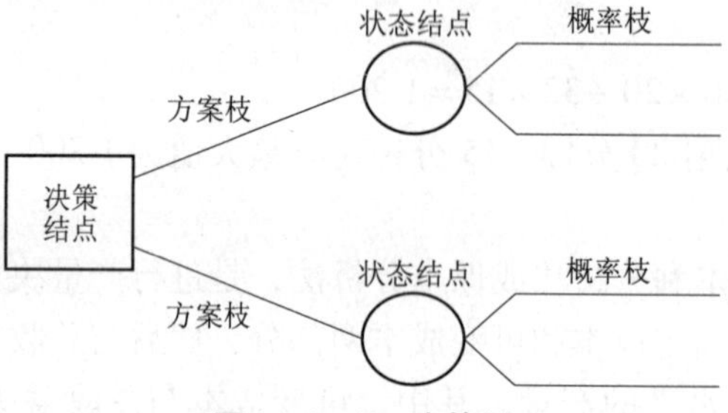

图1-3-5　决策树

例如，某企业为了扩大某产品的生产，拟建设新厂。据市场预测，产品销路好的概率为0.7，销路差的概率为0.3。有三种方案可供企业选择：

方案1：新建大厂，需投资300万元。据初步估计，销路好时，每年可获利100万元；销路差时，每年亏损20万元。服务期为10年。

方案2：新建小厂，需投资140万元。销路好时，每年可获利40万元；销路差时，每年仍可获利30万元。服务期为10年。

方案3：先建小厂，3年后销路好时再扩建，需追加投资200万元，服务期为7年，估计每年获利95万元。

问哪种方案最好？

绘制该问题的决策树，如图1-3-6所示。

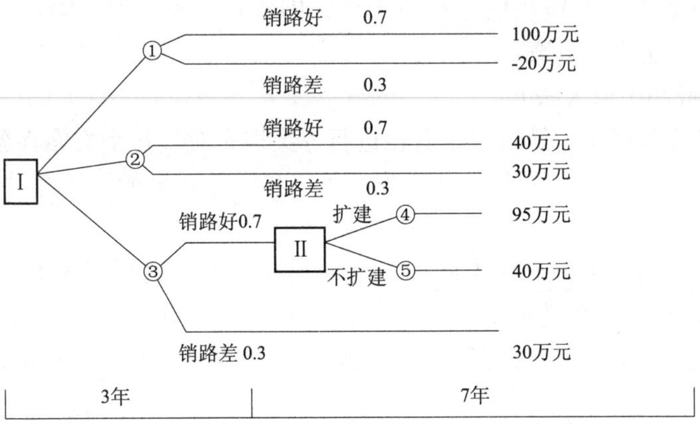

图1-3-6　一个多阶段决策的决策树

方案1（结点①）的期望收益为：〔0.7×100+0.3×（-20）〕×10-300=340（万元）

方案2（结点②）的期望收益为：（0.7×40+0.3×30）×10-140=230（万元）

至于方案3，由于结点④的期望收益465（95×7-200）万元大于结点⑤的期望收益280（40×7）万元，所以销路好时，扩建比不扩建好。方案3（结点③）的期望收益为：（0.7×40×3+0.7×465+0.3×30×10）-140=359.5（万元）

计算结果表明，在三种方案中，方案3最好。

需要说明的是，在上面的计算过程中，我们没有考虑货币的时间价值，这是为了使问题简化。但在实际中，多阶段决策通常要考虑货币的时间价值。

3. 不确定型决策方法

1）冒险法（或大中取大法）

大中取大法又称乐观法，是指愿承担风险的决策者在方案取舍时以各方案在各种状态下的最大损益值为标准（即假定各方案最有利的状态发生），在各方案的最大损益值中取最大者对应的方案。

例如，某企业拟开发新产品，有三种设计方案可供选择。因不同的设计方案的制造成本、产品性能各不相同，在不同的市场状态下的损益值也各异。有关资料如表1-3-3所示（损益值数据只为说明问题，不考虑单位）。

表1-3-3　各方案损益值

市场状态 / 损益值 / 设计方案	畅销	一般	滞销	max
Ⅰ	50	40	20	50
Ⅱ	70	50	0	70
Ⅲ	100	30	-20	100

在不知道各种状态的概率时，用大中取大法选择方案的过程如下：

（1）在各方案的损益中找出最大者。

（2）在所有方案的最大损益值中找最大者，即 max {50，70，100} =100，它所对应的方案Ⅲ就是用该法选出的方案。

2）保守法（或小中取大法）

小中取大法又称悲观法，是指决策者在进行方案取舍时以每个方案在各种状态下的最小值为标准（即假定每个方案最不利的状态发生），再从各方案的最小值中取最大者对应的方案。

仍以上表资料为例，用小中取大法决策时，先找出各方案在各种状态下的最小值，即{20，0，-20}；然后再从中选取最大值：max {20，0，-20} =20，对应的方案Ⅰ即为小中取大法选取的决策方案。该方案能保证在最坏情况下获得不低于20单位的收益，而其他方案则无此保证。

3）折中法

保守法和冒险法都是以各方案不同状态下的最大或最小极端值为标准的。但多数情况下决策者既非完全的保守者，亦非极端冒险者，而是在介于两个极端的某一位置寻找决策方案，即折中法。折中法的决策步骤如下：

（1）找出各方案在所有状态下的最小值和最大值。

（2）决策者根据自己的风险偏好程度给定最大值系数 α（$0<\alpha<1$），最小值的系数随之被确定为 $1-\alpha$。α 也叫乐观系数，是决策者冒险（或保守）程度的度量。

（3）用给定的乐观系数 α 和对应的各方案最大最小损益值计算各方案的加权平均值。

（4）取加权平均最大的损益值对应的方案为所选方案。

仍以表1-7所给数据资料为例，计算各方案的最小值和最大值，如表1-3-4所示。

表1-3-4 平均收益值比较

方案	min	max	加权平均值（α=0.75）
Ⅰ	20	50	42.5
Ⅱ	0	70	52.5
Ⅲ	-20	100	70

设决策者给定最大值系数 α 为0.75，最小值系数即为0.25，各方案加权平均值如下：

Ⅰ：$20\times0.25+50\times0.75=42.5$

Ⅱ：$0\times0.25+70\times0.75=52.5$

Ⅲ：$(-20)\times0.25+100\times0.75=70$

取加权平均值最大值：max {42.5，52.5，70} =70，对应的方案Ⅲ即为最大值系数 $\alpha=0.75$ 时的折中法方案。

用折中法选择方案的结果，取决于反映决策者风险偏好程度的乐观系数的确定。上例中，如 α 取0.2，$1-0.2=0.8$，方案的选择结果是Ⅰ而非Ⅲ。当 $\alpha=0$ 时，结果与保守法相同；当 $\alpha=1$ 时，结果与冒险法相同。这样，保守法与冒险法便成为折中法的两个特例。

4）后悔值法（或大中取小法）

后悔值法是用后悔值标准选择方案的方法。所谓后悔值是指在某种状态下因选择某方案而未选取该状态下的最佳方案而少得的收益。如在某种状态下某方案的损益值为100，而该状态下诸方案中最大损益值为150，则因选择该方案要比最佳方案少收益50，即后悔值为50。用后悔值法进行方案选择的步骤如下：

（1）计算损益值的后悔值矩阵。方法是用各状态下的最大损益值分别减去该状态下所有方案的损益值，从而得到对应的后悔值。

（2）从各方案中选取最大后悔值。

（3）在已选出的最大后悔值中选取最小值，对应的方案即为用最小后悔值法选取的方案。

仍以上例资料为例，计算出的后悔值矩阵如表1－3－5所示。

表1－3－5　最大后悔值比较

市场状态 / 后悔值 / 设计方案	畅销	一般	滞销	max
Ⅰ	50	10	0	50
Ⅱ	30	0	20	30
Ⅲ	0	20	40	40

各方案的最大后悔值为｛50，30，40｝，取其最小值 min｛50，30，40｝＝30，对应的方案Ⅱ即为用最小后悔原则选取的方案。

5）莱普勒斯法（或称等概率法）

当无法确定某种自然状态发生的可能性大小及其顺序时，可以假定每一自然状态具有相等的概率，并以此计算各方案的期望值，进行方案选择，这种方法就是莱普勒斯法。由于假定各种状态的概率相等，莱普勒斯法实质上是简单算术平均法。

仍以上例资料为例，各方案有三种状态，因此每种状态的概率为1/3，各方案的平均值为：

Ⅰ：$50\times1/3+40\times1/3+20\times1/3=110/3$

Ⅱ：$70\times1/3+50\times1/3+0\times1/3=40$

Ⅲ：$100\times1/3+30\times1/3+(-20)\times1/3=110/3$

$\max\{110/3, 40, 110/3\}=40$，所以应选方案Ⅱ。

项目小结

本项目主要阐述了管理伦理、组织文化以及管理决策等相关理论。

主要概念和观念

1. 管理与伦理结合的必然性。
2. 伦理行为的具体表现。
3. 改善伦理行为的途径。
4. 组织文化。

5. 组织文化的功能。
6. 决策。
7. 决策的影响因素。
8. 决策的过程。
9. SWOT 分析法。
10. 定量分析法。

基本训练

1. 分析管理伦理的重要性。
2. 什么是组织文化？联系实际谈谈塑造组织文化的途径。
3. 什么是决策？决策的原则和依据是什么？
4. 确定型决策、风险型决策和不确定型决策的决策方法分别有哪些？
5. 计算题：某企业准备生产一种新产品，对未来五年销售情况的预测结果是：出现高需求的概率是0.3；中需求的概率是0.5；低需求的概率是0.2。企业提出两个可供自由选择的行动方案：①新建车间，需投资110 万元。②改建车间，需投资50 万元。对不同自然状态下，不同方案的年度销售利润的预测结果如表1－3－6 所示，试用决策树法予以决策。

表1－3－6 两种方案在不同自然状态下的收益值

万元

	自然状态		
	高需求	中需求	低需求
新建	80	40	0
改建	60	30	15

案例讨论

案例1

重拾公众信心的强生泰诺

1982 年9 月，美国芝加哥地区发生有人服用含氰化物的泰诺药片中毒死亡的严重事故，一开始死亡人数只有3 人，后来却传说全美各地死亡人数高达250 人。其影响迅速扩散到全国各地，调查显示有94% 的消费者知道泰诺中毒事件。

事件发生后，在首席执行官吉姆·博克（Jim Burke）的领导下，强生公司迅速采取了一系列有效措施。首先，强生公司立即抽调大批人马对所有药片进行检验。经过公司各部门的联合调查，在全部800 万片药剂的检验中，发现所有受污染的药片只源于一批药，总计不超过75 片，并且全部在芝加哥地区，不会对全美其他地区有丝毫影响，而最终的死亡人数也确定为7 人，但强生公司仍然按照公司最高危机方案原则，即“在遇到危机时，公司应首先考虑公众和消费者利益”，不惜花巨资在最短时间内向各大药店收回了所有的数百万瓶这种药，并花50 万美元向有关的医生、医院和经销商发出警报。

对此，《华尔街日报》报道说：“强生公司选择了一种自己承担巨大损失而使他人免受伤害的做法。如果昧着良心干，强生将会遇到很大的麻烦。”泰诺案例成功的关键是因为强生公司有一个“做最坏打算的危机管理方案”。该计划的重点是首先考虑公众和消费者利益，这一信条最终拯救了强生公司的信誉。

事故发生前，泰诺在美国成人止痛药市场中占有35%的份额，年销售额高达4.5亿美元，占强生公司总利润的15%。事故发生后，泰诺的市场份额曾一度下降。当强生公司得知事态已稳定，并且向药片投毒的疯子已被拘留时，并没有将产品马上投入市场。当时美国政府和芝加哥等地的地方政府正在制定新的药品安全法，要求药品生产企业采用“无污染包装”。强生公司看准了这一机会，立即率先响应新规定，结果在价值12亿美元的止痛片市场上挤走了它的竞争对手，仅用5个月的时间就夺回了原市场份额的70%。

原本一场“灭顶之灾”竟然奇迹般地为强生迎来了更高的声誉，强生还因此获得了美国公关协会颁发的银钻奖。这归功于强生成功地向公众传达了企业的社会责任感，使其更加受到消费者的欢迎和认可。

问题思考：

组织的利益是否与伦理冲突？

案例2

钟表王国的困惑与再起

瑞士西部城市比也纳是一个人口不到6万人的“钟表之城”，聚集着几十家钟表厂，驰名世界的“劳力士”表就出产于此。

20世纪70年代中期开始，瑞士钟表业陷入严重的危机。日本和中国香港采用电子石英技术使钟表的生产效率大大提高，大量价廉物美的电子石英表涌入国际市场。这股狂流冲击着以生产机械表为主的瑞士钟表业。世界钟表市场在逐日扩大，而瑞士产品的销路却在不断缩小。

危机使瑞士两大钟表集团受到了严重损失，这两大集团就是德语区钟表业集团有限公司（ASUAG）和法语区钟表业联合会（SSIH），两大集团都在寻找夺回钟表王国霸主地位的途径。ASUAG面对日本的挑战不断进行科研攻关，于1979年1月终于制造出世界上最薄的手表：整个手表只有0.98毫米厚。该表以塑料作为主要材料，是一种大众表，1981年被正式命名为“瑞士表”（Swatch）。他们期望“瑞士表”能够像流行音乐、流行服装一样，不断随着时代的变化而变化，成为时代的弄潮儿。

然而，这种不起眼的塑料表的诞生却在这个钟表王国受到广泛批评，没有人喜欢这个20世纪80年代的“灰姑娘”，认为它毁坏了瑞士钟表业的形象。

道路不是一帆风顺的。1982年年初，ASUAG和SSIH决定与美国一家公司成立合资企业生产“瑞士表”，同年8月，“瑞士表”产量达到每周4 000只，型号25种。但产品销售很快出现了问题，失败的情绪笼罩着“瑞士表”。面对种种反对意见，公司负责人果断制定了将“瑞士表”打入国际市场的长远战略，并成立了市场研究小组。1983年3月1日，“瑞士表”的宣传大战正式拉开序幕，这同时也标志着该表的正式问世。在一个大型记者招待会上，“瑞士表”打出了四张“王牌”：

(1) 价格是瑞士石英手表历史上最低的。

(2) 质量敢与价格昂贵的手表相比：误差每天1秒，30米深防水压、防震，经久耐用。

(3) 是新潮流、新生活的标志。

(4) 能够适合各种人的爱好，可做时髦的装饰品。

为使“瑞士表”在更大范围内获得人们的接受，公司每年至少将利润的12%用于广告宣传，以扩大企业和产品的影响。为壮大实力，ASUAG和SSIH在1984年正式合并，组成瑞士微电子钟表工业集团有限公司（SMH）。这家公司在今天已拥有欧米茄、布郎班、浪琴、雷达等高档表以及雪铁纳、铁索和“瑞士表”等12家钟表企业，在瑞士100家大型企业中名列第12位。

根据统计，1993年，瑞士出口手表和机芯达12亿件，约占世界手表市场的50%，其中仅“瑞士表”就有2 500万只，占瑞士出口成表的75%。另有资料表明，“瑞士表”的市场已经遍布5大洲、140多个国家和地区。“瑞士表”普遍受到了人们的欢迎和称赞，它的成功在瑞士钟表界已传为佳话。

请讨论：

从管理决策角度分析“瑞士表”的成功开发和经营主要得益于什么？

案例3

欧洲迪斯尼的错误决策

法国迪斯尼开张两年后，欧洲迪斯尼尽管每月有300万名游客，每天却损失100万美元，在什么地方发生错误了呢？

迪斯尼一直充满雄心，结果却造成严重的战略和财务失误。在利率开始上升时过于依靠负债。他们假设乐园会继续火爆，那时可以卖掉一些股份用于偿还债务。乐园本身也有一些错误的决策，包括成本超出、无酒精政策（在法国午餐有一瓶葡萄酒是正常的）、太少的淋浴卫生间、错误地认为法国人不在饭店的餐厅用早餐等。

公司认为是连续的欧洲经济衰退、高利率、法郎升值等造成了这些问题。但是公司与员工关系很糟，它认为懂得最多，并坚持将之强加于员工。法国建设与工业部的一位官员说“因为他们是迪斯尼，所以他们什么都懂”。欧洲迪斯尼的管理者感到他们不过是在充当总公司管理的副手而已。

迪斯尼在许多方面都表现得过于自信。管理者夸口到他们能预测巴黎未来的生活模式：他们认为人们会转移到离欧洲迪斯尼很近的东部来；他们相信能够改变欧洲人的习惯。例如欧洲人不像美国人那样对孩子的逃学认可，他们宁可在吃饭上少花时间，也要有更多的休闲时间。迪斯尼认为它能改变这些习惯。迪斯尼的一位前任管理者说：“有一种倾向相信人们所接触的都是最完美的。”迪斯尼认为在佛罗里达能做到的，在法国一样能做到。过分骄傲、批评的压力、工人的士气低落等在一开始就使得游客远离。迪斯尼也完全没有看到欧洲经济处于不景气当中。一名高层管理者说：“由于受到计划规定的开园日期的压力以及开园的诱惑，我们没能意识到一场大的经济衰退正在来临。”

迪斯尼的主席米歇尔·艾思纳曾经鼓励过欧洲迪斯尼要在计划中大方一些。他执着地要保证迪斯尼的质量，忽视做事情的预算和评论家的警告。

当事情全出乎预料时，迪斯尼威胁要关掉乐园，但是在谈判的最后关头，赞同了新的财务计划。至少暂时来说，危机似乎解决了，但也有许多观察家认为欧洲迪斯尼没有关门的危险，公司还有许多好牌，它的债权人和法国政府，一个提供低于市场利率贷款7 500万美元，一个开始为公园提供公路和铁路网。

新管理层降低了门票价格并削减了成本。欧洲迪斯尼开始恢复并在财务上走向正轨。但是，迪斯尼又一次惹怒了欧洲人。动画电影《大力神》和《THE HUNCHBACK OF NOTRE-DAME》对原著的粗暴歪曲激怒了人们。一家欧洲的主要报纸评述说“卡通（指大力神）歪曲和滥用了欧洲文化的一个基本传说”。还有人评论道：“好莱坞为了自己的顾客比迪斯尼更加歪曲欧洲文化。”

问题思考：

1. 在这个案例中你能找出多少次决策？对于这样一个巨大计划有哪些应该做而没有做？
2. 在这个案例中有哪些概念和本章相关？你认为迪斯尼高层有什么错误？
3. 为了长期利益，迪斯尼可以做哪些工作？
4. 你如何认为在最后一段中所描写的欧洲人的反应？迪斯尼应该怎样做？

模块二

管理职能

项目一

计　划

任务一　计划与计划制订

【导入案例】

计划的执行与生产率的降低

赵先生是一家大电子厂的制造经理。该公司的管理部门最近安装了一些新机器，实行了一个简化的工作系统。使每一个人包括他自己在内感到惊讶的是，提高生产率的期望并未实现。实际上，生产开始下降，质量降低，离职的雇员数目增加。

他认为机器没有任何故障。他得到了使用这种机器的其他公司的报告，这些报告坚定了他的想法。他也曾要求制造这种机器的公司的一些代表对机器进行过仔细检查，他们报告说，机器运转正处于最高效率。赵先生怀疑，问题可能出在新的工作系统上。但是，他的直接下属并非都持有这种看法，他们是四个基层主管人，每人负责一个科组，还有一个是他的物资供应经理。他们对生产率下降的原因看法不同，分别认为是操作工人训练差、缺乏适当的经济刺激体制和士气低落。显然，对这一问题各人有各人的想法，下属中存在着潜在的分歧。

这天早晨，赵先生接到分部经理的一个电话，他刚刚得到近6个月的生产数字，打电话表示他的关切。他指示说，应以他认为的最好方式解决这一问题，他很想在一周内知道计划采取什么步骤。他和部门经理同样关心生产率的下降。问题在于采取什么步骤扭转这种情况。

问题思考：

如何解决赵先生目前的困境？

【相关知识】

一、计划的概念

（一）计划

计划有名词意义和动词意义之分，本书的计划，指的是动词的含义，即计划工作。计划也有广义和狭义之分。广义的计划是指管理者根据环境的需要和自身的特点，确定组织在一定时期内的目标，并通过计划的编制、执行和监督来协调、组织各类资源以顺利达到预期目标的过程。狭义的计划是指管理者事先对未来应采取的行动所作的谋划和安排。

根据计划的概念，计划的内容主要包括“5W 和 1H”，也就是计划必须清楚地确定和描述以下内容：

（1）做什么（what）：明确计划的具体任务和要求，如生产什么产品、生产多少产品等。

（2）为什么（why）：要明确计划的宗旨、目标和战略，并论证其可行性，对企业的宗旨、目标和战略认识得越清楚，就越有助于他们在计划中发挥主动性和创造性。

（3）何时做（when）：规定计划中各项工作的开始和完成的进度，以便进行有效的控制和对各种资源能力进行平衡。

（4）何地做（where）：规定计划实施的地点、场所，了解计划实施的环境条件和限制，以便合理安排计划实施的空间、组织和布局。

（5）谁去做（who）：计划中不仅规定目标、任务、地点、速度，还应规定由哪个主管部门负责。

（6）怎么做（how）：制定实现计划的措施、人及相应的政策和规则。

一个完整的计划还应包括控制标准和考核指标的制定，也就是要告诉实施计划的部门或人员，做成什么样、达到什么标准才算是完成了计划。

（二）计划工作的重要性

制订计划的工作是十分重要的。计划工作的重要性主要表现在以下几个方面：

（1）弥补不肯定性和变化带来的问题。计划是面向未来的，而未来又是不肯定的。计划工作的重要性就在于如何适应未来的不肯定性。因此需要周密细致地预测，制定相应的补救措施，随时检查计划的落实情况，遇到问题时则须重新制定相应的计划措施。即使将来的事情是肯定的，也需根据已知事实的基本数据计算采用哪种方案能以最低的代价取得预期的结果。

（2）有利于管理者把注意力集中于目标。计划工作可以使人们的行动对准既定的目标。周密细致、全面的计划工作统一了部门之间的活动，使主管人员从日常的事务中解放出来，将主要精力放在随时检查、修改、扩大计划上来，放在对未来不肯定的研究上来。这既能保证计划的连续性，又能保证全面地实现奋斗目标。

（3）有利于更经济地进行管理。由于计划工作强调了经营的效率和一贯性，所以组织经营活动的费用降至最低。计划工作能细致地组织经营活动，是有效地、经济地组织经营管理活动的工具。

（4）有利于控制。计划和控制是一个事物的两个方面。未经计划的活动是无法控制的。控制活动就是通过纠正脱离计划的偏差来使活动保持既定的方向。计划是控制的标准，是控制的基础。因此，计划工作是一个指导性、科学性和预见性很强的管理活动，同时也是一项复杂而又困难的工作。

二、计划的类型

按不同标准，计划的类型可以作各种划分，如表 2－1－1 所示。

表 2-1-1 按不同标准划分的计划类型

分类标准	计划类型
按计划的期限	长期计划、中期计划、短期计划
按企业职能	销售计划、生产计划、财务计划等
按计划的内容	专项计划、常规计划
按制订计划的管理层次	战略计划、中层计划、作业计划

（一）长期计划、中期计划与短期计划

长期计划的期限一般在 5～10 年，又可称为长远规划或远景规划，是为实现组织的长期目标服务的具有战略性、纲领性指导意义的综合发展规划。

中期计划的期限一般为 1～5 年，是根据长期计划提出的战略目标和要求，并结合计划期内实际情况制订的计划。它是长期战略目标的具体化，同时又是短期计划目标的依据，具有衔接长期计划和短期计划的作用。

短期计划的期限通常在 1 年以内，包括年度计划、季度计划和月份计划，以年度计划为主要形式，是对长期和中期计划的具体落实，是为实现组织的短期目标服务的，最接近实施的行动方针。

（二）销售计划、生产计划与财务计划

企业是从事生产、流通、服务等经济活动，以生产或服务满足社会需要，实行自主经营、独立核算、依法设立的一种营利性的经济组织。通常用“人财物，供产销”六个字来描述一个企业所需的要素和企业的主要活动，销售计划、生产计划与财务计划等是企业的主要业务计划。销售计划是指企业根据历史销售记录和已有的销售合同，综合考虑企业的发展和现实的市场情况制订的针对部门、人员的关于任何时间范围的销售指标（数量或金额），企业以此为龙头来指导相应的生产作业计划、采购计划、资金筹措计划以及相应的其他计划安排和实施。简明的销售计划内容至少应包含商品计划、渠道计划、成本计划、销售单位组织计划、销售总额计划、推广宣传计划、促销计划等。

（三）专项计划与常规计划

专项计划应用于那些不重复发生的活动，一旦活动完成，该计划就不再需要了，这类计划在目标实现后也就完成了其历史使命。具体表现形式包括规划、项目和预算。

常规计划通常制订后要持续使用多年，并在这若干年中作定期的修改和更新。常规计划主要用于处理那些重复出现的情形、问题和活动。具体表现形式包括政策、程序和规章。

（四）战略计划、中层计划与作业计划

战略计划又称高层计划，是由高层管理者负责制订的，体现了组织在未来一段时间内的总目标，以及实施的途径，具有长远性、全局性和指导性，决定了在相当长的时间内组织资源运作的方向，是组织的其他各种计划的最高指导原则。

中层计划是由中层管理者制订的，将战略计划中广泛性的目标和政策转变为确定的目标和政策，并且规定了达到各种目标的时间，因而比战略计划更为具体、详细，并具有相互协调的作用。

作业计划是由基层管理者制订的，是将中层计划所确定的目标和政策具体化的规定。

三、计划工作的意义

（一）计划可有效规避风险，减少损失

未来的不确定因素很多，因而需要有周密细致的预测、制订相应的补救措施和随时检查计划的落实情况，遇到问题时，则须重新制订相应的措施。只有把计划工作做得周到、细致、科学，才能适应未来变化，及时解决问题。

（二）计划有利于支持控制活动

计划和控制是一体两面，控制就是通过纠正偏离计划的偏差使工作保持既定的方向。如果没有计划作为标准，就无法测定控制活动。

（三）计划有利于合理配置资源，提高效率

计划的过程也是各方协调的过程。组织为实现目标有很多工作任务，这些工作任务在组织中或被重复或被缺漏，或因部门或个人利益而引起矛盾和冲突，或因目标难度和资源稀缺而相互推诿。良好的计划能从组织的整体利益出发，完善各项工作程序，协调好各方利益，化解各种矛盾和冲突，从而极大地提高组织运作的效率。

（四）计划有利于团结协作，统一员工思想行动

通过计划制订出全体员工的共同行动目标与方案，将从思想和行动上使全体员工协调一致，增加凝聚力，发挥集体优势。

四、计划工作的步骤

（一）估量机会

对机会的估量，要在实际的计划工作开始之前着手进行，它虽然不是计划的一个组成部分，但是计划的真正起点。其内容包括：

（1）对未来可能出现变化和预示的机会进行初步分析，形成判断。

（2）根据自己的长处和短处搞清自己所处的地位。

（3）了解自己利用机会的能力。

（4）列举主要的不确定因素，分析其发生的可能性和影响程度。

（5）在反复斟酌的基础上，定下决心，扬长避短。

（二）制订目标

在估量机会的基础上，计划的第一步就是要为组织以及各组成部分确立目标。目标要说明预期的成果，指明将要做的工作有哪些、重点应放在哪里、将必须完成哪些任务等。并告知计划工作的策略、政策、程序、规则、预算和方案等所要完成的是些什么任务。

确定目标包括的主要内容是：指导资源得到最合理的分配；充分发挥全体员工的积极性和潜力；促进组织内部团结一致，对外享有良好的声誉；达到组织经营活动的最佳效果。

（三）确定前提条件

计划的第二步是确定一些关键性的计划前提条件，并使设计人员对此取得共识。所谓计

划的前提条件就是计划的假设条件，换言之，即计划实施时的预期环境。负责计划的人员对计划前提了解得愈细愈透彻，并能始终如一地运用它，计划也将做得越协调。未来环境非常复杂，涉及的因素很多，通过预测掌握一些重要的前提条件，能给计划提供依据或参考。

1. 企业外部环境分析

企业外部环境又分为宏观环境和微观环境两个层次。宏观环境因素包括政治环境、经济环境、技术环境和社会文化环境。这些因素对企业及其微观环境的影响力较大，一般都是通过微观环境对企业间接产生影响的。微观环境因素，包括市场需求、竞争环境、资源环境等，涉及行业性质、竞争者状况、消费者、供应商、中间商及其他社会利益集团等多种因素，这些因素会直接影响企业的生产经营活动。

企业外部环境有三个显著的特征：波动性，即外部环境经常发生变化而且难以预测；不可控性，即外部环境的变化不受单个企业的控制；差异性，即外部环境对不同类型的企业影响各不相同。

2. 企业内部环境分析

企业内部环境包括企业的物质环境和文化环境。它反映了企业所拥有的客观物质条件和工作状况以及企业的综合能力，是企业系统运转的内部基础。因此，企业内部环境分析也可称为企业内部条件分析，其目的在于掌握企业实力现状，找出影响企业生产经营的关键因素，辨别企业的优势和劣势，以便寻找外部发展机会，确定企业战略。如果说外部环境给企业提供了可以利用的机会的话，那么内部条件则是抓住和利用这种机会的关键。只有在内、外环境都适宜的情况下，企业才能健康发展。

（四）拟订备选方案

计划的第三步是调查和设想可供选择的行动方案。一般而言，组织达到其目标的途径不止一条，即存在着多种方案可供选择，但通常只能选择其中的一个方案进行实施，这就需要对每一条有效的途径有深刻的认识，否则就会遗漏好的方案或选错方案。避免犯此类错误的前提是要将已有有效途径都找到，并且能够对这些途径都做出透彻的描述。为此，必须集思广益、开拓思路、大胆创新，同时对所有的方案进行初步的筛选，保留其中有效的，即值得保留的方案，供重点评价分析和比较，以便集中精力做出最后的计划方案。

（五）评价备选方案

计划的第四步是按照前提和目标来权衡各种因素，比较各个方案的利弊，对各个方案进行评价。有的方案可能获利能力大，但投资大，回收期也长；有的方案获利小，但风险也小；有的方案则更适合于企业长远目标的要求。一般来说，由于备择方案多，而且有大量的可变因素和限定条件，所以评价备择方案的工作往往是非常复杂的，为此常需借助于运筹学、数学方法和计算技术等各种手段来进行方案评价。

（六）选择可行方案

计划的第五步是选择可行方案。这是在前四步工作的基础上做出的关键一步，也是决策的实质性阶段——抉择阶段。管理者或者依据自己的经验，或者通过对备择方案进行实验，或者对方案进行分析研究做出选择。但是，可能遇到的情况是，在对各种备择方案进行分析和评价的过程中有时可能会发现同时有两个或两个以上的方案是可取的，在这种情况下，管理者可能会决定同时采取几个方案。

（七）拟订派生计划

派生计划即辅助计划，也就是总计划下的分计划。总计划要靠派生计划来保证，派生计划是总计划的基础。在选定一个基本的计划方案后，还必须围绕基本计划制订一系列派生计划来辅助基本计划的实施。例如，某大企业在做出新建一个分厂的决策后，这个决策就成为制订一系列派生计划的前提，各种派生计划都要围绕它来进行拟定。如人员的招聘和培训计划、材料和设备的采购计划、广告宣传计划、资金筹措计划等。

（八）编制预算

计划的最后一个步骤就是要将之转化为预算，使之数字化。预算是用数字的形式表示的组织在未来某一确定期间内的计划，是计划的数量说明，是用数字形式对预期结果的一种表示。这种结果可能是财务方面的，如收入、支出和资本预算等；也可能是非财务方面的，如材料、工时、产量等。预算是汇总各类计划的工具，同时也是衡量计划执行情况的重要标准，因此预算又常常被看作一种重要的控制手段。

五、计划方法

计划的方法有很多，这里仅简要介绍三种常用的有效方法，即滚动计划法、投入产出方法和运筹学方法。

（一）滚动计划法

滚动计划法是一种将短期计划、中期计划和长期计划有机地结合起来，根据近期计划的执行情况和环境的变化情况，定期修订未来计划并逐期向前推移的方法。

滚动计划的具体做法是：在计划制订时，同时制订未来若干期的计划，但计划内容采用近细远粗的办法，即近期计划尽可能详尽，远期计划的内容则较粗略；在计划期的第一阶段结束时，根据该阶段计划执行情况和内、外部环境变化情况，对原计划进行修订，并将整个计划向前滚动一个阶段；以后则根据同样的原则逐期滚动。

滚动计划法的优点主要表现在：

（1）使计划更加符合实际。这是由于滚动计划法相对缩短了计划时期，加大了对未来估计的准确性，从而提高了计划的质量。

（2）按近细远粗的原则编制计划，具有连贯性、灵活性、弹性。由于长期计划、中期计划和短期计划相互衔接，并能根据环境的变化及时地进行调节，从而使各期计划基本保持一致，大大增强了计划的弹性，提高了组织的应变能力。

不过，滚动计划法也存在使计划调整和编制频繁、工作量加大的不足。

（二）投入产出方法

投入产出方法是利用高等数学的方法对物质生产部门之间或产品与产出之间的数量依存关系进行科学分析，并对再生产进行综合平衡的一种现代的科学方法。

其基本原理是，任何系统的经济活动都包括投入和产出两大部分，投入是指在生产活动中的消耗，产出是指生产活动的结果。在生产活动中，投入和产出之间具有一定的数量关系，投入产出法就是利用这种数量关系建立投入产出表，根据投入产出表对投入与产出的关系进行科学分析，再用分析的结果来编制计划并进行综合平衡。

（三）运筹学方法

运筹学方法是计划工作的最全面的分析方法之一，是一种分析的、实验的和定量的科学方法，用于研究在物质条件已定的情况下，为了达到一定的目的，如何统筹兼顾整个活动所有各个环节之间的关系，为选择一个最好的方案提供数量上的依据，以便能为最经济、最有效地使用人、财、物做出综合性的安排，取得最好的效果。

最典型的运筹学方法是线性规划法。另外，像非线性规划、整数规划、动态规划、图论、排队论、库存论等方法也已广泛应用于计划工作中。

任务二 目标管理

【导入案例】

目标管理的由来

1954 年美国管理学家彼得·德鲁克在《管理的实践》一书中首先提出了“目标管理和自我控制”的主张。他认为，一个组织的“目的和任务，必须转化为目标”，如果“一个领域没有特定的目标，则这个领域必然会被忽视”；各级管理人员只有通过这些目标对下级进行领导，并以目标来衡量每个人的贡献大小，才能保证一个组织的总目标的实现；如果没有一定的目标来指导每个人的工作，则组织的规模越大，人员越多，发生冲突及浪费的可能性就越大。因此，他提出，让每个职工根据总目标要求自己制订个人目标，并努力达到个人目标，使总目标的实现更有把握。

惠普中国区总裁孙振耀的故事：一次销售目标的完成经历

20 多年以前，在中国台湾惠普，我刚刚从工程师转做 Sales（销售员）。这期间发生的一件事情给我后来整个的职业生涯以巨大的启示，至今难忘。

就在我做销售之后不久，主管经理和我一起制定了销售目标——促使我们的一家潜在大客户采购 HP 的大幅面绘图仪。按照惠普的目标管理法，在确定目标之后，业务人员需要在惠普标准商业准则及公司政策范围内，自己动脑筋想办法，开展工作。

这家客户的办公地点距离高雄 100 多公里①，见一次面很不容易，那个时候也没有电子邮件。在随后大概三个月的时间里，除了少数几次的会面，我与客户的相关负责人往来了十几封信，详细介绍了惠普产品。我当时认为，销售的工作就是将产品在性能、品质、性价比等方面的优势向客户介绍清楚。由于惠普产品在这几方面都领先于竞争对手，我对于客户的采购还是充满信心的。但是，客户的回信证明，我的努力没有取得预期的效果，他对我的说法始终有一定程度的保留。

就在我为业务进展感到困惑之际，主管经理在例行的进展总结（Review Progress）中，通过对比预期目标和业务现状，发现了项目停滞不前的状况。这个时候，他并没有手把手教我如何去做，而是和我一起回顾了业务推进方式。当知道我和客户之间主要依靠通信联系时，他沉吟片刻，对我说了一句话：振耀，你认为他是不喜欢你的产品，还是不喜欢你这个

① 1 公里 =1 000 米。

人呢?

当时，我的感觉恰如古人说的醍醐灌顶。在以后的几个星期里，我主动驱车前往会见客户，当面听取意见，解答客户疑虑。如果恰好赶上下班时间，我就顺便让客户搭我的便车返回市区。在拥堵的车道上，我们不再分析性能指标，也不再谈工作，而是聊一些家常事，交流对生活、事业的看法。这几个星期的相处，使我和我的客户结下了友谊。

短短三个星期以后，这个客户就签下了采购惠普产品的合同，我如期完成了任务。

在这个故事中，重点不在于工作技能或者销售技能，而是目标管理的精神。孙振耀以此来介绍设定目标的一些要点——“结果与过程并重，人与事并重，分享与共识是实践目标管理的重要精神”。

问题思考：

在当下的经济大环境下，目标管理是否适用于所有企业。

【相关知识】

一、目标管理的内涵

目标是体现某种目的要求的具体数量或质量特征的具体化形式。目标是组织及其成员所有行为的出发点和归宿，在组织管理中处于十分重要的地位。目标管理是美国管理专家彼得·德鲁克（Peter Drucker）1954 年在其名著《管理实践》中最先提出的，其后他又提出目标管理和自我控制的主张。彼得·德鲁克认为，并不是有了工作才有目标，而是相反，有了目标才能确定每个人的工作。所以企业的使命和任务，必须转化为目标，如果一个领域没有目标，这个领域的工作必然会被忽视。因此管理者应该通过目标对下级进行管理，当组织最高层管理者确定了组织目标后，必须对其进行有效分解，转变成各个部门以及各个人的分目标，管理者根据分目标的完成情况对下级进行考核、评价和奖惩。目标管理（Management by Objective）是以目标为导向，以人为中心，以成果为标准，使组织和个人取得最佳业绩的现代管理方法。

目标管理应用最为广泛的是在企业管理领域，企业目标可分为战略性目标、策略性目标等。一般来说，战略性目标和部分策略性目标由高级管理者制订；中级目标由中层管理者制订；初级目标由基层管理者制订；方案和任务由职工制订，并同每一个成员的应有成果相联系。自上而下的目标分解和自下而上的目标实现相结合，使经营计划的贯彻执行建立在职工的主动性、积极性的基础上，把企业职工吸引到企业经营活动中来。所以，目标管理又称成果管理，俗称责任制，是指在企业个体职工的积极参与下，自上而下地确定工作目标，并在工作中实行自我控制，自下而上地保证目标实现的一种管理办法。目标管理方法提出来后，美国通用电气公司最先采用，并取得了明显效果。其后，在美国、西欧、日本等许多国家和地区得到迅速推广，被公认为是一种加强计划管理的先进科学管理方法。我国 20 世纪 80 年代初开始在企业中推广，目前采取的干部任期目标制、企业层承包等，都是目标管理方法的具体运用。

二、目标管理的过程

目标管理的实施过程分为三个阶段：第一阶段为目标的设置；第二阶段为实现目标过程

的管理；第三阶段为总结和评估取得的成果。

（一）目标的设置

这是目标管理最重要的阶段，第一阶段可以细分为四个步骤：

1. 高层管理预定目标

这是一个暂时的、可以改变的目标预案，既可以由上级提出，再同下级讨论；也可以由下级提出，上级批准。无论采用哪种方式，必须共同商量决定。另外，领导必须根据企业的使命和长远战略，估计客观环境带来的机会和挑战，对该企业的优劣有清醒的认识，对组织应该完成和能够完成的目标做到心中有数。

2. 重新审议组织结构和职责分工

目标管理要求每一个分目标都有确定的责任主体。因此预定目标之后，需要重新审查现有组织结构，根据新的目标分解要求进行调整，明确目标责任者和协调关系。

3. 确立下级目标

首先让下级明确组织的规划和目标，然后商定下级的分目标。在讨论中上级要尊重下级，平等待人，耐心倾听下级意见，帮助下级发展一致性和支持性目标。分目标要具体量化，便于考核；分清轻重缓急，以免顾此失彼；既要有挑战性，又要有实现的可能。每个员工和部门的分目标要和其他的分目标协调一致，支持本单位和组织目标的实现。

4. 上级和下级就实现各项目标所需的条件以及实现目标后的奖惩事宜达成协议

分目标制定后，要授予下级相应的资源配置权力，实现权、责、利的统一。由下级写成书面协议，编制目标记录卡片，整个组织汇总所有资料后，绘制出目标图。

（二）实现目标过程的管理

目标管理重视结果，强调自主、自治和自觉，并不等于领导可以放手不管。相反，由于形成了目标体系，一环失误，就会牵动全局，因此领导在目标实施过程中的管理是不可缺少的。首先要进行定期检查，利用双方经常接触的机会和信息反馈渠道自然地进行；其次要向下级通报进度，便于互相协调；再次要帮助下级解决工作中出现的困难问题，当出现意外、不可测事件严重影响组织目标实现时，也可以通过一定的手续，修改原定的目标。

（三）总结和评估

达到预定的期限后，下级首先进行自我评估，提交书面报告，然后上下级一起考核目标完成情况，决定奖惩，接着讨论下一阶段目标，开始新循环。如果目标没有完成，应分析原因、总结教训，切忌相互指责，要保持相互信任的气氛。

三、目标管理的优缺点

（一）目标管理的优点

（1）目标管理对组织内易于度量和分解的目标会带来良好的绩效。对于那些在技术上具有可分解性的工作，由于责任、任务明确，目标管理常常会起到立竿见影的效果，而对于技术不可分的团队工作则难以实施。

（2）目标管理有助于改进组织结构的职责分工。由于组织目标的成果和责任力图划归一个职位或部门，管理者容易发现授权不足与职责不清等缺陷。

（3）目标管理启发了自觉，调动了职工的主动性、积极性、创造性。由于强调自我控制，自我调节，将个人利益和组织利益紧密联系起来，因而提高了士气。

(4) 目标管理促进了意见交流和相互了解，改善了人际关系。

（二）目标管理的缺点

在实际操作中，目标管理也存在许多明显的缺点，主要表现在：

(1) 目标难以制定。组织内的许多目标难以定量化、具体化；许多团队工作在技术上不可分解；组织环境的可变因素越来越多，变化越来越快，组织的内部活动日益复杂，使组织活动的不确定性越来越大。这些都使组织的许多活动制订数量化目标变得很困难。

(2) 目标管理的哲学假设不一定都存在。“Y 理论”（将人性假设为喜爱工作、发自内心地愿意承担责任的理论。）对于人类的动机作了过分乐观的假设，实际中的人是有“机会主义本性”的，尤其在监督不力的情况下，目标管理所要求的承诺、自觉、自治气氛难以形成。

(3) 目标商定可能增加管理成本。目标商定要上下沟通、统一思想是很费时间的；每个单位、个人都关注自身目标的完成，很可能忽略了相互协作和组织目标的实现，滋长本位主义、临时观点和急功近利倾向。

(4) 有时奖惩不一定都能和目标成果相配合，也很难保证公正性，从而削弱了目标管理的效果。

在实际中推行目标管理时，除了掌握具体的方法外，还要特别注意把握工作的性质，分析分解和量化的可能；提高员工的职业道德水平，培养合作精神，建立健全各项规章制度，注意改进领导作风和工作方法，使目标管理的推行建立在一定的思想基础和科学管理基础上；要逐步推行，长期坚持，不断完善，从而使目标管理发挥预期的作用。

项目小结

计划的内容主要包括“5W 和 1H”，制订计划的工作是十分重要的。按不同标准（按计划的期限、按企业职能、按计划的内容、按制订计划的管理层次），计划的类型可以作各种划分。计划工作包括估量机会、制定目标、确定前提条件、拟订备选方案、评价备选方案、选择可行方案、拟订派生计划、编制预算等步骤。计划的方法有很多，常用的三种有效方法为滚动计划法、投入产出方法和运筹学方法。目标管理（Management by Objective）是以目标为导向，以人为中心，以成果为标准，使组织和个人取得最佳业绩的现代管理方法。目标管理的实施过程分为三个阶段：第一阶段为目标的设置；第二阶段为实现目标过程的管理；第三阶段为总结和评估取得的成果。另外，目标管理有优点，也有缺点。

主要概念和观念

1. 滚动计划法。
2. 投入产出法。
3. 运筹学方法。
4. 目标管理。

基本训练

1. 什么是计划？计划的类型有哪些？

2. 计划工作的意义是什么?
3. 计划的编制程序有哪些步骤?
4. 什么是目标管理?
5. 目标管理的优缺点有哪些?

案例讨论

案例 1

科宁的无计划运行

科宁是美国一家创建最早的公司之一，主要经营玻璃品生产和加工。1880 年，科宁公司成功地制造了第一个电灯泡。科宁公司一直由其创始人科尼家族掌管，并一直以制造和加工玻璃为重点。然而，科尼的这种经营战略也给它带来了许多问题：它的骨干部门——灯泡生产在 30 年前曾占领 1/3 的美国灯泡市场，而今天却丧失了大部分市场；电视显像管的生产也因面临剧烈的竞争而陷入困境。这两条主要产品线都无法再为公司获取利润。面对这种情况，公司既希望开辟新的市场，又不愿意放弃其传统的玻璃生产和加工。但公司的最高层领导，面对飞速变化的竞争环境，没有及时制订相应的战略计划，而是认为“计划赶不上变化”，认为无论什么形式的计划，在变化面前都没有什么用途，所以对制订计划的意义持怀疑态度。

问题思考：

运用所学的计划工作的知识，对科宁公司高层领导的这一说法作出评价。

案例 2

杜邦公司的变革计划

自从约翰·A·克罗尔出任杜邦公司的 CEO 以来，他就创造了宽松的会议和计划决策氛围。人们都知道他与经理们一起唱他最喜爱的歌曲——《你是我的阳光》的轶事。克罗尔认为会议的气氛要有所变化，杜邦应该从一个行动迟缓的巨人变为更有活力的机体。其竞争对手孟山多就非常灵活，他们的成功正是克罗尔忧虑的原因。为了有一个良好的开端，克罗尔修改了计划过程。过去，杜邦的管理者倾向于集中制订计划，只有少数顾问参加讨论。与此相反，克罗尔喜欢让更多的管理者参与决策。他耐心倾听人们的想法，这算不上是制订计划的最快的方法，但通过听取多种意见，克罗尔相信，他获得了更好的建议，当变革实施时，人们会更有责任心。

杜邦开始行动了。克罗尔的信条是：加快杜邦进入高增长的生命科学领域如生物农业和制药业的步伐。目标是在 3 年内将在这一领域的销售额从 20% 提高到 30%。为了达到目标，杜邦斥资 32 亿美元购买蛋白质技术和先锋国际公司的部分股权。但克罗尔并不想弱化杜邦核心的化学和纤维业务。杜邦的目标是在这些核心业务内取得第一或第二的位置，为此，它又斥资 30 亿美元在北美以外地区购买了白染料厂商，从英国化学公司（1C）购买生产聚酯的厂。

尽管杜邦公司的战略是通过多样化实现增长，公司还是将那些不适合公司整体战略组合的业务处理掉。例如，医疗产品事业部是杜邦的一个组成部分，但由于低利润而被卖掉。克罗尔还一并卖掉了过氧化氢的生产部门。更不用说卖掉的价值200亿美元的克诺克石油天然气公司。

在克罗尔领导下，杜邦的计划过程信息更灵通，更多的人提供好建议。这些变革是与公司集中于高增长市场、加强公司核心能力的整体计划相适应的。克罗尔面对的挑战是制订和实施适应外部环境变化的灵活的、动态的战略计划。

问题思考：

1. 你是否认为克罗尔的战略计划方法是杜邦取得成功的关键？为什么？
2. 杜邦是怎样实现其多样化的公司战略的？
3. 你认为杜邦的核心能力是什么？它是怎样与公司的战略相适应的？

案例3

通用电气战略计划的制订与演变

通用电气公司是美国最大的电器公司。该公司拥有职工近40万人，制造、销售和维修的产品约13万种，其中包括飞机发动机、核子反应堆、医疗器械、塑料和家用电器等，业务范围遍及144个国家和地区。1978年，公司的销售额约达200亿美元，利润超过了10亿美元，其中40%来自国际市场。

一、战略计划的由来

由于通用电气公司的规模越来越大，产品的种类越来越多样化，公司在经营管理上，面临着以下几个关键问题：一是冒一定的风险使利润迅速增长，还是使利润持续不断地低速增长？二是需要一个分权式的组织机构以保持组织上的灵活性，还是建立一个集权式的组织机构以加强对整个公司的控制？三是如何对付环境、技术和国际等方面的新挑战？经过研究，公司选择了利润高速增长的经营战略，这意味着即使在经济下降时期，也要使利润持续不断地增长。为了做到这一点，该公司在业务上保持了多种经营方式，以抵消经济危机对某些业务的影响。为此又需要一个分权的组织机构，以促使下属各单位不断地改进经营管理并使利润增长。但是，怎样管理这样一个机构，并对付来自环境、政治、经济、技术和国际上的各种挑战呢？通用电气公司的答案是制订战略性计划。

在20世纪60年代，通用电气公司有一个高度分权的利润中心结构。这种结构共分四层，最下层是事业部，共有175个，每个事业部都有一个利润中心。这些事业部由45个部管辖，45个部又由10个大组管辖，这10个大组形成最高管理层，它们向公司最高办公室报告工作。最下层部门的销售额，一般不超过5 000万~6 000万美元，如果超过这个限度，这个事业部就分为两个事业部。当时，通用电气公司占统治地位的管理哲学是控制幅度，这个幅度要“小到一个人足以管理的程度”。这套高度分权的利润中心结构，在60年代曾大大促进了公司的发展。

随后通用电气公司碰到了一个新问题，即公司的销售额大幅度增长了，但每股的红利并没有随之增长；与此同时，公司的投资报酬率也下降了。出现这种情况的原因是：①由于事业部数目的猛增，事业部之间在竞相使用各种资源时发生了重复。②在20世纪60年代的繁荣时期，没有对公司各下属企业的前途进行充分的比较就进行投资，而实际上并非所有下属企业都需要投资。有些企业应该尽力使其利润不断增长，但由于这些企业可能在将来被淘汰，因此，不需要大量投资；而另一些企业因为很有发展前途，则应为其今后的发展进行大量投资。

鉴于上述情况，通用电气公司开始革故鼎新。从70年代初期开始，公司开始制订战略性计划，并建立了一套制订战略性计划的机构、程序和原则。

二、制订战略计划的机构、程序和原则

从组织机构上来说，通用电气公司在传统的事业部和大组的机构上，又建立了一种制订计划的机构——战略（计划）经营单位。这些经营单位的规模不一，大组、部、部门都可以成为战略经营单位。在全公司共建立了43个战略（计划）经营单位。从定义上来说，一个战略（计划）经营单位，必须有一致的业务、相同的竞争对象、市场重点以及所有的主要业务职能（制造、设计、财务和经销），所有这些都由战略（计划）经营单位的经理负责。在建立了战略（计划）经营单位之后，通用电气公司就形成了双重机构和双重任务，即新建的战略（计划）经营单位是计划机构，其职责是制订战略，原有的组织机构的任务是执行战略。

这种把生产组织和计划机构分开的思想，也应用在其他方面。例如，生产食品加工设备、特种电子元件和特种变压器的。每个部和事业部被划入一个工业零件大组，但在这些产品之间并没有战略上的共同点。每个部和事业部都在它独特的领域内进行生产，每个部和事业部都是一个战略（计划）经营单位，并制订自己的战略性计划。但是，将这些部和事业部划进工业零件大组的目的，是便于在生产上进行控制，而不是为了成为一个制订计划的机构。

建立了制订战略机构之后，下一步就是采用一种制订计划的程序。制订战略计划的程序，主要是靠一步一步地进行分析，例如，当观察外界环境时，通用电气公司考虑到社会、经济、政治和技术发展趋势，在过去和将来如何影响到市场、顾客、竞争对手和供应厂商，并由此可找出发展机会和对公司的威胁。当分析到本公司的资源时，应考虑到本公司酝酿、设计、生产、销售、资金和管理等方面的能力，由此可以找出本公司的强点和弱点。当分析到企业目标时，应考虑到公司股东、贷方、顾客、雇员、供应厂商、政府和社会的期望，并辨别出每一个因素如何指导或限制着企业的发展。总之，这个过程所强调的是进行全面的分析，在分析时将一切因素都要考虑进去。该公司认为，经过这种分析，就会出现非常有效的战略。

例如，在20世纪60年代，通用电气公司的机件维修业务部的任务，仅限于修理本公司在美国卖出超过保修期的电动机、变压器和断路器。在制订了战略计划之后，这个部将业务扩大到非通用电气公司产品、非电气产品和外国产品的修理方面。这样做的结果，就使这个部的业务扩大到了全世界。在过去5年中，年销售额和利润都增长了20%以上。

再如，通用电气公司现在在向市场供应喷气式飞机的发动机方面取得了很大的成功，这是由于公司生产了适销对路的产品，而能够生产对路的产品，又是进行了周密的环境分析的结果。经过分析，公司认识到飞机发动机的发展周期是5年多，还认识到今天对噪声程度、化学污染、燃料节约、第一次生产成本、服务能力等方面的全面要求，已大大不同于70年

代初期。通用电气公司认为，他们对这些问题的综合考虑，应归功于战略计划的制订。

制订战略计划过程中的各个分析步骤，也使通用电气公司找到了发展业务和进行多样化生产的机会。通用电气公司下属的战略（计划）经营单位下决心兼并了考克斯广播公司，这使得通用电气公司在广播和可视电话方面有了新的市场。公司之所以如此快地进行这次兼并，是由于通过战略性的分析，预计到在这方面有不错的发展机会。

同样，对犹他国际公司的兼并，也是出自战略上的考虑。这次兼并使得通用电气公司加强了自己在能源和工业原料供应方面的地位。

在采用了上述制订战略计划的程序之后，还需要规定一些共同遵守的原则，以保证计划的制订。这些原则可以从以下几个方面加以说明：

(1) 所有管理人员都要参与战略计划的制订和学习。通用电气公司的320名高级管理人员，要集中四天时间研究和制订战略计划。428名未来的计划人员，要集中用两周时间全部完成战略计划的制订工作。全公司的一万名各级经理，要接受一天了解战略计划的视听训练。公司认为，这样做的时间代价虽大，但是成功的关键。

(2) 制订计划时间表，以便对各种战略计划进行检查，并通过预算对不同的发展机会分配公司的资源。对战略计划的审查是为了使其付诸实施，通过预算对不同的发展机会分配资源，是为了从物质上保证战略性计划的实施。

(3) 用投资矩阵图（又称业务屏幕）来声明投资的轻重缓急。每年通用电气公司都用上述矩阵图安排自己的投资。战略（计划）经营单位用顶上的横轴估价工业的吸引力，用边上的纵轴来估价自己的企业在该行业中的竞争力。对投资增长类的企业在投资时予以优先照顾，对选择增长类的企业（即还有一定发展前途的企业）在投资时排在第二位。而对选择盈利类则要求它们在投资同利润之间保持平衡。对业务萎缩类的企业，则逐渐撤回投资。

公司认为，关键的问题是如何衡量工业的吸引力和企业本身的力量。为了解决这个问题，公司应用了多种因素估计表。

对于外界各因素和企业本身的力量有了精确的估价后，战略（计划）经营单位的经理就有了做出投资决策的信心。

(4) 对战略（计划）经营单位的经理实行奖励制度。对于战略（计划）经营单位经理的考核，主要是看这些经理对通用电气公司的全面贡献如何。对投资增长类的企业经理来说，当他们的行动和计划能为全公司带来长远利益时，他们会得到更多的奖励。另一方面，对于业务萎缩类企业的经理来说，奖励的多少主要是看这些经理能否在短期内为公司赚到更多的利润。把奖励与战略性的任务联系起来，有助于克服那种不顾企业本身的实际潜力而使业务盲目扩大的倾向。

三、20世纪90年代的战略管理

通用电气公司在20世纪80年代制订战略计划所取得的成功，促使公司走向90年代的战略性管理。

为了应付迅速变化的外界环境，公司将保留计划机构和生产组织这种双重机构。为了应付日益扩大的规模，公司建立了一个新的管理层——大部。这个管理层介于公司执行办公室和每个单独的战略计划经营单位之间。全公司共分6个大部，即消费品和服务大部、工业产品和零件大部、动力系统大部、国际部、技术系统材料大部和犹他国际公司。其中规模最小的犹他国际公司，年销售额约为10亿美元，其他大部有些年销售额超过40亿美元。大部的经理对下属各战略（计划）经营单位的经营好坏负有责任。大部经理负有审查下属各战略（计划）经营单位的战略的责任，并负责制订大部战略。大部的战略不仅包括向各战略业务单位分配资源，而且还要在各战略计划经营单位所主管的业务范围之外制订业务发展计划。为了处理更加复杂的情况，公司已将原来在一个管理层制订战略性计划的做法，扩大到若干管理层制订战略性计划，甚至在不同的业务之间制订战略性计划。现在公司除有40～50个战略（计划）经营单位的计划之外，还有6个大部的战略性计划和1个全公司的战略性计划。这些上层的计划不是下层计划简单的综合。每个管理层的计划都有不同的范畴。例如，如果整个公司的增长指标要快于国民生产总值，那么消费品和服务大部的增长指标就应该快于国民生产总值中的消费品部门，生产电视机的战略计划经营单位的增长指标就应该快于整个电视工业。公司认为，不同范围、新增添的价值和统一的指标，这三者是制订多层次战略性计划的中心思想，也是在统一的指标下进行分权管理的中心思想。

处理复杂业务的第二个办法，是在多种业务之间制订战略性计划，其形式之一是制订资源计划。在公司和大部一级，公司对各种不同业务部门的职能——财务、人事、技术、生产和销售等进行观察，以求找出节省资源的方法。

在各种业务之间统一计划的第三种形式是进行国际协调。通用电气公司正试图将世界范围的计划协调起来，并采用一种正式的程序去进行协调。

通用电气公司认为，从20世纪70年代的分权管理发展到80年代的战略性计划的制订，又发展到90年代的战略性经营管理，由于这种管理制度的演变，适应了公司规模和经营多样化的发展，因而给公司带来了巨大利益。为了管理像通用电气公司这样规模巨大和多样化的企业，公司还在继续研究新的管理方法。但公司认为，管理程序、管理结构固然重要，但同样重要的是需要有一批经理，这些处于各阶层的经理能够从战略上去思考问题。美国通用电气公司作为一家全球性的大公司，在其战略管理方面有许多可借鉴的地方。

问题思考：

1. 通用电气是如何制订战略计划的？
2. 通用电气制订战略计划的机构、程序和原则是什么？
3. 通过比较分析通用电气公司在20世纪70年代、80年代、90年代的不同的战略管理。

项目二

组　织

任务一　组织结构与设计概述

【导入案例】

王先生的健康与公司的生存

王先生作为一名有能力的工程师，开创了一个小型生产企业。员工有50个左右。他的朋友帮他得到了一些印刷电路板的订货。

这个企业是他自己的，王先生自然想全盘掌握他的公司。他制定所有的决策，而其他人向他汇报工作、执行他的指示。公司是一人管理制，王先生几乎处理他公司的所有业务，包括从计划、采购、市场、人事到生产监督的每一项工作。王先生要处理这么多问题：制订企业计划；建立和保持与现有和潜在顾客的联系；安排财务筹措资金并处理日常的财务问题；招募新员工；解决生产中的问题；监管库存、货物接收和发运；在秘书的帮助下管理日常事务。

他在工厂投入相当多的时间，指导工人该做什么和不该做什么。一旦看到了自己不喜欢的事情，他就会叫附近的任何职工来改变它。

最近进行体检时，医生告诉他："王先生，如果你一再消瘦下去的话，你的心脏病将可能很快发作。"

王先生现在正在考虑他的健康和公司的生存。

问题思考：

如果你是王先生，你将如何在身体与公司的关系中作出平衡？

【相关知识】

一、组织结构与组织设计

组织结构，是指表现组织各部分排列顺序、空间位置、集散状态、联系方式以及各要素之间相互关系的一种模式。它决定工作任务如何进行分工、分组和协调合作，是执行管理任务的基本体制。组织结构是组织的全体成员为实现组织目标，在管理工作中进行分工协作，在职务范围、责任、权利方面所形成的结构体系。

组织结构本质是为实现组织战略目标而采取的一种分工协作体系，组织结构必须随着组织的重大战略调整而调整。通过界定组织的资源和信息流动的程序，明确组织内部成员相互之间关系的性质，为每个成员在这个组织中具有什么地位、拥有什么权力、承担什么责任、发挥什么作用提供的一个共同约定的框架。其作用和目的，是通过这种共同约定的框架，保证资源和信息流通的有序性，并通过这种有序性，稳定和提升这个组织所共同使用的资源在实现其共同价值目标上的效率和作用。这里的资源不仅仅是物质资源，也包括加入这个组织的每个成员的体力和脑力——人力资源。任何一个组织都是由一个个独立的个人组成的。如果没有一个共同约定的框架，对这众多的独立个人在这个特定的社会群体中的相互关系地位和作用明确地做出界定，这个组织也就不能称为组织，而只能是一种随聚随散的社会群体，也就是一个没有共同目标、人员行为无法协调的乌合之众。

企业作为一个特定的社会经济组织，有一个完善的并且根据实际情况变化而不断调整更新的目标体系，是其存在和发展的前提。只有根据实际情况变化而不断调整更新的目标体系，才能把更多的人吸引和稳定在这个特定的社会组织之中。但是，企业作为一个特定的社会经济组织，首先就必须有特定的架构，为其资源、信息的流动提供流动的方向和程序约束。这不仅是因为形成企业目标体系的决策制定，也必须在企业组织的一定层次上由特定的岗位角色来完成。根据其内容所涉及问题的多少、影响面的大小，把形成企业目标体系的决策的制定活动，分散到企业组织的不同层次、不同方面，让不同的岗位角色去完成。这本身就是一种资源、信息流动的程序约定。企业组织不能把大大小小的决策制定工作，都压在企业老板一个人身上，什么事都让企业老板一个人来承担，让他通过自己一个人的努力，把决策所确立的目标变成现实。相对于企业这样的社会经济组织，做什么事、谁去做，也不能事先连一个约定和安排都没有。否则一盘散沙，企业组织的目标就根本无法实现，至少不可能有效地实现。正是从这个意义上讲，企业组织架构是企业组织的骨骼，是让企业立起来、有效运行的基础和保障。

组织设计，是一个动态的工作过程，包含了众多的工作内容。科学地进行组织设计，要根据组织设计的内在规律性有步骤地进行，如此才能取得良好效果。组织设计可能有三种情况：新建的企业需要进行组织结构设计；原有组织结构出现较大的问题或企业的目标发生变化，原有组织结构需要进行重新评价和设计；组织结构需要进行局部的调整和完善。

二、组织设计的原则

组织设计应遵守以下原则。

（一）拔高原则

在为企业进行组织结构的重新设计时，必须遵循拔高原则，即整体设计应紧扣企业的发展战略，充分考虑企业未来所要从事的行业、规模、技术以及人力资源配置等，为企业提供一个几年内相对稳定且实用的平台。

（二）优化原则

任何组织都存在于一定的环境之中，组织的外部环境必然会对内部的结构形式产生一定程度的影响，因此企业组织结构的重新设计要充分考虑内、外部环境，使企业组织结构适应外部环境，谋求企业内、外部资源的优化配置。

（三）均衡原则

企业组织结构的重新设计应力求均衡，不能因为企业现阶段没有要求而合并部门和职能，如此在企业运行一段时间后又要重新进行设计，所以牢记一句话：职能不能没有，岗位可以合并。

（四）重点原则

随着企业的发展，会因环境的变化而使组织中各项工作完成的难易程度以及对组织目标实现的影响程度发生变化，企业的工作中心和职能部门的重要性亦随之变化，因此在进行企业组织结构设计时，要突出企业现阶段的重点工作和重点部门。

（五）人本原则

设计企业组织结构前要综合考虑企业现有的人力资源状况以及企业未来几年对人力资源素质、数量等方面的需求，以人为本地进行设计，切忌拿所谓先进的框架往企业身上套，更不能因人设岗、因岗找事。

（六）适应原则

企业组织结构的重新设计要适应企业的执行能力和一些良好的习惯，使企业和企业员工在执行起来容易上手，不能脱离企业实际进行设计，使企业为适应新的组织结构而严重影响正常工作的开展。

（七）强制原则

重新设计的组织结构必然会因企业内部认识上的不统一、权利重新划分、人事调整、责任明确且加重、考核细致并严厉等现象的产生而导致管理者和员工的消极抵制甚至反对。在这种情况下，设计人员和企业老总要有充分的心理准备，采取召开预备会、邀请员工参与设计、舆论引导等手段，消除阻力。在最后实施时，必须强制执行，严厉惩罚一切违规行为，确保整体运行的有序性，某些被证明不适合的设计可在运行一段时间后再进行微调。

三、组织设计的过程

组织设计的实现对企业来说，是极具挑战性的。实现的过程所针对的不仅仅是实现对象本身的硬环境，还要涉及环境营造、企业价值观重塑、沟通体系重建等方面的辅助工程，组织设计的实现必须进行全面的规划和管理，制定出科学的程序，一步一步地完成组织设计实现的过程。

我们将组织设计的实现过程分为准备、实施和评估三个阶段。

在准备阶段，必须创造出组织设计实现的动力，必须在组织成员中创造出一种乐于接受新的组织设计的气氛。在实施阶段，组织要领导和管理组织设计的实现的进程，组织设计的实现的推动者需要寻求资源支持；并建立协调机制，确保组织各部分尽可能同时发生转变，并确保组织的正常工作和实现活动同时进行。在评估阶段，我们要收集有关实施进展情况和新设计方案的运行情况的信息，分析设计和实施的问题，做出必要的调整。具体的实施步骤如下。

（一）准备阶段

个人和组织一般都倾向于维持现状，只有在对现状十分不满，并确切地了解将要到来的组织设计实现的程度和方向以及为其带来的好处后，组织和个人才会投入精力支持组织设计的实现。因此，产生实现动力的第一步，是员工对现状产生不满的感觉。另外，清楚地表述组织的未来，为组织成员提供组织设计实现的正面预期。

1. 面对现实

确定基准：为了了解当前的现状，组织必须积极地依据顾客的期望、竞争者的优势以及本行业和其他行业的领先者来确定自己的基准，组织可以与之进行对比，发现自己的不足之处。

分析组织的优势与弱点：所有的组织都有与特定的绩效状况或系列战略目标相关联的优势和弱点。人们在收集组织运营现状，并与期望的状况进行对比的过程中，若发现企业已经到了必须进行巨大的改革的程度，就会产生支持改革的动力。

2. 创造组织愿景

在准备阶段的第二项工作是要创造一个组织愿景，传递组织设计实现带来的正面预期。愿景可以由两部分组成：一是组织的核心意识形态；二是一个生动的未来前景。

描述组织的核心意识形态：组织愿景的基础是组织的核心意识形态，它描述了组织的核心价值观和目的并且在较长时期内是相对稳定的。核心意识形态能够为实施方案选择提供终极目标。

构建可见的将来：典型可见的未来包括以下两个基本要素：第一，有价值且鼓舞人心的目标；第二，渴望的未来状态。此要素以生动的细节具体地描绘新的组织设计方案是如何实现上述大胆的、有价值的成果，它从成员的感情方面激励他们支持组织设计的实现。

（二）实施阶段

组织设计的实现不会自动发生，需要投入大量的精力和行动。管理者必须清楚需要多少资源来完成组织设计的实施：资金是否充足、能够使用的时间是多少、是否拥有执行新任务的人员。在实施阶段，高层管理人员还要弄清谁掌握着这些资源，以便综合调度使用。另外，组织设计的实现要遵循一定的实施步骤，要按“图纸”的要求精心组织实施。

1. 获取资源支持

这一阶段要努力辨别关键的利益相关者，并对其进行影响，使其支持组织设计的实施。

辨别利益相关者：组织设计实施的推动者应努力发现那些从组织设计的实现中获益或受损的重要个体和团队，获得这些信息能使实施的推动者知道应该对哪些人和哪些集团施加影响，从而使他们接受并支持新的设计方案。

影响利益相关者：第一，确定特定利益相关者的需要，并提供新方案给他们带来的好处的信息；第二，与别的有势力的个体和集团形成联盟或联合，直接与关键利益相关者交往，以及通过各种渠道来影响关键利益相关者，使其支持实施活动。

2. 管理组织设计的实施过程

制订行动计划：推行组织设计的实施，组织要制订一个行动计划，这个计划应当包括如何帮助企业每个人从自己目前的位置走向目标点的机制，应当涵盖情感、认知及行为等多个维度。

建立协调机制：实施过程中，除了保证企业运营的各种组织和机制之外，还需要建立协调机制以协调企业各部分同时发生的转变。协调机制的另一个作用是使组织结构方面的调整尽量不要影响正在向客户提供的产品和服务，否则，组织设计的实施也就失去了其本意。

（三）评估阶段

一旦组织设计方案开始实施，就应对其进行评估，评估不但包括实施完成后对实施效果的评估，还包括实施过程中的评估。

1. 对组织设计实现的结果评价

组织设计新方案的总体效果是很难全面衡量的，我们选择了常用的两种评价方法：一种是效果的权变评价法；另一种是效果的平衡评价法。

1）效果的权变评价法

（1）目标评价法。效果的目标评价法包括识别组织的产出目标以及测评组织在何种程度上实现了这些目标。这种方法的优点是产出目标易于衡量。缺点是组织的目标是多重的，而且，有些是难以定量的主观指标，因此，衡量这些目标完成程度的客观性问题是这一评估方法需要注意的。

（2）资源评价法。通过考察组织获取转换过程所需资源并成功加以整合和管理的能力来衡量组织的效能。这种评价方法的优点是当效果从其他方面的评价指标中难以取得时，这种方法就非常有用。缺点是这种方法对组织与外部环境中顾客需要的联系考虑不清，资源评价法最适合在目标达成情况难以衡量时使用。

（3）内部过程评价法。这种方法通过组织内部的健康状况和效率来衡量组织效果。这种评价方法的优点是同时考虑资源利用率与内部功能的协调性。不足之处是它没有评价总产出和组织与外部环境的关系。另外，对内部健康和运行状态的评价往往带有主观性。

2）效果的平衡评价法

效果的平衡评价法主要有利益相关者评价法和冲突价值观评价法。

（1）利益相关者评价法。这是一种综合考虑组织的各种不同活动的评价方法，把利益相关者的满意程度作为评价组织绩效的尺度。这种评价方法的优点是它能够全面地反映组织的效果。特别是适应性方面，既考虑了组织内部因素，也考虑到了环境因素，并且把对社会的责任也考虑了进去。不足之处是，有些指标难以衡量，如员工的满足、社区服务等，只能采取主观方法进行评价，这影响了评价结果的准确性。

（2）冲突价值观评价法。它综合考虑了管理人员和研究人员所采用的各种不同的绩效标准，总结出能反映组织中持有相互冲突的管理价值观的人们对效果评价标准的各自不同的侧重。价值观标准的第一个维度是组织的关心点，指的是组织的主导价值观是关注内部因素还是外部因素。价值观标准的第二个维度是组织的结构，指结构设计的主要注重面是稳定性的还是灵活性的，结构和关心点这两个维度结合起来，就形成了组织效果评价的四种模式。这种评价方法的主要贡献是：一来它将效果的几个方面的不同认识有机地结合到一个模式中，综合了产出目标、资源获取、人力资源开发等思想，把这些作为组织将要力图实现的目标。二来这种方法将效果标准提高到了价值观的高度来认识，并说明了各种看似对立的价值观是如何可能并存的。

2. 组织设计实现的过程评价

仅仅对组织设计实现的结果进行评估是不够的，还需要对改革过程本身进行评估，组织设计实现过程的评估包括两个方面的内容：一是组织设计实现过程是否保持原定规划进行；二是组织设计实现过程的效率和效果。组织设计实现过程中可能出现两类问题：一类是执行偏离原方案；一类是方案与实际脱节。组织设计的实施执行机构应该区分不同的问题，采取不同的办法解决这类问题。组织设计的实现过程的效率和效果可以从三个方面进行评估，即组织设计实现的成本、组织设计实现的速度、未预料到的行动和事件。

四、影响组织结构设计的权变因素

（一）人员素质

企业人员素质，包括各类职工（特别是领导层）的价值观念、思想水平、工作作风、业务知识、管理技能、工作经验以至年龄结构等。组织结构设计好后，需要由人来执行和运转。同样的组织设计，如果配备不同素质水平的人员来担任，其结果显然是不同的。如两个相同规模、生产同类产品的机械制造企业，由于人员素质有明显差别，其组织设计也就不同。可见，企业的人员素质对组织设计具有重要影响。

（二）组织技术

从传统角度来说，从小批量生产到流程生产，复杂程度越来越高，所需的组织结构也越发复杂。但使用先进信息技术的企业可以在精简的组织结构下实现复杂的生产。组织越是常规化，越适合集权规范管理；越是非常规化，越适合灵活柔性管理。

（三）组织规模

不同规模的企业，在组织结构上具有明显的差别。企业规模的衡量，可以用多种指标来表示。例如，常用的有：职工人数、企业生产能力（年产量）、年销售额、企业投资额等。在组织设计工作中，主要采用职工人数这一指标。因为，组织结构从本质上讲，它是企业内各类人员的有机集合的某种方式，是劳动分工协作的形式。运用职工人数，能较直接地反映企业这一社会系统内各类人员之间上、下、左、右相互关系的数量和复杂程度。

不同规模的企业在结构方面的差别：大型企业同小型企业相比，大型组织规范化程度严格，小型组织规范化程度松散；大型组织集权化程度高，小型组织集权化程度低；大型组织复杂化程度高，小型组织复杂化程度低；大型组织人员结构比率中管理人员快速增长，小型组织人员结构比率中管理人员减少。

（四）组织生命周期

企业的成长过程，如同人的成长要经历幼年、青年、中年、老年等阶段一样，也要经历不同的阶段。在每一阶段上，都具有不同的组织特征和遇到不同的组织危机。企业的这种成长过程和阶段，称为企业的生命周期。确定当前企业发展所处的历史阶段，即企业的年龄，能明确企业组织设计所要解决的重点问题，以及深入把握企业内部的组织特征。

有些企业创建时，可能从第一阶段起步，而有的企业则可能跨越第一阶段，一开始就处于第二阶段，甚至是第三阶段。如我国许多企业的建立，是通过改组、合并、成立企业集团等途径而实现的，组成新企业的前身已具有良好的基础和管理经验，因而这类企业一成立时可能已处于第二阶段，甚至已处于第三阶段。再者，有的企业可能由于外部环境的原因，或因为没有解决企业成长中遇到的矛盾而中途夭折，没有走完全程。最后，在企业生命周期的每一阶段上，由于企业情况不同，走过每一阶段的时间，各企业也不尽相同，有些新兴产业中的新企业，发展很快，短短几年就从几十人的小企业发展到数千人的大型企业，每个阶段上停留的时间短，因而有可能使各阶段上遇到的危机没来得及得到妥善解决而被拖延到下一阶段去，几个矛盾并在一起，造成复杂的局面。

（五）组织环境

这里的环境指外部环境和特定环境。外部环境即对组织管理目标有间接影响的因素，如政治、经济、文化。特定环境即对管理有直接影响的因素，如政府、顾客、竞争对手等。外部环境和特定环境会相互影响。

环境的复杂性和频繁变化，可引起管理者因不了解环境而无法做出正确决策的情况。环境具有复杂性、变动性、不确定性、不可控性。管理者可以通过以下手段提高组织适应环境的能力。

1. 对传统的职位和职能部门进行相应调整

增设必要职位和缓冲部门，聘用外部专家。

2. 根据不确定程度设计不同类型的组织结构

稳定时，设计规范化、集权化、机械式层级结构，能提高运行效率，如生产部门多选择层级结构；反之，如研发部门多选择有机性结构。

3. 根据组织的具体情况设计不同类型的组织结构

根据组织的差别性（人员在组织目标与价值取向上的差别）、整合程度（各部门努力方向趋向一致的程度）设计不同类型的组织结构。

4. 通过加强计划和对环境的预测减少不确定性

5. 减少组织自身要素对环境的过度依赖性

通过组织间的合作（如战略联盟、并购、吸纳有影响力的人进入董事会）减少组织自身要素对环境的过度依赖性。

以企业为例，组织设计的重要任务之一，就是要使企业内部结构的特征适应于外部环境的性质。企业环境的性质可以按不同标准划分不同的类别，然而对企业的组织结构设计工作来说，最为重要的是环境的不确定性。所谓环境的不确定性，即企业能够确切了解并适应环境因素的程度。企业的环境不确定程度高，则决策者难以获得确切可靠的环境因素的有关信息，无法把握外部条件的变化方向和速度，因而企业生产经营活动的风险性很大；反之，外部环境的变化不大，或者比较容易了解和把握外部因素对企业的影响，则企业经营的风险性较小。

（六）企业经营战略

经营战略是企业面对竞争和挑战的环境，为求生存和发展而进行的总体性谋划。它具有全局性、长远性、抗争性和纲领性的特点。它是企业综合地考虑了外部环境、内部条件、企业目标而作出的对策和反应。战略决定结构，反过来组织结构的变革又可积极引导企业战略的形成和发展。就组织设计而言，战略是企业组织变革的重大权变因素。战略对结构的影响，主要表现在以下三方面：

1. 单一经营战略和多种经营战略

从企业经营领域的宽狭来分，企业经营战略可分为单一经营战略及多种经营战略，它们要求不同的组织结构。单一经营战略与之相适应的组织结构是集权的职能制。这一方面是由于经营的产品品种单一，管理比较简单；另一方面实行集权的职能制，比起实行事业部制及矩阵结构等结构形式，有利于减少管理人员，降低成本。多种经营战略，即企业经营领域发展到行业内的多类产品或跨行业经营，这又可细分为多种情况，分别要求不同的组织结构与之相适应。

2. 不同的战略中心的战略

企业经营管理中的各项基本职能，如生产、销售、开发、财务、人事等，都是为了实现企业目标不可缺少的。因此，几乎每一个工业企业都全部具有这些职能管理部门。但是它们在企业管理系统中的地位和作用则可以是不同的，可能某一职能处于中心地位。由于处于中心地位的职能不同，从而形成不同类型的组织结构，例如以质量管理为中心的组织结构、以技术开发为中心的组织结构等。不同的战略中心，就要求有不同类型的组织结构。常见的大致有质量型、开发型、营销型和生产型等结构类型，它们根据不同的战略中心的要求，分别把有关的管理职能置于组织结构的中心地位。

3. 保守型战略和风险型战略

根据对既定产品或经营项目如何进行竞争的方式和态度，将经营战略区分为保守型战略、风险型战略及分析型战略三大类。它们也分别要求不同的组织结构与之相适应。

1）保守型战略

采用这种战略的企业领导人认为，企业面临的环境是较为稳定的，需求不再有大的增长和变化，因而确定战略目标为致力保持该产品已取得的市场份额。采取这种保守型战略，保持生产经营的稳定和提高效率便成为企业的主要任务。与这种战略相适应，在组织设计上应强调提高生产和管理的规范化程度，以及用严密的控制来保证生产和工作的效率。因此，采用刚性结构应是这种组织结构的基本特征。

具体表现为：实行以严格分工为特征的职能制结构；高度的集权控制；规范化的规章和程序；以成本和效率为中心的严格的计划体制；生产专家和成本控制专家在管理中，特别是在高层管理中占重要地位；信息沟通以纵向为主。

2）风险型战略

企业领导人认为环境复杂多变，需求高速增长，市场变化很快，这既是经营者面临的困难，更是一种难得的机遇。企业必须紧紧抓住外部环境变化中出现的机会，不断开发新产品，开拓新市场，实行新的经营管理方法。同保守型战略不同，为了满足组织不断开拓和创新的需要，在组织设计上就不能像保守型那样以规范化和控制为目标，而应以保证企业的创新需要和分权部门间的协调为目标。因而，实行柔性结构便成为这类组织结构的主要特征。

具体表现为：规范化较低的产品事业部制或项目事业部制；分权的控制；计划较粗泛而灵活；高层管理主要由市场营销专家和产品开发研究专家支配；信息沟通以横向为主。

3）分析型战略

分析型战略是介于保守型和风险型战略两者之间的战略。保守型战略的优点是生产和工作效率高，原有阵地坚固；缺点是对环境反应缓慢，机遇容易丧失。而风险型则优缺点与之相反。分析型战略是要将这两者的优缺点折中。一方面用保守型方法努力保持传统的产品和市场；另一方面又用风险型方法不断寻求和开发产品和市场，并在两者间保持适当的平衡。为满足企业战略的双重需要，组织结构的设计也要带有两重性，即刚性结构和柔性结构的混合。

具体特征是：实行矩阵结构，纵向的职能制加上横向的分产品的协调；对生产部门和市场营销部门实行详细而严格的计划管理，对产品的研究开发部门则实行较为粗泛的计划管理；高层管理层由老产品的生产管理、技术管理等职能部门领导及新产品的事业部领导联合组成，前者代表企业的原有阵地，后者代表企业进攻的方向；信息在传统部门间主要为纵向沟通，在新兴部门间及其与传统部门间主要为横向沟通；权力的控制是集权与分权的适当结合。

任务二　组织设计的基本要素

【导入案例】

分权改革

摩托罗拉公司是一个由两个产品体系构成的企业集团。这样一个庞大的组织，高层主管到生产线，权力全部分散，公司整体只有一个不足30人组成的公司总部统帅。公司运转井然有序，效率非常之高，公司发展很快。

劳勃·盖尔文担任公司董事长时，公司权力集中于他；公司发展出现问题，发展缓慢。

威廉·卫斯兹接任了公司进行管理改革。致力于把权力分散到各营利单位。统帅公司整体发展方向的上层组织采用三头马车制，公司内所有的部门主管可以直接向三大巨头组成的三头马车报告。后来改变，每一个巨头开始专门负责四到五种事务，在这些事务方面，他将拥有较大的决定权。不过，尽管每一巨头都有自己的专责，但对于公司的所有决策他们每一个人仍然有全部的决定权力及责任。

只有三大巨头对同一问题意见相左时，才会产生“谁来决定”的问题。

公司内各部门间的目标及方针大致上都很协调，公司职员大部分的工作只是要确保每一个关系集团及部门都能够彻底了解公司五年计划的基本规定，同时及时地付诸行动。任何计划在提到董事长办公室之前都必须经过三人核心审查，五年计划的第一年实绩将作为第二年预算实施的主要参考。

摩托罗拉公司在劳勃·盖尔文担任公司董事长期间，公司发展缓慢，存在家族经营传统，受家族影响很深，公司里面有不少家长主宰式的暗流存在，存在过分集权，权力集中于他一个人手上，随着公司的规模逐渐增大、管理的复杂性加强，个人管理能力的水平制约了公司的发展。

一个组织，当它的规模还比较小的时候，高度集权可能是必需的，而且可以充分显示出其优越性。但随着组织规模的发展，如果将许多决策权过度地集中在较高的管理层，则可能表现出种种弊端，其中最主要的弊端如下：

(1) 降低决策的质量。大规模组织的主管远离基层，基层发生的问题经过层层请示汇报后再作决策，则不仅影响决策的正确性，而且影响决策的及时性。同时，高层主管了解的信息在传递过程中可能被扭曲，而根据被扭曲的信息制定的决策是很难保证其质量的；即使制定的决策正确，但由于信息多环节的传递需要耽误一定的时间，也可能导致决策迟缓，等到正确方案实施时，问题可能已给组织造成了重大的危害，或者形势已经发生了变化，问题的性质已经转换，需要新的解决方法。

(2) 降低组织的适应能力，作为社会细胞的组织，其整体和各个部分与社会环境有着多方联系。随着组织的发展，这种联系变得更频繁、更复杂，而与组织有联系的外界环境是在不断发展和变化的，处在动态环境中的组织必须根据环境中各种因素的变化不断进行调整。这种调整既可能是全局性的，也可能且往往是局部性的。过度集权的组织，可能使各个部门失去自我适应和调整的能力，从而削弱组织整体的应变能力。

在威廉·卫斯兹接任了公司后，致力于把权力分散到各营利单位。他说："通常，我们都只保持一些公司的大目标及原则，至于一般权力与责任我们都尽量把他们分散到各个阶层。"他还说："当然，我也承认，就像遛狗一样，由于我们用来管束各部门经理的皮带放得太长，所以我们的脚也经常给石头碰伤。"现在公司内的各单位对资源分派及预算编列方面都已经有相当可观的财务控制权，同时，他们也有权力决定加入或退出哪些营业项目，把公司内的各个部门当作个别事业来处理。

威廉·卫斯兹的分权措施，使下级部门获得了更多的权利，而上级部门则只掌握关键的权利。随着摩托罗拉公司的发展，规模不断扩大，组织要求及时地分权，以减缓工作压力，使其能集中精力于最重大的事务。

同时，一个组织面临的环境是复杂多变的，应采取分权来应对，这有利于激发下属的工作热情和创新精神。员工的数量和基本素质也会影响到分权，员工能胜任组织任务的完成，则应分权，反之则不应分权。摩托罗拉重视员工培训，员工素质高，分权是正确的，但关键的职能部门，需要相对的集权，有些部门则需要相对的分权。组织要考虑怎样对分散的各类活动进行有效控制。摩托罗拉公司对重要职能部门进行了一定的控制，同时分权。

组织成长初始阶段，为了有效管理和控制组织的运行，组织应集权。随着组织的成长，管理的复杂性会逐渐增强，则应进行有效的分权。摩托罗拉早期发展阶段低，则应集权；随着公司的发展，则应进行有效的分权。

分权与集权，则应具体看管理者和被管理者的工作能力、工作内容、工作条件、工作环境等方面。不同的组织不同的时期有不同的特点，应该具体分析组织的各个方面的特点，具体问题具体分析，正确地做到集权与分权。

问题思考：

你如何看待组织中的集权与分权？

【相关知识】

组织结构被认为是组织"解剖学"层面的内容，被视为组织的骨骼和框架，是组织功能正常发挥的基础，是产生组织成员行为的主要决定因素，它是否合理与完善，将直接影响到组织的工作效率。所以，管理者必须掌握进行组织结构设计的基本要素，并根据组织的目标和规模设计来不断完善组织结构。组织结构设计的基本要素表现在如下几个方面。

一、工作专业化

工作专门化的实质是一个人不是完成一项工作的全部，而是分解成若干步骤，每一步骤由一个人独立去做。就其实质来讲，工作专业化是开展工作活动的一部分，而不是全部活动。

20 世纪 40 年代后期，工业化国家大多数生产领域的工作都是通过工作专门化来完成的。管理人员认为，这是一种最有效的利用员工技能的方式。在大多数组织中，有些工作需要技能很高的员工来完成，有些则不经过训练就可以做好。如果所有的员工都参与组织制造过程的每一个步骤，那么，就要求所有的人不仅要具备完成最复杂的任务所需要的技能，而且要具备完成最简单的任务所需要的技能。结果，除了从事需要较高的技能或较复杂的任务以外，员工有部分时间花费在完成低技能的工作上。由于高技能员工的报酬比低技能员工的高，而工资一般是反映一个人最高的技能水平的，因此，付给高技能员工高薪，却让他们做简单的工作，无疑是对组织资源的浪费。

通过实行工作专门化，管理层还寻求提高组织在其他方面的运行效率。通过重复性的工作，员工的技能会有所提高，在改变工作任务或在工作过程中安装、拆卸工具及设备所用的时间会减少。同样重要的是，从组织角度来看，实行工作专门化，有利于提高组织的培训效率。挑选并训练从事具体的、重复性工作的员工比较容易，成本也较低。对于高度精细和复杂的操作工作尤其是这样。

二、部门化

一旦通过工作专门化完成任务细分之后，就需要按照类别对它们进行分组以便共同地工作并进行协调。同时，工作分类的基础是部门化。对工作活动进行分类主要是根据活动的职能。制造业的经理通过把工程、会计、制造、人事、采购等方面的专家划分成共同的部门来组织其工厂。当然，根据职能进行部门的划分适用于所有组织。只有职能的变化可以反映组织的目标和活动。一个医院的主要职能部门可能有研究部、护理部、财会部等；而一个职业足球队则可能设球员人事部、售票部门、旅行及后勤部门等。这种职能分组法的主要优点在于，把同类专家集中在一起，能够提高工作效率。职能性部门化通过把专业技术、研究方向接近的人分配到同一个部门中来实现规模经济。

工作任务也可以根据组织生产的产品类型进行部门化，例如，在太阳石油产品公司中，其三大主要领域（原油、润滑油和蜡制品、化工产品）各置于一位副总裁统辖之下，这位副总裁是本领域的专家，对与他的生产线有关的一切问题负责，每一位副总裁都有自己的生产和营销部门。这种分组方法的主要优点在于：能提高产品绩效的稳定性，因为公司中与某一特定产品有关的所有活动都由同一主管指挥。如果一个组织的活动是与服务而不是产品有关，每一种服务活动就可以自然地进行分工。

还有一种部门化方法，即根据地域来进行部门划分。例如，就营销工作来说，根据地域，可分为东、西、南、北四个区域，让部门分片负责。实际上，每个地域是围绕这个地区而形成的一个部门。如果一个公司的顾客分布地域较宽，这种部门化方法就有其独特的价值。

三、控制幅度

所谓控制幅度，是指组织中一个上级可以有效指挥多少名下属。这问题非常重要，因为它在很大程度上决定了一个组织要设置的层级和配备的管理者的人数。当其他条件相同时，控制幅度越宽，组织效率就越高。下面这个例子可以证明这一点。

假设有 A、B 两个组织，都有 4 096 名基层操作员工，如图 2－2－1 所示。如果 A 组织的控制幅度为 4，B 组织的控制幅度为 8，那么控制幅度宽的 B 组织比控制幅度窄的 A 组织在管理层次上少两层，并且可以少配备 780 人左右的管理人员。如果管理者的平均年薪为 50 000 美元，则 B 组织每年在管理人员薪水上就可节省 3 900 万美元。显然，就成本来说，控制幅度宽的 B 组织效率更高。但是在另一些方面，控制幅度宽可能会降低组织的有效性，也就是说，如果控制幅度过宽，由于主管人员没有足够的时间为下属提供必要的领导和支持，员工的绩效就会受到不利影响。

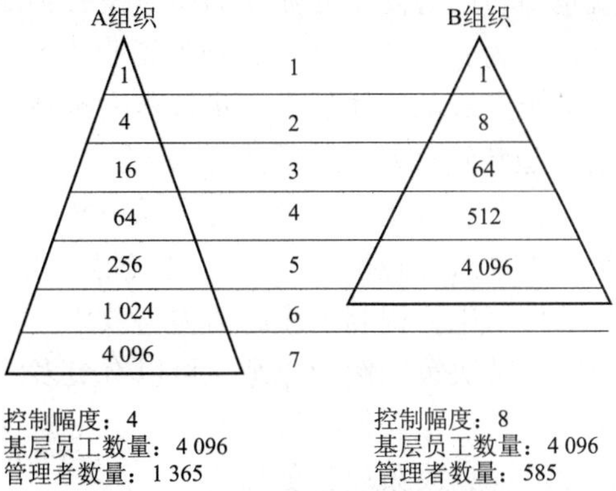

图 2－2－1 组织控制幅度的比较

如果控制幅度较窄，管理者可以对员工实行密切控制，给予足够的工作指导。但控制幅度过窄也存在不利之处。首先，如上所述，控制幅度窄会导致管理成本的增加。其次，较窄的控制幅度将减慢组织垂直方向的沟通速度，减慢决策速度，并使高级管理层趋于隔离状态。最后，控制幅度过窄容易造成对下属监督过严，妨碍下属的自主性。因而，近几年来的趋势是加宽控制幅度。传统观点认为一个经理可管 7 名下属。但今天的许多组织减少了管理层次，加强了员工的培训及信息系统的建设，帮助员工掌握了必要的决策技能，因此一个上级可管多达 30～40 名下级。

四、集权与分权

组织制定决策时可以采取不同的风格，将决策制定权的位置放在组织等级体系的不同位置上。有的组织由高层经理做多数决策，下级只是服从并执行，这时组织决策呈现集权的特点。有的组织由基层的一线员工做出决策，上级对下级授予了决策的权力，组织决策呈现分权的特点。一般来讲，如果组织的高层管理者在决策时不考虑或很少考虑较低层级人员的意见，那么这个组织就是集权化的。相反，如果较低层级的人员参与做出决策的过程，或他们实际上拥有一定的决策自主权，那么组织的分权化程度就比较高。集权与分权的比较如表 2－2－1所示。

表 2－2－1 集权与分权的比较

集权更有效率	分权更有效率
经营环境比较稳定	经营环境复杂，不确定性很大
基层管理者尚不具备独立决策的能力和经验	基层管理者拥有决策的能力和经验
决策结果对组织有重大影响	决策结果对组织利益的影响有限
组织正处于危机状态	组织在地域上比较分散
决策的有效执行对下属依赖性不强	决策的有效执行有赖于下属的积极参与

集权决策的优势在于高层管理者往往拥有更多的组织信息，更能够把握组织当前的战略重点，制定决策时能够考虑得比较全面。研究人员和实际工作者通常根据决策制定和控制这两个因素来考虑集权。尽管这个概念简单易懂，但应用起来十分困难。一般而言，劳动的专业化水平越高，集权程度就越高，因为高度专业化的职务没有必要下放决策权力；组织的职能部门越多，集权程度越高，因为，高层管理者必须保留权力来协调多个职能部门的活动。另外，组织控制幅度越宽，单个上级的下属越多，集权程度越高。

但近年来，分权式决策的趋势比较突出，这与组织致力于灵活和敏捷的管理思想相一致。当员工有机会做出决策时，普遍有更大的参与感和承担义务感。在分权的组织中，经理们能够有机会做出重大决策、提高管理技能，组织可以获得高素质的管理人才储备，而且，分权可以在组织内部建立竞争性氛围，提高组织的活力与效率。此外，决策权力下放给下级后，高层管理者可以从繁杂的日常决策中解脱出来，可以有更多的时间和精力考虑组织重大战略决策；组织采取分权决策模式后，获得决策权的一线员工能更贴近问题发生地，对具体情况更为了解，能够快速做出响应，决策质量更高。

五、正式化

正式化是指在组织内部，工作实行标准化的程度。工作的正式化程度越高，意味着从事该工作的人对于工作内容、工作时间、工作手段的自主权越低。员工被期望以完全同样的方式投入工作，从而保证稳定一致的产出结果。在高度正式化的组织中，有明确的工作说明书、大量的组织规章制度、对于工作流程的详尽规定。当正式化程度较低时，工作行为相对来说就不那么程序化了，员工对自己工作的处理权限也比较宽。由于工作中的个人权限与组织对员工行为的规定成反比，因此，工作的标准化程度越高，员工自行决定工作方式的权力就越小。工作标准化降低了员工选择工作行为的可能性，也使员工无须考虑其他行为方案。

无论组织之间还是组织内部，工作的正式化程度差别都很大。某些工作的正式化程度很低，如财务部门的会计。会计岗位的工作职责要求员工按照财务准则和财务制度一丝不苟地完成记账工作，会计科目和记账方法均已经制定了详细的规定，会计人员很少有余地能自主决定工作方式。而组织另一些岗位的正式化程度就低得多，如营销人员。组织很少规范营销人员的工作时间、工作方式，而主要通过销售业绩来考核营销人员。营销岗位的员工有较大的自主权决定如何开展工作、完成自己的销售任务。

六、机械结构与有机结构

组织结构设计的核心问题是企业资源的配置方式和决策权的分配。有效的、与组织战略匹配的组织结构应当有利于公司资源的合理配置，有利于核心能力的培育和保持，加快决策速度和决策的科学性，提供更多个体发展机会，增强组织对外部环境的适应能力和反应能力。早期大多数学者所相信的理想化的结构设计是机械结构或官僚行政组织。今天，研究学者已认识到，并不存在一种唯一的“理想”组织设计适合于所有的情况。在组织生命周期的不同阶段，组织的结构也要动态地调整。

组织设计的一般模式有两种，即机械结构与有机结构，如表 2－2－2 所示。

表 2-2-2　两种不同的组织形式

机械结构	有机结构
严格的层次关系	弱化的层次关系
固定的职责	不断调整的职责
高度的正式化	低度的正式化
正式的沟通渠道	非正式的沟通渠道
集权的决策	分权的决策
严格的程序和规则	纵向的和横向的合作

机械结构（也称官僚行政结构）是综合使用传统设计原则的自然产物。坚持统一指挥的结果也就产生了一条正式的职权层级链，每个人只受一个上级的控制和监督。而保持窄的控制跨度，并随着组织层次的提高缩小控制跨度，也就形成了一种高耸的非人格化的结构。当组织的高层与低层距离日益扩大时，高层管理会增加使用规则条例，因为他们无法对低层次的活动通过直接监督来进行控制并确保标准作业行为得到贯彻，所以高层管理者要以规则条例来替代。古典学者对高度劳动分工的信任导致了工作变得简单、常规化和标准化。通过部门化方法的采用而产生的进一步专业化使组织的非人格化特征增强，同时也提出了以重叠的管理层次来协调专业化部门的需要。

有机结构（也称适应性结构）则与机械结构形成一种鲜明的对照：它是低复杂性、低正式化和分权化的。有机结构是一种松散、灵活的具有高度适应性的形式；而机械结构则是僵硬、稳定的。因为不具有标准化的工作和规则条例，所以有机结构是一种松散的结构，能根据需要迅速地做出调整。有机结构也进行劳动分工，但人们所做的工作并不是标准化的。员工多是职业化的，具有熟练的技巧，并经过训练能处理多种多样的问题。他们的教育已经将职业行为的标准灌输到了他们体内，所以不需要多少正式的规则和直接监督。他们对大多数的问题，都能够自行解决或通过征询同事后得到解决，依靠职业标准来指导他的行为。有机结构保持低程度的集权化，就是为了使职业人员能对问题做出迅速的反应；另外，也因为人们并不期望高层管理者拥有做出必要决策所需的各种技能。

任务三　组织结构设计的基本形式

【导入案例】

华为公司组织结构发展历程

华为从成立到现在正好走过30年的历程，这么多年，其战略不断在依据环境的变化而调整，其组织结构也在随着战略进行优化，从而始终都能让华为处于一个发展的进程中，因此这么多年，华为始终是中国企业发展史上的一面旗帜。截止到2016年年底，其销售规模已经达到5 216亿元人民币。华为发展的这30年历程，大致上可以划分为四个阶段。第一个阶段，是从成立到1995年；第二个阶段是1996—2003年；第三个阶段是2004—2012年；第四个阶段是从2013年到现在以及未来的几年时间。正所谓战略决定结构，结构也在反作用于战略，华为30年的发展历程，也非常好地诠释了这一理念。华为在进行阶段性战略调整的同时，为了支撑公司战略的实施与达成，同步进行了一系列的流程再造、组织结构变革，从最初的直线型组织结构，逐渐演变成了现在的产品线的组织结构。下面我们重点介绍前三个阶段的组织结构发展历程。

第一阶段，1987—1995年，也可称为活下去的阶段

1987年，任正非与五位合伙人共同出资2万元成立了华为公司。在这一时期，华为在产品开发战略上主要采取的是跟随战略，先是代理香港公司的产品，随后逐渐演变为自主开发产品的集中化战略。在市场竞争战略上采取单一产品的持续开发与生产，从农村包围城市的销售策略，通过低成本的方式迅速抢占市场，扩大市场占有率，也扩大了公司的规模。到1992年，华为的销售额突破1亿元人民币。与此同时，在这个时期，华为坚守集中化发展战略，抵制住外部股市与房地产的高利润的诱惑，持续专注于通信设备制造业的战略目标。由此，华为进一步扩大市场占有率，也突破了当时国外通信设备一统天下的局面。截止到1994年，华为的销售规模突破8亿元人民币，员工人数600多人。

在华为发展的第一阶段，其组织结构也是简单的。当初成立的时候，只有6个人，还无所谓组织结构。到了1991年，公司也才20几个人，尽管有组织结构，但也是非常简单的中小企业普遍采用的直线型的组织结构，所有员工都是直接向任正非汇报。直到1992年，销售规模突破亿元大关，员工人数也达到了200人左右。组织结构也开始从直线型的组织结构转变为直线参谋职能制的组织结构，除了有业务流程部门，如研发、市场销售、制造，也有了支撑流程部门，如财经、行政管理等。

其组织结构大致如图2-2-2所示。

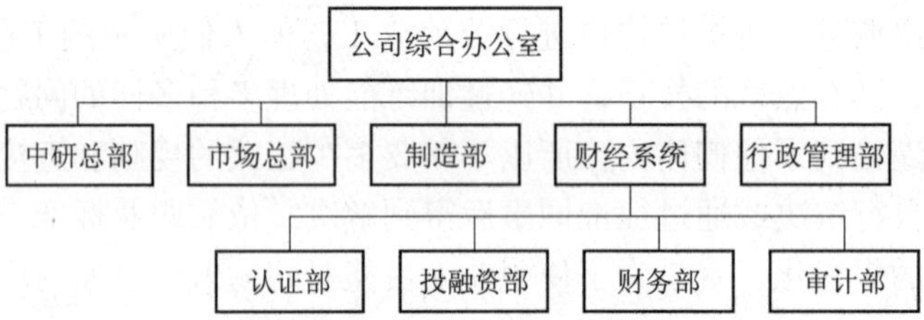

图2-2-2 华为第一阶段的组织结构

华为在这一时期，其产品依然是聚焦于单一产品的持续开发与生产，销售上还是采取农村包围城市的低价策略。所以其组织结构也不需要复杂，但权力却需要集中，以便能快速统一调配资源参与市场竞争，并快速对外部环境的变化做出反应。所以采取直线职能制的组织结构也是和公司当期的战略发展相匹配的。

这一结构有其巨大的优势，其所有的市场营销策略都可以第一时间从公司高层直接传给一线，从而完成营销任务。再比如，公司产品开发策略，由于通信设备产业是技术密集、资金密集、人才密集型企业，华为的这种直线职能制组织结构，就可以集中调度公司任何资源，并在第一时间内形成对研发战略的支撑。这样一种组织结构与发展战略相匹配的方式，也使得华为在当初激烈的市场竞争中存活下来，并获得了极大的发展。

时间来到1995年，华为公司的销售规模已经达到了15亿元人民币，员工数量也达到800人，成为全国电子行业百强排名第26位的民营企业。到了2000年，销售额已经突破了200亿元，这几年的时间，基本上都是以100%的速度在增长。华为也是在这段时期，逐渐地从集中化战略转向横向一体化战略，从单一研发生产销售程控交换机产品逐渐进入移动通信、传输等多类产品领域，战略也开始朝着多元化方面发展，从而成为一个能提供全面通信解决方案的公司。正是在1995年，它开始在北京成立研究所，到了1996年，又开始广泛进军国际市场。随着华为的战略发生着巨大的变化，组织结构也在随着战略的变化而进行调整。我们将这一时期的华为称为其第二阶段。我本人也正是在这个阶段进入华为公司，这一时期，华为内部各方面都处在一个进行规范化的过程中，所以我们也可将华为的这一时期称为走出混沌阶段。我也很有幸见证了华为走出混沌的这个过程。

第二阶段，1996—2003年，也可称为走出混沌阶段

在这一时期，由于国内电信设备市场的总体发展速度放缓，所以华为在传统的程控交换机领域的利润被吞蚀，造成其面临着空前的竞争压力。这时的市场需求也开始出现多样化。面对如此的竞争环境，华为只能进行转型求发展。一方面，在产品开发战略上由单一集中化向横向一体化发展；另一方面，即在地域方面，由聚焦国内市场转向同时面向国内和国际市场，而国际市场优先转变；在市场拓展方面，依然沿用的是“从农村包围城市”的发展战略，选择从发展中国家开始做起，以低成本战略，逐步将产品打入发达国家市场。例如，华为从1997年就开始在独联体建立合资公司，以本地化模式开拓市场。尽管这个过程异常艰辛，几年都没有什么回报，但华为依然坚定信念，终于在2001年，独联体的销售额超过1亿美元，算是取得了海外市场的初步成功。随后，在其他国家的拓展也取得了不俗的业绩。这样，华为从最初开始涉足国际市场的异常艰辛，即从1999年，其海外业务收入占其总营业额的4%不到，到2008年，其海外收入已经占其总营业额的75%，从而成了一家名副其实的国际化公司。

在这一时期，华为原有的集权式的直线型组织结构的优势已经变成其发展的劣势，缺点也日益突出。一方面，没有专门的职能结构，管理者负担变得越来越重，部门之间的协调也很困难。另一方面，华为的员工数量也在极速增加，到1998年员工总数已经接近8 000人，销售规模也接近90亿元。如果还沿用原有的旧的管理组织结构，肯定会制约公司的进一步发展。因此，在此基础上，华为在不断进行的管理变革工作中，开始进行组织结构的调整，从划小经营单位开始，建立了事业部制与地区部相结合的二维矩阵式的组织结构。

这一时期的组织结构如图2-2-3所示。

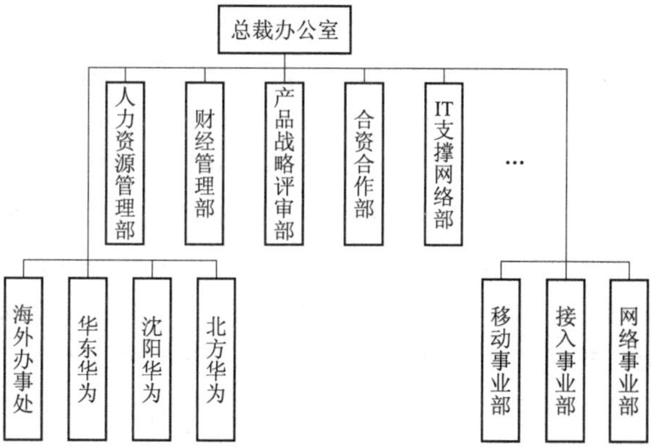

图2-2-3 华为第二阶段的组织结构

该组织结构是一个典型的矩阵型的组织结构。其中事业部的职能主要体现在以下两个方面：一是在企业宏观领导下充分授权，拥有完全独立的经营自主权，实行独立经营、独立核算；二是产品责任单位或市场责任单位，对产品的设计、生产制造及销售活动的一体化，负有统一领导的职能。

为了能推行这样一种相对复杂的组织结构，华为在1998年定稿的基本法第44条中，就组织结构提出了明确的要求：公司的基本组织结构将是一种二维结构，按战略性事业划分的事业部和按地区划分的地区公司。事业部在公司规定的经营范围内承担开发、生产、销售和用户服务的职责；地区公司在公司规定的区域市场内有效利用公司的资源开展经营。事业部和地区公司均为利润中心，承担实际利润责任。

在第45条中，提出了管理部门的构建原则，即职能专业化是建立管理部门的基本原则。而公司的管理资源、研究资源、中试资源、认证资源、生产管理资源、市场资源、财政资源、人力资源和信息资源等，是公司的公共资源。

在第46条中，提出了事业部建立的原则，即对象专业化原则是建立新事业部门的基本原则。事业部的划分原则可以按产品领域建立扩张型的事业部，实行集中政策、分权经营，这是利润中心；按工艺过程建立服务型的事业部。

在第47条中，提出了地区公司的划分原则。地区公司是按地区划分的、全资或由总公司控股的、具有法人资格的子公司。地区公司在规定的区域市场和事业领域内，充分运用公司分派的资源和尽量调动公司的公共资源寻求发展，对利润承担全部责任。在地区公司负责的区域市场中，总公司及各事业部不与之进行相同事业的竞争。各事业部如有拓展业务的需要，可采取会同或支持地区公司的方式进行。

由此可以看出，华为推行的事业部和地区公司制可以看成华为经济利益的主要来源，公司总部，主要是公司职能部门代表公司总裁对公司公共资源进行管理，对各事业部、子公司、业务部门进行指导和监督。总部主要做重大决策控制和服务，以集中优势资源和精力突破市场难点。

当按照职能专业化原则划分的部门与按某一对象专业化原则划分的部门交叉运作时，在组织上就形成了矩阵式结构。这种矩阵式结构主要体现在地区不同事业部发生业务往来的时候，为了市场目标，此时地区部和事业部采取会同作战的方式，这种会同作战采用的管理结构就是矩阵式管理结构。当然由于此时华为已经由单一产品提供商向全面解决方案提供商转变，而市场需求是多样化的。大多数时候，为了完成客户的多样化需求，华为的事业部在很多情况下都是联合作战，共同拓展客户需求，此时这种联合作战的管理形式就是采用矩阵式管理组织结构进行的。

华为这种二维矩阵式组织结构，极大地促进了华为的战略转变和成功实施。由于事业部制对产品的生产和销售实行统一管理、自主经营独立核算，极大地调动了华为内部员工的积极性、主动性，并且使得子公司内部的高层领导者摆脱了日常事务，可以集中精力去考虑宏观战略。同时还锻炼和培养了本事业部的综合管理人才。而华为地区公司的建立为华为开启了新的销售渠道，极大地节约了华为的综合成本，也使华为的组织结构向矩阵式跨国集团化迈进了一大步。这样，华为在经过2000—2002年的停滞后，在2003年又获得了一个爆发式的增长，销售规模首次突破300亿元人民币的关口，这也为华为全球化的发展奠定了非常好的基础。

华为公司经过第二阶段的调整后，尽管在2001年遭遇了国际市场外部环境的全球IT泡沫破裂的影响，使得其销售额在2000—2002年基本停留在220亿元的规模，尤其是2002年，更是遭遇了华为历史上唯一的一次销售下滑的年份。但到了2003年，外部环境开始复苏后，得益于华为持续进行的组织管理变革的作用，其销售额很快突破300亿元，达到317亿元人民币，依然保持了超过50%的增长。这一切，不能不说华为前期管理变革所带来的巨大影响。

时间来到2004年，华为基本上每年仍然以超过40%的速度增长。到了2012年，其销售额已经超过2 000亿元，达到了2 202亿元人民币，员工人数也从2004年的3万人达到了2012年的13.8万人。到2012年华为已经超越所有竞争对手，包括其最大的竞争对手爱立信，正式成为该行业的老大，公司也完全成了一家跨国化的大企业，其海外销售占比已经超过70%。同时，华为也于2010年，在销售规模上达到1 853亿元人民币（美元计238亿），首次进入全球500强企业，排名397位，其后世界排名稳步前进，到了2017年，其排名已经进入全球100强。我们把华为这一段时期的经历称为华为的第三个阶段。

第三阶段，2004—2012年，也可称为真正的全球化阶段

在这一阶段，华为在产品开发战略上采取了纵向一体化、多元化和国际化并举的战略；在市场竞争战略上，采取了与“合作伙伴”共赢的战略。公司也由全面通信解决方案电信设备提供商向提供端到端通信解决方案和客户或市场驱动型的电信设备服务商转型。华为这个时期的组织结构，相比成长期的组织结构，进行了渐进式的演变，从原来的事业部与地区部相结合的组织结构，转变成以产品线为主导的组织结构。

华为从1998年开始聘请IBM的顾问对公司进行流程改造项目（主要内容涵盖集成产品开发，也即IPD；集成供应链，也即ISC；客户关系管理，也即CRM），到2003年，该项目获得了很大的成功，其组织结构也跟随这些变化进行了相应的调整。2004年后，华为再次进行组织结构的调整，但基本上是在2003年的基础上进行优化，但主体结构依然是以市场和客户需求为导向的产品线制的组织结构模式，以化小利润中心的模式，加快决策速度，适应快速变化的市场。这次组织机构的变革，使得以IPD、ISC、CRM为主干的流程更加成熟；同时，公司辅以财务、人力资源等变革项目，全面展开公司业务流程变革，引入业界实用的最佳实践，并建设了支撑这种运作的完整IT框架。可以说，这次组织结构的变革与调整，为其权力的重新分配以及提高组织的运营效率做出了充分的贡献，使得华为建立了一个与国际接轨的组织运作体系。同时，产品线形式的采用能够更有效地和顾客就产品展开广泛的交流，并及时发现和满足客户需求，从而有力增强了华为的国际市场竞争力。华为公司通过这么几年的变革调整，也慢慢地由全面通信解决方案电信设备提供商向提供端到端通信解决方案和客户或市场驱动型的电信设备服务商转型。

2012年华为的全年营收达到2 202亿元人民币，同比增长24.5%。这一数据显示，华为在面临全球金融危机和欧债危机双重危机下，仍保持了稳健增长的态势，全面超越最大的竞争对手瑞典爱立信，成为全球通信行业老大。骄人的业绩虽然离不开华为业务战略的成功转型及终端市场的突破，但组织结构及时跟随战略的调整，并通过这样的调整使得权力得以合理分配并极大地提升了组织运营效率，这些也是居功至伟。任正非曾感叹：“哪怕每年提高千分之一的效率都是可喜的。”

这一时期的组织结构如图2-2-4所示。

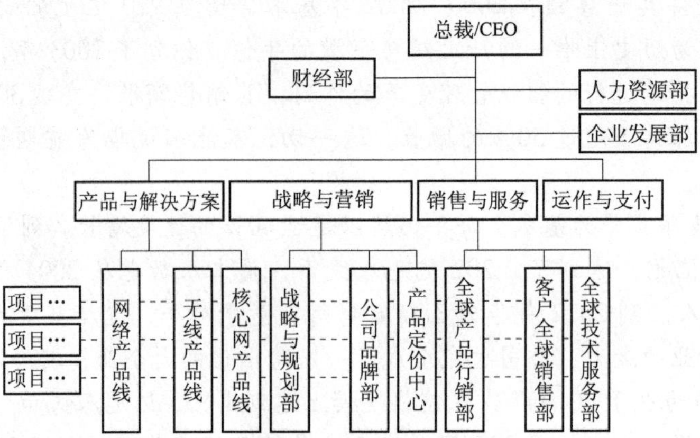

图 2-2-4　华为第三阶段的组织结构

第四阶段，2013 年到现在以及未来的几年时间

目前华为已经是一家多元化企业，形成了运营商业务、企业业务、消费者业务三大业务体系，组织结构在未来依然还会保持这样一种矩阵型的组织结构。而这个巨大的矩阵组织结构也是动态的，是随时会跟随着战略的调整而调整的。当企业遭遇外部环境挑战时，这个网络就会收缩并进行叠加，即会进行岗位、人员的精简；而环境向好需要扩张时，这个网络就会打开，并进行岗位与人员的扩张。但其基本的业务流程是会保持相对稳定的。

其目前的组织结构如图 2-2-5 所示，依然是典型的矩阵型的组织结构。

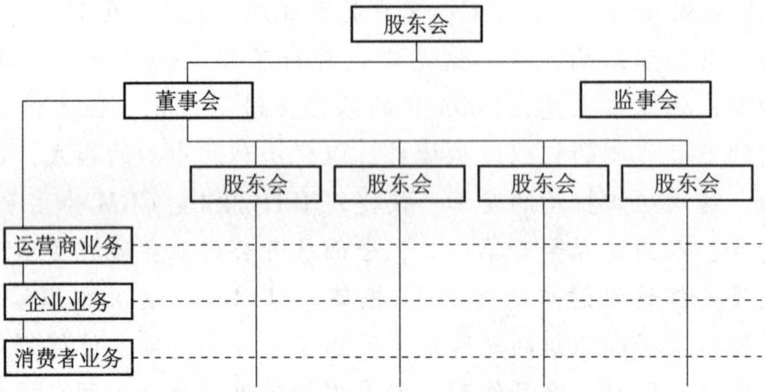

图 2-2-5　华为第四阶段的组织结构

最近十几年，无论是国际环境还是国内环境都处在一个极速变化的过程中，激烈的竞争也从来就没有停止过，只有不断基于环境的变化而进行战略的及时调整，同时，内部组织结构以及其他的组织能力建设也能及时跟上，那就一定能积蓄深厚内功而后薄发。这些也是华为在面对未来更加复杂的市场变化时所能保持活力和信心的一种保障。

问题思考：

请从中国经济发展宏观环境的角度分析华为组织架构的调整。

【相关知识】

目前企业的组织结构形式可谓千姿百态，但是主要的和常见的组织结构基本形式仍然是下面几种。在实践中，企业的实际组织结构形式往往是这些基本形式的某种方式的组合，或者是某种变形。

一、直线型组织结构

直线型组织结构是一种小型企业中常见的最简单的组织结构形式。直线型组织结构的特点是指挥和管理的职能由企业的行政负责人亲自执行，所有的下属只接受一个人的亲自指挥。因为所有的组织管理职能要由一个人承担，因此就需要一种全能的管理者。

这种组织结构类型的优点是：组织的结构简单，组织的指挥和管理工作集中在企业负责人一人手中，实行高度统一的指挥，决策的责任和权限明确，决策过程迅速和简单明了，下属不会得到互相抵触的指令，便于企业采取迅速的决策和全面执行纪律。

这种组织结构类型的缺点是：在企业规模比较大的时候，或者业务相对比较复杂的时候，如果还要求所有管理职能要由一个人来承担，寻找一种全能的管理者是非常困难的事，或者说是根本不可能的事。而且由于每个管理者的管理幅度的有限性和专业知识的有限性，这种组织的决策机制必然会造成组织的专业化管理水平下降和管理效能降低。因此，这种组织结构类型一般只适用于那些没有必要按职能实行专业化管理的小型企业，或者是对小型的现场作业的管理。这种企业的组织结构如图 2－2－6 所示。

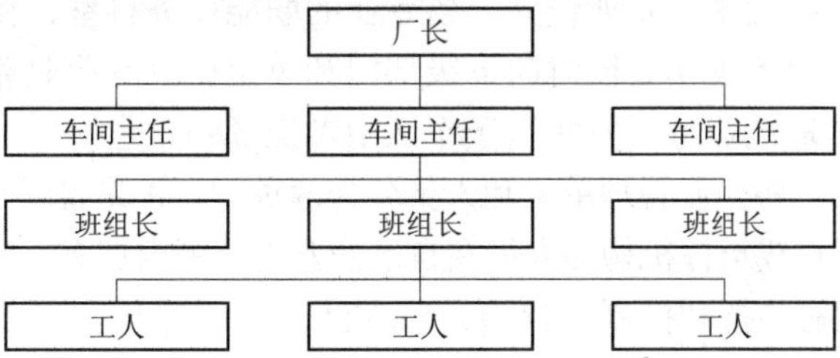

图 2－2－6　直线型组织结构

二、职能型组织结构

职能型组织结构又称为多线性组织结构，它与直线型组织结构不同，它的特点是采用按职能分工实行专业化的管理办法来代替直线型的全能管理者，即在上层主管下面设立职能机构和人员，把相应的管理职责和权力交给这些机构，各职能机构在自己的业务范围内可以向下级下达命令和指示，直接指挥下属，如图 2－2－7 所示。

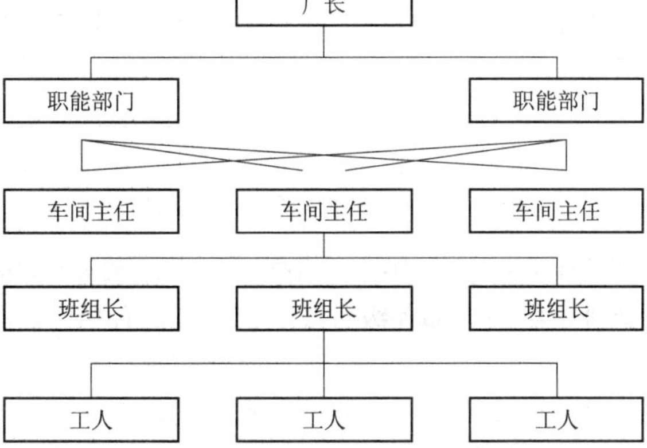

图 2－2－7　职能型组织结构

这种组织结构形式的优点是：能够适应现代生产技术比较复杂和管理分工较细的特点，能够充分发挥职能机构的专业管理作用；由于吸收了专家参加管理，所以减轻了上层主管人员的负担，使他们可以集中注意力实现自己的职责。不过，其缺点也比较明显：由于出现了多头领导，妨碍了组织的统一指挥，容易造成管理混乱，不利于明确划分职责与职权；各职能机构往往从本单位的业务出发考虑工作，不能很好地配合，横向联系差；在科学技术迅速发展、经济联系日益复杂的情况下，对环境发展的适应性也差，不够灵活；强调专业化，使主管人员忽略了相关专业以外的知识，不利于培养上层管理者。这种组织结构形式，最早是泰罗提出来的，但由于上述缺点，在实际工作中，基本上没有实行这种结构形式。

三、直线职能型组织结构

直线职能型组织结构是目前最常见的企业的组织结构形式。直线职能型组织结构的特点是企业的下属各业务部门都是成本中心，部门的管理工作由各单位的最高负责人直接负责，但是企业中经营决策权集中在企业的最高管理层，日常经营管理活动则由总经理直接统一领导和指挥。

在直线职能型组织结构中，企业设立了各专业的职能业务科室，在企业的最高负责人的领导下负责企业的专业业务工作，同时向下级部门和单位提供专业业务的指导，但是没有指挥权。这里，各专业的职能业务科室相当于军队中参谋部的角色。

这种组织结构形式，将企业管理单位和人员分为两种：一种是直线指挥机构和人员；另一种是职能机构和人员。直线指挥机构和人员在自己的职责范围内拥有一定的管理决策权和指挥权，对其所属的下级拥有指挥和控制的权力，对自己部门（单位）的工作负有全部责任。而职能机构及其人员，则是直线指挥人员的参谋，对直线部门的下级没有指挥和命令的权力，只能对下级提供专业性的建议和在业务上对下级进行指导。这种企业组织结构如图2－2－8所示。

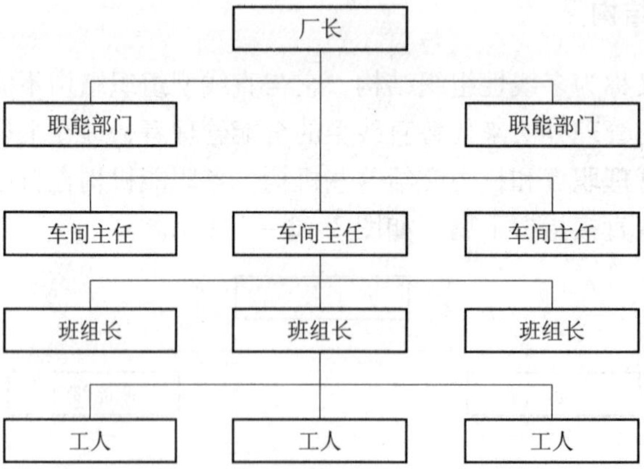

图2－2－8　直线职能型组织结构

这种形式的优点是保持了直线式集中统一指挥的优点，又具有职能分工专业化的长处，提高了管理工作效率。此外，组织内部各级直线主管人员都有相应的职能机构和人员做参谋和助手，使管理者能够对本部门的生产、技术、经营活动进行有效的组织和指挥。

不足之处在于：下级部门的主动性和积极性发挥受到限制，部门之间互通情报少，不能集思广益地做出决策；各职能参谋部门与直线指挥部门之间目标不一致，容易产生矛盾，使最高领导的协调工作量加大；难于从组织内部培养熟悉全面的管理人才；信息传递路线长，使整个系统的适应性降低，对复杂情况不能及时做出反应；权力集中于最高领导层，是典型的“集权式”管理组织机构。所以，它比较适应现代工业企业管理的需要，并被广泛采用，但不适合教育科研类组织、高技术创新性组织、商业贸易组织等。

四、事业部型组织结构

事业部型组织结构是美国通用汽车公司总裁斯隆于1924年提出的一种组织结构模式，因而也被称为“斯隆模型”。事业部型组织结构是目前国内外大型企业，特别是跨国企业普遍采用的一种组织结构形式。事业部型组织结构如图2-2-9所示。

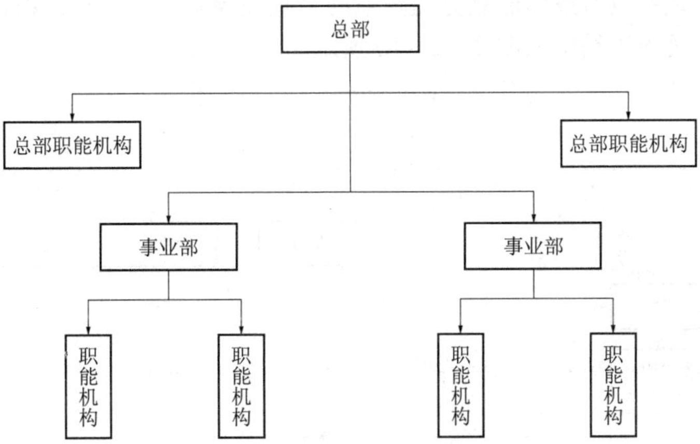

图2-2-9 事业部型组织结构

事业部型组织结构把企业的生产经营活动，按产品或地区不同，建立了不同的经营事业部。实施事业部型组织结构的企业中，每个经营事业部都是一个利润中心，在总部的领导下，各事业部实行统一政策和分散经营。与传统的部门管理不同，总部下属的各事业部实行独立核算和自负盈亏，拥有很大的经营决策权和很大的管理自主权。

事业部型组织结构的优点是企业按产品或地区划分成若干个事业部后，总部不再过问各事业部的内部日常经营管理事务，而将各事业部的经营决策权力下放，专心于企业的整体的战略决策与战略管理。这样，既有利于企业的最高领导层摆脱日常经营管理事务，真正成为强有力的决策机构，又能加强企业所属各事业部领导人的责任心，充分调动他们搞好事业部的生产经营管理活动的积极性和主动性。同时，将各事业部的经营决策权力下放，可以使得各事业部的经营灵活性加强，企业的反应能力提高，从而增强各事业部的生产经营活动对环境变化的适应能力。

同时，在企业规模比较大，实行多种经营，或者是跨地区经营的情况下，事业部型组织结构有利于把联合化和专业化结合起来，避免企业多种经营和跨地区经营情况下的统一管理的弊病。事业部型组织结构还有利于锻炼各事业部的主管负责人的工作能力，有利于培养和提高他们的领导素质。同时也有利于对各事业部的主管负责人进行考核，因而能够更好地协调他们的关系，调动他们的积极性。

事业部型组织结构的缺点是容易造成企业的资源重复配置，各事业部的职能机构的重叠设置，用人较多，费用较大，容易造成资源的浪费。同时由于各事业部有很大的自主权，同时又实行独立核算和自负盈亏，容易造成各事业部的行为只考虑自己的局部利益，影响各事业部之间的协作和企业的整体利益。

事业部型组织结构形式适用于规模较大、实行多种经营、产品种类较多、各种产品之间的工艺差别较大的企业组织，或者是各下属单位所处市场条件差别较大，要求适应性比较强的大型联合企业或跨国公司。如美国的通用汽车公司和杜邦公司等都成功地实行了“分权的事业部制”，使公司从集权化管理体制走向分权化。

五、矩阵式组织结构

矩阵式组织结构是因其形态如横向和纵向排列的矩阵而得名的。矩阵式组织结构的特点是企业的组织管理系统既有按职能划分的企业的垂直领导系统，又有按项目划分的横向的企业领导系统。矩阵式组织结构如图 2－2－10 所示。

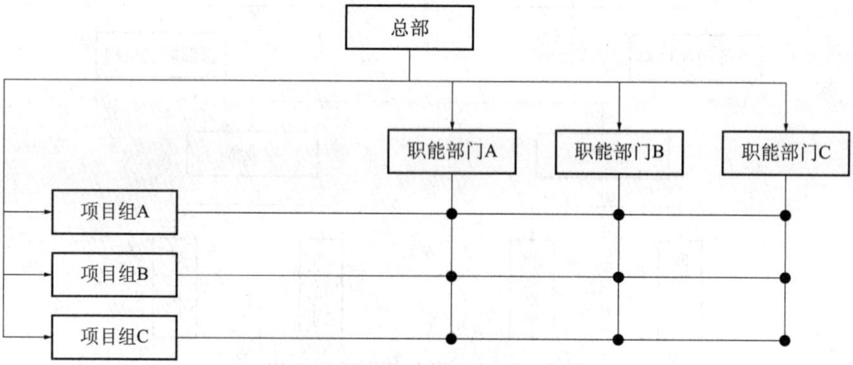

图 2－2－10　矩阵式组织结构

这种组织结构形式常常出现于以完成工程项目为主的企业和以完成课题研究项目为主的科研单位中。采用这种组织结构的单位运行方式是在某工程项目立项之后，由单位的最高领导部门向项目组的负责人进行授权，由项目负责人负责项目工程的策划和组织，从各有关部门抽调人力参加项目组。在工作过程中项目负责人同时接受垂直部门的领导和各相关职能部门的领导。待该项工程项目的工作完成后，项目组应该即行解散，人员回到原单位待命。

矩阵式组织结构的优点是机动灵活、适应性强。矩阵式组织结构是按照完成某一特定任务的要求，把具有各种专长的有关人员调集在一起组成项目工作组，这样便于组织和内部沟通，易于接受新观念和新方法。由于矩阵式组织结构机动灵活，能够集思广益，因此，对工程项目能够有较好的控制和管理，获得成功的机会较大。同时采用矩阵式组织结构形式，还有利于把管理中的垂直联系和水平联系更好地结合起来，加强各职能部门以及职能部门与任务之间的协调。

这种组织结构形式的缺点是组织的稳定性较差，人员管理上难度较大。由于项目小组成员来自各个职能部门，当任务完成后，仍要回到原来的工作部门，因而容易产生临时观念，对工作有一定的影响。同时，由于小组成员要接受项目小组和原职能单位的双重领导，若两个部门的意见不统一，就会直接影响他们的工作。从职能部门看，人员经常调进调出也会给正常工作造成某些困难。

矩阵式组织结构对于项目管理和科研管理是一种十分适宜的组织结构形式，因此，在工程项目和科研项目的管理中，矩阵式组织结构十分常见。

从管理方式来看，显然，矩阵式组织结构是一种违背统一指挥原则的组织结构。但是由于矩阵式组织结构的工程项目经理全权领导项目，所以项目的内部决策管理是统一的。因此，矩阵式组织结构不适用于一般的组织管理，但是适用于强调灵活的项目管理。

六、多维立体组织结构

这是在矩阵制组织结构的基础上，适应新形势要求而产生的新的组织结构形式。它是从系统的观点出发建立的多维立体组织结构。多维立体组织结构如图 2－2－11 所示。

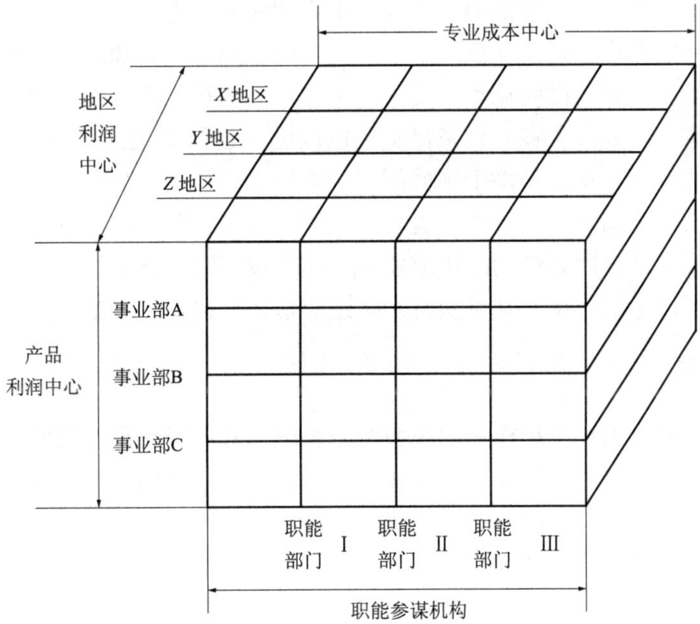

图 2－2－11　多维立体组织结构

多维立体组织结构是由三类机构组成的系统结构。一般分为以下三维：

一是按产品划分的事业部，是产品利润中心；

二是按职能划分的专业参谋机构，是专业成本中心；

三是按地区划分的管理机构，是地区利润中心。

通过多维立体组织结构，可以使这三方面的机构协调一致，紧密配合，为实现组织的总目标服务。在这种结构中，事业部经理不能单独作出决定，而是由三类部门代表组成产品事业委员会，对产品产销进行领导。

多维立体组织结构的优点是便于协调矛盾，能互通情报、集中群众智慧、共同决策。多维立体组织结构的缺点是过于复杂，难以控制。

这种组织结构大多适用于跨国公司或跨地区公司，如美国的道·科宁化工公司用这种组织结构收到了显著的经济效果。

七、团队结构

现在团队已成为组织工作活动的最流行的方式。当管理人员动用团队作为协调组织活动的主要方式时，其组织结构即为团队结构。这种结构方式的主要特点是，打破部门界限，并把决策权下放到工作团队员工手中，要求员工既是专家又是通才。

当管理层把团队这一组织形式运用到一个组织的中上层，成为该组织的中心协调手段时，这个组织就实行了团队结构组织模式。在通用电气公司、美国电话电报公司、惠普公司等国际知名企业中，团队已成为主要运作形式。事实表明，如果某种工作任务的完成需要多种技能、经验，那么团队通常比个人的效果更好。

团队结构把横亘在一个组织的上层和基层之间的各个职能部门进行分解和弱化，把决策权分散到工作小组的层次上，从而形成一个中间层细小的组织结构。团队结构的组织要求成员既是专家又是通才。在团队结构组织模式中，由于中高层管理人员队伍的缩小，一线工作人员的纵向提升机会减少了，而横向流动却变得更加频繁。通过横向流动，可以使一线工作人员从事报酬更高的工作，减少长期从事一项工作的单调感和枯燥感，从而对失去纵向提升机会提供一种补偿。频繁的横向流动，使一线工作人员的技能多样化，变专才为通才。对中高层管理人员来讲，要处理各种各样来自基层的问题，也需要他们具有多方面的知识结构，不仅是一个领域的专家，还需是多个领域的“通家”。

在一些小公司里，团队结构可以覆盖整个组织。而在一些大型的组织里，团队结构成为整个组织的组织模式时，团队结构的构成要件往往是按照官僚制组织起来，这样，既可实现官僚制的标准化所产生的效率，又可获得团队组织形式所提供的灵活性。

八、虚拟组织

虚拟组织是一种决策高度集权化的小型核心组织，其部门化程度很低，主要职能通过外包完成。大型组织运用虚拟结构时，主要体现为外包方式的运用。虚拟企业的根本目的是为了追求最大程度的灵活性。这些虚拟组织建立了各种关系网络，如果管理层觉得其他公司在生产、分销、市场或其他方面比自己做得更好或成本更低，就可以把自己的有关业务外包给它们。

虚拟组织与典型的官僚组织形成了鲜明对照：官僚组织垂直管理层级很多，通过所有权来实现控制。在这种组织中，研究与开发工作主要在实验室中进行，产品生产在公司的下属工厂中完成，销售和市场工作由自己公司的员工去做。为了保证这些工作顺利进行，管理层不得不雇用大量的其他人员，包括会计、人力资源专家和律师等。与之相反，虚拟组织把这些职能的大部分外包给其他公司，而把精力集中在自己最擅长的业务上。

虚拟组织是一个以机会为基础的各种核心能力的统一体，这些核心能力分散在许多实际组织中，它被用来使各种类型的组织部分或全部结合起来以抓住机会。当机会消失后，虚拟组织就解散。所以，虚拟组织可能存在几个月或者几十年。

虚拟组织共享各成员的核心能力。虚拟组织是通过整合各成员的资源、技术、顾客市场机会而形成的。它的价值就在于能够整合各成员的核心能力和资源，从而降低时间、费用和风险，提高服务能力。如波音 777 型客机开发小组的某些成员具有互补性核心能力，某些成员具有协同操作能力，而另一些成员则能提供进入非波音公司市场的途径。

合作是虚拟组织存在的基础。但由于虚拟组织突破了以内部组织制度为基础的传统的管理方法，各成员又保持着自己原有的风格，势必在成员的协调合作中出现问题。但各个成员为了获取一个共同的市场机会而结合在一起，他们在合作中必须彼此信任，当信任成为分享成功的必要条件时，就会在各成员中形成一种强烈的依赖关系。否则，这些成员无法取得成功，顾客们也不会同他们开展业务。

有些企业通过拥有突出的能力而处于虚拟组织的中心，并对其他成员产生有力的影响，使虚拟组织的协调变得相对容易。如耐克公司凭借设计和营销方面的卓越能力，将负责生产的亚洲的合作伙伴紧密地联系在一起，实施有效的控制和协调。

虚拟组织通过计算机网络与中间商、承包商、合作伙伴保持联络，把每个伙伴的优势集中起来，设计、制造和销售最好的产品。虚拟组织具有很大的灵活性、机动性和反应的灵敏性。各公司为了应付市场的竞争可紧密捆绑在一起，一旦市场发生变化就可松绑，重新组合。虚拟组织各合作公司之间彼此信任，这种信任是建立在共同利益基础上的，合作的伙伴可以通过计算机网络互相沟通、共享信息、交流经验。

任务四 组织变革

【导入案例】

移动互联网时代的组织变革如何变

移动互联网时代，企业经营环境瞬息万变，同时顾客需求呈现多元化、个性化和碎片化的特征，企业面临着商业模式和管理模式的双重挑战。那么，企业组织如何从“金字塔”向“开放式”转变？变革可能失败，但不变肯定失败。如何变革？有人提出，企业组织变革的核心是创新，而创新的成功来自变革管理。“变”＝适者生存、物竞天择。“变”＝理所当然、情势所迫。但到底该怎么变？2016 年 11 月 24 日，海尔集团董事局主席、首席执行官张瑞敏出席了国务院参事室主办的“2016 国是论坛”，他就互联网思维与模式、人单合一模式、“换道超车”、企业向互联网转型的实践和体会等发表了精彩演讲，其中的一些观点很值得我们反思与学习：

在互联网时代，全世界的大型企业为什么要转换为互联网时代的思维和管理模式？很重要的一点就是，依据古典管理理论的传统管理模式不仅过时了，而且还被颠覆了。不光中国，全世界的企业都采用古典管理理论的模式。

第一个是科学管理之父泰勒的动作实践研究，即今天在企业里大多数遵循、使用的流水线企业。

第二个是被称为组织理论设计之父德国人马克思·韦伯的、如今企业仍在使用的金字塔式组织结构。

第三个是法国人法约尔提出的一般管理理论，即现在企业还适用的智能管理。

这些差不多是 19 世纪初提出的，到现在已经 100 多年，基本万变不离其宗，依旧照着这种模式在走。但是互联网带来了巨大的冲击，按照管理大师德鲁克所说的，互联网带来最大的影响就是零距离，而零距离颠覆了这一切。

现在用户需要的是个性化需求，但是流水线只能提供大规模制造，所以必须从大规模制造变成大规模定制。现在信息不对称的主动权到了用户手里，所以需要去两化，即去中间化和去中介化。另外，现在创业组织是自组织，而不是他组织，因而法约尔的智能管理也没有用了。

所以，海尔很早就感觉到了这个颠覆，从 2005 年 9 月份就提出了互联网时代的管理模式，即人单合一双赢模式。人就是员工。单不是狭义的订单，而是用户的需求。人单合一就是把每一个员工和用户需求联系在一起，做到双赢，即员工要赢，用户也要赢。当时这种模式受到国内很多学者质疑，有学者认为这违反了科斯定律，说企业内部不能有市场。科斯没有错，但是科斯没有在互联网时代。

从2005年提出到现在已经13年了，国际上很多商学院对这个模式非常感兴趣，很多顶级商学院也把这个做成案例。哈佛商学院做了海尔与用户零距离，预示互联网的发展方向。2016年哈佛商学院的常务副院长就带着张瑞敏一起研究了这个案例。对于张瑞敏提出的这种模式，哈佛商学院提出从经典去套，但是从薪酬、用人管理都不好套，这的确是互联网时代的发展方向，并且2015年这个案例被评为最受师生欢迎的案例。

问题思考：

如何理解张瑞敏所提出的“依据古典管理理论的传统管理模式不仅过时且被颠覆”这一观点？

【相关知识】

一、组织变革的动力

（一）组织变革的现实意义

哈默和钱皮曾在《公司再造》一书中把三“C”力量，即顾客（Customers）、竞争（Competition）、变革（Change）看成影响市场竞争最重要的三种力量，并认为三种力量中尤以变革最为重要，“变革不仅无所不在，而且还持续不断，这已成了常态”。组织变革就是组织根据内、外环境的变化，及时对组织中的要素进行结构性变革，以适应未来组织发展的要求。任何一个组织，无论过去如何成功，都必须随着环境的变化而不断地调整自我并与之相适应。组织变革的根本目的就是提高组织的效能，特别是在动荡不定的环境条件下，要想使组织顺利地成长和发展，就必须自觉地研究组织变革的内容、阻力及其一般规律，研究有效管理变革的具体措施和方法。

（二）组织变革的动力

推动组织变革的因素可以分为外部环境因素和内部环境因素两个部分。

1. 外部环境因素

外部环境因素主要是：

（1）整个宏观社会经济环境的变化。诸如政治、经济政策的调整、经济体制的改变以及市场需求的变化等，都会引起组织内部深层次的调整和变革。

（2）科技进步的影响。知识经济的社会，科技的发展日新月异，新产品、新工艺、新技术、新方法层出不穷，会对组织的固有运行机制构成强有力的挑战。

（3）资源变化的影响。组织发展所依赖的环境资源对组织具有重要的支持作用，如原材料、资金、能源、人力资源、专利使用权等。组织必须能克服对环境资源的过度依赖，同时要及时根据资源的变化顺势变革组织。

（4）竞争观念的改变。基于全球化的市场竞争将会越来越激烈，竞争的方式也将会多种多样，组织若要想适应未来竞争的要求，就必须在竞争观念上顺势调整，争得主动，如此才能在竞争中立于不败之地。

2. 内部环境因素

推动组织变革的内部环境因素主要是：

（1）组织机构适时调整的要求。组织机构的设置必须与组织的阶段性战略目标相一致，组织一旦需要根据环境的变化调整机构，新的组织职能必须得到充分的保障和体现。

（2）保障信息畅通的要求。随着外部不确定性因素的增多，组织决策对信息的依赖性增强，为了提高决策的效率，必须通过变革保障信息沟通渠道的畅通。

（3）克服组织低效率的要求。组织长期一贯运行极可能会出现X—非效率现象，其原因既可能是由于机构重叠、权责不明，也有可能是人浮于事、目标分歧。组织只有及时变革才能进一步制止组织效率的下降。

（4）快速决策的要求。决策的形成如果过于缓慢，组织常常会因决策的滞后或执行中的偏差而坐失良机。为了提高决策效率，组织必须通过变革对决策过程中的各个环节进行梳理，以保证决策信息的真实、完整和迅速。

（5）提高组织整体管理水平的要求。组织整体管理水平的高低是竞争力的重要体现。组织在成长的每一个阶段都会出现新的发展矛盾，为了达到新的战略目标，组织必须在人员的素质、技术水平、价值观念、人际关系等各个方面都做出进一步的改善和提高。

（三）企业组织变革的征兆

一般来说，企业中的组织变革是一项“软任务”，即有时候组织结构不改变，企业仿佛也能运转下去，但如果要等到企业无法运转时再进行组织结构的变革就为时已晚了。因此，企业管理者必须抓住组织变革的征兆，及时进行组织变革。

组织结构需要变革的征兆有：

（1）企业经营成绩的下降，如市场占有率下降、产品质量下降、消耗和浪费严重、企业资金周转不灵等。

（2）企业生产经营缺乏创新，如企业缺乏新的战略和适应性措施，缺乏新的产品和技术更新，没有新的管理办法或新的管理办法推行起来困难等。

（3）组织机构本身病症的显露，如决策迟缓、指挥不灵、信息交流不畅、机构臃肿、职责重叠、管理幅度过大、扯皮增多、人事纠纷增多、管理效率下降等。

（4）职工士气低落，不满情绪增加，如管理人员离职率增加，员工旷工率，病、事假率增加等。

当一个企业出现以上征兆时，应及时进行组织诊断，用以判定企业组织结构是否有加以变革的必要。

二、组织变革的类型

拿企业来说，对于企业组织变革的必要性，有这样一种流行的认识：企业要么实施变革，要么就会灭亡。然而事实并非总是如此，有些企业进行了变革，反而加快了灭亡。这就涉及组织变革模式的选择问题。依据不同的划分标准，组织变革可以有不同的类型。如按照变革的程度与速度不同，可以分为激进式变革和渐进式变革：激进式变革力求在短时间内，对企业组织进行大幅度的全面调整，以求彻底打破初态组织模式并迅速建立目的态组织模式。渐进式变革则是通过对组织进行小幅度的局部调整，力求通过一个渐进的过程，实现初态组织模式向目的态组织模式的转变。

1. 激进式变革

激进式变革能够以较快的速度达到目的态，因为这种变革模式对组织进行的调整是大幅度的、全面的，可谓是超调量大，所以变革过程就会较快；与此同时，超调量大会导致组织的平稳性变差，严重的时候会导致组织崩溃。这就是许多企业的组织变革反而加速了企业灭亡的原因。激进式变革的一个典型实践是“全员下岗、竞争上岗”。改革开放以来，适应市场经济的要求，许多国内企业进行了大量的管理创新和组织创新。“全员下岗、竞争上岗”的实践就是其中之一。为了克服组织保守，一些企业在组织实践中采取全员下岗，继而再竞争上岗的变革方式。这种方式有些极端，但其中体现了深刻的系统思维。稳定性对于企业组织至关重要，但是当企业由于领导超前意识差、员工安于现状而陷于超稳定结构时，企业组织将趋于僵化、保守，会影响企业组织的发展。此时，小扰动不足以打破初态的稳定性，也就很难达到目的态。“不过正不足以矫枉”，只有通过全员下岗，粉碎长期形成的关系网和利益格局，摆脱原有的吸引子，才能彻底打破初态的稳定性。进一步再通过竞争上岗，激发企业员工的工作热情和对企业的关心，只要竞争是公平、公正、公开的，就有助于形成新的吸引子，把企业组织引向新的稳定态。此类变革如能成功，其成果便具有彻底性。

在这个过程中关键是建立新的吸引子，如新的经营目标、新的市场定位、新的激励约束机制等。如果打破原有组织的稳定性之后，不能尽快建立新的吸引子，那么组织将陷于混乱甚至毁灭。而且应当意识到变革只是手段，提高组织效能才是目的。如果为了变革而变革，那么就会影响组织功能的正常发挥。

2. 渐进式变革

渐进式变革则是通过局部的修补和调整来实现的。美国一家飞机制造公司原有产品仅包括四种类型的直升机。每一种直升机都有专门的用途。从技术上来看，没有任何两架飞机是完全相同的，即产品间的差异化程度大，标准化程度低。在激烈的市场竞争条件下，这种生产方式不利于实现规模经济。为了赢得竞争优势，该公司决定变革组织模式。其具体措施是对各部门进行调整组合。首先，由原来各种机型的设计人员共同设计一种基本机型，使之能够与各种附件（如枪、炸弹发射器、电子控制装置等）灵活组合，以满足不同客户的需求。然后将各分厂拥有批量生产经验的员工集中起来从事基本机型的生产。原来从事各类机型特殊部件生产的员工，根据新的设计仍旧进行各种附件的专业化生产。这样，通过内部调整，既有利于实现大批量生产，也能够满足市场的多样化需求。这种方式的变革对组织产生的震动较小，而且可以经常性地、局部地进行调整，直至达到目的态。这种变革方式的不利之处在于容易产生路径依赖，导致企业组织长期不能摆脱旧机制的束缚。

比较企业组织变革的两种典型模式，企业在实践中应当加以综合利用。在企业内、外部环境发生重大变化时，企业有必要采取激进式组织变革以适应环境的变化，但是激进式变革不宜过于频繁，否则会影响企业组织的稳定性，甚至导致组织的毁灭。因而，在两次激进式变革之间，在更长的时间里，组织应当进行渐进式变革。

按照组织变革的程度和方向，可以分为战略性变革、结构性变革、流程主导性变革和以人为中心的变革。

1. 战略性变革

战略性变革是指组织对其长期发展战略或使命所做的变革。如果组织决定进行业务收缩，就必须考虑如何剥离非关联业务；如果组织决定进行战略扩张，就必须考虑购并的对象和方式，以及组织文化重构等问题。

2. 结构性变革

结构性变革是指组织需要根据环境的变化适时对组织的结构进行变革，并重新在组织中进行权力和责任的分配，使组织变得更为柔性灵活、易于合作。

3. 流程主导性变革

流程主导性变革是指组织紧密围绕其关键目标和核心能力，充分应用现代信息技术对业务流程进行重新构造。这种变革会对组织结构、组织文化、用户服务、质量、成本等各个方面产生重大改变。

4. 以人为中心的变革

组织中人的因素最为重要，组织如若不能改变人的观念和态度，组织变革就无从谈起。以人为中心的变革是指组织必须通过对员工的培训、教育等引导，使他们能够在观念、态度和行为方面与组织保持一致。

三、组织变革的阻力及克服

随着信息技术的发展，企业所面临的环境发生着急剧的变化，任何以市场为导向的企业都必须不失时机地推动企业的技术变革、组织变革和人员变革，以适应不断变化着的内、外环境。然而变革就意味着破坏，意味着打破传统。变革的这一特性，使得变革具有不同程度的风险性。组织内员工对变革的接受与否、组织变革的方向是否适应不断变化的外部环境，都直接影响着企业变革的成败。正是组织变革所具有的破坏性和风险性才使得组织变革会招致来自组织内、外方面的阻力，认识这些阻力的来源、探究阻力的产生原因将给我们解决组织变革中所遇到的问题提供重要的指导依据。

（一）组织变革阻力的来源

组织变革是要改变那些不能适应企业的内、外环境，以及阻碍企业可持续发展的各种因素如企业的管理制度、企业文化、员工的工作方式、工作习惯等。这种变革必然会涉及企业的各个层面，引起企业内部个人和部门利益的重新分配。因此，必然会遭到来自企业各个方面的阻力。

1. 个人层面

人们对待组织变革的态度与其个性有十分密切的关系。那些敢于接受挑战、乐于创新、具有全局观念、有较强适应能力的人通常变革的意识较为强烈。而那些有强烈成就欲望的人，或是一些因循守旧、心胸狭窄、崇尚稳定的人对变革的容忍度则较低，变革的抵触情绪较大。一些依赖性较强、没有主见的员工常常在变革中不知所措而依附于组织中群体的态度倾向。除此之外，由于变革会打破现状，破坏已有的均衡，必然会损害一部分人的既得利益，这类人常常是组织变革的最大抵触者，他们常常散布谣言，制造混乱，甚至采取强硬措施抵制变革。个人层面的阻力主要是来源于员工的个性心理和经济利益的驱使，变革阻力的力度较小，但是构成组织变革阻力的基本单元。

2. 组织层面

在组织层面上产生变革阻力的因素有很多，它既包括了组织结构、规章制度等显性阻力，还包括了组织文化、氛围、员工的工作习惯等隐性阻力，由于组织变革会对组织内部各部门、各个群体的利益进行重新分配，那些原本在组织中权利较大、地位较高的部门和群体必然会将变革视为一种威胁，于是为了保护自身利益常常会抵制变革。另外，企业的业务流程再造必然会重组企业的组织结构，对某些部门、某些层次予以合并、撤减，以及重新进行权责界定，一些处于不利地位的部门和层次就会反对变革。相对组织内的显性阻力而言，组织内的隐性阻力就更加隐蔽，而且一时间难以克服。组织内的文化、员工的工作方式已经成为一种工作习惯。在长期的工作中，员工与员工之间、员工与领导之间、员工与组织之间已经形成了某种默契或契约，一旦实行变革，就意味着改变员工业已形成的工作关系和工作方式，必然会引起员工的不满。

（二）组织变革阻力产生的原因

1. 企业员工在个人利益和整体利益上难以取舍

一般而言，企业变革的目标就是要追求企业整体利益的最大化，这与组织内各个利益主体的根本利益是一致的，但是，组织利益最大化实现需要各利益主体的有效组合，这样就必然会对组织内的各个主体的权利和利益进行重新分配。由此，一些群体和个人的既得利益就会有所损失。这就要求企业的员工要有一种舍小家顾大家的全局意识，从组织的整体利益和全局利益去看待变革的意义。然而，在现实社会中，一些领导和员工只顾自己的个人利益和短期利益，盲目地抵制变革而使企业的变革难以有效地实施。

2. 员工不明变革的意义，对变革的发动者缺乏信心

在组织变革的过程中，一些员工对企业变革的紧迫性认识不足，认为变革没有必要，企业推动变革是多此一举，并且会对自己的利益造成损害。更有甚者，为了维护个人利益，常常捏造事实，散布谣言。还有一些员工认为变革很有必要，但对变革发动者发动变革的动机和实施变革的能力产生怀疑，他们中有的认为变革是发动者为了私利的获得而进行的伎俩，有的认为发动者的知识和能力不足以实现既定目标。

3. 员工对变革的后果不确定

在实施变革的过程中，一些员工虽然认识到了变革的迫切要求，但不能准确地把握变革实施的后果，他们常常会对变革产生各种猜疑，认为变革有可能达不到预期的效果，很可能会对组织、个人的利益产生损害。这类人常常认为变革是在冒险。因此，在变革的过程中，他们常常依附于群体的态度倾向，有的甚至公开抵制变革。

4. 员工对自己的能力产生怀疑，认为变革是对自己的一种威胁

企业的变革常常伴随着技术变革、人员变革。每一次变革的实施都对企业内的员工提出了更高的要求。先进生产线的引进、办公自动化的建立、新技术的应用都要求员工不断地提高自己的知识水平和技能水平，以适应企业变革的需要。而一些员工担心自己的技术已经过时，一旦企业发生变革，自己就会被淘汰或是地位遭到挑战，因此，他们宁愿维持现状。这类人，常常是那些墨守成规、进取心较差的员工或是企业中的高龄员工。

（三）组织变革阻力的克服

1. 客观分析变革的推力和阻力的强弱

勒温曾提出运用力场分析的方法研究变革的阻力。其要点是：把组织中支持变革和反对变革的所有因素分为推力和阻力两种力量，前者发动并维持变革，后者反对和阻碍变革。当两力均衡时，组织维持原状，当推力大于阻力时，变革向前发展，反之变革受到阻碍。管理层应当分析推力和阻力的强弱，采取有效措施，增强支持因素，削弱反对因素，进而推动变革的深入进行。

冰山理论认为，假如把水面之上冰山比作组织结构、规章制度、生产发展等要素的话，那么，水面之下的冰体便是组织的价值观体系、组织成员的态度体系、组织行为体系等组成的组织文化。只有创新组织文化并渗透到每个成员的行为之中，才能使露出水面的改革行为变得更为坚定，也才能够使变革具有稳固的发展基础。

2. 创新策略方法和手段

为了避免组织变革中可能会造成的重大失误，使人们坚定变革成功的信心，必须采用比较周密可行的变革方案，并从小范围逐渐延伸扩大。特别是要注意调动管理层变革的积极性，尽可能削减团体对组织变革的抵触情绪，力争使变革的目标与团体的目标相一致，提高员工的参与程度。

3. 企业的人力资源要为组织变革服务

员工的个性与其对待变革的态度有着密切的关系，因此，企业在招聘的过程中，首先应该引入心理测评，通过测评招聘一些有较强适应能力、敢于接受挑战的员工。其次，在组织变革的过程中，企业要加强对员工的培训，提高员工的知识水平和技能水平，使企业的人力资源素质和企业变革同步推进。再次，在企业的日常经营过程中，企业应该树立一种团体主义的观念，培养员工对组织的归属感，形成一种愿意与企业同甘共苦的企业文化。

4. 加强与员工的沟通，让员工明白变革的意义

在变革实施之前，企业决策者应该营造一种危机感，让员工认识到变革的紧迫，让他们了解变革对组织、对自己的好处，并适时地提供有关变革的信息，澄清变革的各种谣言，为变革营造良好的氛围。在变革的实施过程中，要让员工理解变革的实施方案，并且要尽可能地听取员工的意见和建议，让员工参与到变革中来。与此同时，企业还应该时刻地关注员工的心理变化，及时与员工交流，在适当的时候可以作出某种承诺，以消除员工的心理顾虑。

5. 适当地运用激励手段

在组织变革的过程中适当运用激励手段将达到意想不到的效果。一方面，企业可以在变革实施的过程中，提高员工的工资和福利待遇，使员工感受到变革的好处和希望。另一方面，企业可以对一些员工予以重用，以稳住关键员工，消除他们的顾虑，使他们安心地为企业工作。

6. 引入变革代言人

变革代言人即通常所谓的咨询顾问。由以上分析我们已经知道，在变革的过程中，一些员工认为变革的动机带有主观性质，他们认为变革是为了当局者能更好地谋取私利。还有一些员工对变革发动者的能力有怀疑，觉得其不能有效地实施变革。而引入变革代言人就能很好地解决上述问题。一方面，咨询顾问通常都是由一些外部专家组成，他们的知识和能力不容置疑；另一方面，由于变革代言人来自第三方，通常能较为客观地认识企业所面临的问题，较为正确地找到解决的办法。

7. 运用力场分析法

力场分析法是卢因于 1951 年提出来的。他认为：变革是相反方向作用的各种力量中一种能动的均衡状态。对于一项变革，企业中既存在变革的动力，又存在变革的阻力，人们应该通过分析变革的动力和阻力，找到变革的突破口。

8. 培植企业的精神领袖

在企业变革的过程中，如果企业有一位强力型的领导者，相对而言，变革的阻力就会小得多。由于企业的精神领袖通常具有卓越的人格魅力和非常优秀的工作业绩，因此由他们发动变革，变革的阻力就会很小。当然，客观而论，在企业中培植精神领袖并不一定是件好事，但在组织变革的过程中确实能起到立竿见影的效果。

组织变革是一种对现有状况进行改变的努力，任何变革都常常会遇到来自各种变革对象的阻力和反抗。产生这种阻力的原因可能是传统的价值观念和组织惯性，也有一部分来自对变革不确定后果的担忧。变革从结果上看可能会威胁到某些人的利益，如机构的撤并、管理层级的扁平等，都会给组织成员造成压力和紧张感。过去熟悉的职业环境已经形成，而变革要求人们调整不合理的或落后的知识结构，更新过去的管理观念、工作方式等，这些新要求都可能会使员工面临着失去权力的威胁。

变革意味着原有的平衡系统被打破，要求成员调整已经习惯了的工作方式，而且变革意味着要承担一定的风险。对未来不确定性的担忧、对失败风险的惧怕、对绩效差距拉大的恐慌以及对公平竞争环境的担忧，都可能造成人们心理上的倾斜，进而产生心理上的变革阻力。另外，平均主义思想、厌恶风险的保守心理、因循守旧的习惯心理等也都会阻碍或抵制变革。

组织结构变革可能会打破过去固有的管理层级和职能机构，并采取新的措施对责、权、利重新做出调整和安排，这就必然会触及某些团体的利益和权力。如果变革与这些团体的目标不一致，团体就会采取抵制和不合作的态度以维持原状。

组织变革意味着组织固有的关系结构的改变，组织成员之间的关系也随之需要调整。非正式团体的存在使得这种新旧关系的调整需要有一个较长过程。在这种新的关系结构被确立之前，组织成员之间很难磨合一致，一旦发生利益冲突，就会对变革的目标和结果产生怀疑和动摇，特别是一部分能力有限的员工将在变革中处于相对不利的地位。随着利益差距的拉大，这些人必然会对组织的变革产生抵触情绪。为了确保组织变革的顺利进行，必须事先针对变革中的种种阻力进行充分的研究，并采取具体的管理对策。

总之，无论是个人还是组织，都有可能对变革形成阻力，变革成功的关键在于尽可能地消除阻碍变革的各种因素，削弱反对变革的力量，使变革的阻力尽可能降低，必要时还应该运用行政的力量保证组织变革的顺利进行。

四、组织变革的模式

（一）组织变革的系统模式

组织变革的系统模式是在更大的范围里解释组织变革过程中各种变量之间的相互联系和相互影响关系。这个模式包括输入、变革元素和输出三个部分。

1. 输入

输入部分包括内部的强点和弱项、外部的机会和威胁。其基本构架则是组织的使命、愿景和相应的战略规划。企业组织用使命来表示其存在的理由；愿景是描述组织所追求的长远目标；战略规划则是为实现长远目标而制订的有计划变革的行动方案。

2. 变革元素

变革元素包括目标、人员、社会因素、方法和组织体制等。这些元素相互制约、相互影响，组织需要根据战略规划，组合相应的变革元素，实现变革的目标。

3. 输出

输出部分包括变革的结果。根据组织战略规划，从组织、部门群体、个体等三个层面，增强组织整体效能。

它把组织描述为可以作为有计划变革重点的六个相互作用的变量：人员、文化、任务、技术、设计和战略。这六个变量是相互依赖、相互作用的。在系统模型中，任何一个变量的改变都会导致其他一个或多个变量的改变。组织变革的系统模型的最大优点就在于，它可以帮助人们全面地认识和考虑组织变革中相互交错的关系，可以通过对这些相互联系、相互作用变量的审视和把握来促进人们全面和系统地规划和管理组织变革。

（二）组织变革的阶段模式

1. 卢因的阶段模型

组织变革的阶段模式中最具影响的也许是卢因（Lewin）的变革模型。他提出一个包含解冻、变革、再冻结等三个步骤的、有计划地组织变革模型，用以解释和指导如何发动、管理和稳定变革过程。

1）解冻

这一步骤的焦点在于创设变革的动机。鼓励员工改变原有的行为模式和工作态度，采取新的适应组织战略发展的行为与态度。为了做到这一点，一方面，需要对旧的行为与态度加以否定；另一方面，要使干部员工认识到变革的紧迫性。可以采用比较评估的办法，把本单位的总体情况、经营指标和业绩水平与其他优秀单位或竞争对手一一加以比较，找出差距和解冻的依据，帮助干部员工“解冻”现有态度和行为，使其迫切要求变革，愿意接受新的工作模式。此外，应注意创造一种开放的氛围和心理上的安全感，减少变革的心理障碍，提高变革成功的信心。

2）变革

变革是一个学习过程，需要给干部员工提供新信息、新行为模式和新的视角，指明变革方向，实施变革，进而形成新的行为和态度。这一步骤中，应该注意为新的工作态度和行为树立榜样，采用角色模范、导师指导、专家演讲、群体培训等多种途径。卢因（Lewin）认为，变革是个认知的过程，它通过获得新的概念和信息得以完成。

3）再冻结

在再冻结阶段，会利用必要的强化手段使新的态度与行为固定下来，使组织变革处于稳定状态。为了确保组织变革的稳定性，需要注意使干部员工有机会尝试和检验新的态度与行为，并及时给予正面的强化。同时，加强群体变革行为的稳定性，促使形成稳定持久的群体行为规范。

卢因的三步骤变革过程，描述成功的变革要求对现状予以解冻，然后变革到一种新的状态，并对新的变革予以再冻结，使之保持长久。现状可以被看作一种平衡状态，要打破这一平衡状态，解冻就是必要的。具体可以通过如下三种方式：

（1）增强驱动力，使行为脱离现有状态。

（2）减弱制动力，即妨碍脱离现有平衡状态的力量。

（3）混合使用以上两种方法，使组织很快恢复到平衡状态。

因此，在这种组织中追求稳定性和效率性是管理的主流方向。

卢因的组织变革模型奠定了组织变革理论研究的基础，他的这一典型的三部分过程模型后来被许多组织变革学家继承和发展。一般认为，组织变革有一个典型的过程模型，这个模型由三个部分构成：选取有缺陷的组织，让它通过艰难的过渡阶段，最终沉积于富足的理想状态。

2. 卡斯特的组织变革阶段模型

该学说将变革分为六个步骤：

（1）对组织及其取得的成就和存在的缺陷进行回顾、反省和检查，以便为变革做好准备。

（2）认识进行组织变革的重要性。

（3）找出现有状况和所希望状态之间的差距。

（4）确认变革的方法。

（5）实行变革。

（6）检查变革成果，反馈。

该学说认为变革过程应包括：第一，对所需要的业务变革进行精确界定；第二，明确新的作业方法是如何影响特定的人员和群体的；第三，识别当前雇员所持的态度和观点以及他们是如何支持现行的工作惯例的；第四，对能够使员工适应新环境和新方法的态度和观点进行充分说明；第五，测量当前人们对变革所持的态度。

3. 唐纳利等人的组织变革模式

该学说提出组织变革应包括八个步骤：

（1）认清变革的力量，即要求进行变革的压力。

（2）认识变革的需要。

（3）分析判断问题，弄清变革的目的和内容。

（4）制定组织发展的战略和方法。

（5）认清影响变革成败的限制条件。

（6）选择战略和方法。

（7）实施计划。

（8）评价计划。

（三）组织变革的行为研究模式

组织变革的行为研究模式包括五个步骤：诊断、分析、反馈、行动和评价，如图2－2－12所示。

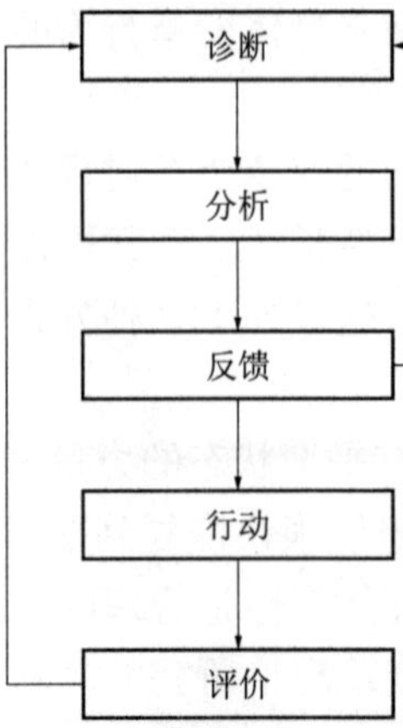

图2－2－12　组织变革的行为研究模式

行为研究对组织的显著优点有：对组织当前形势进行严格判断；以问题为中心，推动客观地发现问题，问题的类型决定了变革行为的类型；由于行为研究中包括了员工的大量参与，所以减弱了变革阻力。

项目小结

组织结构，是指表现组织各部分排列顺序、空间位置、集散状态、联系方式以及各要素之间相互关系的一种模式。组织结构本质是为实现组织战略目标而采取的一种分工协作体系，组织结构必须随着组织的重大战略调整而调整。组织设计，是一个动态的工作过程，包含了众多的工作内容。组织设计应遵守以下原则：拔高原则、优化原则、均衡原则、重点原则、人本原则、适应原则和强制原则。组织设计的实现过程分为准备、实施和评估三个阶段。影响组织结构设计的权变因素主要有人员素质、组织技术、组织规模、组织生命周期、组织环境和企业经营战略。组织结构被视为组织的骨骼和框架，是组织功能正常发挥的基础，是产生组织成员行为的主要决定因素，它是否合理与完善，将直接影响到组织的工作效率。所以，管理者必须掌握进行组织结构设计的基本要素，并根据组织的目标和规模设计和不断完善组织结构。组织结构设计的基本要素表现在如下几个方面：工作专业化、部门化、控制幅度、集权与分权、正式化、机械结构与有机结构。目前企业主要的和常见的组织结构形式有以下几种：直线型组织结构、职能型组织结构、直线职能型组织结构、事业部型组织结构、矩阵式组织结构、多维立体组织结构、团队结构和虚拟组织。在实践中，企业的实际组织结构形式往往是这些基本形式的某种方式的组合，或者是某种变形。组织变革与发展的目标、特点及组织变革的压力和阻力，以及如何变压力为动力、如何克服组织变革的阻力等内容；掌握组织成长理论、克服组织老化的对策、组织变革的内容、组织变革的策略、组织变革的程序和步骤；认识我国企业组织变革的特点、内容、管理模式的更迭和我国大中型企业组织发展的思路。

主要概念和观念

1. 工作专业化。
2. 部门化。
3. 控制幅度。
4. 集权与分权。
5. 正式化。
6. 直线型组织结构。
7. 职能型组织结构。
8. 事业部型组织结构。
9. 矩阵式组织结构。
10. 多维立体组织结构。
11. 团队结构。
12. 组织变革。
13. 组织发展。
14. 组织创新。

15. 组织变革模式。
16. 组织变革的系统模式。
17. 组织变革的阶段模式。
18. 组织变革的行为研究模式。

基本训练

1. 简述组织设计的实现过程分为哪三个阶段?
2. 组织结构专业化是否意味着组织结构可以无限制地细分?
3. 组织结构设计的基本要素表现在哪几个方面?
4. 如何理解机械结构与有机结构的区别?
5. 为什么团队结构的组织成员既是专家又是通才?
6. 试述一种组织变革举措，并结合实际进行评论。
7. 以自己所在的班集体为例说明组织工作的内容和组织设计的工作步骤都包括哪些?
8. 试述如何确定有效的管理幅度和合理的管理层次。
9. 试述影响集权与分权的因素。

案例讨论

案例1

惠光公司的组织架构

惠光设备制造公司雇用施斌当副总经理好多年了。施斌是位科学家，负责公司里的研究开发工作。在他的领导下，建立了正规的研究机构，它有五个管理层次。施斌手下有三个关键人物：研究部主任、行政管理部经理和专利注册部经理。研究部主任支配两个处长，一个抓基础研究，另一个搞应用开发。这两个处，各有五个探索领域：物理、有机合成、化学工艺、反应装置和分解学。依次类推，负责每个领域的科长手下有两三个具体抓课题的组长。在整个研究开发过程中，由施斌不时地复审所有的项目，然后拨款放权，让这些项目进入下一个阶段。

如此安排，使研究工作大见成效，公司长期以来生意兴隆，获得了上千项专利。但是近两年来，日本、德国的一些公司在竞争中不断地有惊人的突破，它们的研究队伍很快就探听到技术上的新改进，并且捷足先登地投入生产开发。当施斌退休时，公司任命了一位新的副总经理来负责研究工作，授权他重新组织研究队伍，以便从整体上对环境作出快速反应，更见成效。

问题思考：

1. 这位新上任的副总经理应该采取哪些基本措施来改进研究活动，提高工作效率呢?
2. 请分别画出原来的组织结构图和改进后的组织结构图。

案例 2

传统工艺品厂的组织工作

某地方生产传统工艺品的企业，伴随着我国对外开放政策，逐渐发展壮大了起来。销售额和出口额近十年来平均增长15%以上。员工也由原来的不足200人增加到了2万多人。可企业还是采用过去的类似直线型的组织结构，企业一把手王厂长既管销售，又管生产，是一个多面全能型的管理者。最近企业发生了一些事情，让王厂长应接不暇：其一，生产基本是按订单生产，基本由厂长传达生产指令。碰到交货紧，往往由厂长带头，和员工一起挑灯夜战。虽然按时交货，但质量不过关，产品被退回，并被要求索赔；其二，以前企业招聘人员人数少，所以王厂长一人就可以决定了。但现在每年要招收大中专学生近50人，还要牵涉到人员的培训等，以前的做法不行了；其三，过去总是王厂长临时抓人去做后勤等工作，现在这方面工作太多，临时抓人去做，已经做不了也做不好了。凡此种种，以前有效的管理方法已经失去作用了。

问题思考：

请从组织工作的角度说明企业存在的问题以及建议措施。

案例 3

动力工业公司的集权与分权

动力工业公司是一个生产多种产品的汽车替换零件制造商，由于执行积极合并的政策，发展很快。董事长约翰·拉弗蒂认为公司的成长是健康的，公司之所以能以罕见的速度迅速扩大，其主要原因是：公司的经营是在高度分权的基础上进行的。由于它是一个合并了一些公司的康采恩企业，拉弗蒂鼓励所属公司的经理们要仍像动力工业公司以前那样继续经营。现在，正在谈判同中央电子公司的合并问题。这个公司生产广泛系列的电子元件，其中许多用于国防和宇宙工业。中央电子公司对动力工业公司发生兴趣，是由于动力工业公司能提供该公司在发展一种高功能变压器的最终阶段和建立生产新产品的工厂方面所急需的资金。可是中央电子公司的创办人和总经理罗莎·瓦斯克丝认识到同另一个公司合并的潜在危险：她将失去对她自己企业的控制，并沦为一个大公司的雇工地位。

但拉弗蒂不断向瓦斯克丝保证，动力工业公司是在高度分权基础上经营管理的，并描述他们的分权概念如下：

“我们希望你，作为一个子公司的总经理，像过去一样照常进行管理。你的企业是成功的，这就没有理由说，作为动力工业公司的一部分，就不能成功地继续经营、销售、生产，以及产品开发等主要职能，只要你认为合适，一切由你经管。总之，我们是按银行家的方式，由我们供给资金，即供给你需要的用于改进和扩充的资本。虽然每个子公司的利润将上交总公司，但仍像你具有自己的公司一样，因为你每年将得到两种收入：一份有保证的薪金和你公司一定比率的净利。”

在作了这样的保证以后，瓦斯克丝决定同动力工业公司合并。在6个月里，一切都很顺利，瓦斯克丝几乎没看到公司总部有什么人来。到第7个月月初，总公司的会计员来访问瓦斯克丝，详细地向她说明公司需要有利润计划，并要求她编制好中央电子公司的利润计划、下年度详尽的收入和营业费用的预测。虽然会计员很和气，但讲得十分清楚，如果中央电子公司的活动明显地偏离了预测的情况，总公司将派一组成本分析专家和工业工程师来查明偏离的原因并将提出必要的变革提议。

和会计员的这场经历刚过去，动力工业公司的劳资关系副董事长又访问了瓦斯克丝，并通知她，几个总公司的劳资关系参谋成员将参加同代表中央电子公司雇工的工会即将进行的谈判。瓦斯克丝抗议说，她对自己公司的劳资契约已谈判多年了。然而，人们对她解释说，这样做是为了全公司范围雇工的福利计划（如年金和保险），同时也是为了防止工会在工资领域中利用一个子公司来反对另一个子公司，所以集中控制谈判是非常必要的。在这次访问中，公司的一些劳资关系参谋成员还向瓦斯克丝略述了公司有关工资计划的规定，并做出安排以实施公司职员和主管人员的薪金计划。

次月，瓦斯克丝访问了拉弗蒂并询问为了取得建设生产高功能变压器新厂房的资金她应采取什么步骤。

拉弗蒂答复说："我将从总公司财务部门派人访问你，并向你指出如何填写基建资金申请表。这不过是个例行手续，但是请记住，你仅仅是15个子公司中的一个，大家都同时需要钱，况且今年能否取得这笔钱，不仅取决于你的需要，还将取决于其他14个公司的需要。"

问题思考：

1. 动力工业公司在经营上是否尽可能地实行了分权？
2. 作为瓦斯克丝（中央电子公司的总经理），你认为母公司的管理政策基本上是集权还是分权？为什么？

案例4

ABB与赛智的组织架构

ABB公司全球拥有25万名员工，在每一个国家都采取矩阵式结构，将公司按区域和业务维度划分。这样做是为了既保证公司产品的本土化特点，又保证规模效应和技术的领先性。ABB本土的经理负责自行开发新产品、开发市场与政府攻关，而业务经理负责全球的产品战略决策。根据这样的结构，ABB在全球范围成立合资企业，每个合资企业规模都很小（ABB全球有1 200个合资公司），但大约1 100个合资公司的总经理都同时向区域经理汇报，也向全球业务经理汇报。通过这样的管理，ABB仍然作为一个有整体战略的公司，成为世界电气巨人。通过矩阵式结构，ABB有效地将全球化战略和本地化产品相结合，将跨国公司的规模优势和小公司的灵活、低成本优势相结合。

赛智公司是一家成立于1998年的民营高科技企业，公司创办初期的20名员工也都是具有良好专业背景的科技人员，有很强的学习能力。这些人来公司后都很快进入了角色，各自独当一面，在工作中，既能与客户进行深入的探讨、充分了解客户需求，又能开发相关应用软件、适应客户企业的运营环境，在系统调试运行中为用户提供详尽的技术支持。公司的人员精干高效，总经理也事必躬亲，从与客户沟通到软件开发再到售后服务样样操心，有时还忍不住自己亲自动手编写应用程序。创业初期的组织结构如图2-2-13所示。

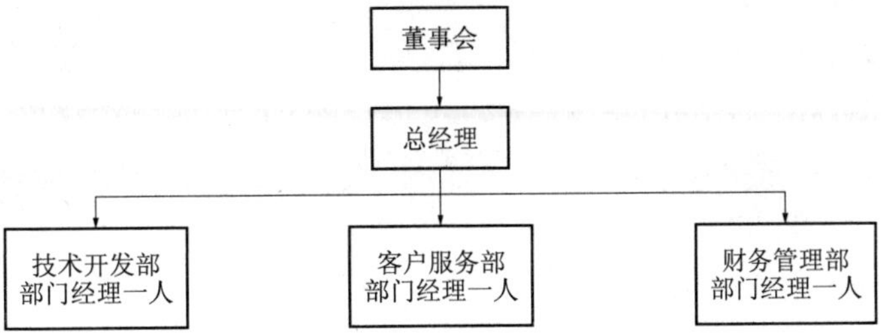

图 2-2-13　赛智公司创业初期的组织结构

后来，赛智公司选择银行、海关、民航和税务作为主要的目标市场，凭着全体员工的共同努力和高质量的产品，赛智公司实现了超速成长。

问题思考：

1. ABB 公司的组织结构属于什么形式的结构？
2. 赛智公司在创业初期的组织结构属于何种类型？其主要特点是什么？

项目三

领　导

任务一　领导职能概述

【导入案例】

传奇“铁娘子”董明珠到底有多狠

坊间评价：她走过的地方，寸草不生。她霸道强悍，六亲不认。但无可否认的是，她取得了巨大的成功。她敢向总理说真话提意见，敢得罪自己的亲哥哥，敢把广州财政局推到法院当被告，敢和家电连锁大佬张近东等交恶，敢多次在公开场合批评明星企业小米不行……她多次入选美国《财富》杂志“全球50名最有影响力的商界女强人”。作为格力电器董事长，狮子座的董明珠是一位不折不扣的“铁娘子”，一直以来是大家喜欢的有个性的企业家，让我们来听听她的传奇事迹！

格力集团董事长董明珠原有一份在当年看来稳定的工作，在南京一家化工研究所做行政管理工作，有干部身份。丈夫因病去世之后，董明珠独自带着儿子生活。1990年，她毅然辞去工作，将儿子留给奶奶照顾，自己南下打工。

36岁从格力一名基层业务员做起，不知营销为何物的董明珠却凭借坚毅和死缠烂打，40天追讨回前任留下的42万元债款，令当时的总经理朱江洪刮目相看，成为营销界茶余饭后的经典故事。传奇从这里起航。靠着勤奋和诚恳，董明珠不断创造着格力公司的销售神话，她的个人销售额，曾上窜至3 650万元。

董明珠一直没有再婚，“80后”的儿子同她相依为命，但儿子更多的时候都是独立生活。董明珠倒不觉得这是一个太大的遗憾，她儿子的独立反倒成了董明珠的骄傲，对儿子的教育，董明珠更多实行的也是潜移默化的方式。他不管是在读书还是现在工作，外人都不知道他是她的儿子。虽然现在董明珠可以给儿子找一份很好的工作，但是她儿子却同当年自己的母亲一样，从基层做起。

在管理上，董明珠是“法家”学派坚定的拥护者和执行者。董明珠给公司内部规定：“上班时间不许吃东西，一经发现，第一次罚50元，第二次罚100元，第三次走人。”当所有人以为这也就是说说而已的时候，一天快下班时，董明珠走进办公室，发现8名员工正在吃东西，仅过了10秒钟，下班铃就响了，董明珠则毫不客气地来收钱，“不会吧?”大家都目瞪口呆。董明珠对每人收了50元，并且说："只要违反原则，再小的事，都是大事，都要管到底。"

在格力，忠诚是第一位的。2008年的一天，董明珠接到了一个老朋友的电话："董总，我的能力水平和在格力干得怎么样你是清楚的，我希望能够重返格力，为您效劳。"原来这个人之前供职格力期间，发明众多，后被竞争者以重金挖走，可是后来他还是觉得格力好，于是又想回来。然而，在格力有一条不成文的规定："如果从格力离开，就永远不要指望再被格力接纳。另一方面，只要是从同行其他企业出来的，无论多有水平多能干，格力原则上不收留。"于是董明珠强硬地拒绝了老朋友的请求。

董明珠"说一不二"。董明珠担任营销经理后，第一件要做的事就是追讨欠款，她经过40天的斗智斗勇，饱尝冷落、戏弄和欺骗后，终于追回了货款。从此，她下决心采用"先款后货"的策略，这在当时还真有点霸道，她规定："凡拖欠货款的经销商一律停止发货，补足款后，先交钱再提货。"这下捅了马蜂窝，经销商们马上牢骚满腹，说："中国哪有这样做生意的？"董明珠振振有词："就算别人全是拿货后付款，我格力也偏偏不。"于是大大小小的经销商纷纷向格力老总朱江洪告状，有的甚至宣称："有她没我。"董明珠针锋相对："有我没他。"朱江洪劝董明珠："是不是可以补完款，先发货再收钱？"董明珠微微一笑说："好啊。"结果款一到账，货却把住不发。董明珠说："要货？就按'先款后货'的办法办。"由于董明珠的坚守，此后几年，格力电器不仅全国销量第一，而且没有一分钱的应收账款，也没有一分钱三角债。董明珠有一股"不成功则成仁"的精神，顶住了压力，取得了实绩，也树立了权威，此后在企业说话"一言九鼎"。

董明珠坚持认为，"管理是铁的、刚性的，制度是不可随意改变的。"即便是对自己的亲属她也绝不网开一面。随着格力空调名牌在全国的打响，格力空调全国货源紧张，只要能拿到格力的货，就稳赚。于是一个经销商想多拿一些货，便找到董明珠的哥哥，希望通过这层关系多拿货，并且承诺按2%给董明珠的哥哥提成。哥哥心想这对妹妹来说就是一句话的事，于是就给妹妹打电话："某经销商请我帮忙拿点货。"董明珠强调说这是违反公司规定的，便一口拒绝了哥哥的请求。董明珠挂了电话后又打电话给经销商，开始这位经销商还很开心，心想肯定是明珠的哥哥帮他接上头了。可是董明珠说："对你给予停货半个月的处罚。"那人一听就懵了。这个经销商又找到董明珠的哥哥责问道："董明珠到底是不是你亲妹妹，怎么这么不讲情面啊！"自此哥哥和董明珠断交了。

董明珠的强硬还表现在处理与政府和领导的关系上。格力某年广告招标，有一家广告公司是某政府领导推荐的，但招标第一轮就被董明珠刷下来了，董明珠表示，"这个公司连报价系统都不完善，凭什么来竞标？"当时很多人替格力捏了一把汗，董明珠却一点不害怕，在董明珠看来，"一个好的领导者，必须具有强烈的责任感。我想的第一件事就是不被乌纱帽左右，如果你认为我做得太过分了，把我免掉了也不足为奇。但如果给我做，我一定要坚持原则。"她还说："我们是珠海的纳税大户，我们每年要缴那么多的税，我就是要将企业搞好，他们为什么干涉我？"

对于业界大佬，董明珠也是不把自己当"女人"。万科董事长王石曾在一次发布会上说："如果我是董明珠，我就去给小米做代工。"对此，董明珠分毫不让，她斩钉截铁地告诉记者："我不会去做代工，因为格力是技术创造型的企业，不是简单的制造业。"另外，在第十四届CCTV中国经济年度人物颁奖典礼上，雷军表示："我用互联网方式做，用户群接近，极其强调用户体验和口碑，新模式成长速度也快。五年之内如果营业额击败格力，董总给我1元钱。”董明珠回应，“1元钱不赌，要赌赌10亿元，但格力不可能输，格力是中国制造、中国创造。”

虽然董明珠强硬的作风招人嫉恨，但她仍一意孤行。格力因为有了董明珠，才成了行业领头羊。也正因为有了这个实绩，董明珠才有底气，才硬气，才敢于坚持原则。董明珠的“任性”成就了格力，在这个“成则为王，败为寇”的年代，无疑董明珠“存在就是合理”的。

问题思考：

从企业高层管理者的角度，应该如何理解董明珠的狠？

【相关知识】

一、领导概念的界定

（一）领导的含义

从管理学意义上来讲，领导的定义可概括为：领导是指管理者依靠其影响力，通过激励、沟通、指挥等手段，带领被领导者或追随者，去实现组织目标的活动过程。其基本含义可以从以下几个方面理解：

第一，领导包含领导者和被领导者两个方面。领导者是指能够影响他人并拥有管理的职位权力、承担领导职责、开展领导工作的人。领导者一定要有领导的对象，如果没有被领导者，领导者将变成“光杆司令”，领导工作就会失去意义，领导职能也就不复存在。在领导过程中，下属都甘愿追随领导者并接受领导者的指导。

第二，领导是一种活动，是引导人们的行为过程，是领导者带领、引导和鼓舞下属去完成工作、实现目标的过程，是管理的一项重要职能。

第三，领导的基础是领导者的影响力。领导者拥有影响被领导者的能力或力量，它既包括由组织赋予的职位权力，也包括领导者个人所具有的影响力。一个领导者如果一味地行使职权而忽视社会和情绪因素的影响力，就会使被领导者产生逃避或抵触行为。当一个领导者的权力不能使下属跟随领导者时，领导工作就是无效的。

第四，领导施加影响力的方式或手段主要有激励、沟通和指挥。①激励是指管理者通过作用于下属来激发其动机、推动其行为的过程。激励的具体形式包括能满足人的需要，特别是心理需要的种种手段。激励具有自觉自愿性、间接性和作用持久性等特点。激励是管理者调动下属积极性，增强群体凝聚力的基本手段。②沟通是指管理者为有效开展工作而交换信息、交流感情、协调关系的过程。具体形式包括：信息的传输、交换与反馈，人际交往与关系融通，说服与促进态度（行为）的改变等。这是管理者保证管理系统有效运转，提高整体效应的经常性手段。③指挥是管理者凭借权力，直接命令或指导下属行事的行为。指挥的形式有部署、命令、指示、要求、指导、帮助等。指挥具有强制性、权威性、统一性等特点。指挥是管理者最经常使用的领导手段，其前提和条件是权力。

第五，领导的目的是实现组织的目标。不能为了领导而领导，不能为了体现领导的权威而领导。领导的根本目的在于影响下属为实现组织的目标而努力。

（二）领导与管理的联系与区别

1. 联系

从行为方式看，两者都是一种在组织内部通过影响他人的协调活动实现组织目标的过程。从权力的构成看，两者也都是组织层级的岗位设置的结果。

2. 区别

从本质上看，管理是建立在合法的、有报酬的和强制性权力基础上的对下属命令的行为，而领导则可以建立在合法的、有报酬的和强制权力基础上，也可以并且更多的是建立在个人影响力和专长权以及模范作用的基础上，且两者所担负的工作内容不同。具体区别如表 2－3－1 所示。

表 2－3－1　管理和领导的区别

比较项目	管　理	领　导
从职能上看	管理的范围大	领导行为属于管理的范围
从岗位上看	管理者未必是领导者	领导者必定是管理者
制订计划	为达成目标，制订出详细的步骤和计划进度，进行资源分配	展现未来的前景与目标，指明达到远景目标的战略
组织和人员配备思路	组建所需组织结构及配备人员，规定权责关系，制订具体政策和规程，建立一系列的制度监督下属的工作状况	重在指导人员。同协作者沟通，指明方向、路线。帮助人们更好地理解目标、战略及实现目标后的效益。引导人们根据需要组建工作组、建立合作伙伴关系
执　行	在执行中强调采用控制的方式来解决问题。通过具体的、详细的计划监督进程和结果	一般采取鼓动和激励的方式。在思想上动员和鼓励人们克服工作中的障碍与困难，推动各项工作顺利开展
效　果	一般只能发挥组织成员的现有能力	充分挖掘组织成员的潜在能力

（三）领导的实质

领导实质上是一种对他人的影响力，即管理者对下属及组织行为的影响力，这种影响力能改变或推动下属及组织的心理与行动，为实现组织目标服务。这种影响力可以称为领导力量或者领导者影响力，管理者对下属及组织施加影响力的过程就是领导的过程。领导者对下属及组织的影响力来自两方面：一是权力（又称为制度权力）影响力；二是非权力（又称为个人权力）影响力。

1. 权力影响力

1）权力影响力

权力影响力包括法定的权力、强制的权力、奖励的权力。它由组织正式授予管理者并受组织规章的保护。这种权力与特定的个人没有必然的联系。它只同职务相联系。权力是管理者实施领导的基本条件。没有这种权力，管理者就难以有效地影响下属，实施真正的领导。

第一，法定的权力来自上级的任命。组织正式授予领导者一定的职位，从而使领导者占据权势地位和支配地位，使其有权对下属发号施令。这种支配权，是管理者的地位或在权力阶层中的角色所赋予的。

第二，强制的权力是和惩罚权相联系的、迫使他人服从的力量。在某些情况下，领导者是依赖于强制的权力与权威施加影响的，对于一些心怀不满的下属来说，他们不会心悦诚服地服从领导者的指示，这时领导者就运用惩罚权迫使其服从。这种权力的基础是下属的惧怕。这种权力对那些认识到不服从命令就会受到惩罚或承担不良后果的下属的影响力是巨大的。

第三，奖励的权力是在下属完成一定的任务时给予相应的奖励，以鼓励下属的积极性。这种奖励包括物质奖励如奖金等，也包括精神的奖励如晋升等。依照交换原则，领导者通过提供心理或经济上的奖酬来换取下属的遵从。

2）影响权力影响力的主要因素

对权力影响力的影响因素主要有：

第一，传统观念。几千年的社会生活，使人们对领导者形成心理观念，由此产生了对领导者的服从感。这种传统观念由于在人们很小时就影响着每一个人的思想，所以增强了领导者言行的影响力。

第二，职位因素。由于领导者凭借所授予的指挥他人开展具体活动的权力可以左右被领导者的行为、处境，甚至前途命运，所以被领导者对领导者会产生敬畏感。领导者的职位越高、权力越大，下属对他的敬畏感就越甚，他的影响力也就越大。

第三，资历的影响。一个人的资历与经历是历史性的东西，它反映了一个人过去的情况。一般而言，人们对资历较深的领导者，心目中比较尊敬，因此其言行也容易在人们的心灵中占据一定的位置。

权力是通过正式的渠道发挥作用的。当领导者担任管理职务时，由传统心理、职位、资历构成的权力的影响力会随之产生；当领导者失去管理职位时，这种影响力将大大削弱，甚至消失。

2. 非权力影响力

1）非权力影响力

非权力影响力包括专长影响力和品质影响力：

第一，专长影响力是指领导者因具有各种专门知识和特殊技能或学识渊博而获得同事及下属的尊重和佩服，从而在各项工作中显示出的在学术上或专长上的举足轻重的影响力。这种影响力的影响基础通常是狭窄的，仅仅限于专长范围之内。

第二，品质影响力是指由于领导者优良的作风、思想水平、品德修养而在组织成员中树立的德高望重的影响力。这种影响力是建立在下属对领导者认可的基础之上的，它通常与具有超凡魅力或名声卓著的领导者相联系。

2）构成非权力影响力的主要因素

对非权力影响力的影响因素有以下几个方面：

第一，品格。主要包括领导者的道德、品行、人格等，优秀的品格会给领导者带来巨大的影响力。因为品格是一个人的本质表现，好的品格能使人产生敬爱感，并能吸引人，使人模仿。如此，下属常常希望自己能像领导者一样。

第二，才能。领导者的才干是决定其影响力大小的主要因素之一。才干通过实践来体现，主要反映在工作成果上。一个有才干的领导者，会给事业带来成功，从而使人们对他产生敬佩感，吸引人们自觉地接受其影响。

第三，知识。一个人的才干是与知识紧密地联系在一起的。知识水平的高低主要表现在对自身和客观世界认识的程度上。知识本身就是一种力量。知识丰富的领导者，容易取得人们的信任，并由此让人产生信赖感和依赖感。

第四，感情。感情是人的一种心理现象，它是人们对客观事物好恶倾向的内在反映。人与人之间建立了良好的感情关系，便能产生亲切感；相互的吸引力越大，彼此的影响力也越大。因此，如果一个领导者平时待人和蔼可亲、关心体贴下属、与群众的关系融洽，那么他的影响力就往往较大。

由品格、才干、知识、感情因素构成的非权力影响力，是由领导者自身的素质与行为造就的。在领导者从事管理工作时，它能增强领导者的影响力。在不担任管理职务时，这些因素仍会对人们产生较大的影响。

二、领导职能的作用

（一）带领组织成员共同实现组织目标

领导工作的一个重要作用就在于引导组织中的全体人员有效地理解和领会组织目标，协调组织成员的关系和活动，使组织成员充满信心、步调一致地朝着共同的目标前进。

（二）指挥作用

在组织活动中，需要有高瞻远瞩、运筹帷幄的领导者，帮助组织成员认清所处的环境和形势，指明组织活动的目标和达到目标的途径。领导者通过激励、沟通、指挥、指导活动，推动组织成员最大限度地实现组织的目标。在整个活动中，要求领导者作为带头人来引导组织成员前进，鼓舞人们去奋力实现组织的目标。只有这样，才能真正发挥指挥的作用。

（三）调动组织成员的积极性

从事社会活动的人是具有不同的需求、欲望和态度的。人的身上蕴藏着任何一个组织所需要的生产力，领导可以诱发这一力量，通过领导工作调动组织中每个组织成员的积极性、主动性和创造性，使其以高昂的士气自觉、自动地为组织做出贡献。

（四）促使个人目标与组织目标趋于统一

人们的个人目标有很多，并且不统一，有的是为了获得高收入，有的是为了获得名望，有的是为了工作的挑战性，有的是为了得到上级领导的认可与肯定，有的是为了实现自我价值，等等。他们一旦加入某个组织工作，就会想方设法去努力实现自己的个人目标。然而，个人目标与组织目标不见得一致，长此以往，将不利于组织目标的实现。通过领导工作，就可以去帮助他们认识个人对组织、对社会所承担的义务，让他们体察到个人与组织的密切关系，进而使他们主动放弃一些不切实际的要求，自觉地服从于组织目标。所以，领导者也要创造一种环境，在实现组织目标的同时，在条件允许的范围内，满足个人的需求，使人们对组织产生自然的信赖和依赖的感情，从而为加速实现组织目标而做出努力。

任务二 领导方式和领导理论

【导入案例】

选择哪种领导方式

岳明是一位空调销售公司的总经理。他刚接到有关公司销售状况的最新报告：销售额比去年同期下降了25%、利润下降了10%，而且顾客的投诉上升。更为糟糕的是，公司内部员工纷纷跳槽，甚至还有几名销售分店的经理提出辞呈。他立即召集各主管部门的负责人开会讨论解决该问题。会上，岳总说："我认为，公司的销售额之所以下滑都是因为你们领导不得力。公司现在简直成了俱乐部。每次从卖场走过时，我都看到员工们在各处站着，聊天的、煲电话粥的，无处不有，对顾客却视而不见。他们关心的是多拿钱少干活。要知道，我们经营公司的目的是赚钱，赚不到钱，想多拿钱，门儿都没有。你们必须记住，现在我们迫切需要的是对员工的严密监督和控制。我认为现在有必要安装监听装置，监听他们在电话里谈些什么，并将对话记录下来，交给我处理。当员工没有履行职责时，你们要警告他们一次，如果不听的话，马上请他们走人……"

部门主管们对岳总的指示都表示赞同。唯有销售部经理李燕提出反对意见。她认为问题的关键不在于控制不够，而在于公司没有提供良好的机会让员工真正发挥潜力。她认为每个人都希望展示自己的才干，为公司努力工作并做出贡献。所以解决问题的方式应该是从和员工沟通入手，真正了解他们的需求，使工作安排富有挑战性，促使员工们以从事这一工作而引以为自豪。同时在业务上给予指导，花大力气对员工进行专门培训。

然而，岳总并没有采纳李燕的意见，而是责令所有的部门主管在下星期的例会上汇报要采取的具体措施。

问题思考：

针对该公司已成了"俱乐部"，岳明应该采取怎样的领导方式才有效？

【相关知识】

一、领导方式

领导方式指领导者与被领导者之间发生影响和作用的方式。按照不同的标准可对领导类型进行不同的划分。

（一）按权力控制程度划分

按权力控制程度划分，可分为集权型领导、分权型领导和均权型领导。

集权型领导是工作任务、方针、政策及方法，都由领导者决定，然后布置给下属执行。

分权型领导是领导者只决定目标、政策、任务的方向，对下属在完成任务各个阶段上的日常活动不加干预。领导者只问效果，不问过程与细节。

均权型领导是领导者与工作人员的职责权限明确划分，工作人员在职权范围内有自主权。这种领导方式主张分工负责、分层负责，以提高工作效率，更好地达成目标。

（二）按领导重心划分

按领导重心划分，可以分为“以事为中心”的领导、“以人为中心”的领导、“人事并重式”的领导。

“以事为中心”的领导者认为，要以工作为中心，强调工作效率，以最经济的手段取得最大的工作成果，以工作的数量与质量及达成目标的程度作为评价成绩的指标。

“以人为中心”的领导者认为，只有下属是愉快的、愿意工作的，才会产生最高的效率、最好的效果。因此，领导者尊重下属的人格，不滥施惩罚，注重积极的鼓励和奖赏，注意发挥下属的主动性和积极性，注意改善工作环境，注意给予下属合理的物质待遇，从而保持其身心健康和精神愉快。

“人事并重式”的领导者认为，既要重视人，也要重视工作，两者不可偏废。既要充分发挥主观能动性，也要改善工作的客观条件，使下属既有饱满的工作热情，又有主动负责的精神。领导者对工作要求严格，必须按时保质保量地完成工作计划，创造出最佳成果。

（三）按领导者的态度划分

按领导者的态度划分，可分为体谅型领导和严厉型领导。

体谅型领导是领导者对下属十分体谅，关心其生活困难，注意建立互相依赖、互相支持的友好关系，注意赞赏下属的工作成绩，提高其工作水平。

严厉型领导是领导者对下属要求十分严厉，重组织、轻个人，要求下属牺牲个人利益、服从组织利益，明确每个人的责任，执行严格的纪律，重视监督和考核。

（四）按决策权力大小划分

按决策权力大小划分，可分为专断型领导、民主型领导和自由型领导。

专断型领导是领导者把决策权集于一人手中，这种领导方式可以说是权威式的以行政权威推行工作，下属无权参与，没有自主权，完全处于被动的地位；重视行政手段，严格规章制度，缺乏灵活弹性。由于决策错误或客观条件变化，贯彻执行发生困难时，不查明原因，多归罪下级。对下级奖惩缺乏客观标准，只是按领导者的好恶决定。

民主型领导是一种权力集中在集体，重大决策和政策均由集体成员参与讨论决定，共同执行的领导方式。领导者同下属互相尊重、彼此信任。领导者通过交谈、会议等方式同下属交流思想，商讨决策，注意按职授权，使下属能自主发挥应有的才能。奖惩有客观标准，不以个人好恶行事。

自由型领导是一种自由放任、各行其是、各自为政的一种领导方式。这种领导方式是领导者对工作关心不多，任其自然，所以，又称放任型领导方式。领导者有意分散领导权，给下属以极大的自由度。

二、人性假设理论

从以上的各种领导方式可以看出：对人性的基本看法，从根本上影响着领导方式，所以，对人性问题的研究，几乎是伴随着领导科学的产生和发展进行的。19 世纪末以来，随着管理科学的长足发展，先后出现了人性假设理论：19 世纪末到 20 世纪初，出现了以泰勒为代表人物的“经济人”的人性假设理论；20 世纪 30 年代出现了以梅奥为代表人物的“社会人”的人性假设理论。下面我们就对管理学的人性假设理论作逐一介绍。

（一）“工具人”假设

“工具人”的人性假设产生于管理学尚未正式形成的时期。“工具人”的人性假设，严格地讲，还未形成系统的人性理论，它只是在当时绝大多数管理者思想中普遍存在的一种观念。“工具人”的人性观认为，人在生产活动中所起的作用和机械的作用没有多大区别，管理的任务，就在于迫使工人像机械一样去工作。因而，被管理者成了被动的生产工具。在这种观点指导下的管理方式，就是“大棒式”的管理，这种“大棒式”的管理主要是应用各种各样的处罚手段进行强制性管理。在这样的管理下，工人生产劳动积极性和效率是有限的。

（二）“经济人”假设

1. “经济人”假设的思想

“经济人”假设又称“惟利人”假说，该理论认为人的行为就是为了追求最大利益，工作的目的就是为了物质上的报酬，“经济人”假设认为：人生来就是懒惰的，不愿意负任何责任，宁愿让别人领导与指挥；参加工作都是为了自己的生理和安全需要，只有金钱和物质利益才能刺激他们工作。其代表人物是泰罗。

2. 关于“经济人”假设理论的评价

（1）优点在于提出了一切管理都不能单凭个人的经验、个人意见来决定，而应依据科学实验和科学分析。

（2）这种理论也存在一些致命的弱点：它忽视了人在生产过程中行为活动的心理动机，把工人当成机器的一部分；它忽视管理组织的作用，低估了统一指挥在整个管理过程中的作用。

与“经济人”假设这种人性相适应，管理者采用的是“胡萝卜加大棒”的管理方式，注重物质刺激，并实行严格的监督和控制。

（三）“社会人”假设

1. “社会人”假设的思想

“社会人”又称“社交人”。该假设认为人是社会人，调动人的工作积极性最重要的因素不是物质利益，而是人的社会心理需要的满足程度；组织成员的“士气”是提高生产率最重要的因素；重视人际关系的协调；重视非正式组织的影响，鼓励组织成员参与管理。

2. 关于“社会人”人性假设的评价

“社会人”假设注意到了员工心理方面的需要，这和“经济人”假设相比是一个重大的进步，使人得到了尊重。这种假设要求管理者在管理过程中要营造一种和谐的人际关系氛围，使组织成员在良好的社会关系中积极地工作。

（四）“自我实现人”假设

“自我实现人”假设的思想

“自我实现人”是指每个人都需要发挥自己的潜力，表现自己的才能，只有自己的才能表现出来，自己才能得到最大的满足。“自我实现人”假设认为，人生来就是勤劳的，不但愿意工作而且是积极主动地工作；在工作中能进行自我监督和控制。

“自我实现人”假设比“社会人”假设又前进了一步，它更关心员工的高层次需要和自我价值的体现，这是人本理论的进一步发展。在这种假设下，管理人员要给下属提供施展才能的机会和舞台。

（五）“复杂人”假设

1. “复杂人”假设的思想

“复杂人”假设认为，人的需要是复杂多样的，而且是随着人的发展和生活条件的变化而变化的，并且需要的层次也不断发生改变；人在组织中的生活条件和工作是不断变化的，因而会不断产生新的需要和动机。

2. “复杂人”假设的评价

由于人的需要多种多样，并且还不断地发生改变，所以，在管理方式上，就不会有固定的、普遍适用的模式，而应该因时、因地、因环境而宜。

三、领导理论

研究有关领导问题的理论可以归结为三大类，即领导特性理论、领导行为理论和领导权变理论。

（一）领导特性理论

领导特性理论是最古老的领导理论。管理学家长期地进行了对领导者特性的研究。他们关注领导者个人性格，并试图确定能够造就伟大管理者的共同特性。这实质上是对管理者素质进行的早期研究。

管理学家的研究主要集中在三个方面：第一，身体特征，如领导者的身高、体重、体格健壮程度、容貌和仪表等；第二，个性特征，如领导者的魅力、自信心和心理素质等；第三，才智特征，如领导者的判断力、语言表达才能和聪慧程度等。

尽管一些杰出领导者的特性差异很大，很难确定几条完全统一的公认特性，但到 20 世纪 90 年代，特性理论研究者还是提出了一些反映有效领导者特性的个性特点：

（1）努力进取。成功的领导者必须具有对成功的强烈欲望，勇于进取，奋斗不息。

（2）领导动机。有强烈的权力欲望，在领导他人取得成功的过程中获得满足和自我激励。

（3）正直。领导者必须胸怀正义，言行一致，诚实可信。

（4）自信。面对挑战与困境，领导者都能充满自信，并能坚定其下属的信心。

（5）业务知识。高水平的领导必须有很高的业务素质。

（6）感知别人的需要与目标，并具备善于有针对性地调整自己领导方式的能力。

（二）领导行为理论

领导行为理论认为，领导者最重要的方面不是领导者个人的性格特征，而是领导者实际在做什么。主要的理论有坦南鲍姆和施米特的领导行为连续统一体理论，利克特的四种管理模式，美国俄亥俄州立大学的研究人员的领导行为四分图理论，布莱克和穆顿的管理方格理论，PM 型领导行为理论（P、M 分别是 Performance-Directed 与 Maintenance-Directed 的首写字母，代表两种典型的领导方式）等。下面我们主要介绍领导行为连续统一体理论和管理方格理论。

1. 领导行为连续统一体理论

该理论是由坦南鲍姆和施米特提出来的。这一理论认为，领导方式是一个连续变量，从“独裁式”的领导方式到极度民主化的“放任式”领导方式，其间存在着多种领导方式，不能抽象地讲某一种领导方式好，而另一种不好。好与不好只是相对而言，具体要取决于各种客观的因素。这一理论从“独裁式”的领导方式到极度民主化的“放任式”领导方式列举出了七种有代表性的模式。分别是：

（1）经理做出决定并宣布。

（2）经理说服下级接受决定。

（3）经理提出计划，但征求意见。

（4）经理提出初步的决策方案，同下级交换意见。

（5）经理提出问题，征求意见，然后做出决定。

（6）经理规定界限，请小组做决定。

（7）经理允许下级在上级规定的界限内行使职权。

上述这些模式不能简单抽象地认准哪一种模式好或不好，而应根据具体情况来选用。

2. 管理方格理论

该理论是由布莱克和穆顿提出来的。这一理论采用两种因素的不同组合来表示领导者的行为。这两种因素分别是对工作的关心程度和对人的关心程度。将这两种因素用二维坐标来表示，横坐标表示对工作的关心程度，纵坐标表示对人的关心程度，作图后就形成了管理方格图。这种方格图有 81 种领导方式，其中最具代表性的有五种，具体如图 2－3－1 所示。

（1）1.1 型，放任式领导，这种领导方式对工作和人的关心程度都很小，领导仅仅扮演一个“信使”的角色，即把上级的信息单纯地传达给下级。

（2）9.1 型，任务式领导，这种领导方式对工作的完成情况很关心，但是很少重视下属的心理、情绪和发展状况。

（3）1.9 型，关系式领导，这种领导方式只注重去创造一种良好的人际关系环境，让组织中的每一个人都感到轻松、友好和快乐，很少去关心其工作任务的完成情况及存在的问题。

（4）5.5 型，中庸式领导，这种领导方式对人和工作都有中等程度的关心，其目的是维持正常的生产效率和人际关系。

（5）9.9 型，集体式领导，这种领导方式无论对人员还是工作都表现出最大可能的献身精神，通过协调、综合等活动来提高工作组织士气。布莱克和穆顿认为，只有这种领导才是真正的“集体的管理者”，他们能够把企业的工作需要同个人的需要紧密地结合起来。

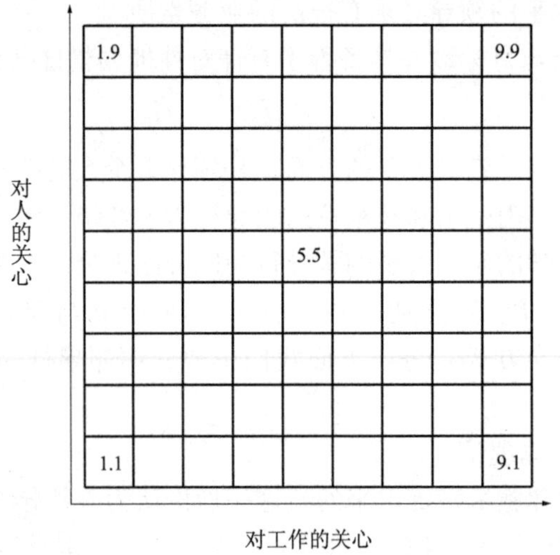

图 2－3－1　管理方格图

（三）领导权变理论

领导权变理论又称情景理论，是在特性理论与行为理论的基础上发展起来的，反映了现代管理理论发展的重要趋势。领导权变理论认为，世界上不存在一种普遍适用、唯一正确的领导方式，只有结合具体环境，采取因时、因地、因事、因人制宜的领导方式，才是有效的领导方式。有影响力的权变领导理论主要有：菲德勒的随机制宜领导理论，罗伯特·豪斯的途径—目标理论，阿吉利斯的不成熟—成熟理论，科曼的领导生命周期理论，赫塞和布兰查德的情景领导理论。下面我们主要介绍菲德勒的随机制宜领导理论。

菲德勒的随机制宜领导理论认为各种领导方式都可能在一定环境内有效，这种环境是多种外部与内部因素综合作用的结果。

菲德勒将权变理论具体化为三个方面，即职位权力、任务结构和上下级关系。所谓职位权力是指领导者所处的职位具有的权力的大小，或者说领导的法定权、强制权、奖励权的大小。权力越大，群体成员遵从指导的程度越高，领导的环境也就越好；反之，则越差。任务结构是指任务的明确程度和部下对这些任务的负责程度。如果这些任务越明确，而且部下责任心越强，则领导环境越好；反之，则越差。上下级关系是指下属乐于追随的程度。如果下级对上级越尊重，并且乐于追随，则上下级关系越好，领导环境也越好；反之，则越差。

菲德勒认为环境的好坏对领导的目标有重大影响。对低 LPC 型领导来说，比较重视工作任务的完成。如果环境很差，他将首先保证完成任务；当环境较好时，任务能够完成，这时他的目标将是搞好人际关系。对高 LPC 型领导来说，比较重视人际关系。如果环境较差时，他将首先将人际关系放在首位；如果环境较好时，人际关系也比较融洽，这时他将追求完成工作任务。

菲德勒模型认为，领导者的风格是不能改变的，一旦领导风格与情景发生冲突，可以更换领导者或改变情景以适应领导者。

某一领导风格，不能简单地区分优劣，因为在不同条件下都可能取得好的领导绩效。换言之，在不同情况下，应采取不同的领导方式。

任务三 激励

【导入案例】

授权激励

在无法晋升的时候，授权也是一种有效的激励方式，真正的老板懂得授权。

一个人去买鹦鹉，看到一只鹦鹉前标：此鹦鹉会两门语言，售价二百元。另一只鹦鹉前则标道：此鹦鹉会四门语言，售价四百元。该买哪只呢？两只都毛色光鲜，非常灵活可爱。这人转啊转，拿不定主意。结果突然发现一只老掉了牙的鹦鹉，毛色暗淡散乱，标价八百元。这人赶紧将老板叫来：这只鹦鹉是不是会说八门语言？店主说：不。这人奇怪了：那为什么又老又丑，又没有能力，会值这个数呢？店主回答：因为另外两只鹦鹉叫这只鹦鹉老板。

这故事告诉我们，真正的领导人，不一定自己能力有多强，只要能信任、懂放权、会珍惜，就能团结比自己更强的力量，从而提升自己的身价。相反，许多能力非常强的人却因为过于完美主义，事必躬亲，什么人都不如自己，最后只能做最好的攻关人员、销售代表，而成不了优秀的领导人。

问题思考：

如果没有那两只会说多国语言的鹦鹉，你会买这只又老又丑的鹦鹉吗？

【相关知识】

一、激励模式

（一）激励的概念

1. 激励的含义

激励就是管理者运用各种管理手段，刺激被管理者的需要，激发其动机引导并促进被管理者产生有利于实现管理目标行为的过程。我们可以从以下三个方面来理解激励这一概念。

（1）激励是一个过程。人的行为都是在某种动机的推动下完成的。对人的行为的激励，实质上就是通过利用能满足人需要的诱因条件，激发行为动机，从而推动人采取相应的行为，以实现目标，然后再根据人们新的需要设置诱因，如此循环往复。

（2）激励过程受内、外因素的制约。各种管理措施，应与被激励者的需要、理想、价值观和责任感等内在的因素相吻合，才能产生较强的影响力，从而激发和强化工作动机，否则不会产生激励作用。

（3）激励具有时效性。每一种激励手段的作用都有一定的时间限度，超过时限就会失效。因此，激励不能一劳永逸，需要持续进行。

2. 激励的特点

激励作为一种领导手段，最显著的特点是内在驱动性和自觉自愿性。由于激励是起源于人的需要，是被管理者追求个人需要满足的过程，因此，这种实现组织目标的过程，不带有强制性，而完全是靠被管理者内在动机驱使的、自觉自愿的过程。

激励在组织管理中具有十分重要的作用，有利于激发和调动职工的积极性，满足职工在物质、精神、尊重、社交等多方面的需要，将职工的个人目标与组织目标统一起来。

（二）激励的过程和模式

激励过程就是一个由需要开始到需要得到满足为止的连锁反应。当人产生需要而未得到满足时，会产生一种紧张不安的心理状态，在遇到能够满足需要的目标时，这种紧张不安的心理就转化为动机，并在动机的驱动下向目标努力，目标达到后，需要得到满足，紧张不安的心理状态就会消除。随后，又会产生新的需求，引起新的动机和行为。这就是激励过程。可见，激励实质上是以未满足的需要为基础，利用各种目标激发产生动机，驱使和诱导行为，促使实现目标，提高需要满足程度的连续心理和行为过程，整个过程如图 2－3－2 所示。

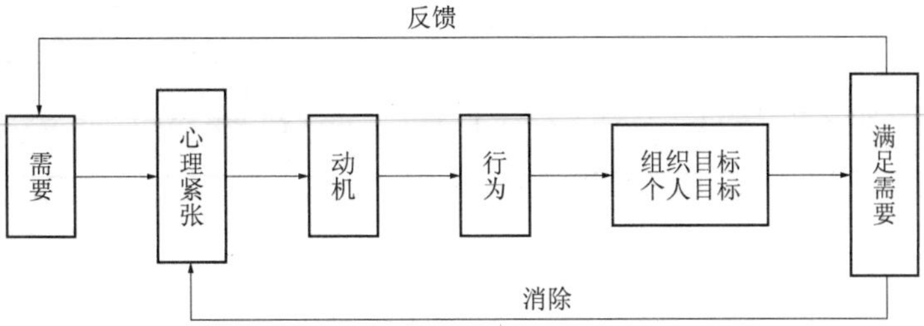

图 2－3－2　激励模式

二、激励理论

自 20 世纪二三十年代以来，国外许多管理学家、心理学家和社会学家从不同的角度对怎样激励人的问题进行了研究，并提出了相应的激励理论。通常我们把这些激励理论分为三大类：内容型激励理论，过程型激励理论和行为改造型激励理论。

（一）内容型激励理论

需要和动机是推动人们行为的原因。内容型激励理论是着重研究需要的内容和结构及其如何推动人们行为的理论。其中有代表性的理论有：需要层次理论、双因素理论等。

1. 需要层次理论

这一理论是由美国社会心理学家亚伯拉罕·马斯洛提出来的，因而也称为马斯洛需要层次理论。

1）需要层次理论的主要内容

需要层次理论的主要理论要点有以下几个方面：

（1）人是有需要的，需要是有层次性的。

（2）每个人都有五个层次的需要，由低到高依次是：生理的需要、安全的需要、社交的需要、尊重的需要和自我实现的需要，如图 2－3－3 所示。

生理的需要指人类生存最基本的需要，如食物、水、住房、医药等。这是动力最强大的需要，如果这些需要得不到满足，人类就无法生存，也就谈不上其他需要。

安全的需要是指不受身体危害，以及不受失业、财产、食物或居住损害的恐惧的需要，包括劳动安全、职业安全、生活稳定、劳动保险、老有所养、免于灾难和未来保障等。

社交的需要包括友谊、爱情、归属、信任与接纳的需要。人们一般都愿意与他人进行社会交往，想和同事们保持良好的关系，希望给予和得到友爱，希望成为某个团体的成员等。这一层次的需要得不到满足，则可能会影响人的精神上的健康。

尊重的需要包括自尊和受到别人尊重两方面，前者是对地位、成就、权威、面向世界的自信心、独立和自由的渴望，后者来自别人的尊重、赏识、注意或欣赏等名誉和声望的渴望。这一层次的需要一旦得以满足，必然信心倍增，否则就会产生自卑感。

自我实现的需要是需要层次中最高层次的需要，指个人成长与发展、发挥自身潜能、实现理想的需要。也就是说人们希望完成与自己能力相称的工作，使自己的潜能能够充分发挥。

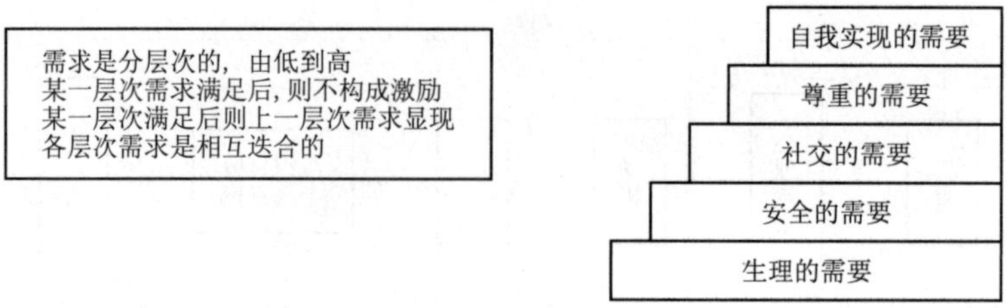

图 2-3-3　需求层次论

（3）人类基本的需要必先得到满足，然后才会进一步追求较高层次需要的满足；一个层次的需要相对满足了，不再是激励因素，就会提出更高一层次的需要。

2）在管理实践中的应用

正确认识被管理者需要的层次性。片面看待下属的需要是不正确的，应进行科学分析并区别对待。要结合本组织的特点，同被管理者的各层次需要联系起来，经过科学分析，找出被管理者需要及其差别，然后，有针对性地满足被管理者的需要，如此才能取得良好的激励效果，如表 2-3-2 所示。

表 2-3-2　需要层次在企业中的应用

需要层次	激励因素（追求的目标）	应　用
生理需要	工资和奖金、各种福利和工作环境	较高的薪金、舒适的工作环境、合理的工作时间、住房和福利设施、医疗保险等
安全需要	职业保障、意外事故的防止	雇佣保证、退休养老金制度、意外保险制度、安全生产制度、危险工种营养福利制度
社交需要	友谊、团体的接纳、组织的认同	建立和谐的工作团队、建立协商和对话制度、互助金制度、联谊小组、教育培养制度
尊重需要	名誉和地位、权力和责任	人事考核制度、职衔、表彰制度、责任制度、授权
自我实现需要	能发挥个人特长的环境、具有挑战性的工作	决策参与制度、提案制度、破格晋升制度、目标管理、工作自主权

2. 双因素理论

双因素理论是美国心理学家赫茨伯格于 1959 年提出来的，全名叫“激励、保健因素理论”。

通过在匹兹堡地区 11 个工商业机构对 200 多位工程师、会计师调查征询，赫茨伯格发现，受访人员举出的不满的项目，大都同他们的工作环境有关，而感到满意的因素，则一般都与工作本身有关。据此，他提出了双因素理论。

1）双因素理论的基本内容

传统理论认为，满意的对立面是不满意，而据双因素理论，满意的对立面是没有满意，不满意的对立面是没有不满意。因此，影响职工工作积极性的因素可分为两类：保健因素和激励因素。

所谓保健因素，就是那些得不到就会造成职工不满的因素，这类因素的改善能够解除职工的不满，但不能使职工感到满意并激发起职工的积极性。它们主要是指公司政策、行为管理和监督方式、工作条件、人际关系、地位、安全和生活条件等。一般与工作环境和工作条件有关。

所谓激励因素，就是那些得到就会使职工感到满意的因素，唯有这类因素的改善才能让职工感到满意，给职工以较高的激励，调动积极性，提高劳动生产效率。它们主要是指工作富有成就感、工作成绩能得到认可、工作本身具有挑战性、负有较大的责任、在职业上能得到发展等。一般与工作内容和工作本身有关。保健因素与激励因素如表 2－3－3 所示。

表 2－3－3 保健因素与激励因素

保健因素	激励因素
金钱 监督 地位 安全 工作环境 政策与行动 人际关系	工作本身 赏识 进步 成长的可能性 责任 成就

2）在管理实践中的应用

善于区分管理实践中的存在的两类因素，对于保健因素（例如工作条件、福利等）要给予基本的满足，以消除下级的不满；要学会正确识别与挑选激励因素，善于抓住激励因素进行有针对性的激励。例如，调整工作的分工、加强宣传工作、增加工作的挑战性、实行工作丰富化等来增加员工对工作的兴趣，千方百计地使员工满意自己的工作，从而收到有效激励的效果。

但是，对于不同的国家、不同地区、不同时期、不同阶层、不同组织甚至是每一个人，最敏感的激励因素是各不相同的，有时差别还很大。因此，必须在分析上述因素的基础上，灵活地加以确定。例如，工资在发达国家的一些企业中不是激励因素，但对我们国家的许多企业员工来说仍是一个非常重要的激励因素。

（二）过程型激励理论

过程型激励理论是着重研究人们选择其所要进行的行为的过程，即研究人们的行为是怎样产生的、是怎样向一定方向发展的、如何能使这个行为保持下去，以及怎样结束行为的发展过程。它主要包括弗鲁姆的期望理论和亚当斯的公平理论。

1. 期望理论

弗鲁姆认为，人们采取某项行动的动力或激励力取决于其对行动结果的价值评价和预期达成该结果可能性的估计。换言之，激励力的大小取决于该行动所能达成目标并能导致某种结果的全部预期价值乘以他认为达成该目标并得到某种结果的期望概率。用公式可以表示为：

$$M = V \times E$$

M——激励力量，是直接推动或使人们采取某一行动的内驱力。这是指调动一个人的积极性、激发出人的潜力的强度。

V——目标效价，指达成目标后对于满足个人需要的价值的大小，它反映个人对某一成果或奖酬的重视与渴望程度。

E——期望值，这是指根据以往的经验进行的主观判断，达成目标并能导致某种结果的概率，是个人对某一行为导致特定成果的可能性或概率的估计与判断。

显然，只有当人们对某一行动成果的效价和期望值同时处于较高水平时，才有可能产生强大的激励力。

弗鲁姆的期望理论辩证地提出了在进行激励时要处理好三方面的关系，这些也是调动人们工作积极性的三个条件。

（1）努力与绩效的关系。人们总是希望通过一定的努力达到预期的目标，如果个人主观认为达到目标的概率很高，就会有信心，并激发出很强的工作力量；反之，如果他认为目标太高，通过努力也不会有很好绩效时，就失去了内在的动力，导致工作消极。

（2）绩效与奖励的关系。人总是希望取得成绩后能够得到奖励，当然这个奖励也是综合的，既包括物质上的，也包括精神上的。如果他认为取得绩效后能得到合理的奖励，就可能产生工作热情，否则就可能没有积极性。

（3）奖励与满足个人需要的关系。人总是希望自己所获得的奖励能满足自己某方面的需要。然而由于人们在年龄、性别、资历、社会地位和经济条件等方面都存在着差异，所以他们对各种需要要求得到满足的程度就不同。因此，对于不同的人，采用同一种奖励办法能满足的需要程度不同，能激发出的工作动力也就不同。

对期望理论的应用主要体现在激励方面，这启示管理者不要泛泛地采用一般的激励措施，而应当采用多数组织成员认为效价最大的激励措施，而且在设置某一激励目标时应尽可能加大其效价的综合值，加大组织期望行为与非期望行为之间的效价差值。在激励过程中，还要适当控制期望概率和实际概率，加强期望心理的疏导。期望概率过大，容易产生挫折，期望概率过小，又会减少激励力量；而实际概率应使大多数人受益，最好实际概率大于平均的个人期望概率，并与效价相适应。

2. 公平理论

公平理论又称社会比较理论，它是美国行为科学家亚当斯（J S Adams）提出来的一种激励理论。该理论侧重于研究工资报酬分配的合理性、公平性及其对职工工作积极性的影响。

公平理论的基本观点是：当一个人做出了成绩并取得了报酬以后，他不仅关心自己的所得报酬的绝对量，而且关心自己所得报酬的相对量。因此，他要进行种种比较来确定自己所获报酬是否合理，比较的结果将直接影响今后工作的积极性。

1）横向比较

横向比较即他要将自己获得的“报酬”（包括金钱、工作安排以及获得的赏识等）与自己的“投入”（包括教育程度、所做努力、用于工作的时间、精力和其他无形损耗等）的比值与组织内其他人作社会比较，只有相等时他才认为公平，如下式所示：

$$O_P/Ip = O_C/I_C$$

其中，O_P表示自己对所获报酬的感觉；O_C表示自己对他人所获报酬的感觉；Ip表示自己对个人所作投入的感觉；I_C表示自己对他人所作投入的感觉。

但是，在现实中，还可能出现以下两种情况：

（1）前者小于后者，他可能要求增加自己的收入或减少自己今后的努力程度，以便使左方增大，趋于相等；第二种办法是他可能要求组织减少比较对象的收入或让其今后增大努力程度以便使右方减少，趋于相等。此外，他还可能另外找人作为比较对象以便达到心理上的平衡。

（2）前者大于后者，他可能会在开始时积极主动地多做些工作，但是，久而久之他会重新估计自己的技术和工作情况，终于觉得他确实应当得到那么高的待遇，于是产量便又会回到过去的水平了。

2）纵向比较

纵向比较即把自己目前投入的努力与目前所获得报偿的比值，同自己过去投入的努力与过去所获报偿的比值进行比较。只有相等时他才认为公平，如下式所示：

$$O_P/I_P = O_H/I_H$$

其中，O_H表示自己对过去所获报酬的感觉；I_H表示自己对个人过去投入的感觉。当出现这种情况时，人不会因此产生不公平的感觉，但也不会感觉自己多拿了报偿，从而主动多做些工作。当上式为不等式时，人会有不公平的感觉，这可能导致工作积极性下降。调查和实验的结果表明，不公平感的产生绝大多数是由于经过比较认为自己目前的报酬过低而产生的；但在少数情况下也会由于经过比较认为自己的报酬过高而产生。

我们看到，公平理论提出的基本观点是客观存在的。公平理论要求我们：首先，影响激励效果的不仅有报酬的绝对值，还有报酬的相对值。其次，激励时应力求公平，使等式在客观上成立，尽管有主观判断的误差，也不致造成严重的不公平感。再次，在激励过程中应注意对被激励者公平心理的引导，使其树立正确的公平观：一是要认识到绝对的公平是不存在的；二是不要盲目攀比；三是不要按酬付劳，按酬付劳是在公平问题上造成恶性循环的主要杀手。例如为了避免职工产生不公平的感觉，企业往往采取各种手段，在企业中造成一种公平合理的气氛，使职工产生一种主观上的公平感。如有的企业采用保密工资的办法，使职工相互不了解彼此的收支情况，以免职工相互比较而产生不公平感。

（三）行为改造型激励理论

行为改造型激励理论主要研究如何改造和修正人的行为。主要有斯金纳的“强化理论”、凯利的“归因论”等。下面介绍一下“强化理论”。

美国的心理学家和行为科学家斯金纳认为人或动物为了达到某种目的会采取一定的行为作用于环境。当这种行为的后果对他有利时，这种行为就会在以后重复出现；不利时，这种行为就减弱或消失。人们可以用这种正强化或负强化的办法来影响行为的后果，从而修正其行为，这就是强化理论，也叫作操作条件反射理论。

所谓强化，从其最基本的形式来讲，指的是对一种行为的肯定或否定的后果（报酬或惩罚），它至少在一定程度上会决定这种行为在今后是否会重复发生。根据强化的性质和目的可把强化分为正强化和负强化。在管理上，正强化就是鼓励那些组织上需要的行为，从而加强这种行为；负强化就是限制那些与组织不相容的行为，从而削弱这种行为。正强化的方法包括奖金、对成绩的认可、表扬、改善工作条件和人际关系、提升、安排担任具有挑战性的工作、给予学习和成长的机会等；负强化的方法包括批评、处分、降级等，有时不给予奖励或少给奖励也是一种负强化。

在管理实践中应用强化理论应注意以下问题：

（1）要依照强化对象的不同采用不同的强化措施。人们的年龄、性别、职业、学历、经历不同，需要就不同，强化方式也应不一样，如有的人更重视物质奖励，有的人更重视精神奖励，所以应区分情况，采用不同的强化措施。

（2）及时反馈。一个人在实施了某种行为以后，如果没有及时反馈，领导者没有注意到这种行为，这种行为重复发生的可能性就会减小以至消失。所以，必须利用及时反馈作为一种强化手段。

（3）在运用强化手段时，应以正强化为主；同时，必要时也要对坏的行为给以惩罚，做到奖惩结合。

三、有效激励的方式与手段

在管理实践中，常用的激励手段主要有三类：物质激励、精神激励和情感激励。

（一）物质激励

物质激励即通过物质刺激的手段，鼓励组织成员工作。它的主要表现形式有正激励，如发放工资、奖金、津贴、福利等；负激励，如罚款等。

物质激励应注意以下几方面：

（1）物质激励应与相应制度结合起来。制度是目标实现的保障。因此，物质激励效应的实现也需要依靠相应的制度来保障。例如，物质奖惩标准在事前就应制定好并公之于众且形成制度稳定下来，而不能靠事后的“一种冲动”，想起来则奖一下，想不起来就作罢，那样是达不到激励目的的。

（2）物质激励必须公平、公正，但注意防止“平均主义”。美国心理学家亚当斯的公平理论告诉管理者必须对所有职工一视同仁，按统一标准奖罚，不偏不倚，否则将会产生负面效应。此外，必须反对“平均主义”。平均分配奖励等于无效激励。

（3）企业要通过物质奖励，调动职工积极性，且把奖金与工薪分开发放。如果把奖金与工薪一起发，容易使员工把工作应得的和额外奖励混为一谈，职工不一定会有受奖的喜悦。

（二）精神激励

与物质激励相比，精神激励是在较高层次上调动职工的工作积极性，其激励深度大，维持时间也较长。精神激励的方法有许多，这里着重讲述以下几种：

1. 目标激励

企业目标是企业凝聚力的核心，它体现了职工工作的意义，能够在理想和信念的层次上激励全体职工。实施目标激励，首先，企业应将自己的长远目标、中期目标和近期目标进行宣传，使职工更加了解企业，了解自己在目标的实现过程中应起到的作用。其次，应注意把组织目标和个人目标结合起来，宣传两者的一致性，使大家了解到只有在完成企业目标的过程中，才能实现个人的目标。个人事业的发展、待遇的改善与企业事业的发展、效益的提高息息相关。这样，职工就会对企业产生强烈的感情和责任心，平时用不着别人监督就能自觉地把工作搞好，就能自觉地关心企业的利益和发展前途。

2. 工作激励

自我实现人假设，是指人们力求最大限度地将自己的潜能发挥出来，只有在工作中充分表现自己的才能，才会感到最大的满足。依据这种假设，为了更好地发挥职工工作积极性，管理者要较多地考虑如何才能使工作本身变得更具有内在意义和有更高的挑战性的，给职工一种自我实现感。因此，工作本身也具有激励力量。

3. 参与激励

现代人力资源管理的实践经验和研究表明，现代的员工都有参与管理的要求和愿望，创造和提供一切机会让职工参与管理是调动他们积极性的有效方法。通过参与，形成职工对企业的归属感、认同感，可以进一步满足职工自尊和自我实现的需要。

4. 荣誉激励

荣誉是社会或组织对个体或群体的崇高评价，是满足人们自尊需要，激发人们奋力进取的重要手段。荣誉激励成本低廉，但效果很好。美国 IBM 公司有一个“百分之百俱乐部”，当公司员工完成他的年度任务时，他就被批准为“百分之百俱乐部”成员，他和他的家人被邀请参加隆重的集会。结果，公司的雇员都将获得“百分之百俱乐部”会员资格作为第一目标，以获取那份光荣。这一激励措施有效地利用了员工的荣誉需求，取得了良好的激励效果。

5. 赏识激励

赏识是任何物质奖励都无法可比的。赏识激励是激励的最高层次，是领导激励优势的集中体现。社会心理学研究表明，社会的群体成员都有一种希望能得到领导的承认和赏识的心理。赏识激励能较好地满足这种精神需要。

（三）情感激励

情感激励既不是以物质利益为诱导，也不是以精神理想为刺激，而是指领导者与被领导者之间以感情联系为手段的激励方式。领导者和被领导者的人际关系既有规章制度和社会规范的成分，更有情感成分。人的情感具有两重性：积极的情感可以提高人的活力；消极的情感可以削弱人的活力。一般来说，下属工作热情的高低，同领导者与下属的交流多少成正比。古人云“士为知己者死”“感人心者，莫过于情”。有时领导者一句亲切的问候、一番安慰话语，都可成为激励下属行为的动力。因此，现代领导者不仅要注意以理服人，更要强调以情感人。要舍得情感投资，重视与下属的人际沟通，变单向的工作往来为全方位的立体式往来，在广泛的信息交流中树立新的领导行为模式，如家庭、生活、娱乐、工作等。领导者可以在这种无拘无束、下属没有心理压力的交往中得到大量有价值的思想信息，交流思想感情，从而增进了解和信任，并真诚地帮助每一位下属，使团体内部产生一种和谐与欢乐的气氛。情感激励就是加强与职工的感情沟通，尊重职工，使职工始终保持良好的情绪以激发职工的工作热情。人们都知道，在心境良好的状态下工作思路开阔、思维敏捷、解决问题迅速。因此，情绪具有一种动机激发功能。

创造良好的工作环境，加强管理者与职工之间以及职工之间的沟通与协调，是情感激励的有效方式。

任务四　沟通

【导入案例】

重振士气，重振 Lawson

Lawson 是日本第二大连锁便利店，当 Takeshi Niinami 在 5 月份接任 Lawson 的总裁职务时，当初的过度扩张给 Lawson 留下了太多的分店，随着日本的通货紧缩压低零售价格，许多分店都亏损了；该公司所涉足的新业务，如自动取款机（ATM）和网上购物中心，都未能带来收益，该公司的快餐不仅以“单调乏味”而著称，现在又有了“令人恐怖”的名声。此后，Niinami 就像一阵旋风一样接管了 Lawson，在日本的企业界，他那晒得黝黑的脸庞已为人所熟知。在接任 Lawson 总裁后不久，Niinami 就定下了巡视 Lawson 旗下的所有分店（在全日本共有 7 648 家）的计划，而且“我总是试图与 Lawson 员工进行直截了当的沟通，也许他们有时会想：‘那个讨厌的家伙！’但我总是很直率”。这种直言不讳的作风让 Lawson 员工萎靡不振的士气得到了显著的改善。摩根士丹利的分析师 Michinori Shimizu 认为，改善 Lawson 各分店与高级管理层之间的沟通是 Niinami 上任伊始对公司作出的最大贡献。他指出，Niinami 的直率作风有助于提高士气，因为这让员工感到：激进的改革正在进行之中。他在该报告中建议投资者买进 Lawson 的股票，“整个公司的气氛有所改善，Lawson 已经变为这样一家公司，在那里，员工可以自由地向上级发表意见”。有鉴于 Niinami 的努力，Lawson 高涨的士气正在逐步转化为更漂亮的经营业绩，虽然整个经济形势不好，虽然竞争对手 7 - ELEVEn 的实力不凡，但在日经指数过去 3 个月的暴跌中，Lawson 的股价依然保持了稳定，实现了初步的成功。

问题思考：

你认为沟通在 Lawson 业绩的提升中起到了什么作用？

【相关知识】

一、沟通的含义、目的和作用

（一）沟通的含义

沟通是指为达到一定的目的，将信息、思想和情感在个人或群体间进行传递与交流的过程。要理解沟通的含义，必须从以下三点入手：

1. 沟通有四大要素

（1）沟通主体。又称为信息沟通的发送者。在一个沟通的过程中，总有一方是信息的主动发送者。

（2）沟通对象。又称为信息的接收者，即在信息沟通过程中处于被动地接收信息的一方。不过，在沟通的不断循环过程中，信息的发送者和信息的接收者的身份会不断改变，特别是在双向沟通中，无论是哪一方，都既要充当信息发送者，又要充当信息的接收者。

（3）沟通内容。在沟通的过程中，所传递的信息包含的内容是多种多样的，可分为事实、情感、价值观、意见、观点等。

（4）沟通渠道。渠道是由信息发送者选择的、借以传递信息的媒介物。不同的沟通渠道其沟通效果是不同的，不同的信息内容应当选用不同的沟通渠道，如图 2 - 3 - 4 所示。

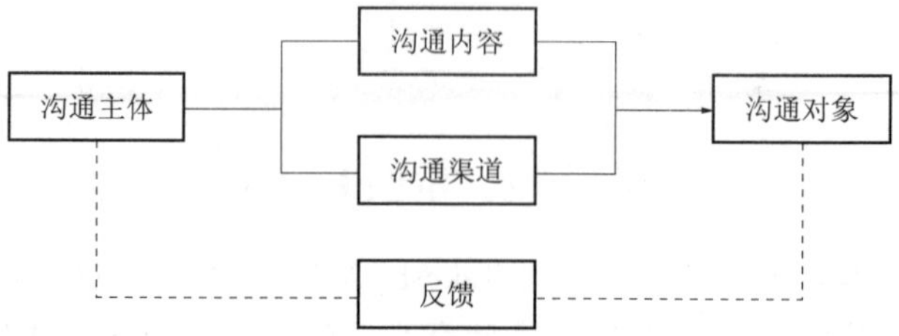

图 2 - 3 - 4 管理沟通模型

2. 沟通是一个过程

信息沟通是指一个信息发送者通过选定的渠道把信息传递给接收者的过程。这个过程由以下几个步骤组成：

（1）明确要沟通的内容。信息发送者发出信息是因为某种原因希望接收者了解某种事情，因此，首先要明确信息内容。

（2）编码。即把信息译成一种双方都能理解的符号，如语言、文字、手势等。要发送的信息只有经过编码，才会有准确的信息沟通。

（3）选择信息传递手段。信息的传递有多种手段可供选择，如口头交谈、书面文件、电话、网络等。

（4）译码。接收者对收到的信息需要进行译码，即研究和理解所收到的信息的内容和含义。这个译码过程关系到接收者是否能正确理解信息，处理不好信息就会被误解。

（5）反馈。接收者把所收到的或理解的信息反馈到发送者那里，供发送者核查。信息在沟通过程中经常受到"噪声"的干扰。所谓噪声就是妨碍信息沟通的任何因素，它可能来自发送者、接收者或传递中的各方面。为了检验信息沟通的效果如何，反馈是必不可少的。因为在被信息反馈证实之前，无法肯定信息是否已经得到有效的编码、传递、译码和理解。

（6）再传递。发送者根据所接收到的反馈信息而再次发出信息，肯定原有的信息传递，或指出已发生的某些偏差并加以纠正。

（7）再反馈。接收者根据所接收到的信息采取行动，或做出自己的反应。信息传递的目的是发送者要看到接收者采取发送者所希望的正确行动。

3. 管理沟通主要发生在人与人之间

人与人之间沟通有许多独特之处，例如，人与人之间的沟通主要是通过语言或文字形式进行的；在沟通中，信息交流的同时包含着情感、思想、态度的交流，沟通双方的心理、态度、知识及价值观都对沟通的结果有重要影响；由于受沟通双方心理、态度、知识等的影响，在沟通中经常出现一些特殊的沟通障碍。

（二）沟通的目的

在组织中沟通的目的是信息分享，使组织的所有行为在既定目标上保持一致。随着组织内、外部环境的变化，组织必须迅速、准确、及时地掌握组织内、外部的各种信息，在充分分析的基础上，重新思考和确定组织的使命和战略目标等，并且在组织内进行激励和部署，使每名员工都能够分享，并转化和落实到日常工作中，保证组织内部的所有行动、活动与组织的使命、目标保持一致。还要对组织中的各种活动结果等信息进行测量、监控，为采取纠正措施和改进等决策提供依据。显然，组织成员对组织目标了解得越是清楚，越能够采取正确的行动，如果没有组织内、外畅通的沟通，信息分享是难以实现的。

（三）沟通的作用

1. 沟通是管理者正确决策的前提和基础

管理者是根据汇总的信息做出决策的，而及时、有效、全面、真实的信息能够极大地改进管理者获取信息的数量、质量和速度。因此我们可以得出结论，成功的信息可以提高管理者的决策能力。

2. 协调组织行动，解决冲突，建立良好的人际关系

沟通的目的之一就是解决冲突。冲突广泛存在于组织中的各项活动中，影响和制约着组织和个体的行为倾向和行为方式，影响着组织目标的实现。通过沟通，使个体了解组织、了解形势、认识到只有实现了组织目标，个人目标才能全面实现，从而引导个体努力，使自己的行为与组织目标相一致。

3. 有效沟通可以提高组织效率，促进组织的变革、创新

领导者的决策要得到及时的贯彻、执行，必须通过沟通将决策的意图完整地传达到执行者那里。信息传递不及时，执行者不能正确理解决策意图，就会影响决策执行的效果，人与人之间、部门与部门之间的有效沟通同样可以促进效率的提高。

此外，组织变革方案需要通过沟通传递给基层群众，取得群众的支持并促进变革的成功；同样，基层的一些好的想法和建议，也需要通过沟通传达给有关领导，取得领导认可并得以实现。

二、沟通的种类

在组织内部，沟通的方式和类型多种多样，按照不同的标准可以划分出不同的类型。

（一）按沟通的组织系统划分

按沟通的组织系统划分，可以分为正式沟通和非正式沟通。

1. 正式沟通

它是以正式组织系统为沟通渠道的信息沟通，如组织中因各层次之间的联系、横向协作关系而进行的沟通。正式沟通是组织内部信息传递的主要方式。大量的信息都是通过正式沟通渠道传递的。正式沟通的优点是：沟通严肃、可靠、约束力强、易于保密、沟通信息量大、具有权威性。缺点是沟通速度一般较慢。

正式沟通的方式主要有上行沟通、下行沟通、平行沟通。正式沟通依赖正式沟通网络来进行。正式沟通网络是根据组织结构、规章制度来设计的，用以交流和传递与组织活动直接相关的信息的沟通途径。正式沟通有五种基本的信息沟通网络形式，分别为：

（1）链式沟通。这种模式发生在一种直线型的层级结构中，沟通只能向上或向下进行，且每一个上级只有一个下级向他报告，而每一个下属也只能接受一个上级的指示。在这种模式下，信息层层传递，路线长、速度慢、容易发生信息的篡改和失真。

（2）轮式沟通。在这种模式下，多个下属都向同一个上级报告，但下属之间不能沟通。这种模式，由于结构层次少，因此信息传递速度快且不容易发生信息失真。组织集中程度高，但下属可以沟通的渠道只有一个，成员满意度较低，组织士气低落。

（3）圆周式沟通。在此种模式中，组织成员只能与相邻的成员沟通，而不能与其他人交流，即沟通只能发生在同一部门成员之间或直接上下级之间，不能跨部门沟通，也不能越级沟通。在这种模式下，组织成员往往可以达到比较一致的满意度，组织士气高昂，但由于信息也是层层传递，因此速度较慢并且容易出现信息失真。

（4）全通道式沟通。这是一种开放型的模式。在这种模式下，每一个组织成员可以自由地与其他成员沟通，因此沟通快；但由于沟通渠道太多，易造成混乱并降低信息的准确度。这种模式组织集中化程度低，成员士气旺盛，合作精神强，适合人才聚集的高新技术企业。

（5）Y 式沟通。这也是一种只能纵向沟通的模式，表示信息层层传递。在这种模式下，信息传递速度慢且信息容易失真。这种组织的权力集中度高、解决问题快，但成员士气一般。

2. 非正式沟通

非正式沟通是指以组织中的非正式组织体系或以个人为渠道的信息沟通。非正式沟通的优点：传递信息的速度快，形式不拘一格，并能提供一些正式沟通所不能传递的内幕消息。缺点是：传递的信息容易失真，容易在组织内部引起矛盾，并且较难控制。

（二）按沟通中信息流动的方向划分

按沟通中信息流动的方向可分为：

1. 上行沟通

上行沟通是指下级向上级进行的信息传递。如下级向上级请示汇报工作、反映意见等。上行沟通是领导了解实际情况的重要途径。

2. 下行沟通

下行沟通是指上级向下级进行的信息传递。如一个组织的上级管理者将工作计划、任务、规章制度向下级传达。下行沟通是组织中最重要的正式沟通方式。通过下行沟通可以使下级明确组织的计划、任务、工作方针和步骤。

3. 平行沟通

平行沟通是指正式组织中同级部门之间的信息传递。平行沟通是在分工基础上产生的，是协作的前提。做好平行沟通工作，在规模较大、层次较多的组织中尤为重要，它有利于及时协调各部门之间的工作，减少矛盾。

4. 斜向沟通

斜向沟通指的是发生在组织内部既不属于同一隶属关系的，又不属于同一层级之间的信息沟通。这样做可以加快信息的交流，谋求相互之间必要的通报、合作和支持。同时，这种沟通往往带有协商性和主动性。

（三）按沟通所使用语言的方式划分

按沟通所使用语言的方式可分为：

1. 口头沟通

口头沟通是指采用口头语言进行的信息沟通。口头沟通是最常用的沟通方式。其优点：沟通过程中，信息发送者与信息接收者当面接触，有亲切感，并且可以运用一定的体语、手势、表情和语气等增强沟通的效果，使信息接收者能更好地理解、接收所沟通的信息。其不足之处在于：沟通范围有限；沟通过程受时间和空间的限制；沟通完成后缺乏反复性；同时对信息传递者的口头表达能力要求比较高。

2. 书面沟通

书面沟通是指采用书面文字形式进行的沟通，如各种文件、报告等。其优点是：严肃、准确、具有权威性、不易被歪曲；信息接收者可以反复阅读以增强理解，信息传递者对要传递的信息所采用的语言可以认真推敲，以便用最好的方式表达出来。不足之处是：应变性较差，只能适应单向沟通。

3. 书面口头混合沟通

它是指在沟通过程中，既有书面表达的信息，同时又以口头沟通的方式加以阐述、强调，以使信息接收者加强理解。如在一些重要会议中，报告人的报告既以书面形式印发给与会者，报告人又亲自做口头报告，同时还召开由报告人参加的座谈会，以加强信息沟通。书面口头混合沟通方式兼顾了口头沟通与书面沟通的优点。其不足之处是沟通费用较高，只有一些特别重要的信息，才采用这种沟通方式。

（四）按沟通过程中信息发送者与信息接收者的地位是否改变划分

按沟通过程中信息发送者与信息接收者的地位是否改变可分为：

1. 单向沟通

这是指信息的发送者与接收者的地位不改变的沟通，在这种沟通中，不存在信息反馈。其优点是沟通比较有秩序、速度较快。不足之处是接收者不能进行信息反馈，容易降低沟通效果。

2. 双向沟通

这是指在沟通过程中信息的传递者与接收者经常换位的沟通。在这种沟通中，存在着信息反馈，发送者可以及时知道信息接收者对所传递信息的态度、理解程度，有助于加强协商和讨论，提高沟通效果。但双向沟通一般费用较高、速度慢、易受干扰。

三、有效沟通

（一）管理中的沟通障碍

阻碍管理沟通的因素是十分复杂的，但大致可以分为以下几个方面：

1. 环境方面的沟通障碍

这是指自然环境方面的某些要素可能会减弱或阻断信息的发送或接收。例如，信息传递的空间距离较远、传递中的噪声与干扰、所用沟通工具的运行故障等。

2. 制度方面的沟通障碍

这是指在管理沟通观念、领导方式、沟通体制与制度、与沟通相关的权限、职责设置等方面影响沟通的因素。例如，一位专制型、独裁的管理者是很难与下级进行很好沟通的。

3. 心理方面的沟通障碍

沟通主体与沟通对象在个性、心理等方面的因素会影响管理沟通的顺利进行。例如，一位对管理者心存排斥和偏见的下级就很难接收管理者的正常沟通信息。

4. 语言方面的沟通障碍

语言是管理沟通中最基本的工具。信息发送者如果口齿不清、词不达意或者字体模糊，就难以把信息完整地、准确地表达出来；如果使用方言、土语，则会使接收者无法理解。在不同国籍之间的交流中这种障碍更明显。受主观理解的影响，接收者在接收信息时，会根据自己的知识经验去理解，按照自己的需要对信息进行选择，从而可能会使许多信息内容被丢失，造成信息的不完整甚至失真。

（二）有效沟通的原则

1. 信息传递要贯彻多、快、好、省的原则

所谓“多”，是就数量而言，即在单位时间内传递的信息数量要多；“快”是就速度而言，即信息传递要迅速、及时，一条很有价值的信息，如果传递速度过慢，就可能变得毫无价值；“好”是就质量而言，即要消除信息传递中的种种干扰，保持信息的真实性；“省”是就效益而言，要求在较短的时间内，花较少的费用，达到良好的沟通效果。在信息传递中，这几方面互相联系、互相制约，要加以协调。

2. 传递信息要区分不同的对象

这一方面是指在传递信息时的目的性，另一方面又指信息传递的保密性。信息是有价值的，但价值的大小却因人而异，同一信息对不同的人价值不同。因此，要研究不同对象的不同需要，要注意信息传递的目标，确保信息的效用。此外，在提高信息传递的针对性时，也要注意信息的适用范围，考虑到信息的保密度，防止信息大面积扩散、泛滥，给员工造成不必要的心理负担，影响组织成员士气。

3. 要适当控制信息传递的数量

在管理中，由于各级主管部门的角色不同，每个组织成员所考虑的问题不同，因此，在信息传递时，要适当注意量的控制。这就是说，应该让下级知道的信息必须尽快传递，适用范围有限的信息则力求保密。在这方面，要注意两种倾向：一种倾向是信息过分保密的倾向。同行各企业、各部门或同班组的员工之间相互保密，妨碍了彼此了解和相互协调。有些本应共有的信息材料，没有向下级部门及时传达，从而使信息阻塞，出现了无端猜疑，影响了个人社会需求的满足；另一种倾向是随意扩散信息的倾向。在传递信息时，不考虑信息的保密程度，不选择信息传递的对象，将所收集的信息随意扩散，导致信息混乱。对于管理者来说，也要注意信息的审查与清理，不能将所有信息全部捅到会议上，增加会议负担，引起心理疲劳。总之，这两种倾向都会导致谣言和小道消息，不利于组织的团结，会影响团队士气和工作效率。

4. 要控制使用越级传递

所谓越级传递，即撇开管理信息系统的层级关系，使沟通双方直接交流。在管理中，不能过多采用这种方式，但在某些特殊情况下可以控制使用。比如：上级想了解下属的情况；为了迅速处理管理中的重大问题；由于上级主管部门官僚主义严重，会妨碍时效；时效性特别强的信息需要立即向决策者汇报；涉及个人隐私，需要保密的材料，等等。例如，有些企业设立总经理接待日、总经理信箱就是为了了解下属的情况，减轻沟通者的心理压力，以便对信息传递进行控制。

5. 合理利用非正式沟通

非正式沟通对于组织活动有有利的一面，也有不利的一面。在一些情况下，非正式沟通往往能够达到正式沟通难以达到的效果，但是，它也可能成为散布谣言和小道消息的渠道，产生副作用。对于非正式沟通，管理者应合理利用，实施有效的控制。例如，组织重要决策要使用正式渠道传递，不能用非正式渠道传递，否则会造成混乱；而宣传理念、相互了解等则可以充分利用非正式渠道。

6. 在信息加工处理过程中也需要信息反馈

这是确保信息准确性的一条可靠途径。这种反馈要求是双向的，即下级主管部门经常给上级领导提供信息，同时接受上级领导的信息查询；上级领导也要经常向下级提供信息，同时对下级提供的信息进行反馈，从而形成一种信息循环流。一般来说，无论什么信息，在加工处理后，都需作出反馈，只是方式可以不同。有实际价值的信息可以进行决策，采取行动；没有实际价值或暂时用不上的信息必须及时答复，加以反馈。一个简单有效的控制办法是要把信息加工处理的情况定期反馈给信息提供者。这样做，一方面可以提高针对性，减少信息提供部门的盲目性；另一方面可以加强信息发送者和接收者之间的心理沟通，提高团队士气，调动员工参与管理的积极性。

（三）有效沟通的技巧

1. 选择合适的沟通方式

根据沟通的内容和特点，选择不同的沟通方式。如果所要沟通的内容是上级的命令、决策或者是规章制度，则适宜选择正式沟通和书面沟通。若沟通内容属于规章制度以外的问题，或属于组织成员的琐碎小事，则选择非正式沟通或口头沟通效果更好。有些人看重制度和程序，与这些人进行沟通，最好选择正式的和书面的沟通方式；而有的人比较注重目的和结果，如能达到目的，可以不顾制度和程序的约束，与这些人进行沟通时，倾向于采取非正式和口头的沟通方式。

2. 有效沟通的行为准则

在长期的管理实践中，成功的管理者为我们提供的有效沟通的行为准则主要有：

1）自信的态度

成功的领导者，不随波逐流或唯唯诺诺，有自己的想法与作风，但很少对别人吼叫、谩骂，甚至连争辩都极为罕见。他们对自己了解相当清楚，并且肯定自己，他们的共同点是自信，日子过得很开心，有自信的人常常是最会沟通的人。

2）体谅他人的行为

这其中包含“体谅对方”与“表达自我”两方面。所谓体谅是指设身处地为别人着想，并且体会对方的感受与需要。在与人交流过程中，当我们想对他人表示体谅与关心时，唯有我们自己设身处地为对方着想。由于我们的了解与尊重，对方也相对体谅你的立场与好意，因而做出积极而合适的回应。

3）适当地提示对方

产生矛盾与误会的原因，如果出自对方的健忘，我们的提示正可使对方信守承诺；反之，若是对方有意食言，提示就代表我们并未忘记事情，并且希望对方信守诺言。

4）有效地直接告诉对方

一位知名的谈判专家分享他成功的谈判经验时说道：“我在各个国际商谈场合中，时常会以‘我觉得’（说出自己的感受）、‘我希望’（说出自己的要求或期望）为开端，结果常会令人极为满意。”其实，这种行为就是直言不讳地告诉对方我们的要求与感受，若能有效地直接告诉你所想要表达的对象，将会有效帮助我们建立良好的人际网络。但要切记“三不谈”：时间不恰当不谈；气氛不恰当不谈；对象不恰当不谈。

3. 学会积极倾听

积极主动的倾听在沟通过程中，可以帮助你获取重要的信息；可以掩盖自身的弱点；可以使你获得友谊和信任。所以在倾听时，要注意以下几点：

（1）鼓励对方先开口。首先，倾听别人说话本来就是一种礼貌，倾听表示我们愿意客观地考虑别人的看法，这会让说话的人觉得我们很尊重他的意见，有助于建立融洽的关系，彼此接纳。其次，鼓励对方先开口可以降低谈话中的竞争意味。我们的倾听可以培养开放的气氛，有助于彼此交换意见。说话的人由于不必担心竞争的压力，可以专心掌握重点，不必忙着为自己的矛盾之处寻找遁词。第三，对方先提出他的看法，你就有机会在表达自己的意见之前，掌握双方意见一致之处。倾听可以使对方更加愿意接纳你的意见，让你在说话的时候，更容易说服对方。

（2）使用并观察肢体语言。当我们在和人谈话的时候，即使我们还没开口，我们内心的感觉也已经通过肢体语言清清楚楚地表达了出来。听话者如果态度封闭或冷淡，说话者很自然地就会特别在意自己的一举一动，比较不愿意敞开心胸。从另一方面来说。如果听话的人态度开放、很感兴趣，那就表示他愿意接纳对方，很想了解对方的想法，说话的人就会受到鼓舞。而这些肢体语言包括：自然的微笑，不要交叉双臂，手不要放在脸上，身体稍微前倾，经常看对方的眼睛，并时时点头示意。

（3）非必要时，避免打断他人的谈话。善于听别人说话的人不会因为自己想强调一些细枝末节、想修正对方话中一些无关紧要的部分、想突然转变话题，或者想说完一句刚刚没说完的话，就随便打断对方的话。经常打断别人说话就表示我们不愿意听人说话、个性激进、礼貌不周，很难和人沟通。虽然说打断别人的话是一种不礼貌的行为，但是如果是“乒乓效应”，则是例外。所谓的“乒乓效应”是指听人说话的一方要适时地提出许多切中要点的问题或发表一些意见和感想，来响应对方的说法。还有，一旦听漏了一些地方，或者是不懂的时候，要在对方的话暂时告一段落时，迅速地提出疑问之处。

（4）反应式倾听。反应式倾听指的是重述刚刚所听到的话，这是一种很重要的沟通技巧。我们的反应可以让对方知道我们一直在听他说话，而且也听懂了他所说的话。但是反应式倾听不是像鹦鹉一样，对方说什么你就说什么，而是应该用自己的话，简要地述说对方的重点。比如说：“你说你住的房子在海边？我想那里的夕阳一定很美。”反应式倾听的好处主要是让对方觉得自己很重要，能够掌握对方的重点，让对话不至于中断。

（5）弄清楚各种暗示。很多人都不敢直接说出自己真正的想法和感觉，他们往往会运用一些叙述或疑问，百般暗示，来表达自己内心的看法和感受。但是这种暗示性的说法有碍沟通，有时他们话中的用意和内容往往被人误解，最后就可能会导致双方的失言或引发言语上的冲突。所以一旦遇到暗示性强烈的话，就应该鼓励说话的人再把话说得清楚一点。

（6）暗中回顾，整理出重点，并提出自己的结论。当和人谈话的时候，我们通常都会有几秒钟的时间，可以在心里回顾一下对方的话，整理出其中的重点所在。由此，我们必须删去无关紧要的细节，把注意力集中在对方想说的重点和对方主要的想法上，并且在心中熟记这些重点和想法。

（7）接受说话者的观点。如果我们无法接受说话者的观点，那我们可能会错过很多机会，而且无法和对方建立融洽的关系。尊重说话者的观点，可以让对方了解，我们一直在听，而且我们也听懂了他所说的话，还很尊重他的想法。即使说话的人对事情的看法与感受，甚至所得到的结论都和我们不同，他们还是坚持自己的看法、结论和感受，我们也应该理解他们。若是我们一直无法接受对方的观点，我们就很难和对方彼此接纳，或共同建立融洽的关系。除此之外，接受说话者的观点也能够帮助说话者建立自信，使他更能够接受别人不同的意见。

任务五 指挥

【导入案例】

有效的指挥

刘辉是一个服装连锁商店的地区部经理，他告诉商店经理们，每天晚上关门前，手边所有的现金必须就近存入银行的保险库。他反复强调了这一点，说道："公司不想仅仅因为你们把现金平安无事地在店里放过夜而冒一次夜盗之险。"大部分经理认为这个指令合情合理，也不难照办。但有的商店位于市区，晚上去银行并不安全，或者有的商店离银行太远，他们的经理不总是照刘辉的指示去办。

不出所料，一家市区商店被夜盗，2 000 多元的现金不见了。刘辉当面对那个经理说："你被解雇了！你知道这个规定，每天晚上要把现金存入银行保险库，你是故意违反它的。"

那个商店经理反驳道："这个规定对我来说太过分了。你应该知道，我们这个地段晚上人们去银行结款时已经发生过好几次半路打劫，我想告诉你，可你根本听不进去。再说，我知道商店已为这次损失保了险。无论怎么说，你不能为此解雇我。这一规定又不是书面条文。不得已的话，我把这件事递交公司总裁。"

问题思考：

如果你是公司总裁，你会怎么做？如何评价这位地区部经理的指挥能力？

【相关知识】

指挥，是指通过下达命令、指示等形式，使系统内部个人的意志服从于一个权威的统一意志，将意志变成全体成员的统一行动，使全体成员履行自己的职责，全力以赴地完成所担负的任务。它是管理者运用权威最基本的形式，也是管理者实施领导的最基本的手段。

一、指挥的概念

所谓指挥，就是管理者凭借自身的权力，直接命令或指导下属为实现组织目标而展开活动的行为。

指挥具有以下特点：第一，权威性。权威是指挥的主要依据，没有权威的指挥是无效的指挥，任何指挥活动都离不开权威。第二，强制性。指挥要求下属部门与人员无条件地服从上级的命令与指示，不得对命令和指示提出异议，更不允许抵抗。第三，统一性。指挥要求命令和指示自上而下严格按照直接隶属关系层层传达；要求指令内容反映的是指挥者的意志，下属不得对命令和指示随意解释和更改，更不允许歪曲；一个部门只能接受一个上级的指挥。第四，明确性。指挥者要明确下属的思想状况；向下属明确指挥的方向、目标及实现目标的方法；明确权责关系。

二、指挥的内容

（一）下达目标和任务

任何管理部门及人员都承担各自应承担的目标和任务，指挥者通过下达目标任务让承担的部门和人员明确这些目标和任务。具体要求有：把各项目标任务落实到具体的承担部门或人员，使他们明确努力方向；使下属明确实施目标的时间界限、空间范围、有效方法等。

（二）规定权责关系

指挥者要根据需要，合理确定权责关系。具体包括：第一，赋予责任，具体地讲，责任主要包括实施目标过程中应承担的政治责任、法律责任和工作责任。第二，授予权力，承担目标所需要的权力包括：在目标实施过程中的决策权、对目标实施措施的选择权、对活动过程的控制权、对目标实施过程中的用人权、对一定资源的支配权、对上级的建议权。第三，坚持职、权、责的统一，从职、权、责三者的相互关系与作用看，职位与权力、责任是成正比的；职位是基础，责任是本质、核心，权力是手段。

（三）发布行为指令

行为指令的内容包括“行”与“止”两个基本方面。“行”即组织提倡或允许的管理与操作活动。“止”即限制或制止的管理与操作活动。指令可以为部门和人员提供明确而具体的行为准则，在计划不周的条件下，指令可以及时调整人员行为，确保工作的有效性。

（四）对组织内的资源进行合理配置

组织内各种资源的合理配置与调整是有效发挥其作用的前提和基础，也是指挥的一项重要内容。具体包括：人员调整；财物资源配置；对完成任务的时间界限调整；信息资源调整；活动空间范围的调整；各种资源之间比例的调整等。

三、有效指挥

（一）影响有效指挥的因素

指挥者的行为是否有效，直接关系到领导效果的高低。其指挥的有效性主要受以下因素影响：

第一，权力的大小和重要程度。权力是指挥的基础，只有凭借权力，才能进行指挥。而且，权力越大，指挥的效果越明显。权力是指挥有效性的首要决定因素。

第二，指挥内容。符合客观规律和实际情况的指挥，才是科学的指挥。只有指挥内容科学、正确，才能产生良好的指挥效果。

第三，指挥形式的选择。指挥的有效性，在很大程度上取决于指挥形式选择是否恰当。内容科学的指挥，还要靠科学、合理、恰当的指挥形式来实施，如此才能收到好的指挥效果。

第四，指挥对象的素质。指挥要对一定的对象实施，指挥对象的特点也会影响指挥的效果，为此，指挥者要注意指挥对象的特点，指挥的内容和形式才能为指挥对象所接受，自觉服从指挥，从而达到指挥目的。

第五，指挥的实际效果还受环境的影响，例如，指挥时机、地点、群体情绪、工作性质等。

（二）有效指挥的原则

在现代科学管理中，指挥者的指挥活动应尽可能避免主观随意性，有效的指挥应坚持以下五个原则：

1. 权威原则

权威原则是指在指挥中必须用指挥员的权威使被管理者服从管理者的意志。指挥者的权威主要由两方面来决定：一是组织赋予的个人的职权；二是个人的知识、技术、能力、品德等。通常情况下，组织所赋予的权利所决定的权威，比个人的知识、品德所形成的权威具有更大的强制性，它强迫被管理者服从管理者的意志，这种强制性的权威在管理中是必不可少的。但是，现代管理中指挥的权威原则要求管理者不仅要注重组织赋予的权力，而且必须重视并努力增强个人的知识、品德所决定的权威。

2. 统一原则

统一原则，是指在指挥中必须统一目标、统一思想、统一纪律、统一指挥、统一行动。统一目标就是局部的目标要服从全局的目标，个人目标服从组织的共同目标；统一思想就是要统一认识；统一纪律就是要少数服从多数，下级服从上级，个人服从组织；统一指挥就是一个下级只能接受一个上级领导人的直接指挥，下级不越级上报工作；通过以上四个统一，达到统一行动的目的。

3. 首长负责制原则

首长负责制原则，是指在指挥中，组织内部各层次主要负责人对其职权管辖范围内的各项事务有最后的决定权，并负管理责任。实行首长负责制，可以对部属实行统一指挥，根据任务的需要，授予下属组织和人员一定的权力，使各级组织和个人都有明确的责任。

4. 强制与说服相结合

为了充分调动人员的积极性，指挥者在下达指令过程中，除了要有强制性之外，还必须运用启发、诱导等说服教育的措施，使下属真正理解指挥的内容，化被动行为为主动行为。

5. 坚定果断原则

坚定果断原则，是指在指挥中，指挥者对规定的目标或规划以及自己的行动方案，要有坚定的立场、必胜的信念，对于随机事件的处理要勇敢决断、勇于负责。指挥者只有对自己从事的事业、自己执行的目标或规划立场坚定，充满信心，才能有力地说服和影响下属百折不挠地去争取成功。

（三）灵活运用不同的指挥形式

指挥形式，按所采用的载体不同，可分为口头指挥、书面指挥和会议指挥三种。

1. 口头指挥

管理者用口头语言的形式直接进行指挥。口头指挥是最经常、最基本的形式。它具有直接、简明、快速、方便等特点。运用口头指挥形式，要注意：内容表达要清晰、准确；用语简洁有力，详略得当；讲究语言艺术。

国外一些管理学家为了帮助各级领导掌握下达命令的指挥方式，根据不同对象的具体情况，提出了一些下达命令的指导方针，对我们有一定的参考价值。

（1）用请求的口吻下达命令不会使反应敏感的下属反感，而直截了当下达命令可能会引起对立情绪。

（2）直截了当的命令，如果不是经常下达命令的话，就会显得非常有力，常常能促使下属克服懒惰情绪。

（3）请求的口吻可以部分地软化死硬的人，在直接下达命令前，值得一试。

（4）对可靠的下属通常婉转地下达命令效果最好，但是对于缺乏经验或不可靠的下属则不能这样做。

(5) 对初次犯错误的人，用请求的口吻要求他纠正错误，会增进友谊，使他站在你这一边。但是，对累犯错误的人，直截了当地下达命令，也许是可取的。

(6) 在下属对工作不称心或者需要做特别努力乃至需要实行不得人心的加班加点时，采取志愿参加的办法常常是一种挑战并能产生良好的效果。但是，不要以此来逃避按最有利于生产的方式分派任务的职责。

(7) 为了培养有前途的员工的工作能力和判断力，婉转的或建议式的命令，是考验和培养其独立工作能力的好方式。当然，还需要进行严格的督促检查。

(8) 紧急情况通常需要直截了当地下达命令。

另外，在利用口头指挥时还要注意，在指挥较大范围内的重大事件时，除了口头方式外，还要用书面的方式进行指挥。

2. 书面指挥

书面指挥即采用书面文字形式进行指挥。它具有准确性、规范性、确定性和可储存性的特点。正因为如此，许多重要的、正规的、要求在较大范围和较长时期内起作用的指挥一般都采取书面形式。

书面指挥的具体形式多种多样。以行政机关的文件形式最为规范，主要包括命令、指令、决定、决议、指示、布告、公告、通告、通知、通报、报告、请示、批复等。书面指挥的特点有以下几点：

(1) 针对性。书面指挥在易接受性和成本等方面一般不如口头指挥。因此，书面指挥要针对所要解决的管理问题，紧紧围绕指挥目标，既要表达完整、准确，又要文字精练、重点突出。

(2) 规范性。书面文件最显著的特点是其规范性。要注意文件体例和文件内容的规范性，还包括文件用语的规范化。

(3) 提高写作质量。

3. 会议指挥

这是一种通过多人聚集、共同研究或即时布置工作的指挥形式。在实际领导工作中，会议是一种经常使用而又行之有效的形式。会议指挥主要把握好以下要领：

(1) 控制会议的议题与规模、次数。

(2) 必须做好充分的会前准备。主要包括：会议议题、程序、参加人员、时间、场所等方面的准备，其中最重要的是对议题本身的准备。

(3) 科学地掌握会议。主持会议过程中，要始终抓住会议议题，确保会议围绕中心进行；主持者要有效引导与控制与会者，需要讨论问题时，启发、激励与会者，要掌握好会议进程，顺利进行与按时结束。

(4) 与会人员必须和会议内容有关，避免无关人员与会或为提高会议级别而邀请高层领导出席。

(5) 做好会议讨论的组织工作。

(6) 狠抓会议内容的落实和反馈。会议指挥，不仅要防止“议而不决”，更要防止“决而不行”。会议过后，对于管理者来说，并不是完事大吉，而必须责成专人或亲自检查落实会议精神的执行情况，及时搜集有关反馈信息，以保证会议目标落到实处，且做出必要的调整与完善。

任务六 领导艺术

【导入案例】

米齐机器公司

米齐机器公司已经处于艰难时刻，这不仅归因于经济衰退，而且也归因于自日本进口的产品所造成的竞争。在过去，劳资关系已经相当紧张。工会通常要求给工人增加工资，而且也得到了。但是，在以往几个月内，事情有了变化，劳资双方都认识到他们的前景暗淡。

公司坚决认为它处在朝不保夕的状态中，因而要求劳方让步和削减工资。工会召开会员大会，讨论了公司的情况，尽管有一名销售人员安妮认为她的工资高，赞成减低工资，但大多数工人不同意，也不想作出任何让步。事实上，工人对管理部门的意图很不信任，觉得如果作出让步，就会促使公司提出一些额外要求。经过长时间的讨论，有些工人比较同意让步，假使管理部门能作出类似牺牲的话，可是公司管理部门并不想作出任何承诺。在其后的几周内，情况越来越坏，解雇的事提了出来，工会同意实行一些削减，但附带一个条件，即公司情况好转后，员工可以以某种方式分享公司的利益。

一个月之后，一些大公司行政主管的薪水调查表在一家全国性杂志上发表了，透露出这家公司信任高层管理部门。希望我们像日本的公司那样，在艰难时刻，首先削减红利，然后削减高层管理部门的薪水，稍后再减少中层主管人员的薪水，至于工人的工资则是在最后减少的。

问题思考：

你认为工人是否应该作出让步，并同意减工资？如果你是公司总经理，你将怎样处理这种情况？对于日本人处理经济问题的方法你有何看法？

【相关知识】

为了有效地实现领导的作用，实现组织目标，领导者必须掌握高超的领导艺术，一般主要表现为领导决策艺术、用人艺术、人际交往艺术、时间管理艺术、创新艺术和处理紧急事件的艺术等。

一、领导决策的艺术

决策是人们对未来实践的方向、目标以及使之实现的程序和手段做出的抉择，也就是对未来的方向、目标及手段、方法经过选择和判断做出的决定。决策艺术是领导者综合能力的表现，体现领导者的政治成熟度与业务知识能力多样性的统一。领导者要遵循决策的程序化，决策的过程也要力求科学化，不能简单地拍脑袋、凭经验和直觉。决策艺术一般包含以下几个方面。

（一）处理信息的艺术

要进行决策，首先要掌握决策所需要的各种信息。各种决策方案的可行性，在很大程度上取决于信息的及时、准确和完整。因此，要有效地获取、利用和加工信息，就要具有高超的艺术。

（二）决策方法的选择艺术

不同的决策应采用相应的决策方法，对于程序性、短期性的决策，管理者凭自己长期积累的知识和经验，以及相关能力，并根据已知情况和现有资料，通常可以提出比较正确的决策目标、方案和作出最后的抉择。对于战略性的长期决策，一般宜采用集体决策或定量的方法。因为这种决策关系到全局长远的发展，应当发挥集体智慧，广泛听取各方意见，采用科学的决策技术，以防决策失误。

为了使未来的行动能够成功，要求决策者有广博的知识，有敏锐的观察力、判断力，还要有严格的科学态度，重真理、不浮躁，勇于打破陈旧观念，开创新局面。因此，决策者要不断地努力提高自身的素质。

二、用人艺术

马克思主义历来认为，人是世界上最可贵的。而在人中，人才更为重要，尤其是领导人才。当今世界各国综合国力的竞争归根到底是人才的竞争。用人是领导者的重要职责和基本职能，也是领导活动自身的要求，在用人上，领导者要掌握有效激励的艺术、选人的艺术、科学用人的艺术、表扬和批评的艺术。

（一）有效激励的艺术

激励方法主要有物质激励法、精神激励法、工作激励法等。有效激励要遵循一定的原则，有的放矢地进行。

（二）选人的艺术

选用什么样的人才，作为领导者应掌握以下几个方面的原则：

（1）坚持德才兼备，切勿求全责备。“德才兼备”和领导者“四化”方针是选才总的原则精神。一般来说以德为主，但有德无才也不行。一个成功的领导者在选拔人才时应做到兼容宽人，不以己律人，不强人所难，能正确地自我认识和认知他人。要合理地确立人才标准，使组织内部人人都能各得其所、各得其用、各尽职守。

（2）大胆选拔新人，切忌论资排辈。领导者在选才时，要正确处理德才与资历的关系，以德才为准，在同等的条件下，以选拔新生力量为准。

（3）举荐有胆有识之才，戒唯顺唯亲之风。我们要选拔大批胆识过人、人格健全、个性鲜明的开拓型人才。这些人往往有独立见解，不以领导者的眼色为准，而以是否有利于组织目标的实现为行为准则。

（三）科学用人的艺术

科学用人的艺术主要表现在：一是知人善用的艺术。也就是用人用其德才，要用人所长，避人所短；二是量才适用的艺术。要帮助职工找到自己最佳工作的位置；三是用人不疑的艺术。对安排在与自己才能品德相适应岗位上的员工，应当放手使用，合理授权，使他们能够对所承担的任务全权负责；四是用养并重的艺术。有眼光的领导，不仅善于选拔和使用人才，而且重视培养和造就人才，能坚持用养并重。

（四）表扬和批评的艺术

表扬奖励人和批评或指责人，需要有良好的技巧：一是要弄清需要表扬、批评的原因。即掌握事实的真实情况，确保批评的准确性；二是要选择表扬、批评合适的时机；三是要注意表扬、批评的场合；四是要讲求表扬、批评的态度；五是要正确运用表扬、批评的方式。

三、人际交往的艺术

影响人际关系的因素主要有四个方面：人们空间距离的远近；人们彼此交往的频率；人们观念态度的相似性；人们彼此需要的互补性。除此之外，人们的性格、品德、气质各异也是影响人际关系的重要方面。

由于人际关系的复杂性，其协调的方法也是多种多样的，没有一套能普遍适用于不同素质的员工和不同环境的通用方法，应当随机制宜地从企业管理的角度分析，掌握协调人际关系的艺术，例如经营目标协调法、制度规则协调法、心理冲突协调法、随机处事技巧法等。

四、时间管理的艺术

时间也是管理过程中重要的资源，时间管理也是有效管理的重要方面，时间管理的艺术主要包括时间分配艺术和时间节约艺术。

第一，时间分配艺术。这主要有以下几种：一是重点管理法。即分清事情的主次及任务的缓急，把有限的时间分配给最重要的工作。二是最佳时间法。把最重要的工作安排在一天中效率最高的时间去完成，而对于零碎事务或次要工作放在精力较差的时间去做。三是可控措施法。把自己不可控的时间转化为可控时间，以提高管理效率。

第二，时间节约艺术。详细记录自己每周及每月或每季一个区段使用的时间，再加以分析综合，作出判断，从而了解哪些时间内的工作是必要的、有用的，哪些是不必要、无用的、浪费的，以便改进，促进对时间更好地管理和运用。也可以召开会议，科学地计算会议成本，提高会议效率。

五、创新艺术

创新是指人们发现了新方法、新技术或提供了新观点、新思想。创新是按照自然和社会发展的规律，提出改造自然、改造社会的新设想、新方案。创新应贯穿于整个领导活动之中，作为一个合格的领导者应具备开拓创新能力。所以合格的领导者观察事物时具有独特的细致的敏锐性，能根据形势的发展变化，结合新的实践经验和时代条件，在思路的选择上、思考的技能技巧上、思维的结论上有独到之处；与众不同，又合乎情理，比别人想得更深入、更透彻，提出人们想象不到、表达不出的新见解；同时，也善于从生活的细微之处，从常人司空见惯、习以为常或熟视无睹的事情上发现问题，开动脑筋，引发思考，获得思维成果，这也是创新领导者应具备的一种思维特征。

六、指挥处理紧急事件的艺术

在管理活动中，经常会发生一些突发、紧急和棘手事件，因而领导者也要掌握处理这种事件的艺术。

第一，迅速控制事态。紧急事件发生后，能否先控制住事态，使其不扩大、不升级、不蔓延，是处理整个事件的关键。这既是关系整个事件处理成败的基础和前提，又是寻找更好的、彻底的处理方法的重要条件。突发事件发生后，面临紧急事件的组织成员，大都情绪激动，一触即发。领导者要进行心理控制，运用弱化员工的激动情绪、舒缓紧张气氛等具体的技巧；减轻群众的心绪不稳、思想混乱、不知所措等心理压力；迅速地在组织内部和广大群众中开展正面教育，使大多数人认清形势，稳住阵脚，以防局面失去控制；迅速查清紧急事件的重要人物和地点，予以重点控制。

第二，收集事实材料，分析紧急事件产生的原因。紧急事件产生的原因可能是难于控制的自然灾害；复杂多变的政治、经济环境；变化多端的市场竞争；组织的内部管理不善；主观人为的因素等。领导者要带领下属，动用一切可行的手段，准确地掌握大量的现象和事实材料。在掌握全面材料的基础上分析各种现象背后的联系，找到造成整个事件的根本症结，确认事件的性质，然后，迅速地制定处理事件的总体方案。

第三，果断实施方案，处理事件。领导者必须果断决策，周密组织，统筹安排，层层落实责任，人人承担责任，各司其职，各负其责，找准突破口，集中优势兵力去攻克关键环节和难关。

第四，总结工作。领导者要深入群众，做好善后的思想稳定工作；要总结紧急事件的教训，查找原因，堵塞漏洞，提高认识，避免类似事件再次发生；对于紧急事件处理过程中的工作失误也要及时总结。

项目小结

1. 领导是一种活动过程，领导者是领导行为的主体，领导的实质在于影响力，通过领导职能的发挥，影响下级追随其实现组织目标。

2. 从 20 世纪初，西方国家就开始了对领导理论的研究，这些研究主要集中于领导行为模式方面。其发展过程大致经历了领导特性理论、领导行为理论和领导权变理论三个阶段。其中，较有影响的领导理论有：领导行为连续论、四分图理论、管理方格理论、权变理论等。

3. 领导对其下属及组织施加影响力的手段有激励、沟通和指挥三大手段。激励指管理者运用各种管理手段，刺激被管理者的需要，激发其动机，使其朝向所期望的目标前进的心理过程。具有代表性的激励理论有需要层次论、双因素理论、期望理论、公平理论和强化理论等，它们对实践的管理提供了很好的理论依据。沟通是指为达到一定的目的，将信息、思想和情感在个人或群体间进行传递与交流的过程。在沟通的过程中要遵循有效沟通的原则，并克服沟通中出现的沟通障碍，通过正式沟通和非正式的沟通以及其他沟通形式达到信息传递的目的。为了达到有效沟通的效果，就要掌握一定的沟通技巧，包括选择合适的沟通方式、遵守有效沟通的行为准则，以及掌握积极倾听的技巧。指挥是领导者发挥领导职能的最经常的和最基本的手段，而有效指挥的前提是必须有权力。领导者的权力分为组织性的权力即职权和个人性权力。在正确分析和研究下级服从上级指挥的心理的基础上，科学合理地运用权力加大奖惩力度来达到指挥的目的。在指挥的过程中，指挥者必须了解影响指挥的因素，灵活掌握不同的指挥形式，明确强度不同的指挥方式以及处理突发事件的能力。

4. 领导者必须掌握高超的领导艺术。一般主要表现为：领导决策艺术，用人艺术，人际交往艺术，时间管理艺术，创新艺术和处理紧急事件的艺术等。

主要概念和观念

1. 领导。
2. 人性假设。
3. 激励。
4. 沟通。

基本训练

1. 怎样理解领导的实质与手段？
2. 不同时期人性假设的主要观点是什么？
3. 主要的领导理论有哪些？
4. 主要激励理论的要点有哪些？
5. 沟通的障碍与有效沟通的原则是什么？

案例讨论

案例 A

任厂长

某汽车公司装配厂的任厂长，从一上任开始，就不同意公司裁员的做法，他给厂里每个人机会以充分证明自己的价值。在他的任期内，全厂 5 000 名职工中只有极少数人被解雇。他首先为职工们建造了供职工们使用的餐厅和卫生间。午餐时，他还亲自上餐厅，跟职工们打成一片。他倾听他们的抱怨，征求他们的意见和合理化建议，鼓励班组定期开会来解决共同的问题。通过“一日厂长制”等活动，创造一切可能的机会让职工们参与全厂的长远规划。任厂长不仅坚持每日 2 小时在现场走动办公，而且还为管理人员和一线工人安排了不断解决问题的对话，通过对话，他希望管理人员知道他们为一线工人提供的服务是怎样的“不到位”，从而激发职工对企业的忠诚。

他对下属关怀备至，下属人员遇到什么难处都愿意和他说，只要厂里该办的，他总是很痛快地给予解决。职工私下说他特别会笼络人。

当然，任厂长也承认装配厂生产率暂时不如其他同类企业，但他坚信只要他的职工们有高昂的士气，就必定会取得高的绩效。

案例 B

严厂长

某钢厂严厂长认为对下属人员采取敬而远之的态度对一个厂长来说是最好的领导方式，所谓的“亲密无间”只会松懈纪律。他一天到晚绷着脸，下属人员从未见他和他们谈过任何工作以外的事情，更不用说和下属人员开玩笑了。他到哪个部门谈工作，一进门大家的神情都立即变得严肃起来，犹如“一鸟入林，百鸟压音”，大家都不愿和他接近。严厂长把全厂的工作任务始终放在首位，在他看来，作为一个好的领导者，无暇去握紧每一个职工的手，告诉他们正在从事一项伟大的工作。所以他总是强调对生产过程、产量控制的重要性，坚持下级必须很好地理解生产任务目标，并且保质保量地完成。他经常直接找下属布置工作，中层管理人员常常抱怨其越级指挥，使他们无所适从。其实，严厂长手下的几员“大将”被“架空”已成家常便饭。职工们有困难想找厂里帮助时，严厂长一般不予过问，职工们说他“缺少人情味。”久而久之，严厂长感到在管理中最大的问题就是下级不愿意承担责任，他们对工作并非很努力地去做，全厂的工作也只是推推动动，维持现有局面而已。

案例 C

赵厂长

赵大伟是一位经验丰富的企业家。当某市齿轮厂严重亏损、濒临倒闭时，他开始出任该厂的厂长。他的管理哲学是：“管理既是无情的，又是有情的。对工人既要把‘螺丝’拧得紧紧的，又要给予其温暖。”赵厂长对下属完全信赖，倾听下情并酌情采用。通过职工参与制，让下属参与生产与决策并给予物质奖赏。所形成的全厂长远规划，请职工们“评头论足”，厂里上、下级信息沟通快。鼓励下级自己作出相应决定。他认为：生产率的提高，不在于什么奥秘，而在于职工及其领导人之间的那种充满人情味的关系。同时他为员工做出了表率，赵厂长深有感触地说：“走得正，行得端，领导才有威信，说话才有影响，群众才能信服，才能对我行使权力颁发‘通行证’。”

他到该厂上任后不久采取了一系列措施。诸如树立效益、以人为本的观念；推行融效率与人于一体的目标管理法，通过每个管理人员和职工为各自的部门和个人设置目标，并负责完成，想方设法提高工厂的生产率；遵循系统管理和专业化分工的原则，综合考虑管理幅度和层次的合理划分，以及职权划分，建立责权明确、分工合理的组织结构体系；突出产品质量和降低成本两个重点。在赵厂长上任后的一年里，齿轮厂的生产绩效有了显著提高。

问题思考：

1. 案例 A、B、C 三位领导分别属于什么领导风格？
2. 根据管理方格论，上面哪位厂长的领导方式最有效？

项目四

控　制

任务一　控制职能概述

【导入案例】

客户服务质量控制

美国某信用卡公司的卡片分部认识到高质量客户服务是多么重要。客户服务不仅影响公司信誉，也和公司利润息息相关。比如，一张信用卡每早到客户手中一天，公司可获得33美分的额外销售收入，这样一年下来，公司将有140万美元的净利润，及时地将新办理的和更换的信用卡送到客户手中是客户服务质量的一个重要方面，但这还远远不够。

决定对客户服务质量进行控制来反映其重要性的想法，最初是由卡片分部的一个地区副总裁凯西·帕克提出来的。她说，“一段时间以来，我们对传统的评价客户服务的方法不大满意。向管理部门提交的报告有偏差，因为它们很少包括有问题但没有抱怨的客户，或那些只是勉强满意公司服务的客户。”她相信，真正衡量客户服务的标准必须基于和反映持卡人的见解。这就意味着要对公司控制程序进行彻底检查。第一项工作就是确定用户对公司的期望。对抱怨信件的分析指出了客户服务的三个重要特点：及时性、准确性和反应灵敏性。持卡者希望准时收到账单、快速处理地址变动、采取行动解决抱怨。

了解了客户期望，公司质量保证人员开始建立控制客户服务质量的标准。所建立的180多个标准反映了诸如申请处理、信用卡发行、账单查询反应及账户服务费代理等服务项目的可接受的服务质量。这些标准都基于用户所期望的服务的及时性、准确性和反应灵敏性上。同时也考虑了其他一些因素。

除了客户见解，服务质量标准还反映了公司竞争性、能力和一些经济因素。比如：一些标准因竞争引入，一些标准受组织现行处理能力影响，另一些标准反映了经济上的能力。考虑了每一个因素后，适当的标准就成型了，所以开始实施控制服务质量的计划。

计划实施效果很好，比如处理信用卡申请的时间由35天降到15天，更换信用卡从15天降到2天，回答用户查询时间从16天降到10天。这些改进措施给公司带来的潜在利润是巨大的。例如，办理新卡和更换旧卡节省的时间会给公司带来1 750万美元的额外收入。另外，如果用户能及时收到信用卡，他们就不会使用竞争者的卡片了。

该质量控制计划潜在的收入和利润对公司还有其他的益处，该计划使整个公司都注重客户期望。各部门都以自己的客户服务记录为骄傲，而且每个雇员都对改进客户服务做出了贡献，使员工士气大增。每个雇员在为客户服务时，都认为自己是公司的一部分，是公司的代表。信用卡部客户服务质量控制计划的成功，使公司其他部门纷纷效仿。无疑，它对该公司的贡献是非常巨大的。

问题思考：

如何理解该公司客户服务质量控制的做法？

【相关知识】

一、控制的含义

管理控制是管理者监视组织的各项活动，保证组织计划与实际运行状况动态适应的管理职能。作为一种管理职能，所谓控制就是指为了实现组织目标，以计划为标准，由管理者对组织活动过程进行监测，将监测结果与计划目标相比较，找出偏差，分析其产生原因，并予以纠正的一系列活动过程。简单地说，控制就是管理者监督各项活动，以保证这些活动按计划进行，并纠正各种重要偏差的过程。

控制的概念可以从以下三个方面理解：第一，控制有很强的目的性，即控制是为了保证组织中的各项活动按计划进行；第二，控制是通过“监督”和“纠偏”来实现的；第三，控制是一个过程。

由此可见，控制既是一次管理循环的终点，是保证计划得以实现和组织按既定的路线发展的管理职能，又是新一轮管理循环的起点。要保证组织的活动按照计划进行，控制是必不可少的。在现代管理活动中，管理控制的目的主要有两个：

第一个目的是维持组织活动正常运行。主要解决经常发生变化的迅速而又直接影响组织活动的“急性问题”，控制应随时将计划的执行结果与标准进行比较，若发现有超过计划允许范围的偏差，则及时采取必要的纠正措施，使组织内部系统活动趋于相对稳定，实现组织的既定目标。

第二个目的是在维持组织活动正常运行的基础上打破现状，实现管理创新。解决长期存在的、影响组织素质的“慢性问题”。控制要根据内、外环境变化针对组织新的要求和组织不断发展的需求，打破执行现状，重新修订计划，确定新的现实和管理控制标准，使之更先进、更合理。

二、控制职能的特征

（一）管理控制具有目的性

在进行管理控制的时候，必须先明确控制的目的性，这样才能进行有针对性的控制，及时地发现问题。

（二）管理控制具有整体性

这包括两层含义：一是管理控制是组织全体成员的职责，指完成计划是组织全体成员共同的责任，参与控制是全体成员的共同任务；二是控制的对象是组织的各方面，为了确保各部门和各单位工作上能协调一致，需要了解各部门和各单位的工作情况并予以控制。

（三）管理控制具有动态性

管理工作中的控制过程不同于其他商品生产的控制过程，其他商品就像电器类，它的控制过程是高度程序化的，具有稳定性，而组织不是这样的，它很容易受到内部条件和外部环境的影响，因为内部条件和外部环境具有不稳定性，随时都有可能发生变化，从而决定了控制标准和方法不可能永远不变。所以，管理控制应具有动态性，如此才能提高管理活动的适应性和有效性。

（四）管理控制是作为人的控制并由人来控制

管理控制是保证组织工作按计划进行并实现既定目标的管理活动，而组织中的各项工作都是由人来完成的，各项控制活动也要靠人来完成执行。

（五）管理控制是提高职工能力的重要手段

控制不仅是监督，更重要的是指导和帮助。管理者可以通过控制发现员工在工作中的偏差，帮助员工分析偏差产生的原因，端正员工态度，指导他们的行为。这样，既达到了控制的目的，又提高了员工的工作能力和自我控制能力。

三、有效控制的原则

控制是一项重要的管理职能，也是常常出现问题的职能。在许多情况下，人们制定了良好的计划，也有了适当的组织，但由于没有把握住控制这一环节，最后还是达不到预期的目的。所以，我们必须认真思考和研究如何有效地进行控制工作。有效的控制必须具备一定的条件并遵循科学的控制原则。下面我们介绍几种主要的控制原则。

（一）未来导向原则

未来导向的原则，是指控制工作应当着眼未来，而不是只有当出现了偏差才进行控制。由于在整个控制系统中存在着时滞，所以管理人员要能够有效地预防偏差或及时地采取措施纠正偏差。也就是说，控制应该是面向未来的。实际上这条原则往往被忽视。主要原因是现有的管理工作水平不太容易预测未来的不肯定因素，管理人员一般仍依赖历史数据。但我们要投入更大的精力来从事面向未来的控制，这对于增强工作的主动性具有重要的意义。

（二）关键点原则

关键点原则，是指控制工作要突出重点，不能只从某个局部利益出发，要针对重要的、关键的因素实施重点控制。事实上，组织中的活动往往错综复杂，管理者根本无法对每一个方面实施完全的控制，所以应该将注意力集中于计划执行中的一些关键影响因素上，为此，找出或确定这些关键因素，并建议重点控制，是一种有效的控制方法。控制住了关键点，也就基本上控制住了全局。

选择关键控制点的能力是管理工作的一种艺术，有效控制在很大程度上就取决于这种能力。目前，已经存在一些有效的方法能帮助管理人员在某些控制工作中选择关键点。例如，计划评审技术就是一种在有多种平行作业的复杂管理活动网络中寻找关键活动和关键路线的方法。这是一种强有力的系统工程方法。

（三）例外原则

例外原则，是指控制工作应着重于计划实施中的例外偏差（超出一般情况的特别好或特别坏的情况）。这可使管理者把精力集中在重要问题上。但是，只注意例外情况是不够的，对例外情况的重视程度不应仅仅依据偏差的大小而定，同时还需要考虑客观实际情况。在偏离标准的各种情况中，有一些是无关紧要的，而另一些则不然，某些微小的偏差可能比某些较大的偏差影响更大。因为在一个特定的组织中，不同工作的重要程度各不相同。例如，在某一企业中，对“合理化建议”的奖励超出 20% 可能无关紧要，而产品的合格率下降 1% 却可能使所有产品滞销。

因此，在实际工作中，控制的例外原则必须与关键点原则相结合，把注意力集中在对关键点的例外情况的控制上。关键点原则强调选择控制点，而例外原则强调观察在这些控制点上所发生的异常偏差。

（四）及时性原则

控制的及时性是指在控制工作中及时发现偏差，并能及时采取措施纠正。一个有效的控制系统必须能够提供及时的信息。信息是控制的基础。为提高控制的及时性，信息的收集和传递必须及时。如果信息的收集和传递不及时，信息处理的时间又过长，偏差就得不到及时纠正。当采取纠正措施时，如果实际情况已经发生了变化，而采取的措施不变，那么所采取的措施不仅不能产生积极作用，反而会带来消极影响。

控制信息滞后往往会造成不可弥补的损失。时滞现象是反馈控制系统一个难以克服的困难。较好的解决办法是采用前馈控制，使管理者尽早发现乃至预测到偏差的产生，采取预防性措施，使工作的开展在最初阶段就能够沿着目标方向进行，即使有了偏差，也能及时纠正，把损失降到最低。控制要做到及时，必须依靠现代化的信息管理系统，随时传递信息，随时掌握工作进度，如此才能尽早发现偏差，进而及时采取措施进行控制。

（五）客观性原则

控制的客观性是指在控制工作中，管理者不能仅凭个人的主观经验或直觉判断，而应采用科学的方法，尊重客观事实。

控制工作的客观性要求控制系统应尽可能提供和使用无偏见的、详细的、可以被证实和理解的信息。同时，还要求必须具有客观的、准确的和适当的控制标准。管理难免有许多主观的因素在内，但是对于下属工作的评价，不应仅凭主观来决定。在整个控制过程中，主观判断不仅会使绩效的衡量得不出明确的结论，而且还会使纠正偏差的力度难于把握，从而使现实工作更加混乱。

为了保证控制的客观性，就要求尽可能将衡量标准加以量化。量化程度越高，控制就越规范。但是，在诸多衡量标准中总有一些是定性的和难于量化的。总之，客观标准可以是定量的，也可以是定性的，但要做到客观，关键问题是使标准在任何情况下都是可测定和可考核的。

（六）准确性原则

一个控制系统要想行之有效，必须具备准确性。一个提供不准确信息的控制系统将会导致管理者在应该行动的时候没有行动，没有出现问题反而采取了行动。基于不准确信息的种种决策，往往是错误的决策，会使整个组织蒙受损失。

现实中由于各种因素的影响，常常将不准确性带入控制系统之中。有时可能是因为衡量绩效的工具精确度不够，使衡量结果的误差过大；有时则可能是工作人员出于个人利益，人为地虚报数据。因此，管理者需要选择适用的、精确的绩效衡量方法和工具来避免产生误差，同时还要采取预防措施，运用先进的管理技能避免出现弄虚作假行为。

（七）经济性原则

控制活动需要经费，是否进行控制，控制到什么程度，都要考虑费用问题。应将控制所需的费用同控制所产生的结果进行比较。当通过控制所获得的价值大于它所需费用时，才有必要实施控制。所以，从经济性的角度考虑，控制系统并不是越复杂越好，控制力度也不是越大越好。控制系统越复杂，控制工作力度越大，意味着控制的投入也越大。而且在许多情况下，这种投入的增加并不一定会导致计划能更顺利地实现。管理者应尝试使用能产生期望结果的最少量的控制。如果控制能够以最小的费用或其他代价来实现预期的控制目的，那么这种控制系统就是最有成效的。

四、控制的内容

美国管理学家斯蒂芬·罗宾斯（Stephen P Robbins）认为控制的内容包括对人员、财务、作业、信息和绩效等五个方面的控制。

（一）对人员的控制

组织的目标任务是由人来完成的，为了使员工按照管理者所制订的计划去实现组织的目标任务，就必须对人员进行有效的控制。对人员进行控制最常用的方法之一就是直接巡视，及时发现问题，及时解决；另一方法是对员工工作表现进行评估。通过评估，针对员工的工作表现，进行奖励或惩罚，并对员工存在的问题进行指导、帮助和解决。

（二）对财务的控制

利润是许多组织尤其是企业追求的主要目标之一，为了实现企业的利润目标，必须对财务进行控制。这主要包括审核自身的财务报表，以保证有一定的资金支付各种费用，当然，我们也应对费用进行控制，以保证成本不会提高和各项资产都得到充分有效的利用。

（三）对作业的控制

作业控制就是对企业从生产要素投入到最终产品和服务产出的转换过程的控制。典型的作业控制包括监督生产活动以保证其按计划进行；评价购买能力，以尽可能低的价格提供所需要的一定质量和数量的原材料；监督企业的产品或服务的质量，以保证满足预定的标准；保证所有的设备得到良好的维护。

（四）对信息的控制

知识和信息在现代的知识经济时代中是重要的资源。准确、及时、适量、经济的信息，会大大提高企业的效率。因此，在企业中对信息的控制显得尤为重要。

（五）对绩效的控制

在企业内部，绩效是高层管理者的控制对象，企业目标是否实现都会从这里反映出来。在企业外部，证券分析人员、潜在的投资者、贷款银行、供应商、消费者以及政府部门也十分关注企业的绩效。要有效实施对绩效的控制，关键在于科学地衡量和评价企业绩效。

五、控制的重要性

法约尔曾经指出，控制必须施之于一切的事、人和工作。这是因为即使有完善的计划、有效的组织和领导，都不能保证组织目标的自然实现，而需要进行强有力的控制与监督。罗宾斯则指出，有效的管理始终是督促他人、控制他人的活动，以保证应该采取的行动得以顺利进行，以及他人应该达到的目标得以实现。控制的重要性可以从以下三个方面来理解。

（一）控制职能普遍存在于任何组织、任何活动中

这反映了控制的普遍性。因为在现代管理系统中，人、财、物、信息等要素的组合关系是多种多样的，外部环境的影响很大，内部运行机制和结构有时变化也很大，加上组织关系错综复杂，不确定因素很多，预测不可能完全准确，制订出的计划在执行过程中不仅可能会出现偏差，而且还会发生未曾预料到的情况。这时，控制工作就起到了执行和完成计划的保障作用以及在管理控制中产生新的计划、新的目标和新的控制标准的作用。所以说，控制是一项普遍而广泛的管理职能。

（二）控制职能存在于管理活动的全过程

控制职能作为实现目标及改进工作的有效手段存在于管理活动的全过程。尽管计划可以制订出来，组织结构可以调整得非常有效，员工的积极性也可以调动起来，但是这些仍然不能保证所有的行动能按计划执行，不能保证管理者追求的目标一定能达到，而必须依靠控制工作在计划实施的各个阶段通过纠正偏差的行动来实现。因此控制职能存在于管理活动的全过程，它不仅可以维持其他职能的正常活动，而且在必要的时候可以改变其他管理职能的活动。这种改变有时可能很简单，只在指导中稍做些变动即可。但在许多情况下正确的控制工作可能导致确立新的目标，提出新的计划，改变组织结构，改变人员配备以及在指导和领导方法上做出重大改革，使组织的工作得以创新和提高。

（三）控制职能有利于适应组织环境的不确定性

组织的目标计划，是组织对未来一定时期内的奋斗方向和行动步骤的描述，任何组织的目标和计划都是在特定的时间、环境下制定的，如果组织实际活动能按计划进行，那么也就无须进行控制。但这种情况只会发生在静态环境中。变化是永恒的，静止是相对的，现代组织所面临的环境大都是复杂多变和不确定的。在计划实施过程中，组织内部相关因素都有可能发生变化。为了保证目标、计划要符合实际的组织环境，适应变化了的环境，保证组织目标、计划的实现，组织就必须通过控制来及时了解环境变化的程度和原因，通过控制来准确把握计划与实际发生差异的程度和原因，从而采取有效的调整和修正措施。

（四）控制职能可以避免管理失误

任何组织在其发展中，都不可避免地会犯一些错误。认识并纠正错误是管理水平提高的重要标志，也是组织发展的必要前提，而控制是任何组织发现错误、纠正错误的有效手段。通过对实际活动的反馈，管理者可以及时发现失误；通过对产生偏差的原因进行分析，可使管理者明确问题之所在，从而采取措施纠正偏差。因此，控制是改进工作、推动工作不断前进的有效手段。

（五）保证组织活动顺利进行

随着社会生产力的不断发展，现代各种组织的规模和内部结构也日趋庞大与复杂。每一个组织要实现自身的目标，都必须从事一系列艰巨的工作，而每一项工作又都可能涉及组织的各个部门，因此组织不仅要制定明确的目标并把总目标分解，而且在实施过程中还要进行大量的组织协调工作。为了避免本位主义，使各部门的活动紧紧围绕着组织目标，保证每一

项具体活动或工作顺利进行，组织就必须进行大量的控制工作。

总之，控制是管理工作的最重要职能之一，是保证组织计划与实际运作动态相适应的管理职能。控制是保证一个组织的目标实现而采取的各种必要的活动所不可缺少的措施。如果没有有效的控制系统，一个社会、一个组织就会杂乱无章，就会离开正确的轨道。通过控制，既可检验各项工作是否按预定计划进行，并检验计划的正确性和合理性，又可调整行动或计划，使两者协调一致。

六、控制与其他管理职能的关系

控制是管理职能环节中的重要一环。控制以计划、组织、人员配备、领导等职能为基础，并对其有积极的影响。

（一）控制与计划的关系

计划为控制工作提供标准，没有计划，控制就没有依据。计划起指导性的作用，而控制是为了保证组织的产出与计划相一致，控制到什么程度、怎么控制都取决于计划的要求；计划预先指出了所期望的行为和结果，而控制是按计划指导实施的行为和结果，有时会导致计划的改变；制订有效的计划需要信息，而这些信息多数是通过控制得到的；一些有效的控制方法，如预算、政策、程序、规则等，同时也是计划方法或计划本身。所以，计划越周密、全面，标准越清晰、具体，控制就越容易；而控制工作越合理、高效，计划的实现就越有保障。如果只编制计划，而不对其执行情况进行控制，计划目标就很难得到实现。

（二）控制与组织的关系

管理者在设计组织结构时面临的首要问题是建立组织结构和权责关系，以使组织成员最有效地运用资源。管理的组织职能和控制职能是不可分割的，有效的管理者必须学会使它们协调地发挥作用。通过控制，管理者监督和评估组织战略和结构是否在按自己的意图发挥作用，如何改进它们，以及如果它们不能发挥作用，应该如何改变它们。所以从组织控制的角度来说，控制是管理者监督和规范组织的各项活动以保证它们按计划进行并纠正各种重要偏差的过程。然而，控制并不意味着只在事情发生后做出反应。它还意味着将组织保持在正常的运行轨道并预测可能发生的事情。由此可见，管理的控制职能是对组织的管理活动及其效果进行衡量和纠正，以确保组织的目标以及为此而拟定的计划得以实现。

（三）控制与人员配备的关系

人员配备职能的发挥不但为组织计划的贯彻执行提供了充足的人力资源，还为控制职能的发挥奠定了基础。人员选聘、培训和考核工作本身就是人员控制的重要内容，而控制职能则通过对计划执行过程中产生偏差的原因进行分析，对由于人员配备职能的原因造成的偏差采取措施进行纠正。

（四）控制与领导的关系

领导职能的发挥既反映在计划方案的编制中，也反映在组织结构的建立上，同时还反映在控制职能的发挥中。这意味着领导职能的发挥影响到组织控制系统的建立和控制工作的质量。相应地，控制职能的发挥又有利于改进领导者的领导工作，提高领导者的工作效率。

总之，计划、组织、人员配备、领导职能是控制的基础，控制是在此基础上对具体组织活动的实施进行检查和调整，离开了一定的计划、组织、人员配备和领导，控制就无法正常进行。反过来讲，控制是计划、组织、人员配备、领导有效进行的必要保证，离开了适当的控制，计划、组织、人员配备、领导等职能都可能流于形式，得不到有效执行。因此，控制与其他职能之间的关系密不可分。明确的目标与计划、合理的组织机构与形式、科学的人员配备、英明的领导，是实施控制的基础和保障。同时，控制也会影响到目标与计划的修改、组织机构的设计、人员的调整以及领导方式的改变。

七、管理控制系统的组成

任何组织，如果没有一个适合组织发展的管理控制系统，都无法有效地贯彻它的计划。组织中的控制活动是通过组织的控制系统来完成的，而控制系统主要包括以下几个方面：

第一，控制的目标，即进行控制活动的目的取向，也是进行控制活动的依据。组织中的控制必须有一个目标，但这个目标必须服从组织发展的主要目标。

第二，控制的主体，即各级管理者及其所属的各职能部门。

第三，控制的对象，控制系统控制的对象应是组织的整个活动。

第四，控制的方法和手段，即为达到有效的控制，所采用的各种科学方法和手段。

比如，控制系统是企业管理系统内的一个重要的子系统，其实，企业管理系统本身也是一个控制系统。企业管理系统是由决策领导层及计划编制者组成的控制主体，以及分厂或车间生产者组成的控制对象。计划部门根据决策领导层确定的经营目标，经过分解将指标下达到各个生产单位，即控制主体作用于控制对象，这就是控制作用。各个分厂、车间生产的产品是否按质、按量、按期实现了计划，在市场上销售状况如何，顾客有何反映，情况有何变化，这些信息需要反馈到计划部门，同计划目标进行对比，找出偏差加以调整或纠正，即控制对象反作用于控制主体，这就是反馈作用。同时，系统存在于环境之中，它与环境相互作用、相互制约。管理控制系统的基本结构如图 2－4－1 所示。

在具体研究一个管理控制系统时，还应当明确控制对象是什么，控制对象有哪些变化。如库存控制系统的控制对象是仓库，而控制对象仓库的存货变化是库存量。能根据控制对象变化的实际值和预期值之间的偏差，对控制对象施加控制作用以减少偏差，控制机构由偏差测量机构、决策机构和执行机构组成。偏差测量机构可以是计算测量的装置，它应能连续不断地测定实际值与预期值之间的偏差。决策机构是核心机构，它能根据偏差作出控制决策。执行机构用以执行纠正偏差的决策命令，作用于控制对象。

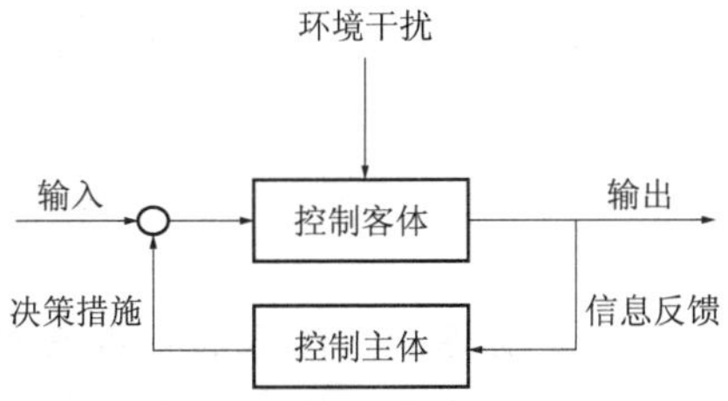

图 2－4－1　管理控制系统的结构

上面考察的控制形式是将控制对象与控制机构明确地区别开来，在这种情况下，所涉及的是外部对于对象的控制。但是，控制并不总是由外部机构来实施的。在管理中，很多控制是自我控制，即人们以自己的方式行事。自我控制是一种内部控制，因为在同一个人身上集中了控制的原因和理由。就管理控制而言，在大部分情况下内部控制与外部控制相配合。管理控制的负责人也被视作其希望控制的对象的一部分：他实施的是一种自我控制。而且，从本质上来说，管理控制更倾向于让管理负责人自己来组织已经发生偏差形势的纠正。

任务二 控制程序

【导入案例】

巴林银行的财务监管漏洞

巴林银行创建于1793年，创始人是弗朗西斯·巴林爵士，由于经营灵活变通、富于创新，巴林银行很快就在国际金融领域获得了巨大的成功。其业务范围也相当广泛，无论是到刚果提炼铜矿，从澳大利亚贩运羊毛，还是开掘巴拿马运河，巴林银行都可以为之提供贷款。但巴林银行有别于普通的商业银行，它不开发普通客户存款业务，故其资金来源比较有限，只能靠自身的力量来谋求生存和发展。

在1803年，刚刚诞生的美国从法国手中购买南部的路易斯安纳州时，所用资金就出自巴林银行。1886年，巴林银行发行"吉尼士"证券，购买者手持申请表如潮水一样涌进银行，后来不得不动用警力来维持秩序，很多人排上几个小时后，买下少量股票，然后伺机抛出。等到第二天抛出时，股票价格已涨了一倍。20世纪初，巴林银行荣幸地获得了一个特殊客户：英国王室。由于巴林银行的卓越贡献，巴林家族先后获得了五个世袭的爵位。这可算得上一个世界纪录，从而奠定了巴林银行显赫地位的基础。

里森于1989年7月10日正式到巴林银行工作。这之前，他是摩根·斯坦利银行清算部的一名职员。进入巴林银行后，他很快争取到了到印尼分部工作的机会。由于他富有耐心和毅力，善于逻辑推理，能很快地解决以前未能解决的许多问题，使工作有了起色，所以，他被视为期货与期权结算方面的专家，伦敦总部对里森在印尼的工作相当满意，并允诺可以在海外给他安排一个合适的职务。1992年，巴林总部决定派他到新加坡分行成立期货与期权交易部门，并出任总经理。

无论做什么交易，错误都在所难免。但关键是看你怎样处理这些错误。在期货交易中更是如此。有人会将"买进"手势误为"卖出"手势；有人会在错误的价位购进合同；有人可能不够谨慎；有人可能本该购买6月份期货却买进了3月份的期货，等等。一旦失误，就会给银行造成损失。在出现这些错误之后，银行必须迅速妥善处理。如果错误无法挽回，唯一可行的办法，就是将该错误转入电脑中一个被称为"错误账户"的账户中，然后向银行总部报告。

里森于1992年在新加坡任期货交易员时，巴林银行原来有一个账号"99905"的"错误账号"，专门处理交易过程中因疏忽所造成的错误。这原是一个金融体系运作过程中正常的错误账户。1992年夏天，伦敦总部全面负责清算工作的哥顿·鲍塞给里森打了一次电话，要求里森另外设立一个"错误账户"，记录较小的错误，并自行在新加坡处理，以免麻烦伦敦的工作。于是里森马上找来了负责办公室清算的利塞尔，向她咨询是否可以另立一个档案。很快，利塞尔就在电脑里键入了一些命令，问他需要什么账号。在中国文化里，"8"

是一个非常吉利的数字，因此里森以此作为他的吉祥数字；又由于账户必须是五位数，所以账号为“88888”的“错误账户”便诞生了。

几周之后，伦敦总部又打来了电话，总部配置了新的电脑，要求新加坡分行还是按规矩行事，所有的错误记录仍由“99905”账户直接向伦敦报告。“88888”错误账户刚刚建立就被搁置不用了，但它却成为一个真正的“错误账户”存于电脑之中，而且总部这时已经注意到了新加坡分行出现的错误很多，但里森都巧妙地搪塞了过去。“88888”这个被人忽略的账户，提供了里森日后制造假账的机会，如果当时取消这一账户，则巴林的历史可能会重写了。

1992 年 7 月 17 日，里森手下一名加入巴林仅一个星期的交易员金·王犯了一个错误：客户（富士银行）要求买进 20 口日经指数期货合约时，此交易员误为卖出 20 口，这个错误在里森当天晚上进行清算工作时被发现。欲纠正此项错误，须买回 40 口合约，表示至当日的收盘价计算，其损失为 2 万英镑，并应报告伦敦总公司。但在种种考虑下，里森决定利用错误账户“88888”，承接了 40 口日经指数期货空头合约，以掩盖这个失误。

另一个与此同出一辙的错误是里森的好友及委托执行人乔治犯的。因为乔治是他最好的朋友，所以里森示意他卖出的 100 份 9 月的期货全被他买进，价值高达 8 000 万英镑，而且好几份交易的凭证根本没填写。如果乔治的错误泄露出去，里森不得不告别他已很如意的生活。将乔治出现的几次错误记入“88888”对里森来说是举手之劳。但至少有三个问题困扰着他：一是如何弥补这些错误；二是将错误记入“88888”账号后如何躲过伦敦总部月底的内部审计；三是 SIMEX 每天都要他们追加保证金，他们会计算出新加坡分行每天赔进多少。“88888”账户也可以被显示在 SIMEX 大屏幕止。为了弥补手下员工的失误，里森将自己赚的佣金转入账户，但其前提当然是这些失误不能太大，所引起的损失金额也不能太大，但乔治造成的错误确实太大了。为了赚回足够的钱来补偿所有损失，里森承担愈来愈大的风险，他当时从事大量跨式部位交易，因为当时日经指数稳定，所以里森从多交易中赚取了大量的期权权利金。若运气不好，日经指数变动剧烈，此交易将使巴林承受极大损失。里森在一段时日内做得还极顺手。到 1993 年 7 月，他已将“88888”号账户亏扣的 600 万英镑转为略有盈余，当时他的年薪为 5 万英镑，年终奖金则将近 10 万英镑。如果里森就此打住，那么，巴林的历史也会改变。除了为交易遮掩错误，另一个严重的失误是为了争取日经市场上最大的客户波尼弗伊。在 1993 年下半年，接连几天，每天市场价格破纪录地飞涨 1 000 多点，用于清算记录的电脑屏幕故障频繁，无数笔交易入账工作都积压起来。因为系统无法正常工作，交易记录都靠人力。等到发现各种错误时，里森在一天之内的损失便已高达将近 170 万美元。在无路可走的情况下，里森决定继续隐藏这些失误。

1994 年，里森对损失的金额已经麻木了，“88888”号账户的损失，由 2 000 万英镑、3 000万英镑，到 7 月时已达 5 000 万英镑。事实上，里森当时所做的许多交易，是在被市场走势牵着鼻子走，并非出于他对市场的预期如何。他已成为被其风险部位操纵的傀儡。他当时想，哪一种方向的市场变动会使他反败为胜，能补足“88888”号账户中的亏损，便试着影响市场往哪个方向变动。

里森自传中描述：“我为自己变成这样一个骗子感到羞愧——开始是比较小的错误，但现已整个包围着我，像是癌症一样……我的母亲绝对不是要把我抚养成这个样子的。”从制度上看，巴林最根本的问题在于交易与清算角色的混淆。里森在 1992 年去新加坡后，任职巴林新加坡期货交易兼清处部经理。作为一名交易员，里森本来应有的工作是代巴林客户买卖衍生性商品，并代替巴林从事套利这两种工作，基本上没有太大的风险。因为代客操作，风险由客户自己承担，交易员只是赚取佣金，而套利行为亦只赚取市场间的差价。例如里森利用新加坡及大阪市场极短时间内的不同价格，替巴林赚取利润。一般银行会予其交易员持有一定额度的风险部位的许可。但为防止交易员在其所属银行暴露在过多的风险中，这种许可额度通常定得相当有限。而通过清算部门每天的结算工作，银行对其交易员和风险部位的情况也可予以有效了解并掌握。但不幸的是，里森却一人身兼交易与清算二职。如果里森只负责清算部门，如同他本来被赋予的职责一样，那么他便没有必要也没有机会为其他交易员的失误行为瞒天过海，也就不会造成最后不可收拾的局面。

在损失达到5 000 万英镑时，巴林银行总部就派人调查里森的账目。事实上，每天都有一张资产负债表，每天都有明显的记录，从中可以看出里森的问题。即使是月底，里森为掩盖问题所制造的假账，也极易被发现——如果巴林真有严格的审查制度。里森假造花旗银行有5 000 万英镑存款，但这5 000 万英镑已被挪用来补偿“88888”号账户中的损失了。查了一个月账，却没有人去查花旗银行的账目，以致没有人发现花旗银行账户中并没有5 000 万英镑的存款。关于资产负债表，巴林银行董事长彼得·巴林还曾经在1994 年3 月有过一段评语，认为资产债表没有什么用，因为它的组成，在短期间内就可能发生重大的变化，因此，彼得·巴林说：“若以为揭露更多资产负债表的数据就能增加对一个集团的了解，那真是幼稚无知。”对资产负债表不重视的巴林董事长付出的代价之伤，也实在没有人想象得到吧！

另外，在1995 年1 月11 日，新加坡期货交易所的审计与税务部发函巴林，提出他们对维持的“88888”号账户所需资金的一些疑虑，而且此时里森已需每天要求伦敦汇入1 000多万英镑，以支付其追加保证金。事实上，1993—1994 年，巴林银行在SIMEX 及日本市场投入的资金已超过11 000 万英镑，超出了英格兰银行规定英国银行的海外总资金不应超过25%的限制。为此，巴林银行曾与英格兰银行进行多次会谈。在1994 年5 月，得到英格兰银行主管商业银行监察的高级官员之“默许”，但此默许并未留下任何证明文件，因为没有请示英格兰银行有关部门的最高负责人，违反了英格兰银行的内部规定。在发现损失至其后巴林倒闭的两个月时间里，有很多巴林的高级及资深人员曾对此损失加以关切，更有巴林总部的审计部门正式加以调查。但是这些调查，都被里森轻易地蒙骗过去。里森对这段时间的描述为：“对于没有人来制止我的这件事，我觉得不可思议。伦敦的人应该知道我的数字都是假的，这些人都应该知道我每天向伦敦总部要求的现金是不对的，但他们仍旧支付这些钱。”

从金融伦理角度而言，如果对以上所有参与“巴林事件”的金融从业人员评分，都应给不及格的分数。尤其是巴林的许多高层管理者，完全不去深究可能的问题，而一味相信里森，并期待他为巴林套利赚钱。尤其具有讽刺意味的是，在巴林破产的两个月前，即1994年12 月，于纽约举行的一个巴林金融成果会议上，250 名在世界各地的巴林银行工作者，还将里森当成巴林的英雄，对其报以长时间热烈的掌声。

1995 年1 月18 日，日本神户大地震，其后数日东京日经指数大幅度下跌，里森一方面遭受更大的损失，另一方面购买更庞大数量的日经指数期货合约，希望日经指数会上涨到理想的价格范围。1 月30 日，里森以每天1 000 万英镑的速度从伦敦获得资金，已买进了3 万口日经指数期货，并卖空日本政府债券。2 月 10 日，里森以新加坡期货交易所交易史上创纪录的数量，已握有 55 000 口日经期货及 2 万口日本政府债券合约。交易数量愈大，损失愈大。

所有这些交易，均进入“88888”账户。账户上的交易，以其兼任清查之职权予以隐瞒，但追加保证金所需的资金是无法隐藏的。里森以各种借口继续转账。这种松散的程度，实在令人难以置信。2 月中旬，巴林银行全部的股份资金只有 47 000 万英镑。

1995 年 2 月 23 日，在巴林期货的最后一日，里森对影响市场走向的努力彻底失败。日经股价收盘降至 17 885 点，而里森的日经期货多头风险部位已达 6 万余口合约；其日本政府债券在价格一路上扬之际，其空头风险部位亦已达 26 000 口合约。里森为巴林所带来的损失，在巴林的高级主管仍做着次日分红的美梦时，终于达到了 86 000 万英镑的高点，造成了世界上最老牌的巴林银行终结的命运。

新加坡在 1995 年 10 月 17 日公布的有关巴林银行破产的报告及里森自传中的一个感慨，也是最能表达我们对巴林事件的遗憾。报告结论中的一段：“巴林集团如果在 1995 年 2 月之前能够及时采取行动，那么他们还有可能避免崩溃。截至 1995 年 1 月底，即使已发生重大损失，这些损失毕竟也只是最终损失的 1/4。如果说巴林的管理阶层直到破产之前仍然对“88888”账户的事一无所知，我们只能说他们一直在逃避事实。”里森说：“有一群人本来可以揭穿并阻止我的把戏，但他们没有这么做。我不知道他们的疏忽与罪犯级的疏忽之间界限何在，也不清楚他们是否对我负有什么责任。但如果是在任何其他一家银行，我是不会有机会开始这项犯罪的。”

问题思考：

企业如何建立适应本组织的监督控制体系？

【相关知识】

一、进行控制的前提条件

任何形式的控制都需要一定的前提条件，这些条件影响控制过程的顺利进行。控制的基本前提条件有以下几方面。

（一）要有一个科学的、切实可行的计划

控制就是保证目标和计划的实现，如果没有计划，就无法进行控制。因此，有效控制是以科学的计划为前提的。

（二）要有专门从事控制职能的组织机构

控制工作主要是根据各种信息，纠正计划执行中出现的偏差。要做到这一点，就要有专门控制工作的组织机构，建立健全与控制工作有关的规章制度，明确由何部门、何人来负责何种控制工作。如果没有控制机构，而由各部门自行控制，就难以防止执行部门由于自己的切身利益而出现的掩盖真相、报喜不报忧等情况，或由于忙于贯彻指令而无暇顾及调查研究，分析评价难以反映真实情况。因此，有了控制机构的健全和相应的规章制度，控制工作就能收到预期的效果。

（三）要有反馈渠道

控制工作中的一个重要步骤就是将计划执行后的信息反馈给管理者，以便管理者对预期目标与达到的目标水平进行比较分析。这种信息反馈的速度、准确性如何，将直接影响到控制指令的正确性和纠偏措施的有效性。因此，订好了计划，明确了各部门和个人在控制中的职责以后，还必须设计和维护畅通的信息反馈渠道。有了畅通的信息反馈渠道，控制工作才能卓有成效地进行下去。信息反馈渠道的设计要注意两个问题：一要注意与控制工作有关的人员在信息传递中的任务与变化；二要事先规定好信息的传递程度、收集方法和时间要求等事项。

二、控制的步骤

各种不同组织的控制系统都有自己的运行程序，控制的基本程序一般包括确定控制标准、衡量实际业绩和采取纠偏行动三个步骤。

（一）确定控制标准

控制主要是对组织活动加以监督和约束，以实现期望目标，为此必须首先确定一些标准，作为共同遵守的衡量尺度、比较的基础。没有科学合理的控制标准，就无法对管理活动进行控制。控制标准的制定要以计划和组织目标为依据，综合考虑控制对象的特点等多种因素，找到关键的控制环节；同时，也离不开制定标准的科学方法。

1. 选择控制目标

管理者在管理过程中一般都会对影响组织实现成果的因素进行全面的控制，但这种全面控制往往是不现实的，也是不经济的。所以，管理者应确定控制的目标，选择那些对实现组织成果有重大影响的因素作为重点控制的对象。

2. 制定控制标准

（1）控制标准的要求。能在控制过程中发挥应有作用的控制标准需要满足如下基本要求：①关键点控制；②前瞻性；③对标准的量值、单位、可允许的偏差范围要有明确说明，对标准的表述要通俗易懂、便于理解和把握，即简明性；④建立的标准要有利于组织目标的实现，要对每一项工作的衡量都明确规定有具体的时间幅度和具体的衡量内容与要求，以便能准确地反映组织活动的状态，即适用性；⑤管理控制工作覆盖组织活动的各个方面，制定出来的各项控制标准应该彼此协调，不可相互冲突，所以建立的标准应尽可能地协调一致、公平合理，即一致性；⑥因为建立标准的目的，是用它来衡量实际工作，并希望工作达到其要求，所以，控制标准的建立必须考虑到工作人员的实际情况，包括他们的能力、使用的工具等。如果标准过高，人们将因根本无法实现而放弃努力；如果标准过低，人们的潜力又会得不到充分发挥，即可行性；⑦标准要便于对实际工作绩效的衡量、比较、考核和评价，要使控制便于对各部门的工作进行衡量，当出现偏差时，能找到相应的责任单位，即可操作性；⑧控制标准应该具有足够的灵活性，以适应各种不利的变化，或把握各种新的机会。

（2）制定控制标准的过程。控制标准的制定是一个科学决策过程。这一过程的展开，首先要明确控制对象，然后选择好控制点，再确定具体的控制标准。

第一，确立控制对象。进行控制时首先遇到的问题是“控制什么”，这是在决定控制标准之前首先需要解决的问题。组织活动的成果应该优先作为管理控制工作必须考虑的重点对象。对此，管理者需要明确分析组织活动想要实现什么样的目标，详细规定组织中各层次、各部门人员应取得什么样的工作成果。按照该目标体系的要求，管理者就可以对有关成果指标的完成情况进行考核和控制。

第二，选择关键控制点。关键控制点一般有以下特征：会影响整个工作运行过程的重要操作与事项；能在重大损失出现之前显示出差异的事项；能反映组织主要绩效水平的时间与空间分布。

第三，制定控制标准。由于控制的对象不同、控制标准的类型很多，因此，可以将计划过程中形成的可考核的目标直接作为控制标准；通过一些科学的方法将某一计划目标分解为一系列具体可操作的控制标准。

3. 制定标准的方法

（1）统计方法。根据组织的历史资料和其他单位的资料来确定控制标准。根据历史资料确定标准，需要有比较系统的、准确的统计资料，并充分考虑到各种因素变化的情况。所采用的统计资料越全面、系统，准确度越高，各种变动因素考虑得越周到，制定出来的标准就越合理。历史的统计资料作为某项工作确定标准的依据，具有简便易行的好处，但是据此制定的工作标准可能低于同行业的先进水平。

（2）工程技术方法。在客观分析工作状况的基础上，利用准确的技术参数和实测数据来制定工作标准。这种方法比较科学，测定的标准也较为可靠，但需要的工作量较大，也比较复杂。

（3）经验估计法。根据经验和判断来估计预期结果，建立标准的方法。这种方法比较简单，它主要是根据管理者的经验和主观判断来确定标准，因而又称为主观标准。越是复杂的任务，采用的主观标准就越多。因此，要注意利用各方面管理人员的知识和经验，综合大家的判断，列出一个相对先进合理的标准。

（二）衡量实际业绩

为了确定实际业绩，管理者必须得到有关的信息。所以控制的第二步就是衡量。衡量的结果一般来说有两种，或者事情正在按计划进行，或者事情的进程与计划存在着差距。假如事情正在按计划进行，保持继续进行就可以了。假如事情没有按计划进行，就意味着实际的进程与计划之间存在着偏差，就要分析偏差产生的原因，然后进行第三步。

衡量实际业绩，就是要采集实际工作的数据，了解和掌握工作的实际情况。在衡量的过程中，管理者应注意以下三个问题：一是通过衡量业绩，检验标准的客观性和有效性；二是确定适宜的衡量频度，控制过多或不足都会影响控制的有效性。一般情况下，需要控制的对象可能发生重大变化的时间间隔是确定适宜的衡量频度所需考虑的主要因素；三是建立有效的信息反馈网络，使反映实际工作情况的信息适时地传递给适当的管理人员，使之能与预定标准相比较，及时发现问题。

1. 确定衡量方式

（1）衡量的项目。衡量什么是衡量工作的起点和前提，管理者应该针对决定实际工作成效好坏的重要特征项目进行衡量。但实际中容易出现一种趋向，即侧重于衡量那些易衡量的项目，而忽视那些不易衡量、较不明显但实际相当重要的项目。实绩衡量应该围绕好绩效的主要特征项来进行，而不能够偏向那些易衡量的项目。

（2）衡量的方法。要获得实际工作绩效方面的资料和信息，管理者可通过观察、报表与报告、抽样调查、召开会议、推断等。以上几种方法各有利弊，在运用时应该多种方法结合使用，以保证所获信息的准确性。

（3）衡量的频度。即衡量实绩的次数或频率，通俗地说就是间隔多长时间衡量一次。

当然，对不同的衡量对象，应该有不同的衡量频率。适宜的衡量频率是有效控制的体现，衡量频率过高，不但会增加成本，而且还可能影响有关人员的积极性；但控制频率过低，则可能无法及时发现重大偏差，从而影响组织目标的实现。

（4）衡量的主体。衡量实际工作成效的人可以是工作者本人，还可以是同一层级的其他人员、上级主管人员或职能部门的人员等。衡量的主体不同，会对控制方式和效果产生不同的影响。有效的控制应该采取三者结合并以自我控制为主的方法。

（5）建立信息反馈系统。斯蒂芬·罗宾斯认为在衡量实际业绩时有四种最常用的信息来源：亲自观察、统计报告、口头报告和书面报告。对这四种信息来源最好加以综合使用。这样，既能增加输入信息来源的数量，又能提高获得可靠信息的可能性。管理控制工作的有效性对信息有如下要求：①信息的及时性。一是对那些事过境迁不能追忆和不能再现的重要信息要及时记录；二是信息的加工、检索和传递要快。②信息的可靠性。它除了与信息的精确程度有关外，还与信息的完整性成正比关系。通常要求在信息的可靠性与及时性之间做出折中选择。③信息的适用性。应提供尽量精炼而又能满足控制要求的有用信息。

2. 通过衡量成绩，检验标准的客观性和有效性

衡量工作成效是以预定的标准为依据来进行的。如果偏差是在标准执行中出现的问题，那么需要纠正执行行为本身；如果是标准本身存在的问题，则要修正和更新预定的标准。这样利用预定标准去检查各部门、各阶段和每个人工作的过程同时也是对标准的客观性和有效性进行检验的过程。

（三）采取纠偏行动

对实际工作成效加以衡量后，下一步就应该将衡量的结果与标准进行对比。如果有较大的偏差，则要分析造成偏差的原因并采取纠正措施；如果没有偏差，则宜首先分析控制标准是否有足够的先进性，在认定标准水平合适的情况下，将之作为成功经验予以分析总结，以用于今后的或其他方面的工作。这一步骤是控制过程的关键。

我们还可把纠偏行动分为立即纠偏行动和根本性纠偏行动。立即纠偏行动（Immediate Corrective Action）又称补救性纠偏行动，是指立即纠正出现的问题，使业绩回到设定的轨道上来。根本性纠偏行动（Basic Corrective Action）是指找出偏差是如何出现的、为何出现等问题的答案，然后采取行动纠正偏差的根源。

采取纠偏行动这一步骤反映了控制的强制性。为了保证纠偏措施的针对性和有效性，必须在制定和实施纠偏措施的过程中注意如下问题：

1. 找出偏差产生的主要原因

实际上并非所有的偏差都会影响企业的最终成果，有些偏差可能是由于计划本身和执行过程中的问题造成的，而另一些偏差则可能是由于某些偶然、暂时、局部性的因素引起的，从而不一定会对组织活动的最终结果产生重要影响。因此，在采取纠偏措施之前，必须首先对反映偏差的信息进行评估和分析。首先，要判断偏差的严重程度是否构成对组织活动效率的威胁，是否值得去分析原因、采取纠正措施；其次，要探寻导致偏差产生的主要原因。纠正措施的制定是以偏差原因的分析为依据的。

2. 确定纠偏措施的实施对象

在管理控制过程中，需要予以纠偏的可能不仅是企业的实际活动，也包括指导这些活动的计划或事先确定的衡量这些活动的标准。纠偏措施的实施对象可能是组织所进行的活动，也可能是衡量的标准，甚至是指导活动的计划。预定计划或标准的调整是由两种原因决定的：一是原先的计划或标准制定得不科学，在执行中发现了问题；二是由于内、外部环境发生了变化，原来正确的计划和标准，不再适应新形势的需要。

任务三　控制的类型

【导入案例】

扁鹊三兄弟

魏文王问名医扁鹊说：你们家兄弟三人，都精于医术，到底哪一位医术最好呢？

扁鹊回答说：大哥最好，二哥次之，我最差。文王再问：那么为什么你最出名呢？

扁鹊答说：我大哥治病，是治病于病情发作之前。由于一般人不知道他事先能铲除病因，所以他的名气无法传出去，只有我们家里的人才知道。我二哥治病，是治病于病情刚刚发作之时。一般人以为他只能治轻微的小病，所以他只在我们的村子里小有名气。而我扁鹊治病，是治病于病情严重之时。一般人看见的都是我在经脉上穿针管来放血、在皮肤上敷药等大手术，所以他们以为我的医术最高明，因此名气响遍全国。文王连连点头称道：你说得好极了。

事后控制不如事中控制，事中控制不如事前控制，可惜大多数的事业经营者均未能体会到这一点，等到错误的决策造成了重大的损失才寻求弥补。弥补得好，当然是声名鹊起，但更多的时候是亡羊补牢，为时已晚。

对企业高级领导来说，最重要的才能莫过于能作出正确的判断，而这种特殊才能将是电脑永远无法取代的。

问题思考：

如果你是企业高管，你如何能够让员工认同扁鹊大哥这类的人才？

【相关知识】

一、前馈控制、同步控制和反馈控制

控制可以发生在活动开始前、活动进行过程中或活动完成之后。按控制点的位置不同可分为前馈控制、同步控制和反馈控制，如图 2－4－2 所示。

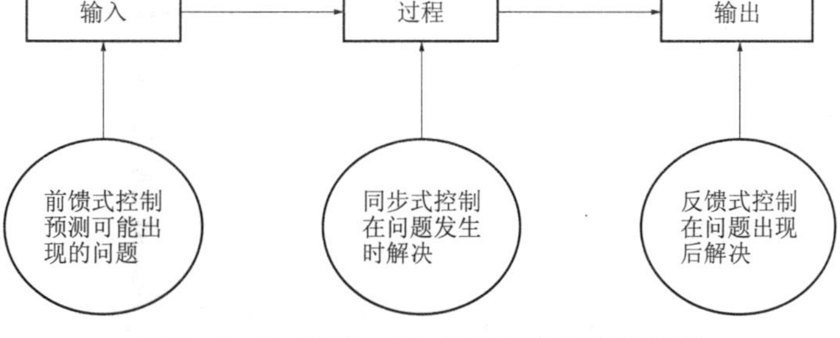

图 2－4－2　前馈控制、同步控制和反馈控制

（一）前馈控制（Feedforward Control）

在活动开展之前就认真分析研究进行预测并采取防范措施，使可能出现的偏差在事先就可以筹划和解决的控制方法，叫作前馈式控制，又称预先控制或事前控制，它是最理想的控制类型。

1. 前馈控制的优点

（1）防患于未然。前馈控制是在工作开始之前进行的，可以防患于未然，以避免事后控制对已铸成的差错无能为力的弊端。

（2）适用于一切领域所有工作。

（3）针对条件的控制，不对人，易于接受并实施，不易与员工发生冲突。前馈控制是在工作开始之前针对某项计划行动所依赖的条件进行控制，不针对具体人员，因而不易造成面对面的冲突，易于被员工接受并付诸实施。

2. 前馈控制的缺点

由于未来许多不确定因素很难预测，所以，及时、准确的信息难以保障。前馈控制需要及时和准确的信息，并要求管理人员充分了解前馈控制因素与计划工作的影响关系。管理者获取大量准确信息，对控制过程充分了解，并及时掌握新情况及新问题，从现实来看，是很难做到的。因此，组织必须依靠其他方式的控制。

前馈控制可以针对人力资源、原材料、资金等的控制。比如，人力资源必须适应任务要求，数量和素质方面要有能力完成指派的任务，并控制机构臃肿、人浮于事的现象，利用统计抽样来控制原料质量，根据抽样不合格率决定接受或退货，根据库存理论控制库存储备量等。

前馈控制的方案应当是一个动态的方案。首先，要将所有可能的输入信息以及它们的影响因素，还有在实施过程中可能出现的干扰都预先加以详尽分析，并以此制定实施方案。其次，方案要考虑当出现某些变数时应该怎么办，即要有各种应急措施方案，在思想上和物质上做好充分的准备。换句话说，前馈控制应该将各种可能出现的变故都预先估计到，并做好各种准备工作。

（二）同步控制（Concurrent Control）

同步控制又称现场控制或现时控制，是指计划实施过程中，于现场及时发现存在的偏差或潜在的偏差，即时提供改进措施以纠正偏差的一种方式，它主要是基层主管人员采取的一种控制工作方法。通过深入现场亲自监督、检查、指导来控制下属人员的活动，其内容有：向下级指示恰当的工作方法和工作过程；监督下级的工作以保证计划目标的实现。

同步控制主要发挥两大作用：一是监督作用，即按照预定的标准检查正在进行的工作，以保证目标的实现；二是指导作用，即管理者针对工作中出现的问题，根据自己的经验指导下属改进工作，或与下属共同商讨纠正偏差的措施以便使工作人员能正确地完成所规定的任务。

1. 同步控制的优点

同步控制具有工作监督和技术指导的职能，可以防微杜渐，有助于提高员工的工作能力和自我控制能力。

2. 同步控制的缺点

（1）运用同步控制受管理者的时间、精力和业务水平的限制。管理者不可能每时每刻对所有项目都进行现场控制，只能在关键时间或在关键项目上使用这种控制方式。

（2）同步控制的应用范围较窄。一般来说，对于便于计量的工作一般运用现场控制，而对一些难以计量的工作，就很难进行现场控制。

（3）同步式控制容易在控制者与被控制者之间形成对立情绪，在控制管理的过程中使控制者或被控制者受到伤害。

（三）反馈控制（Feedback Control）

反馈控制是在工作结束或行为发生之后进行的控制，故常称作事后控制。这种控制把注意力主要集中于工作或行为的结果上，通过对已形成的结果进行测量、比较和分析，发现偏差情况，依此采取措施，对今后的活动进行纠正。比如，企业发现不合格产品后追究当事人的责任且制定防范再次出现质量事故的新规章，发现产品销路不畅而相应做出减产、转产或加强促销的决定等，都属于反馈控制。

1. 反馈控制的优点

（1）在周期性重复活动中，反馈控制可避免下一次活动发生类似的问题。

（2）反馈控制可以消除偏差对后续活动过程的影响，如产品在出厂前进行最终的质量检验，剔除不合格品，可避免这些产品流入市场后对品牌信誉和顾客适用所造成的不利影响。

（3）人们可以总结经验教训，了解工作失误的原因，为下一轮工作的正确开展提供依据。

（4）反馈控制可以通过信息反馈及纠偏行动来保证组织系统的稳定性，为组织员工的奖惩提供依据。

反馈控制可以总结规律，为进一步实施创造条件，实现良性循环，提高效率。因此，在实际工作中，反馈控制得到了相当广泛的应用。

2. 反馈控制的弊端

反馈控制的缺点是，当管理者获得有关信息时，损失已经造成，这就好比“亡羊补牢”，只能在以后的工作中加以改进，所以反馈控制是控制工作中被动选择的一种控制方式。

二、直接控制和间接控制

根据手段进行分类，控制可分为间接控制和直接控制。

（一）间接控制

间接控制是指根据计划和标准考核工作的实际结果，分析出现偏差的原因，并追究责任者的个人责任以使其改进未来工作的一种控制方法，多见于上级管理者对下级人员工作过程的控制，运用这种控制方式需要明确几个前提条件：①工作成效可以相互比较，并且可以计量；②员工对工作任务负有明确的、可以分割的责任，这种责任和员工之间的尽责程度可以相互比较；③分析偏差和追究责任所需的时间、费用等是有充分保证的；④出现的偏差可以预料并能及时发现；⑤有关责任单位和责任人对出现的偏差会采取纠正措施。

事实上，由于管理活动的复杂性，很多管理部门或职位的绩效是很难计量和相互比较的；很多活动的责任是多个部门共同承担的，而且工作绩效也可能与个人责任无关；有时上级主管人员可能不愿意花时间和费用去分析引起偏差的事实真相；另外，推卸责任是很普遍的现象。因此，间接控制并非普遍有效的控制方法，它尚存在许多不完善的地方。

（二）直接控制

直接控制是相对于间接控制而言的。它是指通过提高管理人员素质，使他们改善管理工作，从而防止出现因管理不善而造成的不良后果的一种控制方式。这种控制方式的特点是通过培训等形式，着力提高管理人员的素质和责任感，并在控制过程中实施自我控制。其核心思想是着眼于培养更好的管理人员，使管理人员能熟练地应用管理的概念、原理和技术，能以系统的观点来进行管理；因此，主管人员及其下属的素质越高，就越不需要进行间接控制。

直接控制的优点有：管理人员的质量可以得到提升，避免用人不当，从而使出现偏差的机会得到控制；可加速采取纠正偏差的措施并使其更加有效；由于提高了管理人员的素质，减少了偏差的发生，也就有利于减轻间接控制的负担，节约经费开支；直接控制的心理效果也给人以深刻的印象，管理人员的质量提高了，他们的威信也就提高了，下级人员对他们的信任和支持也会增加，这样就有利于整个组织目标的顺利实现。

三、预防性控制和更正性控制

根据性质可以把控制划分为预防性控制和更正性控制。采取预防性控制措施是为了防止人、财、物等资源的损耗。使用这种控制措施要求对整个运行活动的关键点有比较深刻的理解，要能预见问题。采用更正性控制往往是由于管理者没有预见问题，或者管理者认为更正性控制要比预防性控制容易些。

（一）预防性控制

使用预防性控制是为了避免产生错误，又尽量减少今后的更正活动。例如，国家加强法制工作，制定较详细的法律条文并大力宣传，就是预防性控制措施。人人执法，人人懂法，就可以最大限度减少那些由于不执法、不懂法而导致的违法行为。一般说来，规章制度工作程序、人员训练和培养计划都起着预防控制的作用。在设计预防性控制措施时，人们所遵循的原则都是为了更有效地达成组织目标。然而，要是这些预防性的规章制度等能够真正被执行，就必须有良好的监控机构作为保证。

（二）更正性控制

在实际管理工作中更正性控制使用得更普遍一些，其目的是，出现偏差时，使行为或实施进程返回到预先确定的或所希望的水平。例如，国家发现某些地区走私现象严重，为了改变这种现象，在交通要道和关口设立了一些检查站，以希望减少走私活动。再例如，审计制度增加了管理部门采取迅速更正措施的能力，因为定期对企业进行检查，有助于及时发现问题并及时采取措施以解决问题。

四、正式组织控制、群体控制和自我控制

根据来源可以把控制划分为三种类型，即正式组织控制、群体控制和自我控制。

（一）正式组织控制（他控）

正式组织控制是对管理人员设计和建立起来的一些正式机构或规定来进行控制。像规划、预算和审计等部门是正式组织控制的典型例子。组织可以通过规划指导组织成员的活

动，通过预算来控制消费，通过审计来检查各部门或个人是否按照规定进行活动，并提出更正措施。例如按照规定对在禁止吸烟的地方抽烟的职工进行罚款，以及对违反操作规程者给予纪律处分等，都属于正式组织控制的范围。

（二）群体控制（互控）

群体控制基于群体成员们的价值观念和行为准则，它是由非正式组织发展和维持的。非正式组织有自己的一套行为规范。尽管这些规范并没有明文规定，但非正式组织中的成员都十分清楚这些规范的内容，都知道如果自己遵循这些规范，就会得到奖励。这种奖励可能是其他成员的认可，也可能是强化了自己在非正式组织中的地位。如果违反这些行为规范就可能遭到惩罚，这种惩罚可能是遭受排挤、讽刺，甚至是被驱逐出该组织。例如建议一个新来的职工自动把产量限制在一个群体可接受的水平，就是群体控制的一个例子。群体控制在某种程度上左右着职工的行为，处理得好，有利于达成组织目标；处理得不好，将会给组织带来很大危害。

（三）自我控制

个人自我控制是个人有意识地去按某一行为规范进行的控制活动。例如，一个职工不愿意把公家的东西据为已有，可能是由于他具有诚实、廉洁的品质，而不单单是怕被抓住而遭受惩罚。这是有意识的个人自我控制。

自我控制能力取决于个人本身的素质。具有良好修养的人一般自我控制能力较强，顾全大局的人比仅看重自己局部利益的人有更强的自我控制能力；具有较高层次需求的人比具有较低层次需求的人有更强的自我控制能力。

以上三种控制（正式组织控制、群体控制和个人自我控制）有时是互相一致的，有时又是互相抵触的。这取决于组织对其成员的教育和吸引力，或者取决于组织文化。有效的管理控制系统应该综合利用这三种控制类型并使它们尽可能和谐，防止它们互相冲突。

五、集中控制、分散控制和分级控制

按组织结构的不同，可把控制分为三大类：集中控制、分散控制和分级控制。

（一）集中控制

集中控制是指全系统的控制活动由一个集中的控制机构来完成。这种形式的特点是：所有信息（包括内部、外部）都流入控制中心，由控制中心集中加工处理，并且所有的控制指令也全部由控制中心统一下达。集中控制是一种较低的控制，只适合于结构简单的系统，例如小型企业、家庭作坊等。

集中控制的优点有：信息完整、集中；控制目标易协调、统一。它的缺点有：信息传输效率低；控制滞后性强；系统适应性差。

（二）分散控制

分散控制是指系统中的控制部分表现为若干个分散的、有一定相对独立性的子控制机构，这些机构在各自的职责范围内各司其职、各负其责、互不干涉，各自完成自己的目标。当然，这些目标是整个目标体系中的分目标。

分散控制的特点与集中控制相反，不同的信息流入不同的控制中心，不同的控制指令由不同的控制中心发出。分散控制适应于结构较松散的组织系统，如城市各交叉路口的交通管理、企业集团公司对其下属企业的管理等。

分散控制的优点有：针对性强，信息传递效率高，控制效率高；操作简单，系统适应性强。它的缺点有：信息不完整，整体协调性较差。

（三）分级控制

分级控制又称等级控制，是指系统的控制中心分解成多层次、分等级的控制体系，一般呈宝塔型，同系统的管理层次相呼应。分级控制的特点是：综合了集中控制和分散控制的优点，其控制指令由上往下传，越往下越详细，反馈信息由下往上传，越往上越精练，各层次的监控机构有隶属关系，分级控制的职责分明，分工明确；分级控制中心传递的信息有详有略，使各级部门能快速了解情况，迅速做出反应；整体目标易协调；系统组织适应性强。

任务四　控制的方法

【导入案例】

生产过程控制卡

法国人有一种生产控制的方法（图2－4－3）。它把生产周期当成生产控制的工具来使用，利用生产周期来确定每个时间段的工作量，随时用周期的标准和日历时间来衡量、分析和预测在制品进展与交付的关系，从而达到控制生产过程的目的。

生产周期：6月

月订货数量	4月37/37			5月30/67							6月30/97		
周订货数量	4周			1周			2周		3周	4周	1周		2周
	16			0			15		0	15	15		51
订货累计	37			37			52		52	67	82		79
工序	55/入库	50/成检	45/喷涂	40/荧光	35/标记	30/磨削	25/倒角	20/镗孔	15/数控车	10/车削	5/车削	0/毛料	毛料运输途中
在制品	5	15	4	0	0	0	0	12	10	0	10	0	0
累计	26	14	45	45	54	45	45	57	67	67	77	77	77
交付偏差	－11	＋4	＋8	＋8	＋8	－7	＋5	＋15	0	－5	－5	－5	＋20

图2－4－3　生产过程控制卡

生产过程控制卡由两部分组成：一是订货进度，其中包括月份和每周的要求；二是在制品情况，说明当前在制品所在的工序及其数量。只要计划人员利用计算机按时输入订货要求，生产者按时输入在制品数量，则这张“生产过程控制卡”将突出显示下列两大功能。

1. 可控性与协调性

找出交付偏差是把握生产过程控制最为关键的环节。当交付偏差出现正数时，表明现时的在制品满足交付要求后多出的数量。反之，则表示现时的在制品不能满足交付要求及缺少的数量。也就是说，生产管理人员要特别注意出现负数的每道工序。如图 2－4－3 所示的 55、30、10、5、0 工序和毛料运输各环节都可能在对应的月份和周中将形成拖欠，管理者必须及时采取相应的措施协调各方面的关系。比如说，我们在 4 月中旬就可能发现：4 月份第 4 周的 55/工序将欠交 11 件；而 55 工序只有 5 件在制品还缺 6 件。怎么办？那么只有抓紧 50 工序/成检 15 件活的检查才能达到生产与交付进度的和谐统一。

生产过程控制卡列示了该零件生产进度的排期，这样我们就能了解哪些工序将在什么时间完成，从而对于后期各工序生产准备的要求会更加明确。如图 2－4－3 中磨削工序和毛料运输途中的交付偏差都为负数，在制品显示分别为 0，这就为我们提前协调提供了可靠的依据。

掌握了交付偏差，我们还可以通过多种零件的多个“生产过程控制卡”的交付偏差大小来确定需要重点照顾的对象。如果说有多种零件同时在同一台设备上争着要上的时候，我们就可以用交付偏差大小安排加工顺序，以满足用户或后续工序的需要。

2. 预见性

随着时间的推移，生产、质量和订货的关系不断地发生着变化。特别是在制品数量和进展情况的变化经常使管理者不能及时作出正确的判断。因此，使用“生产过程控制卡”就可以根据各工序对应的月份和周历方便、快捷地预测各工序在制品完成的日期。如图 2－4－3 所示，你如果要了解 30 工序欠交的 7 件活什么时候能够交付，就可以清楚地看到：

（1）30 工序没有在制品，欠交的 7 件活只能从 20 工序镗孔的 12 件在制品中赶制。

（2）20 工序/镗孔到最终完工还需要经过哪些工序（25/倒角、30/磨削、35/标记、40/荧光、45/喷涂、50/成检、55/入库等七道工序）。

（3）加工这些工序还要多长时间（20～25 工序/1 周、30～40 工序/1 周、45～55 工序/1 周，共计 3 周）。

（4）现 30 工序欠交 7 件的具体交付日预计是五月份第二周。

问题思考：

控制卡作为一种控制工具，你认为可以在哪些行业中应用？为什么？通过案例的描述，你认为控制卡有哪些特点？还有哪些需要改进的地方？

【相关知识】

管理控制的方法一般可分为预算控制和非预算控制两种。

一、预算控制

（一）预算控制的概念

1. 预算控制的含义

预算是一种预测，它是对未来一段时期内将组织的决策目标及其资源配置规划加以定量化并使之得以实现的内部管理活动或过程，简单地说，是某一个时期具体的、数字化的计划。确定预算数字的方法可以采用统计方法、经验方法或工程方法。因此，它或是按财务项目（如收入和费用以及资金等），或是按非财务项目（如直接工时、材料、实物销售量和生产量等）来表明组织的预期成果。

2. 预算的作用

预算是各种领域的管理者最基本的一种控制工具。无论是企业还是政府机关、文化组织等，都需要运用预算来进行控制。

（1）预算是一种计划的工具，编制预算能使确定目标和拟定标准的计划工作得到改进。预算是主要控制手段之一。编制预算实际上就是控制过程的第一步——建立标准。由于预算是以数量化的方式来表明管理工作的标准，从而本身就有可考核性，因而有利于根据标准来评定工作的成效、衡量业绩（控制过程的第二步），并采取纠正措施来纠正偏差（控制过程第三步）。

（2）预算也是一种控制手段，有利于改进组织的协调和控制工作。当为组织的各个职能部门都编制了预算时，就为协调组织的活动提供了基础。同时，由于对预期结果的偏离将更容易地被查明和评定，预算也为控制工作中的纠正措施奠定了基础。

（二）预算的种类

预算的种类很多，对企业而言，主要有：①收支预算，这是一种最基本的预算形式，可用金额表示，如销售及相应费用预算；②现金预算，主要反映计划期间预计的现金收支的详细情况，在完成了初步的现金预算后，就可以知道企业在计划期间需要多少资金，财务主管人员就可以预先安排和筹措，以满足资金的需求，如现金流量表；③投资预算是对企业的固定资产的购置、扩建、改造更新等在可行性研究的基础上编制的预算，它具体反映在何时进行投资、投资多少、资金从何处取得、何时可获得收益、需要多少时间回收全部投资等，如基本建设预算；资金平衡预算，是控制企业经济活动的一种重要手段，主要对企业的资产、负债、所有者权益及其相互关系进行预测，如企业的资产负债表。除此之外，还有一些反映物资设备、人事规划、市场开发等方面支出的各种专项预算。

随着社会的发展，出现了许多现代预算控制方法，如弹性预算、零基预算等。

1. 弹性预算

（1）弹性预算的概念。所谓弹性预算就是按不同的生产量编制不同的预算。企业按照预算期内不同经营活动水平，考虑了固定成本、变动成本与经营活动水平的关系而编制的一种预算，这种预算方法比较符合实际，能有效地控制费用支出。下面以生产企业为例介绍一下：制造费用等间接费用包含有固定成分，也有变动成分，它会随产量而变，但又不与产量成正比。所以编制制造费用预算，确定制造费用标准时就应该考虑到这个因素，通常采用弹性预算来处理这个问题。选择适当的生产量计量单位来衡量制造费用是很重要的。否则，费用的变动性不易掌握，预算费用就不可靠。一般而言，产品单一的车间可用生产量；多品种车间因产品加工不同，可选用劳动定额工时；动力车间供应能源，可使用电度量或煤炭量、蒸汽量等；修理车间提供劳务，可用修理工时；服务部门，可用企业共同的工作量计量单位。

（2）弹性预算编制步骤。弹性预算的具体编制步骤是：第一，选择和确定与预算内容相关的业务量计量标准和范围，如产销量、材料消耗量、直接人工小时、机器工时和价格等。第二，计算、确定各经济变量之间的数量关系，预测计划期或预算期可能达到的各种经营活动业务量；第三，计算各种业务量的财务预算数额，并以列表、图示或公式等方式表示。弹性预算方法实际上仅指出变动成本具有弹性。

弹性预算一方面能够适应不同经营活动情况的变化，扩大预算的适用范围，更好地发挥预算的控制作用，避免在实际情况发生变化时，要重编预算或作修改；另一方面能够使预算的实际执行情况的评价和考核建立在更加客观的基础上。为了加强预算控制，企业应根据自身情况选择相应的项目编制弹性预算。

2. 零基预算

（1）零基预算的含义。零基预算，是指以零点为基础而制定的预算。也就是排除过去和现实中存在而又可以避免的种种消极因素的影响，把各项生产经营业务视为从头开始的新工作加以安排，客观考虑其获取收益、发生开支和实现利润的可能性，并据此制定预算。

（2）零基预算的优势。第一，零基预算作为一种预算模式，能提高费用使用效益，每项费用数额要依据成本—效益分析确定，这就要求合理分配资金，充分发挥每项费用的使用效益；第二，采用零基预算可以调动各级管理人员的积极性，零基预算不受原有开支水平的限制，没有框框，需要各级管理人员充分发挥主观能动性和创造性，根据具体情况制定方案。

（3）零基预算的编制程序。第一，拟订方案。根据企业的预算总目标和总方针，制定本部门每一项独立的生产经营业务活动的拟订方案，确定活动目标，计算需要支出的费用。第二，评定方案。对每一项业务活动所需要的费用进行成本—效益分析，计算每一项支出和费用可能取得的效益，根据费用项目的性质来权衡轻重、排列顺序、区别等级。第三，落实方案。根据可动用的资金或企业分给本部门所能使用的资金，结合对每项费用的评价，按照排列顺序分配资金、落实方案。

（4）零基预算编制的缺点。在编制零基预算时，其目的仍与上一年相同，并在此基础上对增量进行调整。因此，企业管理人员只会关注其中与上一年不同的地方，这等于又回到增量预算上了。另外，从企业内部选择管理人员多是基层提拔上来的，他们掌握着以前所从事工作方面的知识和信息，对基础预算已经非常了解，所以现在只需熟悉基础预算的变动就可以了。因此，在实际工作中，零基预算很可能犹如画圆，费了半天劲，由终点又回到了起点。

（三）预算的优缺点

1. 预算的优点

（1）它可以对组织中复杂纷繁的业务，大都采用货币来加以控制，便于对各种不同业务进行综合比较和评价。电视广告、原材料数量以及债务和保险等都可以用成本与收益在预算中反映出来。货币语言有其局限性，但是，它适于进行总结和比较。货币与企业、政府甚至于军事部门管理中的任何其他衡量手段相比，更能被应用在广泛的领域内。财政预算正是利用了货币单位的这种独特性质。

（2）预算方法使用有利于日常的工作记录和信息系统的改善。例如，为了进行税款申报、财政报告以及内部管理，必须保持精细的会计记录。在进行预算中我们利用这一系统，而不是另用一套新的记录。有关过去情况的数字很可能早已有了。可能会附加一些新的核算或报告，但是基本的情报系统已经存在而且很易于利用。

（3）预算有利于节约成本。预算内所列的都是将影响到所记录的利润或亏损的东西。因此，在预算中受到控制的项目很容易节约费用，获取更多的利润。

（4）可以有效地激励管理人员。作为对其他有效的管理活动的激励因素，预算具有重大的作用。采用了预算控制，这些活动的管理人员的积极性和主动性可以被充分地调动起来。

2. 预算的缺点

预算是一种有效的控制手段，但是，预算工作中存在着一些使预算控制失效的危险倾向，这就是预算的缺点。主要表现在以下几个方面：

（1）预算过繁。由于对细微的支出也作了琐细的规定，使管理人员管理自己部门必要的自由都丧失了，所以，预算究竟应当细微到什么程度，必须联系授权的程度进行认真酌定。过细过繁的预算会使授权名存实亡。

（2）预算工作存在让预算目标取代组织目标的危险。在这种情况下，管理人员只是热衷于使自己部门的费用尽量不超过预算的规定，但忘记了自己的首要职责是千方百计地去实现企业的目标。例如，某个企业的销售部门为了不突破产品样本的印刷费预算，在全国的订货会上只向部分参加单位提供了产品样本，因此丧失了大量的潜在用户，失去了可能的订货。预算目标取代组织目标通常是由两个方面的原因引起的：第一，没有恰当地控制预算，例如预算编制的过于琐细，或者是制定了过于严厉的制裁规则以保证遵守，还可能制定了有较大吸引力的节约奖励措施，以刺激管理人员尽可能地压缩开支；第二，为职能部门或作业部门设立的预算标准，没有很好地体现计划的要求，与企业的总目标缺乏更直接的、更明确的联系，从而使得这些部门的管理人员只是考虑如何遵守预算和程序的要求，而不是从企业的总目标出发来考虑如何做好自己的本职工作。

（3）预算工作存在鼓励虚报、保护落后的危险。预算有一种因循守旧的倾向，过去所花费的某些费用，可以成为今天预算同样一笔费用的依据；如果某个部门曾支出过一笔费用购买物料，这笔费用就成了今后预算的基数。此外，管理人员常常知道在预算的层层审批中，原来申请的金额多半会被削减。因此，申报者往往会将预算费用的申请金额有意扩大，远远大于实际需要，所以必须有一些更有效的管理方法来扭转这种倾向，否则预算很可能会变成掩盖效率低下的管理人员的保护伞。

二、非预算控制

非预算控制是采用非预算方式进行的控制方法，主要有人员行为控制、经济分析、报告与视察、审计法、时间网络分析、市场控制、目标管理和价值工程等方法。现主要介绍以下几种。

（一）人员行为控制

管理控制中最主要的方面就是对人员的行为进行控制，这是因为任何组织当中最关键的资源都是人，任何高效的组织都配备着有能力高效地完成指派任务的优秀人才，这可以从周围许多组织的情况得到证明。怎样选择人员、怎样使职工的行为更有效地趋向组织目标，就涉及人员行为的控制问题。常用的绩效评定方法有鉴定式评价方法、强选择列等方法、成队列等比较法以及偶然事件评价法。

1）鉴定式评价方法

这种方法是最简单、最常用的绩效评价办法。具体做法是，评价人写一篇针对被评价者长处和短处的鉴定，管理者根据这种鉴定给予被评价者一个初步的估计，这种方法的基本假设是评价人确切地知道被评价者的优缺点，对他有很好的了解，并且能够客观地撰写鉴定。然而。在实际工作当中，上述基本假设有时并不完全满足。况且，由于鉴定的内容不同，标准也不一致，所以用此种方法只能给人一种初步的估计，完全依赖这种办法往往会造成评价的失误。这种方法适用于调换或任免等人事方面的决策工作。

2）强选择列等方法

这种方法是为了克服偏见和主观意念，建立比较客观的评价标准。做法是管理者列出一系列有关被评价者的可能情况，然后让评价者在其中选择最适合被评价者的条目，并打上标记。管理者据此加权评分，得分高者就是好的，得分低者就是差的。这种方法比较准确，但它只限于应用在性质类似或标准的工作，超出这个范围其准确性将大为降低。

3）成队列等比较法

这种方法基点是把要评价的人员两两进行比较，即每个人都同所有的人比较一次，然后按照某种评价标准进行选择。比如，被评价的人员一年来对企业的贡献，或在工作中的开拓和进取精神等。在两两比较时，选择较好的一个打上标记。当全部比较完毕，标记最多者就是根据所定标准最出色的一人，而无标记者则是最差的一人。但是，这种方法有一个缺陷，就是比较标准只是单一项。如果要有多种标准进行综合衡量，那么只能对每种标准都进行一次比较，给出每个标准一个权数，然后再进行加权比较来确定次序。这样就使工作量进一步加大，特别是在要被评价的人数较多时更是如此。此外，这种方法由于是依据主观的判断进行的，有时会产生较大误差，这时最好有几个人同时单独进行评价工作，最好取平均值以减少这种误差。这种方法同强选择列等方法都适用于平定工资、奖金等方面。

4）偶然事件评价法

采用此种方法时，管理人员要持有一份记录表，随时记录职工积极或消极的偶然事件，根据这种记录定期对职工的工作绩效进行评价。根据这种偶然事件进行评价比较客观，但关键是能否把职工的所有偶发事项全部记录下来。另外，对职工来说都有各种责任制，如果责任制所规定的工作标准得到职工的赞同，这种方法就能有效地调动职工的积极性，否则职工就会有不公平感。这种方法和目标管理配合起来使用，可以有效地监控职工的工作。

上述方法的基本原则都是要尽量客观、准确地对人员绩效进行评价，以满足组织各方面工作对人的要求。然而，由于人的行为是由人的思想、性格、经验、社会背景等多种因素综合作用的结果，而这些因素本身又很难用精确的方法加以描述，所以对人员的行为控制成了管理控制中相当复杂和困难的一部分，而在这部分控制过程中，对人的行为和绩效进行评价最为困难。

对人员的行为和绩效进行评价之所以如此困难，主要因为对许多人员来说很难既客观又简明地建立起绩效判断的标准。对于生产物质产品的人，例如装配工人、机械加工工人，可以按照他们所生产的产品数量和质量来衡量他们的绩效。但对于生产精神产品的人，如企业的管理人员、大学教师、政府工作人员等，有时候就无法对他们的工作规定得十分清楚，因而，相当大的一部分评定过程几乎完全根据评定者的主观判断，但这种判断极易产生评定偏差，最后导致人员行为的失控。

对绩效评定的另一个困难，是多数工作都需要有两个或两个以上的标准来衡量。比如一个工人生产的产品数量可能超过了标准，但有些产品质量不合格；大学教师要做三方面的工作：教学、科研和育人。某人在某些方面可能相当出色，而在其他方面又逊色较多，而且他的成绩随时间变化。这一段时间好些，那一段时间又可能差些。因此，对人员的控制，应考虑许多方面的因素，综合运用多种方法。

（二）经济分析

利用经济学方法对组织活动进行经济分析，是管理控制的重要手段。盈亏平衡分析、贴现收益分析和财务报表分析是常用的经济分析方法。

1. 盈亏平衡分析

盈亏平衡分析，既是一种决策方法，又是一种控制方法。它能用来控制在不同的生产和销售水平下将会实现的利润额，也可应用于测定各种产品的成本和产销量的关系，为控制各种产品的成本和营利能力提供标准。

任何产品的成本都是由两部分组成的：一部分为固定成本；另一部分为变动成本。固定成本包括生产这种产品所需要的管理费用、工人基本工资、设备的折旧费用，这些费用基本上是不变的，不会随着产量的变化而变化。变动成本包括原材料费用、能源费用等，这些费用会随着产量变化而变化。而在完全竞争的市场上，产品的价格不能由一个企业自己控制，只能根据市场的价格来销售产品。由此就产生一个问题，即当产量很少时，该企业单个产品的成本就很高。这是因为固定成本不随产量变化，产量少，固定成本占总体成本的比重就大。这时的成本可能高于市场价格，企业就发生亏损。只有当产量达到一定水平时，才能收支相抵，超过这个水平企业方可获利。总成本与总收入相等的点被称为损益平衡点，此时对应的产量被称为临界产量。

盈亏平衡分析在管理中有许多用途，比如：确定临界产量，以便管理者决策是发展还是收缩产品的生产；确定不同的产量水平时其盈亏情况如何；要达到何种产量和销售量才能达到预定的利润；帮助制定价格政策；帮助选择不同行动方案，如销售方法、开发新产品决策和设备更新等方案的选择。

2. 贴现收益分析

贴现是企业向银行取得贷款的一种形式。企业或者个人为了早日取得现金，持未到期的票据向银行请求贴现，银行按市场利息率照票面金额扣除自贴现日起至票据到期日止的利息后，将现金付给请求贴现的企业或个人。具体贴现值计算如下：

$$\text{贴现值} = \text{票据到期金额} / (1 + \text{利润率})^n$$

其中，n——单位时间（一般以年为单位）

贴现收益分析是把上式中的利润率改成收益率，然后经过变换，使式子左边为收益率，即变成下式：

$$\text{收益率} = [(\text{票据到期金额} \div \text{贴现值}) \times 100\%]^{1/n} - 1$$

利用上式可以对投资进行控制。例如，目前有现金 10 万元，如果对某项目投资，预计一年后能收回 20 万元，利用上式计算出的收益率为 100%。然后把这个收益率同正常情况下的收益率进行比较，如果这个收益率高于正常情况下投资的收益率，这项投资就是有利的，否则就不应该投资。这种控制投资的方法是比较科学的，它包括了资金使用的时间价值。

3. 财务报表分析

财务报表是用于反映企业经营的期末财务状况和计划期内的经营成果的数字表。财务报表分析，又称经营分析，是以财务报表为依据来判断企业经营得好坏程度，并分析企业经营的长处和短处。它主要包括三种分析：第一，利润率分析，指分析企业收益状况好坏；第二，流动性分析，指分析企业负债与支付能力是否相适应；资金的周转状况和收支状况是否良好等；第三，生产率分析，指分析企业在计划期间内生产出多少新的价值，又是如何进行分配将其变为人工成本、应付利息和净利润的。财务报表分析的控制方法主要有实际数字法和比率法两种，前者是用财务报表中的实际数字来分析，后者是求出实际数字的各种比率再进行分析。由于后者更加容易辨识，所以较常采用。

在比率法中，还可以分为构成比率法、趋势比率法以及相关比率法等。现分述如下：

第一，构成比率法。它的具体做法是，把经济项目中的各个单项占总项目的比率求出来，然后进行分析，如资产负债率，就是求出流动资产和固定资产占总资产的比率、流动资金和固定资金占企业资金总额的比率等。

第二，趋势比率法。这种方法需要把某一年度作为基础期，并把该年度的各项目金额作为基数，根据这种标准求出以后年度各项目金额的百分比。这种方法可以从前后联系中来分析企业的经营状况。

第三，相关比率法。这种方法是先从资产负债表或损益表中挑选出相关的特定项目，然后计算出相关比率进行分析。这是最常见的分析方法。如选出净利润和总资金这两个相关项目，然后就可求出总资金利润率。

$$总资金利润率 = （净利润/资金总额） \times 100\%$$

对于各种资本项目都可以按照此法计算出相关比率，比如在流动性分析中，可以计算流动资产对负债的比率；现金、应收款项及流动资金和流动负债的比率。此外，还可以把总资产、应收款项、库存资产、固定资产作为分母，求出这几种周转比率，以掌握资金活动状况。

（三）报告与视察

1. 报告

报告是指管理者搜集阅读关于组织系统运行信息的各种分析报告，了解情况，以控制系统正常运行的一种控制手段。主要目的是提供一种必要的、可用于纠正措施依据的信息。实践中人们常采用专题报告来揭示非例行工作的情况。

完善的控制报告应体现有效控制的所有特性。这种报告应当是客观的、公正的、适时的、经济的，必须包括需要的资料，如实反映组织当前的情况和发展趋势，突出有重要价值的关键问题，遵循组织的宗旨、目标和方针，提出改善和纠正的措施。

2. 视察

视察是管理者亲自到工作现场，对组织活动进行直接的巡视、查看，了解组织系统运行状况，衡量工作业绩，发现偏差，立即予以纠正。这种方法适用于从组织中一些关键领域获取控制信息，它是管理人员进行控制、判断和调整措施的一种手段。亲自视察作为获得信息的手段是耗费时间的，而且从个人接触中所获得的第一手信息的价值，还要受到观察者的感知技能和理解能力的限制。尽管如此，亲自视察有利于拉近管理者与被管理者之间的距离，仍然是证实从其他来源所获得信息的唯一方法，因此，它是其他控制方法所不能替代的。

（四）审计法

审计是常用的一种控制方法，它包括财务审计与管理审计两大类。

1. 财务审计

财务审计是以财务活动为中心内容，以检查并核实账目、凭证、财物、债务以及结算关系等客观事物为手段，以判断财务报表中所列出的综合的会计事项是否正确无误，报表本身是否可以信赖为目的的控制方法。通过这种审计法可以判明财务活动是否合法，即是否符合财经政策和法令。

财务审计的主要方法有：

（1）监督性盘存。监督性盘存是指审计人员监督财产、物资和货币的实际盘点。在盘点过程中，审计人员还应该抽查某些事物的数量和质量。

（2）抽样。在为数众多的审计对象中，抽选某些样本进行审核。

（3）发函询证。向与被审计对象有往来的单位或个人发函询问，来核对应收付款项的余额。

（4）反复对证。以原始凭证为依据，将其同有关实物、单位、个人和其他原始凭据相互对证，而有关的其他原始凭据、实物、单位和个人之间还可以再相互对证。

（5）凭证检查。凭证检查是指对会计凭证、账簿记录和会计报表的检查。管理审计的方法与审计的一般方法基本一致。

2. 管理审计

管理审计是检查一个单位或部门管理工作的好坏，评价人力、物力和财力的组织及利用有效性的控制方法。其目的在于通过改进管理工作来提高经济效益。此外，审计还有外部审计和内部审计之分，外部审计是指由组织外部的人员对组织的活动进行审计，内部审计是组织自身专门设有审计部门，以便审计本组织的各项活动。

查明事实真相是管理审计工作中最基本的任务，它一般包括以下几个方面：第一，熟悉被查单位或部门的组织、人事、业务性质、管理制度、业务操作程序以及领导关系等。第二，确定需要取得的资料。第三，查明各种业务记录，如单据、合同、函电、账册、会议记录、总结报告等。第四，向各级管理人员和职工调查，完成书面记录。第五，核实所得材料并进行分析，形成清楚的调查记录。接着就要考虑如何确定客观的评价标准。制定标准要符合审计对象的实际情况，不能太低，也不能太高，最好是处于中上水平，这样被审计对象才有提高管理水平的动力。在具体评价被查对象的管理水平时，可采用比较法，即以查明的实际情况和标准进行比较，利用评分方法表述评价结果。最后综合评价结果提出审计结论。审计结论应在成本效益分析的基础上提出解决管理问题、提高管理水平的具体建议。

（五）网络分析技术

网络分析技术不仅是一种计划编制方法，而且也可以作为一种控制方法有效地对项目所使用的人力、物力、财力资源进行平衡，能够控制项目的时间，能够在实施出现偏差时找出原因和关键因素，并能从总体上进行调整，以保证按质按量达成目标。

任务五　冲突管理

【导入案例】

通用电气冲突管理案例

在通用电气，韦尔奇经常参与员工面对面的沟通，与员工进行辩论，通过真诚的沟通直接诱发同员工的良性冲突，从而不断发现问题，改进管理，使通用电气成为市场价值最高的企业，也使他成为最有号召力的企业家。美国著名组织行为学家罗宾斯认为：“冲突是一个过程，这种过程始于一方感觉到另一方对自己关心的事情产生消极影响或将要产生消极影响。”管理决策学派的代表人物西蒙把冲突定义为：“组织的标准决策机制遭到破坏，导致个人和团体陷入难于选择的困难。”曾任国际冲突管理课程协会主席的乔斯沃德教授认为“冲突是指个体或组织由于互不相容的目标认知或情感而引起的相互作用的一种紧张状态”，他认为一个人的行为给他人造成了阻碍和干扰就会产生冲突，但冲突和暴力、争吵是两码事。

问题思考：

如何看待冲突在组织中的作用？

【相关知识】

一、冲突的定义

冲突是指人们由于某种抵触或对立状况而感知到的不一致的差异。冲突管理即指在一定的组织中对各种冲突的管理。管理者不仅要解决组织中的冲突，更要刺激功能性的冲突，以促进组织目标的达成，故管理者处理冲突的能力与管理成功与否具有正相关的关系。

对组织中存在的冲突形成了三种不同的观点：

第一种为传统的冲突观点，认为冲突是有害的，会给组织造成不利影响。冲突成为组织机能失调、非理性、暴力和破坏的同义词。因此，传统观点强调管理者应该尽可能地避免和清除冲突。

第二种为冲突的人际关系观点，认为冲突是任何组织无法避免的自然现象，不一定会给组织带来不利的影响，而且有可能成为有利于组织工作的积极动力。既然冲突是不可避免的，管理者就应该接纳冲突，承认冲突在组织中存在的必然性和合理性。

第三种是新近产生冲突的互动作用观点。与人际关系观点只是被动地接纳冲突不同，互动作用观点强调管理者要鼓励有益的冲突，认为融洽、和平、安宁、合作的组织容易对变革和革新的需要表现为静止、冷漠和迟钝，一定水平的有益的冲突会使组织保持旺盛的生命力，使其善于自我批评和不断革新。

二、冲突的过程

冲突管理的整体过程可以概括为由冲突认知、冲突诊断、冲突处理、冲突效果和结果反馈五个环节所组成的闭环系统。

认知环节是冲突管理的起始环节。此阶段重在调查研究、搜集资料。要弄清问题是什么、问题在哪里，原原本本、客观真实地了解清楚问题，认知冲突各方潜在的对立或不一致，彼此间的差异性和相互依赖性，冲突的外在表象、起因、走向和内部环境、条件等，为后续工作打实基础。收集的资料还应包括不同单位对冲突数量和冲突处理风格类型的划分，以及它们与冲突根源、冲突处理效果之间的关系等。

诊断环节是进行冲突管理的前提。若无有效的冲突诊断，找不准冲突的病症、病因，冲突管理方法与手段再高明，也难以成功，甚至可能因为“误诊”而“坏事”。管理者在冲突诊断环节中重在辨别、分析、判断冲突问题，要能够正确衡量和分析冲突是什么类型，冲突发生在哪个层面，冲突过程中双方的角色态势，冲突各方期望的理想结构是什么，冲突的强度、频度情形如何，冲突发展的可能方向何在等。对于群体或组织间的冲突诊断可以着重从彼此间的态度、行为和结构等领域进行。

处理环节是实施冲突管理，实际干涉、调控冲突的行为活动环节。冲突管理者需要根据诊断环节的工作结果或“诊断结论”，开具冲突解决的“药方”，选取恰当的冲突处理方法，来实际处理冲突，争取理想的冲突管理结果。一般的管理者多会适当结合运用过程法和结构法两类不同方法来管理冲突。过程法是指为了达到目标结果而采取的一系列行动或事件。处理冲突的过程法旨在改变人们处理冲突的不同风格，帮助组织成员学会根据不同的冲突情形来选取和组合处理冲突的方式方法，从而提高冲突管理成绩。这类方法强调采取有效处理冲突风格的重要性，有时还需要改变信息沟通、领导体制、组织过程等，来帮助人们提高处理冲突问题的技能。结构法一般是指对任务、技术和其他因素的稳定安排，以保证组织和组织成员能够有效运作。处理冲突的结构法是通过改变组织结构设计，改进组织的差异性和整合机制、操作程序、奖励制度、等级序列等，以改变组织成员对不同层次冲突数量的认识，从而改善组织效率，达到管理冲突的目的。实践证明，对于因为组织结构而引起的冲突，组织结构适当改变设计，并且与任务、次序、程度、技术和环境结构要素较好地保持一致时，冲突管理的效率就能有效提高。

效果环节是指冲突行为产生客观结果和影响时的冲突管理环节，对于冲突结果的管理主要是对其冲突的结果和影响，以及冲突管理的成效进行评价、衡量，并反馈到冲突管理的认知等环节。冲突管理的效果环节可以使用目标实现、系统资源、内部过程和战略影响等四种不同的组织效果评价方法来进行冲突管理。其中，目标实现法侧重于以目标、目的和最终结果来评价冲突管理效率，系统资源法注重从投入要素——一个组织从外部环境中获得它所必需资源的情况与过程来评价冲突管理结果；内部过程法侧重于从组织内部过程关系（如人际关系、信息流、信任和员工发展等）、信息沟通、激励等来评价冲突结果，组织的这些特征表现程度越高，冲突管理效果越好；战略影响法又称成员满意法或生态模型，它侧重于考察冲突管理满足不同的战略选民——组织不同利益相关需要者情况，组织若能满足其战略选民的需要，则其冲突管理就是有效的。

冲突管理的反馈环节主要是把冲突的结果与结果分析情况传递给冲突的认知等环节，借以调整修正各环节的方式方法，纠正偏差，以利“再战”。

三、冲突观念的变迁

传统观念认为：冲突都是不良的、消极的，它常常与暴乱、破坏和非理性同时使用，以强化消极意义；起源于20世纪三四十年代。

人际关系认为：冲突对于所有群体和组织来说都是与生俱来的。由于冲突无法避免，人际关系学派提出接纳冲突，这些支持者解释道：冲突不可能被彻底消除，有时它还会对群体的工作绩效有益。20世纪40年代末至70年代中叶，此观念占据统治地位。

相互作用观点认为：应当鼓励冲突。观点认为，融洽、和平、安宁、合作的组织容易变得静止、冷漠并对变革和革新的反应变得迟钝。因此，这一观点的主要贡献在于，它鼓励管理者要维持一种冲突的最低水平，从而使群体保持旺盛的生命力、善于自我批评和不断推陈出新，并且此观点提出了冲突类型的三个类别：任务型冲突、关系冲突和过程冲突。

四、冲突的分类

一是双趋冲突（Approach-approach conflict），又称正正冲突，指对个体同时存在两个具有同样吸引力的目标，而两者不可得兼、难以取舍的心态。当两个目标都符合需要，并且有相同强度的动机，且又“鱼和熊掌不可能兼得”时，就出现了难以取舍的冲突。

二是双避冲突（Avoidance-avoidance conflict），又称负负冲突，指同时有两个可能对个体具有威胁性、不利的事发生，两种都想躲避，但受条件限制，只能避开一种，接受一种，在作抉择时内心产生矛盾和痛苦，如前有狼后有虎的两难境地。

三是趋避冲突（Approach-avoidance conflict），又称正负冲突，指同一目标对于个体同时具有趋近和逃避的心态。这一目标可以满足人的某些需求，但同时又会构成某些威胁，既有吸引力又有排斥力，使人陷入进退两难的心理困境。

四是双趋避冲突（Double approach-avoidance conflict），又称双重正负冲突，指同时有两个目标，存在着两种选择，但两个目标各有所长、各有所短，使人左顾右盼，难以抉择的心态。

五、冲突的产生

（一）沟通因素

众多的管理者把大多数冲突归因于组织沟通不良。一个较为理想的沟通行为可以使接收者较为完整地理解其沟通的目的，而且会按着信息传递者的意图去实施相应的行为。但并不是所有的沟通都能够达到预期的目的，由于各种各样的因素，在沟通的过程中往往会产生很多的误解，这些误解轻则影响组织工作的正常运转，重则有碍于组织整体目标的实现。

（二）结构因素

1. 规模

有关研究表明，冲突发生率与组织规模呈正相关，原因可能是随着组织规模的扩张，组织层次会相应地增加，分工会越来越复杂，因此信息在传递的过程中越容易被扭曲。

2. 参与

传统的观念认为，采取民主管理方式的组织比采取其他管理方式产生冲突的可能性更小。不过最新的研究成果却表明结果恰恰相反：一定程度上下级参与管理程度越高，冲突的发生率也越高。原因可能是每个个体都存在差异，而参与管理的人越多，那些差异发生碰撞的可能性就越大。此外，虽然让员工参与决策一定程度上可以体现民主，但参与决策并不意味着他们的建议或者是想法会被管理者采纳。一旦遭受冷落，他们就可能产生相应的抵触情绪。

3. 直线机构与参谋机构

冲突的一个经常的来源是组织中直线机构和参谋机构之间的矛盾。直线机构的工作直接关系到组织的核心活动。在制造工厂，生产部门是直线机构；在商业单位市场销售部门是直线机构。参谋机构的工作是辅助直线机构的，诸如研究开发部门、公共关系部门、人事部门等。由于直线机构和参谋机构的职能不同、目标不同、成员的价值观和背景不同，因此它们之间常常产生冲突。直线机构更加关心经营，而参谋机构则不直接参与经营活动；直线机构的人员往往对组织很忠诚，而参谋机构则时时对组织事务提出批评（觉得他们有义务这样做)；直线机构的人员强烈地认为自己是组织的一员，参谋机构的人员则更强烈地把自己归到一个专家群里，而不是组织中的一员；直线机构的人员往往关系日常的和眼前的事情，参谋人员则更关心长远的问题。由于以上这些差异，不难理解直线机构和参谋机构之间会有一定程度的冲突存在。

4. 奖励制度

如果一个组织的奖励制度是一方得到报酬就意味着另一方失去报酬，那么就很容易引起冲突。这种冲突可能出现在个人、非正式群体或者是部门之间。

5. 资源相依赖性

资源都是稀缺的，那么在使用资源的过程中一方得到或者使用资源就意味着会减少或者完全排斥另一方对其的使用。通常，在这种情况下就容易引发冲突。

（三）个人行为因素

个人行为的差异也是产生冲突的原因之一。一些人的价值观念或者知觉方式可能导致与他人的冲突。如果管理者的价值观是“人为财死，鸟为食亡”，那么他把这种价值观念强加给别人必然会引起冲突。同样，管理者如果喜欢以某种固定方式看待人，如认为留长发的都不是好青年，那么他这种知觉方式也迟早会引起冲突。

六、冲突的处理

（一）设置超级目标

设置超级目标可以使对立的双方减弱冲突，这时他们必须把精力集中到共同的目标上来，这样可以缓解双方的对立情绪。研究结果表明，如果组织或者是管理人员有目的地为存在对立情绪的员工安排需要双方共同合作才能完成的任务，则会在一定程度上削弱或者消除双方的对立情绪。

（二）采取行政手段

1. 改变组织或者人员结构

一种最简单的方法就是把爱无事生非的人“踢出”组织。这种方法也有一定的局限性，即组织中有些人居于重要职位或者是作为骨干力量而存在，根本不能缺少。

2. 设置共同的领导

在两个存在冲突的部门之间可以设置一个对这两个部门的工作和业务都精通的领导，如任命一个既懂生产又懂销售的领导来担任他们的领导，以此缓和矛盾。

3. 向上级申诉，由上级仲裁

申诉的主要缺点是败诉的一方未必轻易地接受仲裁，所以要注意安抚败诉一方的情绪，还要进一步使双方合作。

（三）处理冲突的二维模式

1. 竞争型方式

与对方激烈竞争，寸土不让，坚持己方利益要求。当处于紧急情况，要求采取非常行动，觉得己方完全正确或是己方对对方有较大影响的时候，这种策略常能奏效。

2. 回避型方式

退出冲突处境，既不满足对方也不满足己方利益。在问题为细枝末节性的、情况不大可能满足己方利益要求，冲突等你解决可能带来严重破坏或者对方能把问题解决得较好的时候，可以采取这种策略。

3. 体谅型方式

愿意满足对方的利益而对己方利益则不堪坚持，忍让为怀，息事宁人。这种策略用于发现自己确有不足之处，冲突的问题对对方比对己方重要、和谐与稳定特别重要、己方输了又想挽回损失时。它能使己方在今后又碰上问题时，在公众中享有较好的声誉。

4. 合作型方式

强调建设性地把冲突问题解决掉，目前在于最大限度地满足双方的愿望。双方表现出的行为兼有坚持与合作两种成分，甚至态度是认为有冲突和矛盾是很自然的，对对方表现出信任与坦诚，鼓励人人畅所欲言，把态度与情感都和盘托出。采用此策略的目的在于学习、利用多方面来源提供的信息，找到一种综合性的解决问题的方法。

5. 妥协型方式

这是在坚持与合作之间的一种中庸之道，双方共享对方的观念，既不偏于坚持也不偏于合作，此方式不能使任何一方得到最大限度的满足，只有在目标虽然重要但却重要到需要寸步不让，双方势均力敌，或情况紧迫，有时间压力要求速决时，才采取此策略。

项目小结

1. 控制职能是管理的一项重要职能，是监督各项活动，保证它们按计划进行并纠正各种重要偏差的过程。有效的控制要遵循坚持一定的原则，按照一定的步骤进行，控制的基本程序包括确定控制标准、衡量实际业绩和采取纠偏行动三个步骤。

2. 控制有多种类型，根据控制点的位置不同可分为前馈控制、同步控制和反馈控制；根据控制手段的不同可分为直接控制和间接控制；根据控制活动性质的不同可分为预防性控制和更正性控制；根据控制来源的不同可分为三种类型，即正式组织控制、群体控制和自我控制；根据控制组织结构的不同可分为三大类，即集中控制、分散控制和分级控制。

3. 管理控制的方法可分为预算控制和非预算控制。预算是某一个时期具体的、数字化的计划，弹性预算和零基预算是两种有效的控制方法；非预算控制是采用非预算方式进行的控制方法，主要有人员行为控制、经济分析、报告与视察、审计法、时间网络分析等。

4. 无论什么地方出现改革的需要，冲突都在所难免，因为总是有人愿意创新，有人想维持现状。有改革就有冲突。冲突管理成功的关键是不出现输方，长远的解决办法是建立共同遵守的游戏规则。识别冲突、调解争执，是管理最需要的能力之一。

主要概念和观念

1. 控制。
2. 预算。
3. 经济分析。
4. 报告与视察。
5. 破坏性冲突。

6. 建设性冲突。

基本训练

1. 现场控制的弊端有哪些?
2. 管理人员获得控制信息的途径有哪些?
3. 试述控制的程序。
4. 简要介绍两种控制方法，并分析它们各自的优缺点?
5. 冲突形成的因素有哪些? 如何处理冲突?

案例讨论

马格纳国际公司的困境

马格纳国际公司（Magna Co International）是北美十大配件厂之一。这家加拿大公司生产有4 000种零配件，从飞轮到挡泥板一应俱全。它为几乎所有在美国设有工厂的大汽车制造商提供配件。比如，它是克莱斯勒汽车公司的最大配件供应商。马格纳国际公司的高层管理当局长期以来力求使公司保持一种松散的结构，并给予各单位管理者充分的自主权。在20世纪80年代中期，该公司拥有10 000多名员工，年销售额近10亿加元。员工们被组织到120个独立的企业中，每个企业都以自己的名义开展活动，但只设有一个工厂。马格纳国际公司的宗旨是，使各单位保持较小规模（不超过200人）以鼓励创新精神并将责任完全落实到工厂经理身上。当某个工厂争取到了超过其生产能力的业务时，马格纳国际公司不是扩大该工厂的规模，而是重新配置同样的生产设施，开办一个新的工厂。

这种结构在20世纪80年代运作得相当好，10年内总销售额增长了13倍。工厂经理们以接近完全自治的方式，大胆地扩展他们的业务。他们不仅获得工厂的赢利，而且可以分享从他们的业务中分离出去的新建工厂的赢利。这样，不用公司出面干预，工厂经理们就会主动设立新厂，向外举债，并与汽车制造商签订供货合同。

但1990年经济泡沫破灭，汽车的销售量大幅下降。受扩张动机驱使的马格纳国际公司的管理者给公司带来了10亿美元的新债务。1990年，马格纳国际公司的销售额为16亿美元，而亏损达到19.1亿美元。公司陷入了严重的经营危机。

问题思考:

1. 马格纳国际公司陷入困境的原因是什么?
2. 你认为马格纳国际公司应采取何种措施才能走出困境?

项目五

创 新

任务一 管理的创新职能

【导入案例】

海信，自主创新永远在路上

开发拥有“中国芯”的电视，研发第一条国产化液晶模组生产线，自主研发ULED电视与韩国OLED比拼，突破激光电视关键技术，专注智能交通技术国产化，拓展数字医疗等新兴产业……作为中国消费电子领域龙头企业，海信集团始终坚持技术立企，通过不断自主创新为企业发展提供“源头活水”。

从黑白显像管时代开始，中国彩电一直在技术上落后于日、韩，甚至存在“代际”差距。技术和产品的差距，使得中国彩电业一直在价值链低端徘徊。在此大背景下，海信从诞生之日起就执着于技术研发。

海信集团总裁刘洪新介绍，从开发出自主知识产权的电视芯片——“信芯”，到国产第一条液晶模组生产线，再到牵头LED背光国际标准制定……持续不断的努力，使海信在技术上终于拉近了与日、韩企业的距离。

2011年，日、韩企业相继推出第三代彩电——OLED样机。面对这个巨大威胁，技术上刚取得“平行身位”的海信开始寻找新突破点。为此，海信集团董事长周厚健向技术团队下了“攻坚令”：尽快研发出一款比OLED显示效果更好的电视。

两年后，海信推出了ULED电视，以较OLED更低的成本，把液晶屏幕的画质效果提升到世界一流水平，其第二代量子点曲面ULED在画面颜色表现力、清晰度、亮场表现力和画面流畅性等方面均优于OLED。

满怀危机意识的海信深知，这点优势并不保险。在全力突破ULED技术的同时，海信加快激光电视研发步伐。2015年12月，海信发布了其自主研发的新一代激光电视新品。这项新技术使中国彩电企业实现了技术反超：获得了217项核心专利，激光光学发动机100%自主研发设计，整机设计、研发、制造完全自主运营，70%的制造成本掌握在自己手中。

海信集团激光电视项目负责人高玉岭介绍，激光电视不仅有色域范围广、寿命长、效率高、功耗低、节能环保等优势，在价格、重量上仅为同尺寸液晶电视的十分之一，功耗则是液晶电视的二分之一。

在巩固国内市场的同时，海信加快“走出去”步伐，实现了本土化研发、生产和销售，让海信成为“世界造”。目前，海信在海外建有17个分公司、4个生产基地，实施本土化经营，在欧美建有7个研发中心，海外分支机构覆盖欧洲、美洲、非洲、中东、澳大利亚及东南亚等全球市场，产品远销130多个国家和地区。

海信集团副总裁、国际营销总经理林澜说，“一带一路”推动了海信的全球化战略。11年前，海信的海外销售收入只有约5亿美元，其中90%是非品牌收入。2016年海外销售收入达到35亿美元，自有品牌占比超过53%。在南非，海信电视去年3月跃居市场占有率第一；在澳大利亚，海信电视从去年8月开始占据市场份额第一，并持续领先。

“自主创新当前看是一碗饭，长远看就是一条命。”海信集团董事长周厚健的一句话道破了海信对自主创新前瞻性的重视程度。

在专注主业自主创新的同时，海信依靠图像识别和数据处理等核心技术的积累，提前布局，积极拓展智能交通等新兴产业。目前，海信已连续7年在国内城市智能交通领域占据市场份额第一，服务于全国100多个城市。

青岛海信网络科技股份有限公司总经理陈维强介绍，通过自主研发，海信在快速识别、智能调控、快速公交等智能交通领域的技术方面达到国际水准。

速度上，面对海量过车记录的检索难题，海信实现精确车牌检索1秒内完成，模糊车牌检索3秒内完成；效率上，首创突发拥堵检测方案，将突发拥堵发现时间由20分钟缩减至5分钟，警情相应时间缩短75%；应对社会犯罪方面，贵阳使用1万多个摄像头组成的海信高清视频监控系统，2016年为警方提供破案线索6 697条，处理交通违法410万条。

此外，海信还依靠技术积累成功进入精准医疗领域，开发了计算机辅助手术系统和外科智能显示系统两套数字医疗解决方案。其中，计算机辅助手术系统通过精确计算器官和病变体积，实施虚拟手术切除以确定最佳手术路线，为手术提供精准导航。

问题思考：

如何理解创新在企业发展中的重要作用？

【相关知识】

创新是最有效的权变。

一、创新的概念与意义

（一）创新的概念

创新概念的起源可追溯到1912年美籍经济学家熊彼特的《经济发展概论》。熊彼特在其著作中提出：创新是指把一种新的生产要素和生产条件的“新结合”引入生产体系。它包括五种情况：引入一种新产品，引入一种新的生产方法，开辟一个新的市场，获得原材料或半成品的一种新的供应来源。熊彼特的创新概念包含的范围很广，如涉及技术性变化的创新及非技术性变化的组织创新。

到20世纪60年代，新技术革命迅猛发展。美国经济学家华尔特·罗斯托提出了“起飞”六阶段理论，对“创新”的概念发展为“技术创新”，把“技术创新”提高到“创新”的主导地位。

1962 年，由伊诺思在其《石油加工业中的发明与创新》一文中首次直接明确地对技术创新下定义，“技术创新是几种行为综合的结果，这些行为包括发明的选择、资本投入保证、组织建立、制订计划、招用工人和开辟市场等”。伊诺思的定义是从行为集合的角度来下的。而首次从创新时序过程角度来定义技术创新的林恩（G Lynn）认为技术创新是“始于对技术的商业潜力的认识而终于将其完全转化为商业化产品的整个行为过程”。

美国国家科学基金会（National Science Foundation of U. S. A.），也从 20 世纪 60 年代开始兴起并组织对技术的变革和技术创新的研究，迈尔斯（S Myers）和马奎斯（D G Marquis）作为主要的倡议者和参与者，在其 1969 年的研究报告《成功的工业创新》中将创新定义为技术变革的集合，认为技术创新是一个复杂的活动过程，从新思想、新概念开始，通过不断地解决各种问题，最终使一个有经济价值和社会价值的新项目得到实际的成功应用。到 70 年代下半期，他们对技术创新的界定大大扩宽了，在 NSF 报告《1976 年：科学指示器》中，将创新定义为“技术创新是将新的或改进的产品、过程或服务引入市场”，而明确地将模仿和不需要引入新技术知识的改进作为最终层次上的两类创新而划入技术创新定义范围中。

从 20 世纪七八十年代开始，有关创新的研究进一步深入，开始形成系统的理论。厄特巴克（J M Utterback）在 70 年的创新研究中独树一帜，在 1974 年发表的《产业创新与技术扩散》中认为，“与发明或技术样品相区别，创新就是技术的实际采用或首次应用”。缪尔赛在 80 年代中期对技术创新概念作了系统的整理分析。在整理分析的基础上，他认为“技术创新是以其构思新颖性和成功实现为特征的有意义的非连续性事件”。

著名学者弗里曼（C Freeman）把创新对象基本上限定为规范化的重要创新。他从经济学的角度考虑创新。他认为，技术创新在经济学上的意义只是包括新产品、新过程、新系统和新装备等形式在内的技术向商业化实现的首次转化。他在 1973 年发表的《工业创新中的成功与失败研究》中认为，“技术创新是一技术的、工艺的和商业化的全过程，其导致新产品的市场实现和新技术工艺与装备的商业化应用”。其后，他在 1982 年的《工业创新经济学》修订本中明确指出，技术创新就是指新产品、新过程、新系统和新服务的首次商业性转化。

我国 20 世纪 80 年代以来开展了技术创新方面的研究，傅家骥先生对技术创新的定义是：企业家抓住市场的潜在盈利机会，以获取商业利益为目标，重新组织生产条件和要素，建立起效能更强、效率更高和费用更低的生产经营方法，从而推出新的产品、新的生产（工艺）方法、开辟新的市场、获得新的原材料或半成品供给来源或建立企业新的组织，它包括科技、组织、商业和金融等一系列活动的综合过程。此定义是从企业的角度给出的。彭玉冰、白国红也从企业的角度为技术创新下了定义：“企业技术创新是企业家对生产要素、生产条件、生产组织进行重新组合，以建立效能更好、效率更高的新生产体系，获得更大利润的过程。”

我们总结前人的观点，以傅家骥先生的定义为基础，对创新加以界定：企业的企业家抓住市场潜在的盈利机会，或技术的潜在商业价值，以获取利润为目的，对生产要素和生产条件进行新的组合，建立效能更强、效率更高的新生产经营体系，从而推出新的产品、新的生产（工艺）方法、开辟新的市场、获得新的原材料或半成品供给来源或建立企业新的组织，它包括科技、组织、商业和金融等一系列活动的综合过程。

（二）创新的意义

人类的一切进步都是人类创造力的表现。可以说，创新首先源于人的天性。最简单的例子就是火的发现和应用：人们为了生存要打石头斧子，于是找来一块燧石，打来打去打出了火花。创新还源于人类文明进步的需要和责任。20 世纪相对论、量子论、基因论、信息论的形成，都是创新思维的成果。从经济学角度看，人类发展经济有三条路可走：第一条路是增加并改进劳动力和资本等投入要素；第二条路是通过贸易与比较优势，如买技术、专业化等途径；第三条是发扬创新和创业精神，尤其是对高技术的创业精神的追求，推进新产品、新市场、新产业的发展，从而促进经济增长。

就外部环境来说，创新需要宽容，需要激励创新的政策、人才流动、专业化服务等诸多人文环境。像硅谷它之所以能不断地实现创新，不仅在于它有良好的技术条件，更在于它有一个有利于实现创新的文化生态系统。创新的意义就在于我们在掌握前人积累的科技成果的基础上，扬弃旧义，创立新知，并传播到社会，延续至后代，不断转化成生产力和社会财富。这也是知识传承和发展的通途。

二、创新职能的基本内容

创新是在有意义的时空范围率先提出并实践有价值的新观念、新构想。对于企业来说，创新应包括产品创新、技术创新、市场创新、组织创新、管理创新和观念创新等六方面内容。

1. 产品创新

产品创新是企业最关注的创新，是为更好地满足顾客需求而推出具有新功能、新结构、新外观的产品。以计算机为例，英特尔公司运算速度更高的芯片属于功能创新，东芝公司生产出笔记本电脑属于结构创新，苹果电脑公司推出彩色外壳及富有个性的 PC 机属于外观创新。

2. 技术创新

技术创新是采用新的生产方法，以达到保证产品质量、降低成本或实现生产的安全性和省力。它包括工艺路线的革命、工艺设备的革新和操作方法的革新。以机械加工为例，采用精密铸造或精锻工艺代替金属切削，或以加工中心集中完成铣、钻、镗、插代替多台机床，属于工艺路线的革命；以程控机床取代传统机床属于工艺设备的革新；采用 0.618 调整砂轮属于操作方法的革新。

3. 市场创新

市场创新是变潜在的市场为现实的市场的新方法、新手段。市场创新不同于产品创新和技术创新，它并不改变产品的性能或成本，而是开发潜在需求，使商品的价值得以实现。例如，洗车业、美容业、物业管理、物资配送中心、会计事务所等，过去有的是顾客自己完成的，未形成市场；有的是分散进行的，效率比较低。市场创新是通过配备专门设备、专门人才使顾客愿意委托厂商去干，从而形成新的市场。再例如，运用新的促销手段或销售渠道，刺激消费欲望，提高销售效率，拓展市场空间，如首先推出邮购业务、邮政储蓄，大大方便顾客；建立超级市场、仓储平价商场、网络直销等均属于市场创新范畴。

4. 组织创新

组织创新是设计和应用新的更有效率的体制。组织创新按其影响系统的范围，可分为技术结构创新和社会结构创新。技术结构创新是调整人们的分工、协作方式以获得更高效率，如福特在20世纪20年代首创流水线生产方式，大大提高了生产率；社会结构的创新是调整人们的权、责关系，以提高组织效能，如美国通用汽车公司20世纪20年代采用事业部制，解决了统一领导与分散经营的矛盾等。

5. 管理创新

管理创新是在计划、组织、激励、协调、控制方面采用新的更有效的方法和手段。因此，严格来说，组织创新也是管理创新的一部分。计划方式的创新如美国管理学家Drucker在20世纪60年代首先推出目标管理；激励方式的创新如美国实行“自助餐式”的奖励制度；协调方式的创新如日本专设的“出气室”，我国有的企业搞的经理厂长接待日；控制方式的创新如日本TDK公司推出的“理想管理制”或理想成本概念，它改变了传统的由成本加平均利润决定生产基准价的办法，采取了根据市场可接受价减去目标利润，来确定理想成本标准的方法。

6. 观念创新

观念创新是提出新的经营管理思想并付诸实践。它也是一个不可忽视的创新领域，它对于发展经济、推动社会进步意义十分重大。从企业管理的发展历史来看，泰罗提出的“管理是一门科学的思想”、梅约提出的人际关系学说、美国AT&T总裁Vaii提出的公用事业民营化的观点、日本公司提出的开展零缺陷运动、美国学者提出的重视企业文化建设的思路等，都对经济发展和社会进步做出了巨大贡献。

创新对于企业发展意义重大，它不仅可以启动市场或提高市场占有率、节约资源或提供新的资源，更重要的是可以提高企业适应市场的能力。纵观世界驰名企业，无不以创新为发展动力。因此，管理学家拉伯夫认为：“任何行业里最重要的资本，不是金钱、建筑物或设备，而是创意。”

三、创新的过程

创新究竟有无规律可循，这个问题是很有争议的。美国的3M公司总裁说：“大家必须以一个坚定不移的信念作为出发点，也就是说创新是一个杂乱无章的过程。”

说创新是杂乱无章的，是因为创新是对旧事物的否定，是对新事物的探索，它要求不遵守习惯的秩序和章程，在最终的结果取得之前，可能要经历无数次失败。因此，它看上去是杂乱的。但是这种“杂乱无章”是相对于旧制度、旧秩序而言的，是相对于个别创新而言的。就创新的总体来说，它必然遵循一定的步骤、程序和规律。

总结众多企业成功的经验，成功创新要经历“寻找机会、提出构想、迅速行动、坚持不懈”这样几个阶段的努力。

（一）寻找机会

创新是对原有秩序的破坏。这是因为原有秩序出现了某些不协调现象，这些不协调对系统发展提供了有利的机会或造成不利的威胁。创新活动正是从发现和利用这些不协调现象开始的。这些不协调可能来自系统外部的技术进步、政策变化、竞争加剧等，也可能来自系统内部的生产经营中的“瓶颈”、意外的成功与失败等。因此，企业创新要从密切注视企业运行过程中出现的不协调现象开始。

（二）提出构想

敏锐地观察到不协调现象产生后，还要透过现象究其原因，并据此分析和预测不协调的未来变化趋势，估计它们可能给组织带来的积极或消极后果，采用讲座式的方法提出多种解决问题和消除不协调的构想。

（三）迅速行动

创新成功的秘密主要在于迅速行动。“没有行动的思想会自生自灭”，一味追求完美，就可能坐失良机。创新的构想只有在不断尝试中才能逐渐完善，企业只有迅速行动才能有效地利用“不协调”提供的机会。

（四）坚持不懈

构想经过尝试才能成熟，而尝试是有风险的，所以创新必须有足够的自信心。要知道创新的成功只能在“屡败屡战”后才姗姗来迟，爱迪生说：“我的成功是在一路失败中取得的。”可见，创新的成功在很大程度上要归因于“最后五分钟”的坚持。

四、创新管理

为促进企业发展，必须加强创新管理，这就要求掌握创新的规律，了解创新的机制。从企业角度应从以下方面着手：

（1）加强调查研究，利用“双轮”驱动。创新有两个驱动力，市场拉动及科技推动。根据20世纪60年代美国学者迈尔斯·马奎斯对567次创新产品调查统计，市场需求拉动占45%，技术推动占21%，生产和管理因素占34%，企业领导者应不断研究市场需求和有可能利用的新科技成果，及时提出创新目标及任务。

（2）加强员工培训、组织创新队伍。创新要依靠人，创新队伍的建设是企业发展的基础。首先，要大力吸引创新人才。对创新人才的要求包括：第一，要有市场意识，企业创新是为了形成新的生产力，为了创造更多财富；第二，要有成就欲、事业心，有创新冲动；第三，要有分析综合能力、想象力等创新能力；第四，要有合作精神。其次，加强员工培训。群众性的创新活动，是企业生机勃勃的标志，为此，要努力提高员工文化专业技术水平。据日本的一份研究报告说，工人的教育水平每提高一个等级，技术革新者的比例就平均增加6%。早在1936年，美国通用电器公司为了开发职工创造力、研制新产品、改造老产品、加强经营的应变能力和市场竞争，专门给职工举办“创造工程”讲座，结果职工中申请发明的数量比培训前增加了三倍。再次，组织专门的研究开发机构。早在1938年，美国就有1 700多家大中型企业建立了R&D机构。1991年，壳牌石油在世界各地有16个研究机构，科技研究人员6 900人。日本的大企业70%以上设有从事基础性开发的R&D部门。

（3）提供创新活动的物质条件。创新需要一定的物质条件，包括充足的资金、必要的情报资料、仪器设备、器材和辅助人员等。创新有时是很花钱的，尤其是重大项目，舍不得投入，就无法取得技术方面的优势地位。国际上的大工业公司，都是在研究开发方面舍得投资的企业。如IBM公司早在20世纪50年代就使科研发展经费由当时占营业额的3%增加到6%；1986年公司营业额512.5亿美元，R&D费用52.21亿美元，达9.81%；1990年又上升为11.5%，超过60亿美元。我国企业竞争力差与R&D投入不足有一定关系。要广开筹资渠道，包括申请政府项目拨款、争取国家政策减免税和民间资金资助、发行股票债券吸引风险投资、提高固定资产折旧、增加企业 R&D 预算等。

（4）创造有利于创新的文化环境。创新是一项艰苦的劳动，充满风险，因此必须在企业创造有利于创新的文化环境，包括在员工中建立普遍的危机感、责任感和荣誉感；建立创新的信念；破除迷信，重视每一个创意；鼓励尝试、容忍失败；从物质和精神方面奖励成功的创新者，有些公司采取利润分享、设立“企业内风险基金制度”、提升、给予光荣称号等多种手段鼓励创新；营造适宜创新的组织环境，如日本理光公司实行弹性工作时间制，研究人员允许自己选择上班时段，避开拥挤交通，发挥最佳创造力；美国 3M 公司规定任何人可用一周总工时的 15% 去干他想干的事，只要与产品研究有关即可，这称为允许干“私活”。结果，出现了像年创三亿美元收入的黄色不干胶留言条这样的“私活”成果。

（5）加强对创新活动过程的组织领导。管理当局应自始至终加强对创新活动过程的组织领导，包括：①宣传鼓励，明确目标，激发动机。例如，3M 公司规定，每个部门的销售额的 25% 必须来自五年内推出的新产品，并以此作为颁发部门经理资金的依据；松下电器则让提建议者自己组阁。②精心计划，精心组织，市场调查—确定研发目标—选择研究方案—力量配备—条件准备—活动协调各环节要计划好、组织好，如可以将销售与设计很好地结合起来，新产品计划以销售计划为基础，让销售人员更多地介入新产品开发，让更多的产品设计师出去销售。20 世纪 80 年代瑞士、美国在这方面的努力取得了很好的成效。③发挥内、外协作优势，组织技术攻关。④通过适度竞争推动创新。因为竞争可以增加创新，心理学的实验已经显示出，竞争可以增加心理创造力，团体间的内部竞争是激励创新的一大方法。⑤开展群众性的创新活动，如合理化建议、TQC 小组、自主管理小组等。⑥普及创新知识，交流创新经验，如合理化建议的知识、创新技法等。

（6）搞好创新成果的推广。这是实现企业创新良性循环的关键，推广创新成果，企业效益得以提高，使创新者价值得以实现，使员工得到鼓舞，创新就会在更广阔、更深入的层面上展开。

任务二　企业技术创新

【导入案例】

上海通用汽车的柔性化生产

在上海通用汽车的发展历程中，柔性化管理也已经成为上海通用的一道靓丽风景。目前，中国几乎所有的汽车工厂都是采用一个车型、一个平台、一条流水线、一个厂房的制造方式。唯有上海通用是另类，上海通用最多可以一条线上共线生产四种不同平台的车型。这种生产方式就是“柔性化”生产方式，它在国内汽车企业里是绝无仅有的。柔性化生产能为厂家和消费者最直接带来的就是时间和金钱。上海通用的别克 GS、别克赛欧就是很好的证明。

上海通用，以柔性化生产线为基础，严格而规范的采购系统、科学而严密的物流配送系统、以市场为导向高度柔性化的精益生产系统以及以客户为中心的客户关系管理共同构成了其柔性化生产管理的支撑体系，使上海通用汽车成为 GM（通用公司）全球范围内柔性最强的生产厂家，形成了企业柔性化管理的经典范例。

问题思考：

上海通用汽车柔性化生产对国内自主品牌汽车制造企业的发展启示是什么？

【相关知识】

技术创新是企业创新的重要内容，通过技术创新提高技术水平是企业增强自己在市场上竞争力的重要途径。

一、技术创新的定义

有关技术创新的定义，目前被广泛认可的有如下五个。

1. 熊比特的定义

熊比特在1912年发表的《经济发展理论》中提出，技术创新是指把一种从来没有过的关于生产要素的“新组合”引入生产体系。这种新的组合包括：①引进新产品；②引用新技术，采用一种新的生产方法；③开辟新市场（以前不曾进入）；④控制原材料新的来源，不管这种来源是否已经存在，还是第一次创造出来；⑤实现任何一种工业新的组织，例如生成一种垄断地位或打破一种垄断地位。

2. 经济与合作发展组织的定义

技术创新包括新产品和新工艺，以及原有产品和工艺的显著技术变化。如果在市场上实现了创新，或者在生产工艺中应用了创新，那么创新就完成了。

3. 美国国家科学基金会对技术创新的定义

美国国家科学基金会（National Science Foundation of U. S. A.），从20世纪60年代开始兴起并组织对技术的变革和技术创新的研究，迈尔斯（S Myers）和马奎斯（D G Marquis）作为主要的倡议者和参与者，在其1969年的研究报告《成功的工业创新》中将创新定义为技术变革的集合，认为技术创新是一个复杂的活动过程，从新思想、新概念开始，通过不断地解决各种问题，最终使一个有经济价值和社会价值的新项目得到实际的成功应用。NSF在70年代的技术创新的限定还比较窄，但到70年代下半期，NSF对技术创新的界定大大改变了“技术创新是将新的或改进的产品、过程或服务引入市场”，明确地将模仿和不需要引入新技术知识的改进作为最终层次上的两类创新而划入技术创新定义范围中。创新包括科学、技术、组织、金融和商业的一系列活动。这一定义是从产品创新和工艺创新方面出发的。

4. 厄特巴克（J M Utterback）的定义

厄特巴克在20世纪70年代的创新研究中独树一帜。他在70年代出版的《产业创新与技术扩散》中认为：“与发明和技术样品相区别，创新是技术上的实际采用或首次应用。”

5. 缪尔塞（R Mueser）的定义

缪尔塞（R Mueser）在80年代中期做了比较系统的整理分析。他在搜集的3 008篇相关论文中发现，约有四分之三接近如下表述：当一件新思想和非连续性的技术活动，经过一段时间后，发展到实际和应用程序，就是技术创新。在此基础上，他做了如下定义：技术创新是以其构思新颖性和成功实现为特征的有意义的非连续性事件。

这个关于技术创新的定义表达了两方面的特殊含义：①活动的非常规性，包括新颖性和非连续性，②活动必须获得最后的成功实现。

综上所述，将技术发明所阐明的技术新思想转变成可以投入市场的产品和工艺，在此基础上，通过功能、结构、市场三方面的分析，将技术原理上的可行性转变成为具有一定能够占有市场的可行性，完成这个过程就是技术创新。

尽管现实中一些人经常把技术创新与技术发明相混淆，但技术创新与技术发明并不完全等同。实际上，创新的概念要远比发明广泛，发明是一种创新，但创新不仅仅是发明。如果说发明可能是在新知识、新理论创造基础上一种全新技术的出现，那么创新既可能是这种全新技术的开发，也可能是原有技术的改善，甚至可能仅仅是几种未经过改变的原有技术的一种简单的重新组合。

二、技术创新的内涵

（一）要素创新

从生产的物质条件来考察，要素创新主要包括材料创新和手段创新。

1. 材料创新

在技术创新的各种类型中，材料创新的影响尤其深远、重要。材料创新迟早会引致整个技术水平的提高。

2. 手段创新

手段创新主要指生产的物质手段的改造与创新，包括两个方面内容：第一，将先进的科学成果用于改造和革新原有的设备；第二，用更先进、更经济的手段，取代陈旧落后、过时的机器设备，以使企业生产建立在更加先进的物质基础之上。

（二）产品创新

产品是企业的象征，产品创新包括新产品的创新和老产品的改造。产品在企业经营中的作用决定了产品创新是技术创新的核心和主要内容，其他创新都是围绕着产品创新进行的，而且其成果最终也将在产品创新中体现。

（三）要素组合方式的创新

利用一定的方式将不同的生产要素加以组合，这是形成产品的先决条件。要素的组合包括生产工艺和生产过程的时空组织两个方面。生产工艺创新是生产工艺的改革和操作方法的改造；生产过程的时空组织包括设备、在制品以及劳动在空间上的布置和时间上的组合。

上述几个方面的创新，既相互区别，又相互联系、相互促进。各类创新虽然侧重点不尽相同，但任何一个创新的组织都必然会促进整个生产过程的技术改进，从而带来企业整体技术水平的提高。技术创新一方面通过降低成本而使产品在市场上更具有价格竞争优势，另一方面通过增加用语、完善功能、改进质量以及保证使用，使产品对消费者更具特色吸引，从而在整体上推动企业竞争力不断提高。

三、技术创新的源泉

彼得·德鲁克在分析企业家的创新机会时指出，企业家必须学会实践有系统的创新。这种创新就在于对变化进行有目的、有组织的寻找，在于对这类变化所能为经济或社会革新提供的机会进行有系统的分析。成功的企业家决不等待、希冀“缪斯会和他们接吻”，并给他们以“巧思”，而是求助于有系统的工作来发现和利用变化。

德鲁克通过分析，总结了企业家捕捉创新机会的七大规律（或称创新机会的七大源泉）。

（一）从意外情况中捕捉创新机会

意外情况一般是指意外的成功和意外的失败。许多研究表明，再没有什么能比意外的事件更能给成功的创新提供更多的机会，然而意外事件却几乎完全被忽视。企业领导人既难以接受意外的成功，也把意外的失败视为“偶然的结果”而不予重视，原因就在于这些人没有意识到开发利用意外事件会提供创新机会，而把意外事件当作“不正常”的事情加以摈弃。在他们看来，已经存在相当长的时间的事物必定是“正常的”且还会保持下去，而与过去经验相抵触的事物则是不妥当的、不正常的。

实际上，意外的事件是对企业家判断能力的一种挑战。企业家在遇到意外事件时，应该先问问如下问题：①如果我们开发利用了它，它将对我们意味着什么？②它会把我们引向何处？③我们应当做些什么才能把它转化为一个机会？④我们如何着手去做？

下面我们来看看老托马斯·沃森是如何利用意外成功而发家的。老托马斯·沃森是国际商用机器公司的创建人。国际商用机器公司之所以从事计算机研制工作，主要是因为沃森对天文学有浓厚兴趣。公司的计算机仅仅是为科学目的设计的。计算机中编制的程序是计算月亮的过去、现在以及未来的所有盈亏变化的。当时将计算机用于实业界计算职工工薪之类的事，被人们视为“贬低其科学奇迹的身份”。在 20 世纪 30 年代大萧条时期，国际商用机器公司正处于最低点。在一次宴会上，沃森与一位女士邻座。这位女士听到他的名字后说：“你是不是国际商用机器公司的沃森先生？你们的销售部经理为什么拒绝用你们的机器向我们作示范操作表演呢？”沃森一时捉摸不出这位女士要机器做什么，当他得知这位女士是纽约公共图书馆的馆长时，他还是不大明白这意味着什么。次日早上，他走进了纽约公共图书馆。两个小时后当他离开该图书馆时，他不仅得到了足以支付下个月职工工资的订货（因为当时图书馆每年得到的政府拨款为数不少），而且由此开始踏上了其辉煌的通向成功之路。他的公司开始按照实业界的需要和条件，如为实业界培训程序编制人员等，来研制产品。尽管随后的许多年，它所生产的计算机在技术上仍不如通用自动计算机公司的产品，但它终于将计算机领出了象牙塔进入了百姓家，并在计算机市场上占据了领导地位。

可见，意外的成功是一种机会，它稍纵即逝，唯有敏锐的企业家才能捕捉和把握到。意外失败也是一种机会。许多失败仅仅是犯错误的结果，或是贪婪、愚蠢、轻率地赶浪头的结果，或是在设计和执行上无能的结果。然而，如果某项事情，虽然计划周密、设计细致且执行谨慎，却仍然失败了，那么，这种失败往往表明了不明显的潜在变化，同时也预示着机会。

第二次世界大战以后，美国的中高档市场是汽车市场中发展最快的一部分，福特公司决定打入这块市场，它竭尽全力规划设计了艾特塞车（Edsel 于 1957 年推出）。应该说，此款汽车体现了市场搜集到的最好信息和质量控制的最高标准，计划是周密的，宣传介绍是细致的，推销办法也是高明的。可是艾特塞车很快就失败了。面对这辛辛苦苦换来的失败，福特公司的反映却极具启发性，它没有抱怨“不通情理”的消费者，而是断定自己的假设与客观事实有不相符合的地方，于是它决定走出去进行调查。结果发现，20 年代斯隆把美国市场按社会经济区分的“低档”“中低档”“中高档”“高档”这四个档次正在迅速地被另一种完全不同的划分所替换，那就是按生活方式来区分。于是，福特又根据新的区分方式，大胆地推出了雷鸟牌汽车，从而取得了自 1908 年福特的 T 型车以来美国汽车业中最显赫的成功。正是雷鸟牌汽车，把福特公司从第二次世界大战后濒于破产的境地变为一个咄咄逼人的竞争者，成为美国汽车工业的第二号强手。

（二）从实际与设想之间的不一致中捕捉创新机会

与意外情况一样，实际与设想之间的不一致也是创新机会的一个先兆，但它也往往为人们所忽视，人们总爱把它视为理所当然而熟视无睹。人们在遇到不一致时，老是想着要了解为什么事情不起应有的作用。实际上，他应该转而问问：我怎样才能开发利用这种不一致？怎样才能把它转变成一个机会？我可以做点什么？对于能看到并利用实际与设想之间的不一致的人来说，这不一致就存在着创新的机会。

在所有的不一致性中，想象与实际之间的不一致性是最普遍的。如生产厂家和商店几乎总是看错顾客真正要买的是什么，他们总认为对他们自己有“价值”的东西，对顾客同样也有“价值”。因而当顾客不愿购买他们提供的东西时，他们往往总是抱怨顾客。然而，真正聪明的人就不会是这样。

如日本东芝的董事长曾在纽约的一次会议上说：“日本人太穷，买不起彩电这种奢侈品。”而松下不这么认为。它的看法是：电视机不仅仅是一件东西，拥有电视机是通向一个新世界，也是通向全新的生活。于是，它挨家挨户地向农民推销它的电视机，从而创造了松下奇迹。

另外，美国中西部有一个证券公司，也是靠利用不一致性取得成功的例子。美国大型的金融机构普遍认为：顾客之所以光临证券交易所，是想投资致富。证券交易所之所以有吸引力，也是因为它能使人投资致富。但是这个证券交易所发现，这种“普遍认为”（或假设）对这里的一小部分人来说是对的，而对大多数人来说则不对。为什么呢？因为美国中西部地区有大量的小商人和农民，他们没有时间，也没有知识靠投资来致富。所以，这个证券交易所只用 1/8 的力量从事证券交易业务，而把大部分精力用于那些能赚钱并且有适度花钱习惯的人，迎合这些人保护钱财的重要心理，他们为这些人提供能够使人安心的储蓄。现在，这个成功的企业已经家喻户晓，被列入了大型的和迅速发展的证券公司之列。

（三）从过程的需要中捕捉创新机会

过程的需要，是指在某一商业的、工业的或服务业等的发展过程中，为使已有的过程臻于完善，或替换薄弱的环节，或根据新的知识重新对现有过程进行设计，或提供“缺少的环节”，从而使一个过程得以实现的一种创新活动。简言之，所谓过程的需要，是指现存的工作过程存在着某些缺陷，需要完善。这主要是针对实现既定任务而言的。过程的需要不是含糊笼统的，而是十分具体的。许多人或许都知道存在着这种需要，但他们谁也没有为此做任何事。如同意外情况或不一致性一样，利用过程需要也可以发展成为一种创新，正如一句话所说的，“需要是创新之母”。企业家一旦能捕捉到这种“需要”，无疑就能找到创新的机会。

许多人或许还记得，很多年前，摄影师为进行一次摄影，需要携带分量重而又易碎的玻璃感光板以及沉重的照相机，这无疑很令人苦恼。很多人为此提出了各种建议，但都没有引起重视或予以采纳。到 19 世纪 80 年代中期，柯达公司的创始人乔治·伊斯曼利用当时的新知识，用分量很轻、即使摔打也不会受影响的赛璐路胶卷代替了笨重的玻璃感光板，并使用用此胶卷的轻型照相机。这一行为使柯达公司领导了摄影领域的一次新的革命。

另外还有一个典型例子可以说明过程的需要是如何引起创新的。

在19世纪末，随着文化知识的广泛传播和交通运输的发展，各种印刷品也都有了飞速的发展。印刷过程的许多部分也有了改变，如印刷已有了高速印刷机，造纸也有了高速造纸机。但印刷过程的排字部分400年来始终没有发生变化，它仍然使用缓慢的、花钱多的手工操作，而这种手工操作既容易使人疲劳，也容易出错。因而它需要高超的技艺，需要经过多年的徒工培训。这时，一个名叫默尔根·塔勒的人经过思考，首先发现了这里究竟需要什么。他认为，这里需要的是一幅字盘，使采用机械方法从整套铅字中选取所需要的字母成为可能。此外，还需要两个机械装置：一个是能把字母拼接起来并理成一直线的机械装置；另一个是能正确地把每个字母放回原处以便下次再用的机械装置。而制作这些东西，是没有一项需用新知识的，不过倒是需要相当的才能。到了1885年，默尔根·塔勒成功地设计出了排字母用的排铸机。这台机器出现后，立即遭到了当时的老排字技工的强烈反对，但印刷商们早已认识到排字是个薄弱环节，因而他们愿意花大价钱购买这种高效率的排字机器。因此，在不到五年的时间里，这种机器就被广泛采用了，从而大大提高了印刷的效率。

过程的需要是创新机会的一个重要源泉。一旦发现了过程需要，为了确保创新的成功，我们必须注意这样五个基本指标：①一个独立完整的过程；②一个薄弱或缺陷的环节；③一个明确的目标；④一个解决办法的具体要求；⑤对更好的办法有高度的可接受性。面对过程的需要，我们应问一问：我们是否真正理解需要的究竟是什么？知识是否已经具备，或者它是否能在目前的工艺水平范围内使用？解决办法是否合适，它是否违背了想使用它的人的习惯与价值观念？等等。

（四）从行业与市场结构的变化中捕捉创新机会

行业和市场结构有时可维持许多年不变，并且看来是完全稳定的。这种情况往往容易使人产生错觉，他们很可能认为这些结构是命运注定的，是自然秩序的一部分，并且肯定会永远保持下去。事实上，市场和行业结构是非常脆弱的，稍有风吹草动就可能土崩瓦解，而且往往快得很。但是，行业和市场结构的变化，也是创新的重大机会。在行业和市场结构发生变化时，该行业的成员和企业家都应该再度自问："我们是干什么行当的？"如果不思开拓、创新，继续按部就班行事，那几乎肯定要遭难，甚至会被判处"死刑"，或者至少这家公司将丢失其领先地位。

20世纪初汽车工业的发展变化很能说明这个问题。到1900年为止的早期汽车，基本上是有钱人的一种奢侈品。然而，由于汽车工业的迅速发展，"上层阶级"这一狭窄的市场就很难吸收日益增多的汽车了。其实，汽车以每三年便超过一倍的产量增长速度快于销售量的增长。但当时的汽车制造公司都仍在打着"上层阶级"的"算盘"，生产着具有"高贵阶层特征"的汽车。在几年以后的底特律，年轻的亨利·福特也看到了市场结构正在变化，汽车在美国已不再是富人的奢侈品。于是他的反应是设计一种新型汽车，这就是有名的T型汽车。这种汽车可以主要由半熟练工人进行大批量的生产，并且车主可以自己驾驶和修理。尽管汽车的价格与人们的工资相比仍很"昂贵"，但T型车的价格只有当时市场上最便宜汽车的1/5，并且容易驾驶和维修。当时，英国的罗尔斯－罗伊斯轿车的价格与一艘游艇的价格一样高，是一位技术熟练的机械师年收入的40倍，而T型福特车的价格只略高于美国机械师一年的工资。无疑，这种汽车一经问世，便取得了巨大的成功。与此同时，与亨利·福特同在一块土地上奋斗的另一位美国人威廉·克拉波·杜兰特也看到了市场结构的变化这一机会。他预见汽车将为社会各阶层"普遍"需要，市场潜力巨大，他认为可以借机成立一个由专业人员管理的大型汽车公司。1905 年，他将自己的设想变成了现实，创建了通用汽车公司，并开始购买其他汽车公司，将它们合并成一个大型的现代化企业。而在此前 6 年，即 1899 年，一位年轻的意大利人乔瓦尼·阿涅利也看到了汽车工业市场结构的变化趋势。他预计汽车将成为一种军需品，尤其是军官们的作战指挥车。于是他在都灵创建了菲亚特汽车公司，几年之内就成为意、俄和奥匈帝国军队的作战指挥车的主要供应商，取得了巨大成功。

那么，如何才能捕捉到机会呢？行业和市场结构的变化有没有比较肯定的而又极为显而易见的指示因素或者迹象呢？

（1）某一行业的发展速度大大超过整个经济的增长速度。彼得·德鲁克认为，结构的急剧变化将在该行业的营业额翻一番时出现。

（2）在某行业迅速增长达到翻番时，它明显感到原先对市场的认识和为市场服务的方法多半变得不再合适。这一点对在行业中历来居领先地位的公司来说尤其如此，它对市场所下的定义以及它对市场的划分方法已不再反映现实情况，而只是在反映历史。

（3）迄今为止一直被认为是毫不相干的许多技术被汇聚到了一起。许多不相干的技术的汇聚表明将有重大的突破，因此行业和市场结构的变化也是显而易见的。

（4）如果某一行业的经营方式在迅速变化，那么该行业进行基本结构变化的时机也就到来了。

因此，密切注意上述四个迹象，将有助于企业家捕捉行业和市场结构变化的良机从而实现创新。上述四个创新机会的来源，即意外情况、不一致、过程的需要以及行业和市场结构的变化，都是表现在一个企业或行业或市场的内部的。内部变化总是反映外界变化的征兆。因而，外界变化无疑也是企业家创新机会的重要源泉。

（五）从人口状况的变化中捕捉创新机会

人口状况的变化是所有外部变化中最明确和最清楚不过的变化，它包括人口、人口数量、人口构成、年龄结构、就业、教育状况和收入等变化。人口状况变化的结果是完全可以预见的。对人口状况变化的描述，人们常常以为只是历史学家和统计工作者的事，实际上，从人口状况的变化中，也是可以捕捉到创新机会的。如人口结构对人们将购买什么商品、什么人购买和购买多少有着重大的影响。再譬如随着人口老龄化趋势的出现和日益加强，那些经济发达和较发达的国家中退休不久的人将形成一个巨大的旅游和度假市场。有的人以为，人口变化相当缓慢，时间很长，对日常决策没有什么意义，这是一种危险的误解。

我们从罗思柴尔德家族的衰落和摩根家族的兴起的事例中，就可以看到对人口状况变化的不同看法所导致的结果。

在 1860 年以后，罗思柴尔德家族一直在世界的金融业中占有举足轻重的支配地位。然而，罗思柴尔德家族没有认识到发生在 19 世纪中叶的横渡大西洋的移民的意义。他们认为这些离开欧洲自己家园的人，只不过是为欧洲所不能容的“社会渣滓”。结果，到 1870 年前后，罗思柴尔德家族就走向了衰落并失去了它的重要性，被美国的 J P 摩根取而代之。

摩根的“秘诀”何在呢？摩根取代罗思柴尔德家族的“秘诀”就在于他在一开始就发现了横渡大西洋的移民的情况并立即懂得了它的重要意义。摩根把它当作一个机会来加以利用，在纽约成立了一家世界性银行。摩根把这家银行当作向移民劳动力建立起来的美国工业提供资金的媒介。摩根的这种努力，在西欧和美国东部由农业文明过渡到工业文明的过程中发挥了重大的作用。

如果说在一个多世纪前人口状况的变化是不可忽视的，那么，在21世纪，人口状况的变化同样也不可以忽视。企业家必须善于从这种变化中捕捉创新的良机。

（六）从观念和认识的变化中捕捉创新的机会

利用观念变化进行创新往往是困难的，因为观念和认识常常无法予以定量。例如，从教学上讲，“桶子已经装满一半”和“桶子还有一半是空的”没有任何区别，这两句话难道讲的不是同一个意思吗？

然而，观念和认识如果不同，就会看到这两句话的意思截然不同，当然，产生的结果也就不完全一样。“桶子已经装满一半”（装沙子或米或油等），它包含这样的观念和认识：已经装了一半了，别急，慢慢来！就这么装吧！而我们再“品味”“桶子还有一半是空的”这句话，它包含的却是另外的观念和认识：还有一半是空的，快点，加油装啊！这桶子还有一半空着呢，我们在沙子上再加上一块隔板，还可以装大米呢。可见，如果总的认识从看到桶子“已经装满了一半”转变为“还有一半是空的”，那么就存在着重大创新机会。由此看出，观念和认识的变化是很重要的，作为企业家，能否解释这种变化的原因倒是无关紧要的，重要的是能抓住它创造出来的相当多的创新机会。

以往人们的饮食主要由阶级地位和收入水平来决定。普通人就是“吃饭”，而有钱有地位的人管吃饭就不叫“吃饭”，而称“用膳”。在今天，人们的认识变化了，既“吃饭”又“用膳”，而且还“进食”，即以最简单方便的办法摄取必需的营养。正是利用了这种认识的变化，方便食品、盒式快餐以及麦克唐纳快餐馆的汉堡包、肯德基油炸鸡等才迅速走向全球各地。

“Bic 圆珠笔”的出现也正是利用观念变化的结果。以往人们的消费观念是“经久耐用”，因而与这种观念相应的是加油圆珠笔统治市场。后来，人们的观念发生了变化，由经久耐用转变为新奇、简洁、方便等，马赛尔·比克正是利用了这种观念的变化，试制成功了一种用完油墨就扔掉的一次性圆珠笔——“Bic 圆珠笔”，它一诞生就在市场上走俏，在美国几乎人均一支半。

还有一个例子可以说明利用认识变化的类似情况，在1950年前后，绝大多数的美国人开始把自己列入“中产阶级”，他们几乎不管自己的收入高低，也不管自己从事什么样的职业。为什么会这样呢？很明显，美国人对自己的社会地位的认识已经改变了。然而，这种认识的变化究竟意味着什么呢？一位名叫威廉·本顿的广告商出来问人们：你们把自己称为“中产阶级”，“中产阶级”一词对你们来说到底有什么含义呢？人们回答他说：“中产阶级”与“劳动阶级”形成了尖锐对比，它意味着相信自己的孩子能读好书并能步步高升。这位广告商本顿于是就全部买下了《不列颠百科全书》公司，并开始向中学生们的父母兜售《不列颠百科全书》，他的书的多数是通过中学老师兜售的。本顿的行动实际上是说：“你不是想成为‘中产阶级’吗？如果真这么想，你的孩子就必须有一套《不列颠百科全书》，这样才能让他们在学校里把书念好，取得好成绩。”由于本顿的努力，在不出三年的时间里，这家奄奄一息的公司便出现了生机。

10年后，该公司在日本故伎重演，取得了同样的成功。事实上，我们在前面所讲的意外的成功或意外的失败，往往也是表示认识发生变化的迹象。雷鸟牌汽车这只凤凰之所以从埃塞尔汽车的灰烬中飞出来，正是因为福特公司在研究埃塞尔车的失败原因时，发现了问题在于认识的变化。汽车市场在几年前还是按收入集团来划分，而现在认识变了，是按“生活方式”来划分。

必须注意的是，以观念变化为基础的创新需要抓住时机。过早地利用观念变化有时很危险，因为许多看起来似乎是观念变化的事物，其实只是一时的风尚，这种风尚转瞬即逝。风尚和变化之间有时并不明显。如儿童玩电子游戏机是一时的风尚，而阿培里公司却把它看成认识的变化，结果该公司只维持了一两年，随后便遭受了巨大的损失。但是，如果是孩子们的父亲酷爱上家用电脑，那么这事就代表了真正的变化。当然，过晚地利用观念和认识的变化也不行，因为当你起步时，别人已经抢在前面了。此外，由于要预言观念和认识的变化的影响很困难，加上风尚和变化难以分辨，因此，以观念和认识变化为基础的创新必须从小事做起，而且必须是非常具体的事情。

（七）从新知识中捕捉创新机会

以新知识为基础的创新往往具有划时代的意义，人们常说的创新，指的就是这种创新。但必须注意的是，这类创新险滩遍布，风云莫测，其表现特征为：①它所需的时间很长。从新知识的出现到应用于技术，需经过很长时间，而从新技术转化为向市场提供的产品、生产工艺或服务，又需要经过一段长时间。如生化学家保罗·埃利希在1907—1910年就提出了化学疗法理论，他还亲自研制了第一种抗菌药物胂凡纳明。但是，将埃利希的化学疗法应用于控制大范围内的细菌疾病而制作的磺胺药，直到1936年才出现于市场上，其间足足过了25年。②它几乎从来不基于单独一门知识，而是基于几类不同知识的汇合，并且这些知识并不全是科学技术方面的。佩雷尔兄弟于1852年创办了第一家企业银行，几年后就倒闭了，原因就在于他们只有一门知识基础，而办企业银行却需要两门。他们有着创造性的金融理论，使他们成为杰出的风险资本家，遗憾的是他们却缺乏系统的银行业务知识。而正在此时，海峡彼岸的英国人却积累形成了这种知识，沃尔特·欠奇霍特在《伦巴德街》这一经典著作中还将其整理并使之系统化了。在佩雷尔兄弟创办企业银行失败后，有三位年轻人将风险资本的概念和银行业知识的基础结合起来，各自继续走佩雷尔兄弟未走完的路，结果获得了成功。这三位年轻人就是美国的J P摩根、德国的格奥尔格·西门子和远在东京的日本人涩泽荣一。

正因为基于新知识的创新风险极大，因而能够进行这类创新的企业家是“超星”级的。为了降低这类创新的失败率，企业家在进行这类创新时必须遵循以下几点要求：

第一，要仔细分析一切必备的因素，不论是知识本身，还是社会的、经济的、认识的各种因素等。经过分析，必须确定哪些因素还不具备，这些欠缺的因素是否可以创造，或者因创新尚不可行而最好推迟。

第二，必须明确地瞄准战略位置，从一开始就使自己立于不败之地。

因为基于新知识进行的创新不同于其他各种创新，它不能做到成果独享、不受干扰。它一经提出，便会引起轰动，招来大批的“伙伴”，稍有不慎，便会被人踩倒。要明确地瞄准战略位置进行创新，就必须决策选定一个明确的重点。基于知识进行的创新基本上只有三个重点：第一个是开发完整的系统；第二个是集中为其产品创造市场；第三个是占据战略地位，全力抓住某项关键功能。尽管这三个重点无论哪一个都有极大的风险，但若不选定一个明确的重点，其风险则会大得多。

第三，必须学会并施加严密的管理，尤其是企业管理。这样才可大大减少基于知识的创新——包括高技术创新的风险。

四、技术创新战略及其选择

任何企业都在执行一套符合自己特点的技术创新战略。这种战略可能是有意制定的，也可能是在无意识中形成的，在后一种情况下，技术创新战略是一系列选择的综合结果，一般涉及创新的基础、创新的对象、创新的水平、创新的方式以及创新的时机等方面。

（一）创新基础的选择

创新基础的选择需要解决企业在何种层次上组织创新的问题：利用现有的知识，对目前的生产工艺、作业方法、产品结构进行创新。其中，理论上的创新需要企业中的有关科研人员长期地、持久地工作，他们可能带来好的结果，也可能经过艰辛的努力却一无所获。企业选择此种战略风险比较大，而且需要企业长期提供资金和人力支持；应用性的研究只需要企业利用现有的知识和技术去开发一种新产品或探寻一种新工艺。与基础研究相比，所需的时间比较短、风险比较小，相应地，对企业的竞争优势的贡献程度相对较小。

从某种意义上说，现代企业从事的大多是一些应用性的研究工作。但是，创新的过程如果始于基础研究，则能为应用性研究提供更广阔的空间。

（二）创新对象的选择

技术创新主要涉及材料、产品、工艺、手段等方面。由于企业生产所需的原材料主要从外部取得，因此材料创新主要在外部进行（从另一种意义上说，材料创新属于上游企业的产品创新），故企业可供选择的创新对象包括产品、工艺、生产手段等三个领域。

产品创新使产品在结构或性能上有所改进、提高，不仅可以为消费者带来一种全新的享受，而且可以降低产品的成本或减少产品的使用费用，所以不仅给企业带来特色的形成，而且可能带来成本的优势。工艺创新既可以为产品质量的形成提供更加可靠的保证，加强企业的特色优势，也可能促进生产成本的降低，从而使产品价格更具市场竞争力。产品与工艺的创新主要是由企业完成的，外部一般很难替代。而生产手段创新则可借助外部的力量完成。由于外部厂家实现生产手段的改造不是孤立进行的，所以它既可能是产品创新或工艺创新的结果，也可能引发企业与此相关的产品创新或技术创新。

（三）创新水平的选择

创新水平的选择是在行业内相对于其他企业而言的，需要解决的是在组织企业内部的技术创新时是采取“先发制人”的战略还是“追随他人之后”后发制人的策略。

先发制人，在行动上先人一步，在竞争中高人一筹。这种策略不仅能够为企业带来良好的声誉，也可使企业占据有利的市场地位、进入最有利的销售渠道，从而使企业获得高额的垄断利润。但是，先发制人的策略也存在很多问题，譬如要求企业付出高额的市场开发费用，但是市场的需求存在很大的不确定性，同时还要面对由于技术的不确定性带来的潜在市场风险等问题。

鉴于上述因素，许多企业宁可选择追随的策略，也不愿意先行一步。当然后发的目的也是为了先至，是为了制人，而绝非受制于人。

（四）创新方式的选择

企业在技术创新活动的组织中有两种不同的选择：第一，独立开发。独立开发不仅要求企业拥有数量众多、实力雄厚的技术人员，而且要求企业能够调动足够的资金。若能获得成功，企业可在一定时期内垄断利润。第二，联合开发。选择联合开发的方式，可以与合作伙伴集中更多的资源条件进行更为基础性的创新研究，并能共同承担风险。

五、技术创新与新产品开发

（一）新产品的概念与类型

新产品是在结构、性能、原材料、工艺方法和技术特征等的某一方面或几方面比老产品有显著改进或提高，在一定区域范围内首次试制成功，并经过有关部门鉴定确认的产品。当然，那些仅在外观、表面装饰、包装装潢等方面改进提高，而产品的结构、性能等方面未加改变的产品不能列为新产品。从空间区域范围来看，新产品有国际性、全国性、地区性和企业的新产品。

新产品是一个相对的概念，它与老产品之间没有绝对的分界线。根据新产品的性能、结构等特点，新产品可分为如下四种类型：

1. 全新产品

全新产品是指采用科学技术的新发明所生产的产品，具有新原理、新结构、新技术、新材料等特征，具有明显的技术经济优势。

2. 换代产品

换代产品是指产品的基本原理不变，部分地采用新技术或新结构，使产品的功能、性能或经济指标有显著改善。

3. 改进新产品

改进新产品是指在原有产品的基础上，采用各种改进技术，对产品功能、性能或型号、花色进行局部改善而制成的产品。

4. 引进新产品

引进新产品是指从国外引进技术、成套引进项目中经过国产化后的新产品。

（二）产品开发的方式

产品开发包括新产品开发和老产品整顿。

1. 新产品开发的方式

（1）自行研制。自行研制是指企业依靠自己的力量，根据现有产品的状况，创造性地研制出具有特色的新产品。采用这种方式开发的一般是更新换代或是全新产品。它要求企业有较强的技术力量，要花费很多的资金和人力，适用于大中型企业。

（2）技术引进。企业通过引进市场已有的成熟技术而开发的新产品。这种方式投资少、见效快，可以较快地掌握产品制造技术，以节约科研经费和人力，缩短与先进企业的技术差距，是企业常用的一种方式。

（3）研究与引进相结合。这种方式可以在充分消化引进技术的基础上，结合本企业特点进行某些创新，也可以在充分利用本企业技术的基础上，引进某些新技术，以弥补自己的不足。

2. 老产品整顿的方式

整顿老产品是指不断地改进老产品性能，淘汰技术老化、性能落后的产品。通常老产品整顿可采取如下措施：

(1) 改进部分设计，提高产品的工作效率。

(2) 增加辅助装置，改进产品的安全可靠性。

(3) 改进产品结构、形式，发展产品的有用性，扩大或改变产品原有用途。

(4) 简化产品结构，方便使用，提高经济效益。

(5) 改进产品动力机构，节能降耗。

(6) 改变产品外观，增加花色款式等。

(三) 新产品开发的条件

1. 科技队伍

人是一切社会经济、科技活动的主体。企业开展产品开发必须具有一定数量和质量、结构合理的科技人员群体，既要有高级研究人员作为项目的带头人，又要有中级科技人员作为攻坚的骨干，还要有一定数量的初级技术人员做好一般技术工作。

2. 科研场所

一定规模的试验场所是企业开展科研开发的必备条件。一项新技术、新产品的问世，要有一个小试、中试直至正式批量生产的过程。因此，企业的科研部门既要充分利用企业生产部门的设备、加工条件、场地等有利条件，又要建设一个自己的试验基地和场所。

3. 技术装备

技术装备水平是衡量企业科研开发能力的重要标志，而且技术装备品种多、维修复杂、购置费和使用费昂贵，因此，要进行有效的管理。

4. 科技情报

科技情报是科研开发活动的原料和基础。科学技术的重大突破，都是建立在丰富的科技情报基础上的。因此，企业要尽可能广泛地收集、掌握情报资料，以借鉴前人和他人的经验教训，避免不必要的重复研究。

5. 科研经费

科研经费是从事科研开发的重要条件，它决定着科研活动的空间规模和时间的持续性。企业应通过争取政府拨款、企业自筹、接受委托的科技合同收入、银行贷款等多种途径，扩大资金来源。

总之，只有在人员、场所装备、情报、资金上提供必要的条件，企业才能搞好科学研究，把握好产品的开发时机，做好技术储备，确保产品的先进性和市场竞争能力，使企业立于不败之地。

(四) 新产品开发的趋势

根据市场发展的动向，新产品呈现如下趋势：

1. 多能化、高能化

多能化是指增加产品的功能，一物多用。高能化是指产品向高效率、高质量方向发展。如手表现在已不是单纯的计时工具，而是多功能的信息传载器。日本的精工表号称有 27 种功能。

2. 微型、轻型化

在产品基本性能不变甚至提高的条件下，缩小体积、减轻重量，如电脑的微型化、轻型化等。

3. 多样化

生产多品种、多型号、多档次的产品，注重产品的特色，以满足消费者多层次、多样化的需求。

4. 系列化

根据产品在使用上的联系，将相关产品组成系列，如家具、家用电器、化妆品、餐具等，均可形成系列。

5. 简易化、公益化

新产品应结构简单、操作维修方便、自动化程度高。傻瓜照相机是简易化的最好范例，既提高了功能又简化了操作。公益化是指新产品要有利于节省能源和材料，在生产和使用过程中无污染、不产生公害。

6. 健美化、舒适化

新产品应能给消费者带来健康、愉快和享受，要从营养、美观、舒适等方面满足消费者的需求。

（五）新产品开发策略

新产品开发策略主要是针对产品的生命周期，研究产品的不同发展阶段的新产品开发的规律，以指导新产品的开发。

1. 产品寿命周期的概念及其划分标准

由于科技进步和生活水平的不断提高，社会对产品的要求也日益提高。企业为了适应市场竞争的需要，必须不断开发新产品以取代那些衰退和即将衰退的产品，否则就不可能持久地立足于市场。因此，研究产品寿命周期问题便成了一项事关企业生存和发展的重大策略问题。

产品寿命周期是指产品的经济寿命（不同于产品的自然寿命和使用寿命），也就是指产品从投入市场到退出市场所经历的时间。由于科技进步和市场竞争，产品寿命周期有日益缩短的趋势。产品寿命周期一般包括四个阶段：投入期、成长期、成熟期和衰退期。产品寿命周期主要是根据产品的销售量（额）来衡量的。以时间为横坐标，销售量（额）为纵坐标、则产品寿命周期表现为一条S形曲线，如图2－5－1所示。

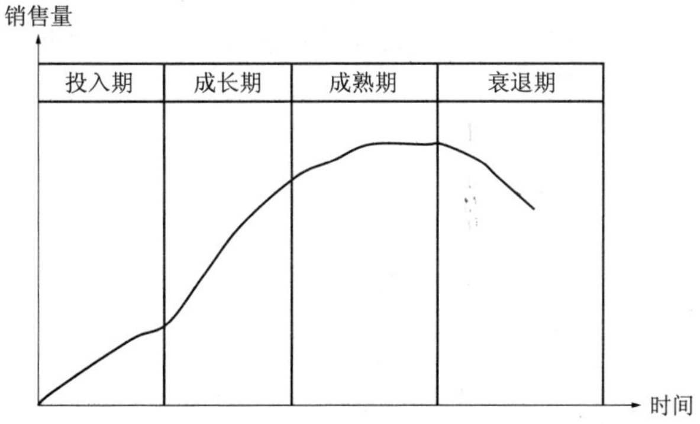

图2－5－1 产品寿命周期

（1）投入期。产品由试制转为小批生产并开始进入市场试销的阶段。在这个阶段，由于产品性能、质量不稳定，销售渠道不够畅通，消费者对产品不太了解，所以销售增长缓慢且不稳定，一般难以提供理想的利润，个别还可能产生亏损。所以，企业在此阶段的任务主要是发展和建立市场对产品的需求，应集中力量提高质量，完善性能，扩大宣传，积极占领市场，使产品迅速进入成长期。

（2）成长期。在这一阶段，新产品开始被消费者接受，销售迅速增长的阶段。由于销售量的增加，单位产品成本下降，产品利润率升高。竞争者被日益增长的市场吸引，竞争产品也将相继投入市场，销售量的增长将减慢。这是决定性阶段，企业务必采取措施，促使产品高速成长并进入成熟期。

（3）成熟期。这一阶段是产品的主要销售阶段。这时产品已经享有盛誉，占有一定市场，企业为开发新产品和推销所支付的投资已全部收回，利润达到最高点。但由于竞争加剧和新产品的出现，产品的销售增长逐渐出现缓慢趋势。由此，企业应采取措施，增加推销费用，以争取最后的购买者，使产品保持尽可能长的成熟期，延缓其进入衰退期。

（4）衰退期。这时产品逐渐老化，不能适应市场需要的发展，销售量锐减，直至为市场所淘汰，退出市场为止。这个阶段应当注意该收则收，及早做战略转移，把力量转移到创新和改进上，避免打得不偿失的消耗战，造成亏损。

产品寿命周期各阶段的判定，在理论上尚无一定的标准，无法进行准确的计算，基本上属于定性判断。在产品寿命周期变化过程中，判断产品处于哪一个阶段，通常采用以下四种方法：

（1）经验判断法。依产品进入市场后销售量的变化来判断产品所处寿命周期的阶段。

（2）类比法。与先于该产品进入市场的类似产品的市场销售情况进行比较，做出判断。美国在彩色电视机进入市场后，参照黑白电视机寿命周期资料进行预测，事后证明二者寿命周期大致相同，因此，预测取得较好效果。

（3）社会普及程度判断法。根据某一地区的社会普及程度判断该商品在这一地区市场上大致处于寿命周期的哪一个阶段。

（4）销售增长率判断法。以事先确定的阶段销售增长率为标准划分产品目前所处的阶段。其标准是投入期的销售增长率不稳定，成长期在10%以上，成熟期在0.1%～10%，衰退期为负数。

2. 产品寿命周期与产品开发

产品寿命周期理论，对于企业整顿老产品和开发新产品、抓好产品的升级换代工作具有重要的指导意义。产品开发（更新换代）的规律一般如图2－5－2所示。

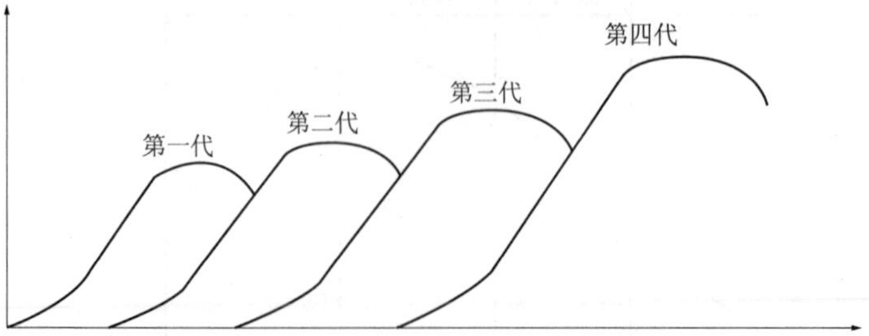

图2－5－2　产品开发（更新换代）规律

当第一代产品处于投入期时：生产量小，成本高，销售量小。这一阶段广告宣传要短而强，要做有力度的广告，以便迅速进入市场；同时要广泛征求用户意见，搜集相关的产品市场信息，着手第二代产品的构思和研究。

当第一代产品进入成长期后：生产量、销售量的增长带来了利润和竞争。在此阶段，不仅要提高产品质量、创名牌，更应投入相当的技术力量，对第二代产品进行设计性试制。

当第一代产品进入成熟期后：除了在提高产品和服务质量上下功夫以求较高的市场占有率、扩大销售量、延缓下降趋势外，对第二代产品还应进行小批生产，并投入市场试销。当销售增长率递减的趋势较为明显时，正是新产品投入市场的最佳时机。

当第一代产品处于衰退期时，第二代产品要扩大产量，进入成长期，适时接替第一代产品，使企业保持原有的销售旺势。

总之，在市场竞争日益加剧的今天，产品寿命周期也日趋缩短。企业应根据生产的产品及其复杂程度等特点，遵循“生产一代、试制一代、设计一代、构思一代”的规律，制定适应市场需要的产品开发规划，增强企业的市场竞争能力。

总的来说，在产品的寿命周期内，企业通常应采取有效措施，力求缩短投入期，追求成长期更高的增长率，尽可能延长成熟期，着力推迟衰退期等，来给企业带来更多的经济效益。

而当企业的产品渐趋衰退的时候，还可以通过以下措施来延缓产品的衰退，如图 2－5－3 所示。

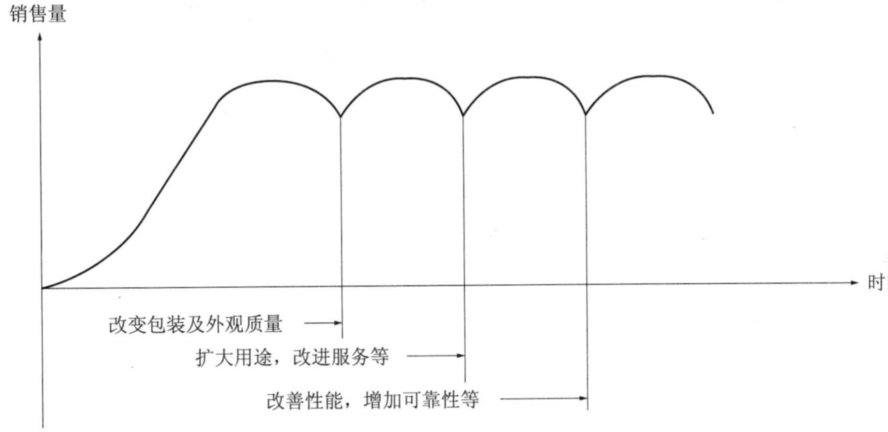

图 2－5－3 延缓产品衰退的措施

（1）改变包装及外观质量。

（2）扩大用途，改进服务，降低售价。

（3）通过改善性能，增加可靠性等方式，促使产品出现另一个销售高峰，即双周期、多周期，以延长成熟期，推迟衰退期，给企业创造尽可能多的经济效益。

（六）新产品开发程序

新产品开发是一项艰巨而且有风险的工作，因此，企业为了避免损失和走弯路，应当根据科学方法，按一定的步骤进行。一般说来，新产品开发的程序如下：

1. 新产品开发的调查

有些企业在着手新产品开发时，首先组织人员进行调查，以便使企业对新产品开发的方向和要求做到心中有数。调查的内容有：

（1）市场需求的变化趋势和潜在需求。

（2）生产技术的发展动向。

（3）竞争对手产品的特点。

（4）本企业产品的销售情况与用户意见等。

2. 新产品的构思创意

创意指对产品的一种新启示或新意向，构思指据此所做的进一步设想或方案。创意与构思是新产品诞生的开始，因此，企业应从各个方面广泛收集各种构思，以免埋没或遗漏好的构思。

构思创意分别来源于：

（1）消费者。消费者需求是开发新产品的起点和归宿，企业应通过各种方式调查搜集消费者的愿望和要求。实践证明，来自用户的构思创意最有生命力，在此基础上发展起来的新产品成功率最高。

（2）科技情报。掌握科学技术的新发明、新技术，引发创新构思。

（3）竞争产品。客观地分析竞争产品的成功和失败之处，从中找出新的突破点。

（4）企业的业务人员和经销商。他们最了解市场，了解消费者需求，对竞争的压力最敏感，是产生新产品构思的重要来源。

构思创意的筛选：这就是从征集到的许多个方案中选择出具备开发条件的构思创意，目的是既要剔除那些不可行的方案或设想，以减少不必要的时间浪费和费用开支，又必须保留那些有新意而又有开发条件的设想，以免使企业失去营利的机会。因此，构思创意的筛选是新产品开发过程中的重要决策，企业领导者要亲自过问，慎重从事。

3. 新产品概念的形成和检验

这个阶段要把产品的构思创意变成一个具体的建议方案，进行生产可行性分析和接受市场检验。产品构思是企业从本身的角度对它可能向消费者提供的产品的设想；产品概念则是企业从消费者角度对这种设想的具体的形象的描述，即把新产品的构思具体化，用文字或图像描述出来。

当产品概念形成后，即可进行概念的检验。可将其拿到一般目标顾客中采用问卷方式进行测试，也可以邀请各类消费者组成小组讨论评价产品概念，根据他们反映的意见和提出的问题，与相似产品的属性比较。产品概念的检验，可以使企业根据消费者的反映，初步确定该产品是否有发展前途及进一步改进的方向。如果消费者反应不佳，就不宜继续进行该项新产品的开发。

4. 新产品的经营分析

这是对已基本定型的新产品构思从财务上进行更加详细的分析，合理地估计新产品的收益情况。具体内容包括：细分市场的研究、市场潜力的估计、销售预测、产品开发费用预算、价格水平估计、整个产品寿命周期内的盈利和投资报酬估计等。估计时，应参考同类产品的销售历史，并应调查用户意见，而且应对销售额做最高销售额与最低销售额的两种估计，以观察风险的大小。

必须注意的是：成本估计应由研究与开发、生产、销售和财务等部门联合进行。经过分析，如果符合企业的既定目标，有足够的盈利，即可正式进入新产品的具体开发阶段。此外，还应考虑到机会成本问题，即企业由于将资金用于该产品的开发，而不能用于其他投资所损失的利益。

5. 新产品的研制

新产品经过经营分析如果判断是有前途的，那么就要将这个产品的构思转变成为可以进行生产的实际样品，包括设计、试制等过程。

1）新产品设计

新产品设计又分为编制设计任务书、技术设计和工作图设计三个阶段。

2）工艺准备工作

新产品设计的任务是生产什么样的产品，工艺准备的任务是如何制造产品。工艺准备是完成对产品设计图纸的工艺分析和审查，拟定工艺方案，制定工艺规程，设计、制造工艺装备，确定产品质量控制等。

3）产品试制和鉴定

任何新产品和有重大改进的老产品，在产品设计、工艺准备完成后，必须经过一定形式的试制和鉴定，才允许正式投产。

6. 新产品的市场试销

在包装、商标、制造与营销规划等工作都准备好以后，即可将试制成功的产品拿到所选定的市场进行试销，这是对产品进行的最有效、最可信赖的检验。

所谓试销，就是把产品和营销方案在更加符合实际的条件下推出，以便企业了解顾客对该产品在使用与重复购买上的实际反应，以及市场规模的大小。一般在试销过程中要掌握试用率、再购率、正式采用率和购买频率四个数据。同时，还应注意收集关于市场定位、销售渠道、广告宣传、价格、品牌、包装等方面的资料和数据，为商业性投产的成功奠定基础。企业进行试销可以确保新产品大规模投资的安全，减少产品投放发生失败。但是试销也有缺点：一是试销并不能精确预测市场销售的成功。因为有些客观因素有时是难以预测的。二是试销的费用较高。三是试销容易泄露企业的新产品信息，为竞争者所利用。因此，并非所有的产品都要经过这个阶段。

7. 新产品的商业性投产

经试销成功的新产品，即可大批投产上市。这时需要大量投资，用以支付设备、原材料、广告费、推销人员培训费等。这是新产品开发的最后一个阶段。这一阶段应当做出以下几项决策：

（1）投放时间。新产品要选择上市的最佳时机。如果是季节性较强的产品，最好是应季上市，以便立即引起消费者的兴趣；如果新产品直接起着代替原有产品的作用，则应适当推迟，待原有产品库存不多时再投放市场；如果新产品尚可进一步改进，应等改进后再上市，以保证扩大销路，提高信誉。

（2）投放地点。一般情况下，企业应当找出最有吸引力的市场集中投放，加强促销宣传及服务，在某一部分市场上占有一定的市场份额，取得立足点，再向其他地区扩张。通常，小企业可选好一个中心城市推出新产品，迅速占领市场，站住脚后，再逐步发展到其他地区；大企业可先在一个地区推出，然后再逐步扩展，如有把握也可在全国甚至国际市场上同时推出。当然，企业在选择地点或地区时，还要考虑到竞争者的市场分布状况、运输条件及该市场对其他地区的影响等因素，最后做出抉择。

（3）目标顾客。推销新产品应当选择最有利的目标顾客，目的是利用这些顾客带动一般顾客，以最快的速度、最少的费用扩大市场占有率，提高产品的销售量。因此，目标顾客应具备以下条件：一是产品的早期使用者；二是产品的大量使用者；三是对产品有好评并且在社会上有影响力者（意见领袖）；四是用最少的促销费用可争取到的购买者。

（4）营销策略。企业应当设计最有利的营销策略把新产品打入市场。决定各营销组合要素的投资比例，安排各种营销活动的先后顺序，从而有计划地进行新产品销售活动。对不同地区、不同市场和不同目标顾客，应有不同的营销策略，即要因地、因货、因客制宜。

以上是新产品开发的一般程序。在实际工作中，企业可以根据自身情况有所取舍。比如，许多企业省去了新产品开发调查、市场试销等步骤。

任务三　企业组织创新

【导入案例】

百度+华为=百花齐放

2017年12月21日，百度与华为在北京宣布达成全面战略合作。

未来，双方将在互联网服务和内容生态、AI平台和技术等方面展开全方位深入合作，共同构建多赢的移动和AI生态，推动人工智能应用和全场景终端产业迅速升级，为消费者带来人工智能时代“更懂你、人性化”的智慧生活体验。

百度作为全球最大的中文搜索引擎、最大的中文网站，2016年开始将“夯实移动基础，决胜AI时代”作为核心战略，在以人工智能为基础驱动力不断完善现有核心业务的同时，也在通过开放平台与生态系统拓展新兴的AI驱动型业务。

目前，百度“夯实移动基础”成效显著，其中信息流年化收入将达到10亿美元，手机百度用户使用时长增长15%，在国内DAU（日活跃用户）超过1亿个的头部APP中增长率排名第一。

华为作为全球第三大智能手机厂商，始终坚持以消费者为中心，积极探索未来智能社会变革方向，在5G、人工智能、AR/VR等领域积极创新。

2017年，华为推动手机行业进入智慧手机时代，率先发布人工智能处理器麒麟970和搭载人工智能处理器的HUAWEI Mate10系列手机，并积极构建以麒麟芯片为基础的HiAI生态，展示了华为在人工智能领域的初步探索成果。

手机行业历经十年的高速发展，正进入大变革临界点，下一代具有跨时代意义的智慧手机将诞生。而驱动手机产业升级的正是语音、机器视觉、VR/AR等更自然的交互方式和人工智能。

手机也将从被动的个人工具变成人类的“分身”，成为可以主动为消费者服务的日常AI助理。

正是基于这一点，华为与百度秉持以消费者为中心的理念，依托双方优势，立足多赢开放的深度战略合作结成联盟，共同推进人工智能应用和全场景终端产业的升级，努力为消费者打造人工智能时代“更懂你、人性化”的智慧生活体验。

在AI平台和技术合作方面，双方将基于百度PaddlePaddle深度学习框架和华为HiAI平台，发挥华为NPU（Neural Network Processing Unit）的优势，共建以百度大脑和华为AI开放平台为中心的开放生态，服务广大 AI 开发者，为大家带来更丰富的人工智能应用和智慧服务体验。

同时，双方将在各类智慧终端开展深度语音和图像合作，促进人机沟通更加便捷，实现“唤醒万物，自如交流”；针对 AR 场景化创新，双方将以“技术革新 + 硬件落地”的“软硬结合”形式共同打造行业领先的 AR 生态，为广大用户打通虚拟与现实之间的界限。

在互联网服务和内容生态合作方面，双方将加强在搜索和信息流等领域的合作，共同为消费者带来更丰富优质的内容与智能便捷的服务体验。

现在，人工智能作为新一轮产业变革的核心驱动力，将带动各行各业产业升级。而此次合作不仅将为人工智能等科技的发展落地探寻更多可能，更将共同建立良好且可持续的移动和 AI 生态，让科技更懂你我，更好地服务于我们大家。

问题思考：

你对华为与百度的合作有什么样的期待？

【相关知识】

在知识经济时代，企业将依赖于知识获得持久竞争优势，获取与利用知识的速度将成为企业成败的关键。随着知识经济时代的发展，企业的外部竞争环境越来越复杂，不确定性大大增加，企业传统的组织结构已经难以适应这些变化。信息化、网络化、全球化和知识化等诸多新的管理概念的出现，为企业组织创新带来了契机。在知识经济时代，组织创新已成为理论研究和企业实践的热点。

一、知识经济对企业组织结构的影响

组织结构及其形式的变化，归根结底是由组织生存的外部环境决定的。需要指出的是，环境并不是影响组织结构的全部因素，除此之外，它还受到产品技术、经营战略、组织规模等因素的影响。当然，我们也可以将这些因素看作广义的环境因素。环境因素所发生的任何变化最终都将对组织结构产生影响，要求组织结构与内、外部环境相适应。从哲学的观点看，组织只不过是外部环境的一种表现形式，其构造取决于环境的内容。知识经济对企业组织结构的影响，主要表现在信息化、网络化、全球化和知识化等几个方面。

1. 信息化对企业组织结构的影响

信息技术的发展解决了一个“两难”问题，即在企业规模一定的情况下，减少管理层次就意味着扩大管理幅度，而每个管理者的管理幅度又是有限的。因此，借助信息化系统可以减少管理层次，扩大管理幅度，使组织结构趋于“扁平化”。在扁平化结构中，中层管理职能在组织结构层次上发生了显著的移动，一些中层管理职能上升到组织的高层，而另一些则下移到了执行层次。这些就为管理体制分权化和民主化提供了条件。信息化一方面加快了企业内部的市场化趋势，另一方面还加快了外部市场的企业化趋势。团队协同、外包、战略联盟等中间形态的商务组织就是基于这种理由而崛起的。

2. 网络化对企业组织结构的影响

目前信息网络已成为企业内部信息交流的主要工具，“多对多”代替了“逐级传递”或“一对一传递”的传统模式而成为信息传递的主流模式。在这种情况下，企业必须对原有的业务流程重新设计，构造出适应信息化条件的业务流程。加上企业内部人员素质的提高，企

业内横向结构出现了综合化的趋势。企业在组织结构设置方面，适当简化专业分工，把职能相关性强的部门归并起来，使跨部门的协调变为部门的内部事务，把众多职能部门合并为少量综合性过程管理部门，这样既精简了组织结构，又使每个部门对其管理的物流或业务流能够从头到尾地实行连续一贯式管理。

3. 全球化对企业组织结构的影响

知识经济是伴随着经济全球化而产生的，经济全球化已成为当代经济的一个重要特征。企业正面临着全球商业环境的变化：没有边界的经济体系和全球化的商业，带给新的竞争者以崭新的管理模式和强有力的竞争优势。以前，公司都采用同样的管理模式，而且竞争只在具有同样管理模式的公司之间展开，对于获取竞争优势，管理与组织的重要性并不突出。现在，很多公司已将管理与组织作为一种获取竞争优势的重要来源。

4. 知识化对企业组织结构的影响

在知识经济条件下，资本市场的发展、融资手段的不断完善以及企业生产过程的渐趋复杂，使得知识正逐渐取代资本成为企业生产经营的第一要素。创新知识已成为经济发展的重要资源，知识使投资收益递增成为可能。此时，企业最重要的是合作、共享、创新与学习。

5. 顾客需求导向是企业组织创新的源泉

过度的扁平化因其自身的缺陷并不能成为解决问题的灵丹妙药，只有在掌握了迅速抓住市场机会，了解、吸引、维系客户的技巧之后，一个灵活的企业组织才能向客户传递优异的价值。在知识经济环境下，生产已经不是企业面临的主要问题，如何对快速变化的市场需求做出及时的反应并让顾客充分满意，才是企业成功的关键。企业产品只有满足顾客需求多样化、个性化的要求，才能占领市场，企业才能生存和发展。企业组织结构和形式只有满足这种需求，适应市场竞争的环境，才能立于不败之地。

二、组织创新是企业保持活力的根本

组织职能是管理活动的根本职能，是其他一切管理活动的保证和依托。企业的组织创新是管理创新的硬件支持，组织创新是企业保持活力的根本。具体来讲，主要体现在以下几个方面：

1. 组织创新是企业自身发展的需要

企业作为一个追求利润最大化的经济组织，必然存在不断发展与扩大的内在动力。面对外部环境的变化，企业必须不断地完善和调整自己，以适应发展的需求。科技发展、企业壮大和战略调整，将使原有的组织结构难以适应，这就要求组织结构必须相应地变革与创新。

2. 组织创新是企业外界压力共同作用的要求

企业面对着外在环境的变化压力，为了生存和发展，不得不认真研究外部因素的作用，调整自身的发展战略，重构组织结构，以增加企业的应变能力。

3. 组织创新是社会历史发展的必然

在组织成长的过程中，每一种形式都与当时的社会生产发展水平密切相关，与企业管理水平相一致。每一种新的形式都吸取了过去形式中有益的成分，并增加了新的结构及系统。创新不是自发的演变，而是历史发展的必然。

4. 组织创新是企业生存发展的关键

实践证明，只有适应性强的组织结构才能使企业保持竞争力。创新的作用具有连动效应，比如，当通过产品创新使一种新产品成功进入市场后，随着该产品销售量的增加，该企业其他相关产品的销售量也会随之增加。

三、知识经济下的企业组织创新

在知识经济的环境下，企业组织创新是外界环境因素和组织内部要素共同作用的结果，其实质是组织随环境的变化而进行的适应性协调进化，这种协调进化又表现为企业组织从一种形式向另一种形式的转变和组织制度的变迁。

（一）企业组织结构的内部改造

1. 由传统的金字塔组织转变为现代的顾客导向组织

在工业经济时代，企业典型的组织结构是等级森严、层次分明的金字塔形组织结构。在知识经济时代，层级结构赖以生存的背景发生了变化：消费者日趋成熟、消费知识渐趋丰富使得消费需求愈来愈具有多样化和个性化的特点；影响企业经营的环境不仅日益复杂，而且越来越不稳定，其变化越来越难以控制。多样化的个性需求使企业正在失去标准化生产和一致性政策的基础；市场变化的无常要求企业做出快速调整；满足个性化的消费需求，要求企业生产组织更具弹性；适应性调整则要求相应的权力从管理中枢向下分散。

2. 层级制组织结构模式的扁平化改造

在传统金字塔形组织中，管理者与基层员工之间是一种“命令—支配型”关系，基层员工被假定为缺乏自主的、没有责任心的和不具备任何管理能力的劳动者。在知识经济时代，企业所面临的是迅速变化的环境，基层员工与市场最接近，他们对顾客信息的掌握有时比高层还多，信息的层层传递将会延迟决策的时间，使企业难以做出迅速的反应。这时就需要给基层员工以充分的权力，激发员工的工作动力，培养员工自主工作与协调的能力，使管理者与基层员工之间建立起一种新型的服务关系。在管理决策中既有非结构化决策，也有结构化决策。信息化的一个作用就是把结构化的决策交给信息化系统来完成，甚至用信息化系统将某些以结构化决策为主要任务的部门完全替代。这样，高层管理者不必通过中间环节即可直接与基层员工进行沟通。随着中层管理的缩减，组织的等级结构层次减少了，组织的整体结构就变得扁平化了。

3. 组织的虚拟化

内部组织的虚拟化，是指用技术把人、资金、知识或构想网络在一个无形的组织内，以实现一定的组织目标的过程。虚拟性的企业内部组织不具有常规企业所具有的各种部门或职能机构，但通过通信网络技术，把组织目标所需要的知识、信息、人才等联系在一起，可以组成一个动态的内部资源利用综合体。虚拟化的组织可以是企业的一部分，也可以是整个企业。企业进行虚拟化组织创新时，必须对管理方法进行全面改革，建立起信息网络系统的规范和设施以及使员工能够理解的公司战略和企业文化。

（二）企业组织形式的外部创造

面对知识经济的大环境，企业不但需要在内部进行组织结构的革新，而且也需要在外部进行组织形式的创新。具体表现在：

1. 网络组织

网络组织是指由多个独立的个人、部门和企业为了共同的任务而组成的联合体，它的运行不靠传统的层级控制，而是在定义成员角色和各自任务的基础上，通过密集的多边联系、互利和交互式的合作来完成共同追求的目标。网络的基本构成要素是众多的节点和节点之间的相互关系。在网络组织中，节点可以由个人、企业内的部门、企业或是它们的混合体组成，每个节点之间都以平等身份保持着互动式联系。密集的多边联系和充分的合作是网络型组织最主要的特点，而这正是其与传统企业组织形式的最大区别所在。

2. 战略联盟

战略联盟是指由两个或两个以上有着对等经营实力的企业，为达到共同拥有市场、共同使用资源等战略目标，通过各种契约而结成的优势相长、风险共担、要素双向或多向流动的松散型网络组织。战略联盟多为自发的、非强制的，联盟各方仍旧保持着原有企业的经营独立性。

3. 虚拟企业

知识经济的发展、市场的多变使得产品的生命周期越来越短，产品的多样化和个性化要求也越来越高，这就要求企业在确保产品质量的前提下，尽量缩短产品的开发周期，不断地向市场推出符合各种需要的产品。然而，这需要企业具备强大的技术实力，这对于一个传统的小型企业而言是高不可攀的。解决这一矛盾的唯一途径，就是将具有技术、资金、市场、管理等资源的企业联合起来，这种联合不是实体意义上的结合，而是资源的结合，是针对现有资源的再配置，而且这种配置的范围是全球性的，所有具有实力的企业都有可能成为某一联合体的成员。这种联合体就被称为“虚拟企业”。

四、企业文化创新

管理创新，文化打头。企业文化在创新建设过程中要把握好以下三个方面的要点。

（一）致力于企业核心价值观的塑造

企业文化的核心是企业精神，企业精神的核心是企业价值观。企业的价值观是企业员工对自己从事生产经营活动意义的总看法和总评价，是劳动者的价值观念在生产和生活中的沉积，是一个包含了理想、目标、行为规范、企业传统、企业风气、人才观念等内容的复合体。它对企业宗旨、经营战略和员工的行为规范等起着导向和决定作用。企业文化必须随着时间和环境的变化而进行更新，并不断赋予其新的内容。

企业价值观的塑造不能脱离企业所处的发展阶段和企业自身的经营特点等影响而存在。无论大企业还是中小企业、无论是国有企业还是民营企业，价值观的塑造都是企业发展的需要、经营管理的需要。企业规模不同，企业所处的发展阶段不同，都会造成价值观表现形式上的差异。一是从时间上既不能超前也不能滞后。企业发展也经历着从无到有、从差到优、从起步到腾飞的过程，在不同的阶段，其战略部署、奋斗目标是不同的，其核心价值观也必然随之发生转移，太超前的价值观可能是空洞的、令人敬而远之的，而滞后的价值观又是落后的、毫无意义的。二是在空间上要与企业的实际情况相融合，不能脱离员工素质状况，不能脱离行业特点，不能脱离企业发展战略，不能脱离组织模式，不能脱离企业现有的文化特点等。这要求我们善于总结企业的优良传统、企业精神和典型经验，注意丰富营养和文化精髓，着眼未来发展需要整合和创新原有价值观念的经营管理理念，赋予其新的时代内涵。

（二）确立企业文化创新的新机制

制度先行，就是要制定《企业文化建设中长期规划》等一整套文化管理制度，力求摒弃个人主观意志偏向的“人治”，追求客观、科学的“法治”；要以实事求是的科学发展观而不是以个人意志和好恶为前提；要根据企业的价值追求和使命来设计企业的组织模式、运作机制和工作标准；要教育员工不是对个人负责，而是对岗位责任负责，对自己所承担的角色负责；在推行制度时要避免生硬的控制方式，追求环环相扣的自然控制方式；在管理风格上逐步减少“命令—控制”管理模式，倡导“领导—协作”的管理风格；在激励机制上要根据企业的整体需要确定系统指标，而不是单纯的数字指标考核。

（三）着力突出企业的个性和特点

在未来市场竞争日趋激烈的情况下，没有差异就没有特色，没有特色就没有竞争力，不能反映企业本身的鲜活个性，就无法将自己与竞争对手区分开来。那么，什么样的企业文化才是有特色的企业文化？要发动员工参与创新实践，企业理念、企业精神经过广大员工征集，反复推敲，表述科学、准确，体现本企业的特色和风格，反映广大员工的精神风貌和价值取向。

坚持以人为本。人是企业的主体和重要资源，是企业竞争的第一要素。打造企业品牌需要员工的劳动创造，构建企业文化体系需要集中员工的智慧，开展各种活动需要员工的参与，企业的个性和特点是通过企业中的人来实现并体现出来的。所以，我们必须坚持以人为中心，把人放在管理的主体地位，强调文化的认同和群体意识的作用，将个人目标与企业目标相融合，谋求企业与社会以及企业内部物质、行为、精神三个层面的最佳组合与动态平衡。要坚持正确的人才观，让想干事、能干事的人干成事；要确保让员工充分行使当家做主的权利；要确保员工的经济利益得到保障；要千方百计改善员工的生活和工作环境，尽心竭力为员工办好事、办实事；以理动人，以情聚力。只有充分发挥员工智慧，更好地实施品牌战略，不断提高企业的知名度、美誉度和可信度，才能巩固和扩大企业市场占有率。

形成一种创新氛围。企业的创新活动来源于员工的创新意识和创新精神，来源于广大员工的积极性和创造性。这其中，企业管理者的态度对促进企业创新力的形成具有很大影响。万科董事长王石经常在内部局域网上发帖子，与广大员工探讨共同的话题，并亲自倡导诸如“团队精神年”“职业生涯年”等主题年活动。企业管理者对创新活动的参与及承诺将有助于建立具有创新气氛的企业环境。员工在积极倡导创新的环境中，在参与创新的实践过程中，每个员工都不愿安于现状，不愿因循守旧，而是敢为人先，大胆创新，既提高了其生产技艺，同时也改变了其环境，从而使企业真正形成一种创新的团队文化。有了创新的团队文化，企业创新则源源不断，公司上下自然形成富有活力、朝气蓬勃的良好氛围，企业又快又好的发展才有强大的精神动力和人才保证。

项目小结

本章主要阐述了管理的创新职能，企业的技术创新以及知识经济下的企业组织创新、文化创新等。

主要概念和观念

1. 创新。
2. 创新应包括的方面。
3. 创新的过程。
4. 技术创新的内涵。

5. 技术创新的源泉。
6. 技术创新战略。
7. 新产品。
8. 新产品开发策略。
9. 新产品开发。
10. 企业组织创新。

基本训练

1. 创新主要涉及哪些方面？企业中的各类创新活动有什么特点？
2. 分析创新管理的内涵。
3. 什么是技术创新？企业家如何选择创新基础、创新对象、创新水平以及创新方式，从而有效地组织企业技术创新？
4. 结合产品寿命周期理论分析新产品开发对于企业发展的意义。
5. 分析知识经济下企业的组织创新。

案例讨论

比亚迪，创新的传奇

创新是一个民族进步的灵魂，是一个国家兴旺发展的不竭动力。对于企业，更是如此。

与上汽、中车、徐工这些传统的制造企业截然不同，比亚迪可谓中国企业中的不走寻常路的“另类”成功样本。它不是互联网公司，但创新能力不输给任何一家互联网公司。

正是创新的驱动，使比亚迪的发展充满“惊险的跳跃”：从“造电池的”摇身变为“造汽车的”，然后举起新能源大旗。

尽管每次蜕变前后都引起广泛、持久而且巨大的争议，但最终的结果总是震撼业界、惊艳公众。

如果说，当年单一的电池厂商是“手掌中的比亚迪”，那么，在新能源汽车领域的成就让人们看到“车轮上的比亚迪”，而“轨道上的比亚迪”的横空出世，开辟了城市绿色交通的新路径。

2016 年，对于比亚迪而言，可谓非凡的一年！营收上千亿元，利润超 50 亿元，双双创新高；新能源车在海内外遍地开花，蝉联全球销量第一。至此，比亚迪已连续三年成为新能源汽车行业的市场领跑者。

那么，究竟什么是比亚迪的创新密码？在创新的马拉松赛跑里，比亚迪又能跑多远？

一、领先的黑科技

早在 2009 年，结合强大的铁电池技术、整车研发能力和产业垂直整合能力，比亚迪宣布正式进军纯电动客车领域。2010 年，在巴菲特、芒格、比尔·盖茨见证下，首台 K9 纯电动客车在湖南长沙基地下线。2011 年，借助深圳大运会契机，200 台 K9 纯电动公交车投入运营，成为全球首批大规模商业化运营的纯电动客车。

过去的十几年，比亚迪不遗余力地钻研电池、电机、电控等新能源汽车核心技术。“三电”技术可谓比亚迪的看家本领。动力电池作为纯电动客车的关键零部件，不仅影响车辆的使用性能，更直接关系到车辆的安全。比亚迪以独立且完整的动力电池开发技术领先业内，从2008年至今累计投入100多亿元建立全自动生产线，保证动力电池的一致性。同时，比亚迪选用永磁同步电机，电机在功率密度、效率及功率因素方面均处于行业顶尖水平，动力充沛，满足不同城市路况要求。在电控方面，比亚迪可按不同车型/充电类型匹配整套电控产品，根据客户运营需要，灵活增加或减少限速、起步阻止等功能，达到电控程序自主化。

此外，比亚迪是国内首家向市场推出轮边驱动桥的车企，已累计有两万套轮边驱动桥投入运营，充分满足了客户的运营需要。使用轮边驱动桥，既可节省布置空间，实现整车全通道低地板，也可省去中间的传动机构，使用两个永磁同步电机，通过结构紧凑的齿轮减速传动机构将动力传递到车轮上，传动效率更高。

在整车方面，比亚迪具备完整的客车设计能力，已覆盖6～18米产品系列，可提供多种配置选择，满足公交在路线、载客、续航等方面的不同需求。全产业链布局使得比亚迪客车更加安全可靠，在行业内优势明显。

凭借领先业界的三电技术，比亚迪推出了全系列纯电动客车产品，包括K6、K7、K8、K8S、K9等全系列公交车及C9、C8、C6等道路客车，覆盖6～18米产品系列，提供不同电量及续航里程等多种配置选择，覆盖公交、定制巴士、通勤、旅游、接待等各细分市场。充电问题方面，比亚迪利用公交场站固定停车点安装充电桩，倡导晚上低谷时间充电，实现充维一体化。同时，比亚迪提供车辆生产交付、充电配套设施建设、售后服务等“一站式服务工程”整体解决方案。

“云轨”是比亚迪继IT、汽车、新能源之后的第四个产业，也是继太阳能、储能电站、新能源汽车之后的第四个绿色梦想，对于城市打造立体化交通、补充现有交通体系具有重大而深远意义。为此，比亚迪组建了1 000多人的研发团队，历时5年，投入50亿元，做了大量的研发工作，克服了外界难以想象的困难，成功打造了云轨，成为中国首家，也是全球为数不多的100%拥有跨座式单轨自主知识产权的企业。2016年10月13日，比亚迪“云轨”在深圳全球首发，以立体化交通模式解决城市拥堵与污染，进一步满足城市需求，助力我国城市交通实现从“车轮上的城市”向“轨道上的城市”转型升级。

至此，比亚迪成为我国城市绿色交通的“全能选手”，为建设绿水青山、蓝天白云的美丽中国而持续努力。

二、掘金全产业链

著名管理学大师彼得·德鲁克说：“当今企业之间的竞争，不是产品之间的竞争，而是商业模式之间的竞争。”而胜人一筹的商业模式是难以模仿的。

毋庸置疑，在经济全球化和市场一体化的今天，汽车市场的竞争不再是传统规模和价格层面的产品竞争，而是转向了以核心技术和资源整合为依托的价值竞争，打造商用车全产业链生态圈成为领军车企全面提升竞争力和赢得市场、技术制胜的不二法门。而产业链资源整合最直接的优势就是降低生产成本，缩短研发周期，缩短供应链，满足产能需求，同时可以更好地开拓市场。

当下的新能源客车行业，最为引人注目的产业链模式有以下三种：

第一种为全产业链整合模式，即以比亚迪为代表的全产业链模式。不仅完全掌控新能源汽车的核心技术，即电池、电机、电控的“三电”技术，而且在主要零部件上都有布局，整车产品从设计研发到生产制造自成一体，从而构建了新能源闭合式循环产业链的封闭式帝国，在研发生产、成本控制、品控、多元化型谱、规模化、性价比等方面非常高效，且独具不可复制的核心竞争优势。

第二种模式为以供应链优化为核心的垂直整合模式。其代表是宇通客车，其自身拥有技术实力，整合零部件，形成自己的独特产品能力；由于是企业自身设计新能源汽车的具体方案和技术要求，整合行业内零部件商共同完成，所以基本是传统汽车模式的复制。这种模式的要求是，整车厂需要在新能源汽车方面有很高的技术准备和供应链标准，同时能够对零部件商进行有效的整合，即供应链优化。因此它是一种程度较低的垂直整合。

第三种模式是沃特玛电池牵头打造的新能源汽车产业创新联盟，即零部件联盟形式。此种模式具备高效性和强整合性。

自2003年进入汽车产业以来，比亚迪就致力于新能源汽车的研发与推广。目前，比亚迪是全球唯一一家同时掌握新能源汽车电池、电机、电控及充电配套、整车等核心技术的客车企业，多年来通过掌握电池、电机、电控等全产业链新能源核心技术及整车技术，专注于打造高品质纯电动客车领导品牌，在公交电动化道路上坚定前行，为客户提供高品质、高性能、高安全的产品服务和用户体验。比亚迪全产业链布局使得整车更安全、更可靠，同时产品品质也得以有效提升，产品竞争力优势显著。

可以说，掌握核心技术、构筑全产业链，成为比亚迪客车高速发展的核心竞争力。

三、市场领跑者

公交领域，由于担负着公众出行的使命，又肩负着保护环境、节能减排的重任，因而一直是我国新能源汽车应用推广的试验田和排头兵，也一直是新能源客车企业竞争最激烈的细分市场。

交通运输部副部长刘小明指出，新能源汽车的推广和应用，是作为中国科技创新、绿色发展非常重要的一项内容，交通运输部高度重视新能源汽车的推广应用，将其作为节能减排、空气治理和推动行业转型的重要抓手。

截止到2016年年底，全国新能源公交车的总量已经超过了16万辆，新能源出租汽车已经达到了1.8万辆，新能源物流配送车达到9.4万辆。从数字上来看，新能源公交车的推广数量最高，同时，国家财政补贴的力度也最大，是新能源行业名副其实的宠儿。

在国务院《关于加快新能源汽车推广应用指导意见》印发以后，交通运输部及时制定了配套的有关文件，明确到2020年新能源城市的公交车达到20万辆，新能源出租汽车和城市物流配送车辆要达到10万辆的发展目标。与此同时，在经济发达地区，地方政府的支持力度不断加码，产业春天渐行渐近。业界人士认为，新能源公交车未来市场潜力巨大，新能源客车行业或将迎来爆发式增长。

而就在竞争激烈的新能源客车行业，比亚迪已做了多年的市场领跑者。

自2014年全国新能源汽车市场全面启动以来，比亚迪连续三年稳坐10米以上纯电动大客车销售冠军宝座。短短7年时间，比亚迪客车已实现从研发到生产，从示范推广到规模化运营，从第1辆下线到销售突破2万辆的历史性跨越，全球总运营里程超过7亿公里。随着新能源“7+4”全市场战略的不断深化，2016年，比亚迪商用车在北京、深圳、西安、太原、汕头等城市市场上捷报频传。其中，在深圳，2016年，新能源公交车推广数量超过1万辆，2017年实现1.5万辆，深圳市公交车全面电动化，成为全球推广纯电动公交车最多的城市；在北京，比亚迪与北京环卫集团携手，将809辆纯电动环卫车投入市场，使环卫车新能源化达45%，在全球范围内首开“先河”；而北京市通州区首购比亚迪350辆纯电动公交车，更进一步推动北京市成为“公交+环卫”电动化推广进程中的翘楚。秉承精益求精的“工匠精神”，坚守产业健康发展的理念，比亚迪客车2016年全年累计销售突破1.3万辆，同比增长162%，成为高品质纯电动客车的引领者。

国内市场不断深化的同时，比亚迪也在逐步扩大海外市场。比亚迪已在美国、巴西、匈牙利建设电动大巴及电池工厂。2015年，比亚迪成为中国首个登陆日本的中国汽车品牌，在马来西亚吉隆坡打造全球最大的电动BRT公交系统。2016年，比亚迪签署美国加州羚羊谷交通运输局85台纯电动大巴订单，51台全新12米单层纯电动大巴在伦敦投入使用。今年伊始，比亚迪纯电动大巴相继获得伦敦首个10.8米的纯电动大巴订单、北荷兰8台纯电动大巴采购订单和澳洲40台12米纯电动巴士的大额订单。继续打开美洲市场、纯电动双层大巴伦敦交付、K9首次登陆韩国……此外，比亚迪还受邀参加澜湄六国合作展，获各国总理们的一致点赞。如今，搭载“中国芯”的比亚迪新能源车开向全球市场，新能源汽车的足迹，已遍布全球六大洲，50个不同的国家和地区，约240个不同的城市。比亚迪纯电动大巴享誉海外，已成为“中国制造”的代名词。

在绿色梦想的导引下，凭借着黑科技的威力和全产业链的竞争优势，2017年的比亚迪再度起航，用心前行。

我们有理由相信在“中国制造向中国创造转变、中国速度向中国质量转变、中国产品向中国品牌转变”的进程中，比亚迪一定会绽放更加夺目的光芒，在书写财富传奇的同时，也为城市、大地乃至这个人类共生的星球谱写出动人的绿色奏鸣曲。

问题思考：

比亚迪的创新之路为中华民族汽车产业的发展带来了什么启示？

管理学基础（A 卷）

一、判断题（正确的打“√”，错误的打“×”，每小题 1 分，共 10 分）

1. 管理学反映了管理过程的客观规律性，具有显著的科学性。但是，管理过程中的诸多不确定因素使管理本身无法完全量化，故而只是一种不精确的科学。（　　）
2. 不同行业中及不同的组织内部专业特点差别显著，很难说管理活动有什么共性。（　　）
3. 目标管理就是上级给下级制定目标，并依此对下级进行考核。（　　）
4. 组织变革的阻力是直接的、公开的。（　　）
5. 组织层次过多，不利于组织内部的沟通。（　　）
6. 分工是社会化大生产的要求，所以分工越细，效率就越高。（　　）
7. “理解的，在理解中执行；不理解的，在执行中理解”，这是在管理活动中具有分权化倾向的管理者的表述。（　　）
8. 信息手段越先进，配备越完善，主管人员的管理幅度就越大。（　　）
9. 组织规模越大，越易分权。（　　）
10. 领导工作是组织结构中一种特殊的人与人的关系，其实质是影响。（　　）

二、单项选择题（每小题 1 分，共 20 分）

1. 将管理要素按目标的要求结合成一个整体，体现的管理职能是（　　）

   A. 计划　　B. 组织　　C. 领导　　D. 控制

2. 美国管理大师彼得·德鲁克说过，如果你理解管理理论，但不具备管理技术和管理工具的运用能力，你还不是一个有效的管理者；反过来，如果仅具备管理技术和能力，而不掌握管理理论，那么你充其量只是一个技术员。这句话说明（　　）

   A. 有效的管理者应该既掌握理论，又具备管理技巧与管理工具的运用能力

   B. 是否掌握管理理论对管理工作的有效性来说无足轻重

   C. 如果理解管理理论，就能成为一名有效的管理者

   D. 有效的管理者应该注重管理技术与工具的运用能力，而不必注意管理理论

3. 某研究所的一位管理人员告诉自己的好朋友，说他在单位的主要职责是给软件开发人员分派具体的工作任务，并指挥和监督各项具体工作任务的完成。由此可推断，这位管理人员是（　　）

   A. 高层管理人员　　B. 中层管理人员　　C. 基层管理人员　　D. 无法推断

4. 某建筑工地的包工头王某对其手下的民工采用了一种“胡萝卜加大棒”的管理方法，他常说的口头禅是“不好好干就回家去，干好了下个月多发奖金”，下列认为错误的是（　　）

   A. 王某的观点与 X 理论相符　　B. 王某的观点与泰勒的理论相符

C. 王某把民工看成经济人　　D. 王某把民工看成自我实现人

5. 一个管理者所处的层次越高，面临的问题越复杂，越无先例可循，就越需要具备（　　）

A. 领导技能　　B. 组织技能　　C. 概念技能　　D. 人事技能

6. 在管理的基本职能中，属于首位的是（　　）

A. 计划　　B. 组织　　C. 领导　　D. 控制

7. 组织在未来特定时限内完成任务程度的标志是（　　）

A. 目标　　B. 可行　　C. 选择　　D. 满意

8. 以下关于组织的说法中不准确的是（　　）

A. 组织必须由两个或两个以上的人组成　　B. 组织必须有一定的行为准则

C. 组织必须有既定的目标　　D. 任意一个群体都可称为一个组织

9. “大全独揽，小权分散”，这一常用语接近于管理的（　　）

A. 分工原则　　B. 责权一致原则　　C. 统一指挥原则　　D. 分权原则

E. 经济原则

10. 某公司总经理把一项物资采购工作授权给采购部经理完成，结果采购出现差错，给公司造成巨大损失。如下说法中正确的是（　　）

A. 总经理和采购经理都对损失负有责任　　B. 总经理对损失负有责任

C. 采购经理对损失没有责任　　D. 只有采购经理对损失负有责任

11. 某企业总经理近来发现信息从基层传递到自己这里所花的时间很长，而且传递到自己这里的信息出现了很大程度的失真，对于整个企业计划的控制工作变得复杂了，下属许多管理人员抱怨自己在企业中的地位渺小。由此可推断，该企业出现这种情况的组织方面的主要原因最可能在于（　　）

A. 管理幅度较小，管理层次较多

B. 总经理的管理幅度太宽，以至于无法对企业进行有效管理

C. 总经理对企业的管理花费的精力太少

D. 企业员工不听从领导，工作不努力

12. 某一车间主任抱怨自己的工作不能顺利进行，总是受到各方面的牵制，据此可以推测该企业的组织结构是（　　）

A. 直线制　　B. 职能制　　C. 矩阵制　　D. 事业部制

13. 某服装公司对于儿童服装、男装和女装分别由不同的部门负责生产和销售，该公司划分组织部门的方式是（　　）

A. 不同产品　　B. 企业职能　　C. 顾客特点　　D. 不同地区

14. 面对动态变化、竞争加剧的世界经济，管理者必须注意考虑环境因素的作用，以便充分理解与熟悉环境，从而能够做到有效地适应环境并（　　）

A. 进行组织变革　　B. 保持组织稳定　　C. 减少环境变化　　D. 推动环境变革

15. 领导者采用何种领导风格，应当视其下属的“成熟”程度而定。当某一下属既不愿也不能负担工作责任，学识和经验较少时，领导对这种下属应采取（　　）

A. 命令型　　B. 说服型　　C. 参与型　　D. 授权型

16. 有些领导事必躬亲、劳累不堪，但管理的效果不理想，这可能主要是因为他忽

视了（　）

A. 提高自己的领导能力　　B. 运用现代的办公设施

C. 过分集权的弊端和分权的重要性　　D. 锻炼身体的重要性

17. 某部门主管将注意力几乎都放在了对任务的完成上，而对下属的心理因素、士气和发展很少关心。根据管理方格理论，该主管的领导作风属于（　）

A. 贫乏型　　B. 任务型　　C. 中庸型　　D. 战斗集体型

18. 现在许多工厂，脏活累活没人干，不得不请临时工干，从需要层次理论对该现象进行解释为（　）

A. 正式工人觉得这样的活丢面子，所以不愿意去做

B. 正式工人希望能更好地实现自我价值

C. 临时工更多考虑生理需要，多赚钱养家糊口

D. 正式工人考虑的是安全需要及更高层次的需求

E. 正式工人的技术能力强一些，做这些活有些浪费人才

19. 促使能量和物质进行流动的管理途径是（　）

A. 机构体制　　B. 政策和法规　　C. 人　　D. 信息

20. 一般而言，预算控制属于（　）

A. 反馈控制　　B. 前馈控制　　C. 现场控制　　D. 实时控制

三、计算题（10 分）

某企业为了扩大某产品的生产，拟建设新厂。据市场预测，产品销路好的概率为 0.7，销路差的概率为 0.3。有三种方案可供企业选择：

方案 1，新建大厂，需投资 300 万元。据初步估计，销路好时，每年可获利 100 万元；销路差时，每年亏损 20 万元。服务期为 10 年。

方案 2，新建小厂，需投资 140 万元。销路好时，每年可获利 40 万元；销路差时，每年仍可获利 30 万元。服务期为 10 年。

方案 3，先建小厂，3 年后销路好时再扩建，需追加投资 200 万元，服务期为 7 年，估计每年获利 95 万元。

请计算每个方案的期望收益并选择最终方案。

四、简答题（每小题 6 分，共 30 分）

1. 简述管理的二重性。
2. 简述科学管理理论的主要内容。
3. 简述组织文化建设的基本内容。
4. 简述有效控制的原则。
5. 简述创新的过程。

五、案例分析（第 1 小题 10 分，第 2 小题 20 分，共 30 分）

某公司是一家大型商贸公司，拥有三个独立经营的分公司。公司下设四部一室，即人事部、财务部、企管部、保卫部、总经理办公室，主要负责公司的人事决策、财务控制、规章

制度建设管理等。各分公司对其经营的产品负有全部责任，实行独立核算，自负盈亏。每个分公司的经营业务尽管不同，但组织结构大体一致，分别设有财务处、储运处、业务处、现场管理处等若干部门和商场，每一商场又设有若干商品柜组，从事着自己的商品经营业务。在公司总部的正确指导和各分公司的积极努力下，经营业绩不断提高。

根据案例资料解答下列问题：

1. 画出该公司的组织结构图。
2. 该公司采用的是什么类型的组织结构？其特点是什么？

管理学基础（B卷）

一、判断题（正确的打“√”，错误的打“×”，每小题1分，共10分）

1. 新的管理理论层出不穷，对实际工作中的新问题做出了较好的解释，因此可以说，泰勒的科学管理理论等古典管理理论已经彻底过时，除了尚存历史意义外，对管理实践早已丧失了指导作用。（　）
2. 管理科学是把科学的原理、方法和工具应用于管理的各种活动，制定用于管理决策的数学和统计模型，并把这些模型通过计算机应用于管理减低不确定性，最大限度地提高了管理活动的程序性，代表着管理理论的发展趋势，因此优于其他的管理理论。（　）
3. 群体决策的过程是群体成员相互妥协并谋求意见一致的过程。（　）
4. 组织变革的阻力是消极的，应予以杜绝。（　）
5. 事事有人做是组织设计中应遵循的一条原则。（　）
6. 规模越小的企业其管理幅度也就越小。（　）
7. “理解的，在理解中执行；不理解的，在执行中理解”，这是在管理活动中具有分权化倾向的管理者的表述。（　）
8. 上级为下级制订的计划越完备，集权化倾向越明显。（　）
9. 重要程度较低的决策可实行较大的分权。（　）
10. 在紧急情况下，专制式的领导是必要的。（　）

二、单项选择（每小题1分，共20分）

1. 性质不属于管理的特性的是（　）

   A. 综合性　B. 应用性　C. 精确性　D. 艺术性

2. 美国管理大师彼得·德鲁克说过，如果你理解管理理论，但不具备管理技术和管理工具的运用能力，你还不是一个有效的管理者；反过来，如果仅具备管理技术和能力，而不掌握管理理论，那么你充其量只是一个技术员。这句话说明（　）

   A. 有效的管理者应该既掌握理论，又具备管理技巧与管理工具的运用能力

   B. 是否掌握管理理论对管理工作的有效性来说无足轻重

   C. 如果理解管理理论，就能成为一名有效的管理者

   D. 有效的管理者应该注重管理技术与工具的运用能力，而不必注意管理理论

3. “大河有水小河满”和“小河有水大河干”说明（　）

   A. 人们看问题的角度不同　B. 人们所持的心态不同

   C. 系统的结构决定了系统的整体功能　D. 系统的整体功能不等于个体功能之和

4. 泰勒曾提出差别计件工资制，即完不成定额的按较低的计件单价（如0.5元/件），

超额完成定额的按较高的计件单价（如0.7元/件）。对这种方法进行评述正确的是（　　）

A. 这种方法从经济上是合理的，但道义上是不合理的

B. 这种方法在经济和道义上都是合理的

C. 这种方法在经济上不合理，道义上合理

D. 以上方法都不合理

E. 以上方法值得推广

5. 一个管理者所处的层次越高，面临的问题越复杂，越无先例可循，就越需要具备（　　）

A. 领导技能　　B. 组织技能　　C. 概念技能　　D. 人事技能

6. 计划职能的主要作用是（　　）

A. 确定目标　　B. 管理

C. 确定实现目标的手段　　D. A和C

7. 下面特征是非理性决策的有（　　）

A. 知识完备　　B. 价值观一致　　C. 择优　　D. 信息有限

8. 公司总经理把产品销售的责任和权力委派给一位副总经理M，但同时又要求各地经销部的经理直接向公司总会计师K汇报当天的销售指标，K可以直接向各地经销部经理下达指令。总经理的这种做法违反了管理中的（　　）

A. 责权对等原则　　B. 统一指挥原则　　C. 分权管理原则　　D. 专业管理原则

9. 以下作法不是较为分权的是（　　）

A. 组织中较低层次决策设计的频度和数目很大

B. 组织中较低层次决策涉及的职能较多

C. 组织中采取了减低上级领导工作负担的措施

D. 高层对较低层次的决策不加控制

10. 某大型集团公司在其各子公司的高层设有参谋，在高层的一次关于参谋问题的会议上，收集到了如下建议，你认为更科学的是（　　）

A. 设参谋之职违反了命令统一的原则，应取消此职

B. 为了不使参谋成为有职无权的摆设，应授予参谋决策和行动的权力

C. 参谋应当只起服务和协调的作用，不应越权或篡权

D. 参谋应当只起服务和协调的作用，没有权力提出决策建议

11. 当领导的管理能力较强、下属的工作能力也较高时，（　　）

A. 管理幅度应该大些　　B. 管理幅度应该小些

C. 管理层次应该多些　　D. 管理组织应该松散些

12. 我国大部分企业采取的组织形式是（　　）

A. 直线制　　B. 职能制　　C. 直线职能制　　D. 事业部制

13. 工业企业的生产管理，在企业经营系统中属于（　　）

A. 最高管理层　　B. 中间管理层　　C. 现场管理层　　D. 上述三种都不对

14. 国内不少企业集团，管理机构庞大，人浮于事，虽然时常有精简的措施和计划，但收效并不明显，主要原因可能是（　　）

A. 当领导的不愿为组织承担责任　　B. 管理制度、机制不健全
C. 机构臃肿，责权不明　　D. 领导能力不行

15. 领导者采用何种领导风格，应当视其下属的“成熟”程度而定。当某一下属既不愿也不能负担工作责任、学识和经验较少时，领导对于这种下属应采取（　　）
A. 命令型　　B. 说服型　　C. 参与型　　D. 授权型

16. “士为知己者死”这一古训反映了有效的领导始于（　　）
A. 上下级之间的友情　　B. 为下属设定崇高的目标
C. 为下属的利益不惜牺牲自己　　D. 了解下属的欲望和需要

17. 某部门主管将注意力几乎都放在了对任务的完成上，而对下属的心理因素、士气和发展很少关心。根据管理方格理论，该主管的领导作风属于（　　）
A. 贫乏型　　B. 任务型　　C. 中庸型　　D. 战斗集体型

18. 在一次管理知识和技能培训班上，就如何调动企业员工积极性的问题展开讨论时，学员们众说纷纭，莫衷一是。这里归纳四种不同的主张。假如四种主张都能切切实实做好，你认为应成为首选主张的是（　　）
A. 成立员工之家，开展文体活动，增强凝聚力
B. 从关心员工需要出发，激发员工的主人翁责任感，从而努力做好本职工作
C. 表扬先进员工，树立学习榜样
D. 批评后进员工，促使其增强工作责任心

19. 控制工作得以开展的前提条件是（　　）
A. 建立控制标准　　B. 分析偏差原因　　C. 采取矫正措施　　D. 明确问题性质

20. 下面论述中是现场控制优点的是（　　）
A. 防患于未然
B. 有利于提高工作人员的工作能力和自我控制能力
C. 适用于一切领域中的所有工作
D. 不易造成管理者与被管理者的心理冲突

三、计算题（10 分）

某企业计划开发新产品，有Ⅰ、Ⅱ、Ⅲ、Ⅳ四种方案可供选择（见下表），在Q1、Q2、Q3、Q4四种不同的市场状态下损益值也各不相同。请用大中取大、小中取大、最小最大后悔值法选出各自满意的方案（见下表）。

要求：计算出各方案在不同状态下的后悔值，并以表格列示。

方案 / 状态	Q1	Q2	Q3	Q4
Ⅰ	3	4	5	6
Ⅱ	1	3	5	8
Ⅲ	4	6	2	4
Ⅳ	2	4	5	7

四、简答题（每小题6分，共30分）

1. 简述管理的科学性与艺术性。
2. 简述学习型组织理论的主要内容。
3. 简述激励的方法。
4. 简述冲突的分类。
5. 简述创新机会的七大源泉。

五、案例分析（第1~4小题各3分，第5小题18分，共30分）

张宏伟是宏利服装公司的人事经理，最近她刚刚兼职学习完MBA的所有课程并且获得了某著名学府的MBA学位。在MBA学习的过程中，她对于管理中的激励理论，特别是马斯洛和赫茨伯格的理论相当注意。在她看来，马斯洛的清晰的需求层次和赫茨伯格的激励因素和保健因素理论的划分非常具有操作性。因此她认为可以立即在公司中实际运用它们。据张宏伟了解的可靠信息，宏利服装公司的工资和薪水水平在服装行业中是最好的。因此，她认为公司在激励下属时应该集中在赫茨伯格的激励因素上。

经过多次会谈，她说服了公司高层管理者。公司总裁授权她去制订工作计划并且放手让她去推行。在这种情况下，张宏伟开始制订关于强调表彰、提升、更大的个人责任、成就以及使工作更有挑战性等各种计划，并且在组织里开始推行。但是计划运转了几个月后，她迷惑了，发现结果和她的期望相差甚远。

首先是设计师们对于计划的反应很冷漠。他们认为他们的工作本身就是一个很具有挑战性的工作。他们设计的服装在市场上很畅销就是对他们工作成绩的最大肯定，而且公司通过发放奖金的方式对他们的工作已经给予肯定。总之，他们认为所有这些新计划都是浪费时间。有一个和张宏伟比较熟悉的设计师甚至和她开玩笑地说："宏伟，你这些玩意儿太小儿科了，你是不是把我们当成小学生了，我看你理论学得太多了。"

裁剪工、缝纫工、熨衣工和包装工的感受是各式各样的。有些人在新计划的实行过程中受到了表扬，反映良好；但是另一些人则认为这是管理人员的诡计，要让他们更加拼命地工作，同时又不增加任何工资。而且很不幸的是，这些人占大多数。甚至偏激一些的工人开始叫嚷着要联合罢工来争取自己的权益。

张宏伟万万没有想到事情会发展到这个地步。原来她很信任和支持的高层管理者也开始怀疑她的计划，批评她考虑不周。

1. 你认为新计划失败的主要原因是（　　）
   A. 高层管理者没有参与计划的制订和实施工作中来
   B. 企业中人员对于双因素理论缺乏了解
   C. 员工不配合
   D. 她忽视了各层次员工的需求不同的事实
2. 根据马斯洛的需求层次理论，你认为设计人员的主导需求和一线工人的主导需求的不同是（　　）。
   A. 设计人员不关心表扬、赏识等，说明他们的主导需求不是自我实现
   B. 大多数一线工人更关注报酬，因此他们的主导需求是生理需求

C. 设计人员和一线工人都不太关注社会需求

D. A 和 B

3. 根据案例提供的信息，你认为张宏伟对于需求层次理论的理解错误最可能是（　　）

A. 她认为保健因素不重要，激励因素重要

B. 她认为激励因素和保健因素是独立发挥作用的

C. 她认为保健因素达到行业最高水平就足够了

D. 她认为只有激励因素可以发挥激励的作用

4. 张宏伟对这种结果很苦恼，为此她请教了一位资深顾问。如果你是这位顾问，你认为下列做法更可取的是（　　）

A. 进行培训，帮助员工了解双因素理论，增进其对新计划的认可

B. 停止该计划，采用调查表调查各层次人员的需求情况，以及他们对新计划的评价

C. 争取高层管理者的支持，继续推行新计划

D. 安抚一线员工，给予一定的物质补偿

5. 请详细说明马斯洛的需求层次理论与赫茨伯格的双因素理论，并结合案例点评张宏伟管理实践的失当之处。

主要参考文献

[1] 周三多．管理学（第三版）[M]．北京：高等教育出版社，2012.

[2] 丁家云，谭艳华．管理学 [M]．合肥：中国科学技术大学出版社，2010.

[3] 罗珉．管理学范式理论研究 [M]．成都：四川人民出版社，2003.

[4] 武忠远，马勇．管理学 [M]．北京：高等教育出版社，2012.

[5] 谢福星．管理学基础 [M]．北京：清华大学出版社，2013.

[6] 单凤儒．管理学基础（第三版）[M]．北京：高等教育出版社，2008.

[7] [美] 迈克尔·波特．竞争优势 [M]．北京：华夏出版社，1997.

[8] [美] 彼得·潘德，罗伯特·纽曼，罗兰·卡瓦纳．6δ 管理法——追求卓越的阶梯 [M]．北京：机械工业出版社，2001.

[9] [美] 彼得·德鲁克．有效管理者 [M]．北京：中国财政经济出版社，1988.

[10] [美] 斯蒂芬·罗宾斯．管理学（第四版） [M]．北京：中国人民大学出版社，1997.

[11] [美] 哈罗德·孔茨，海因茨·韦里克．管理学（第九版）[M]．北京：经济科学出版社，1993.

[12] [美] 安妮·玛丽·弗朗西斯科，巴里·艾伦·戈尔德．国际组织行为学 [M]．北京：中国人民大学出版社，2003.

[13] [美] 斯蒂芬·罗宾斯．组织行为学（第七版） [M]．北京：中国人民大学出版社，2002.

[14] [美] 弗雷德·戴维．战略管理（第八版）[M]．北京：经济科学出版社，2001.

[15] [美] 彼得·圣吉．第五项修炼——学习型组织的艺术与实务 [M]．上海：上海三联出版社，2000.

[16] [美] 丹尼尔·雷恩．管理思想的演变 [M]．北京：中国社会科学出版社，1995.

[17] [美] 斯坦雷·戴维斯．企业文化的评估与管理 [M]．广州：广东教育出版社，1991.

[18] [美] 贝尔，等．企业管理学 [M]．上海：复旦大学出版社，1998.

[19] [美] 迈克尔·波特．竞争战略 [M]．北京：华夏出版社，1997.

主要参考文献

[1] [illegible]
[2] [illegible]
[3] [illegible]
[4] [illegible]，2012.
[5] [illegible]管理学[illegible][M]. [illegible]大学出版社，2013.
[6] [illegible]管理学基础（第五版）[M]. 北京：高等教育出版社，2008.
[7] [illegible][M]. 北京：[illegible]出版社，1997.
[8] [illegible]
北京：机械工业出版社，2001.
[9] [illegible][M]. 北京：中国[illegible]出版社，1998.
[10] [illegible]
[illegible]1999.
[11] [illegible]
[illegible]1995.
[12] [illegible]
中国人民大学出版社，2008.
[13] [illegible]中国人民大学出版社，2007.
[14] [illegible]出版社，2001.
[15] [illegible]
[illegible]2000.
[16] [illegible]
[17] [illegible]
[18] [illegible]
[19] [illegible]